# UNTERWEGS IM WESTERWALD

## Der kompetente Reiseführer des Westerwald-Vereins

## Mit den Tälern von Dill, Lahn, Rhein und Sieg



Herausgegeben
vom Westerwald-Verein e.V.

Gesamtredaktion:
Hermann-Josef Hucke

Mit Fotos von Siegfried Kaden

Band XIII der Buchreihe des Westerwald-Vereins e.V.

Verlag Westerwald-Verein e.V., Montabaur Ww.

**Änderungs- und Verbesserungsvorschläge** für diesen Reiseführer nimmt gerne entgegen: Geschäftsstelle des Westerwald-Vereins:
Kreisverwaltung, D-56410 Montabaur,
Tel. 02602/124-514 oder 124-222, Fax 02602/124-222,
E-Mail: kv_westerwald@westerwald.rlp.de

**Unterwegs im Westerwald. Der kompetente Reiseführer des Westerwald-Vereins**

Herausgegeben vom Westerwald-Verein e.V.

Gesamtredaktion: Hermann-Josef Hucke

Fotos: Siegfried Kaden, Mengerskirchen

1. Auflage

Verlag Westerwald-Verein, Montabaur

(Buchreihe des Westerwald-Vereins; Bd. XIII)

Geschäftsstelle des Westerwald-Vereins: Kreisverwaltung, D-56410 Montabaur, Tel. 02602/124-514 oder 124-222.

Karten im Innenteil:
© Mairs Geographischer Verlag, 73760 Ostfildern, sowie
© Haupka & Co, Kartographisches Institut, Druckerei und Verlag KG, 65800 Bad Soden/Ts. (Seiten 60, 64 und 226)

Umschlagentwurf: Media Service, 56203 Höhr-Grenzhausen Ww.

Karte der vorderen Umschlaginnenseite: © Aus ALEXANDER Handkarte, KLETT-PERTHES Gotha und Stuttgart
Karte der hinteren Umschlaginnenseite: Prof. Dr. Heinz Fischer, Koblenz

Umschlagfotos:
Vorderseite: Keramik-Westerwälderin in Grenzau (Foto Siegfried Kaden)
Rückseite: Blick vom Küppel über Weltersburg auf Weltersburg und Girkenroth am Watzenhahn (Foto Siegfried Kaden)
Rückseite Klappe: Über dem Wiedtal bei Wüscheid (Foto Hermann-Josef Hucke)

ISBN 3-921-548-17-9 (Westerwald-Verein e.V.)



Druck: Druckerei Breiden, 56203 Höhr-Grenzhausen Ww.

Printed in Germany

# INHALT

### Im Raum Hachenburg



## UNTERER WESTERWALD

### Rund um Selters und Herschbach



### Montabaur und sein Umland



### Im Westerwälder Kannenbäckerland



## WESTLICHER WESTERWALD

### Im Raffeisenland



### Im Wiedtal und im Rheinischen Westerwald



### Die Wiedhöhen mit Dierdorf und Rengsdorf

## RHEINTAL (WESTERWALDSEITE) UND SIEBENGEBIRGE



## SIEG-WESTERWALD

## Zum Gebrauch des Führers „Unterwegs im Westerwald"

Der Westerwald ist schön. Bildschön. Reizvoll. Voller Überraschungen. - Nur leider: Wer kennt ihn schon mit allen seinen sehenswerten Zielen, berühmten oder auch verborgenen Kleinoden? Selbst denjenigen, die hier wohnen, ist er oft nicht genügend bekannt.
Dieser neue Westerwald-Führer will Sie mitnehmen auf Entdeckungsfahrt, auf kleine Ausflüge, Wanderungen und Spaziergänge, wo es etwas zu bestaunen, zu erleben gibt.
Er zeigt Ihnen die Landschaft des Westerwaldes, seine Natur, seine Geschichte und kulturellen Bauten, seine vielseitigen Freizeit- und Erholungsmöglichkeiten.
Die Texte sind im wesentlichen kurze aktualisierte Auszüge aus dem vorliegenden „Großen Westerwald-Führer", der mit seinen rund 900 Seiten sehr detailliert alles, was irgendwie interessant ist, beschreibt. Wer sich also intensiver mit den in diesem kleinen Buch angesprochenen Zielpunkten beschäftigen will, dem sei dieses Werk zum Studium empfohlen. Der „Große Westerwald-Führer" erlebte mehrere Auflagen, ist auch heute noch erhältlich und wird demnächst wieder aktualisiert aufgelegt.
Umfangreiche Hilfen leisteten bei der Aktualisierung die zuständigen Fremdenverkehrsstellen der Kreise, aber auch viele Mitglieder des Westerwald-Vereins. Auch all denjenigen sei nochmals gedankt, die beim „Großen Westerwald-Führer" mitgewirkt haben und deren Angaben in diesem Buch Verwendung fanden.
Sämtliche Angaben in diesem Führer sind unbeeinflusst von jeglicher Werbung. Wertungen geben die Ansicht des Autors wider.
Für die Bebilderung sorgte Siegfried Kaden, ein versierter Fotoamateur, an dessen zahlreichen schönen Farbfotos Sie sicherlich Gefallen haben werden.
Möge Ihnen also dieser neue Führer ein sicherer und interessanter Begleiter „Unterwegs im Westerwald" sein. Lassen Sie sich führen, lassen Sie sich verführen von einer erlebenswerten Mittelgebirgslandschaft!

Hermann-Josef Hucke

## Symbole

| | |
|---|---|
| ❖ | Aus der Geschichte |
| | Gebäude / Kirchen |
| | Naturschönheiten |
| ☼ | Aussichtspunkte |
| | Freizeiteinrichtungen |
| | Rundgänge, Wandermöglichkeiten |
| ✕ | Einkehr |
| ⓘ | Informationsstellen |
| ☎ | Telefon |
| | Besichtigungsstätten, Museen |
| ■ | Wanderparkplatz |
| ★ | Hier gibt es etwas Interessantes zu sehen. |
| ★★ | Das sollte man sich unbedingt ansehen. |
| ★★★ | Eine ganz besondere Sehenswürdigkeit des Westerwaldes. |
| **VG** | Verbandsgemeinde |
| **NSG** | Naturschutzgebiet |
| **ND** | Naturdenkmal |

*Landschaft Westerwald: Hier bei Willmenrod im Westerburger Land*

# 1. „Hui! Wäller?" - „Allemol!" - Der Westerwald stellt sich vor

## O du schöner Westerwald

### Von der Landschaft und ihrem Klima

*Von Hermann-Josef Hucke*

Wo liegt er denn eigentlich, unser Westerwald? In einem bekannten Westerwaldlied heißt es: „Zwischen Sieg und Lahn und zwischen Dill und Rhein." Östlich der Dill ist die Begrenzung etwas umstritten; hier spricht man vom „Westerwälder Hinterland". In diesem Flussparallelogramm beziehen wir die Talgebiete von Dill, Lahn und Sieg voll, die des Rheins aber nur rechtsrheinisch, also auf seiner Ostseite mit ein. Betrachten wir das „Flusskreuz" Rhein / Mosel-Lahn mit dem Raum Koblenz-Lahnstein als Mittelpunkt, so sehen wir den Westerwald als nordwestlichen Gebirgsteil des Rheinischen Schiefergebirges.
Die Randflüsse des Westerwaldes haben sich recht tief ins Gebirge eingeschnitten. So sind die Bachsysteme, die aus dem Inneren des Westerwaldes zu diesen hinführen, entsprechend eingegraben und daher auch um so reizvoller, je mehr sie sich den Randflüssen nähern. Das Innere des Westerwaldes dagegen ist weniger stark modelliert. Hier herrschen wellige, von vielen Kuppen bekrönte Hochflächen vor. Im Hohen Westerwald liegen die drei fast gleich hohen „höchsten" Berge des Westerwaldes: Fuchskaute (657 m), Stegskopf (654 m) und Salzburger Kopf (653 m). Weil sie aber die Hochfläche nur 60 - 80 m überragen, wirken sie nicht besonders mächtig.
Wie der Name „Rheinisches Schiefergebirge" schon sagt, besteht das Grundgebirge überwiegend aus gefalteten und geschieferten Ablagerungsgesteinen der

Devonzeit vor 405 bis 350 Millionen Jahren. Damals entstanden aus Sanden und Tonschlämmen Grauwacken und Quarzite, durch Ablagerungen in einem Devonmeer besonders im östlichen Westerwald auch stellenweise starke Kalkablagerungen. Durch Abtragungen füllten sich zudem Beckenlandschaften des Westerwaldes mit Verwitterungsprodukten, zu denen der berühmte Westerwälder Ton gehört. In der Tertiärzeit ( vor 6 bis 2 Millionen Jahren) ergossen sich an vielen Stellen des nun abgetragenen Rumpfgebirges Basalte, ähnlich wie auf der Oberfläche eines Kuchens unregelmäßig Schokoladenstreusel verlaufen, heute noch sind sie auf einer Fläche von rund 50 km$^2$ und in einer Mächtigkeit von bis zu 100 m vorhanden, besonders im zentralen, dem Hohen Westerwald. Er wurde und wird an vielen Stellen abgebaut und insbesondere zum Straßenbau verwendet. In den stillgelegten Tongruben und Basaltbrüchen finden wir heute häufig verwunschene Weiher, reizvoll für romantische Spaziergänge und Ruhe suchende Gäste. Der Westerwald ist aber auch ein Land der Seen. Unzählige Bäche wurden aufgestaut, beleben das Landschaftsbild und haben sich zu Erholungszielen für Wassersportler und Naturfreunde entwickelt.
Sonne über dem Westerwald: Das Klima des Westerwaldes entspricht durchaus dem seiner Nachbargebirge. Natürlich sind die tiefer gelegenen, geschützten Tal- und Beckenlandschaften wärmer und regenärmer als die den Winden ausgesetzten Hochflächen des Hohen Westerwaldes. Dort oben kann auch mal der Wind „so kalt pfeifen". In den Tallagen haben wir Jahresniederschläge von 600 mm, auf den Hochflächen aber bis zu 1000 mm. Die Jahresmittel der Lufttemperatur schwanken zwischen 10$^0$ „unten" und 6$^0$ „oben". So zieht auch beispielsweise der Frühling auf den Höhen etwa drei Wochen später ein als in den Talgebieten des Westerwaldes. Wenn wir etwa im Rundfunk hören, dass es im Westerwald kälter sei als anderswo, so bezieht sich dies in der Regel auf die Temperatur an der wirklich etwas „rau" gelegenen Wetterwarte auf der Bad Marienberger Höhe.

## Natur und Naturschutz im Westerwald

### Vielfältig und abwechslungsreich wie kaum eine andere Landschaft

*Von Friedrich W. Georg*

Der Westerwald, mitten in Deutschland und Europa gelegen, ist eine der interessantesten Mittelgebirgslandschaften. Vielfältige geologische Verhältnisse, wie es sie kaum woanders in Deutschland gibt, sind die Grundlage für unterschiedliche Naturlandschaften und eine artenreiche Pflanzen- und Tierwelt. Die Hochfläche des Westerwaldes ist die größte Basaltplatte Europas. Daraus hervorragende, bizarre Basaltfelsformationen sind teilweise als Naturdenkmale ausgewiesen.
Die heutige Landschaft ist meist nicht mehr ursprünglicher Natur, sondern zum größten Teil durch menschliche Nutzung entstandene Kulturlandschaft. Zuerst waren es Rodungen zur Schaffung landwirtschaftlicher Nutzflächen. Der für die Industrialisierung in Deutschland im 17. und 18. Jahrhundert große Energiebedarf musste hauptsächlich mit dem Holz aus heimischen Wäldern gedeckt werden. Im Westerwald war es insbesondere der Holzeinschlag für die Eisenverhüttung, der zu

einer fast vollständigen Entwaldung der Hochfläche führte. Zur Förderung der Landwirtschaft erfolgte Mitte des 18. Jahrhunderts die Anpflanzung der für den Westerwald so typischen Fichten-Schutzhecken.
Bedingt durch die in den letzten Jahrzehnten zurückgehende Landwirtschaft, insbesondere die Weidewirtschaft, kam es zu umfangreichen Aufforstungen vorwiegend von Laubwäldern. Beim Abbau von Bodenschätzen z.B. Basalt und Ton, entstanden Steinbrüche und Tongruben, durch deren Rekultivierung neue Lebensräume für seltene Pflanzen- und Tierarten geschaffen wurden, „Biotope aus Menschenhand".
Markant für den hohen Westerwald sind die Viehweiden und Feuchtwiesen. Hier findet man noch die Trollblume, Arnika und zahlreiche Orchideenarten und man kann seltene Vogelarten wie den Wiesenpieper, das Braunkehlchen und die Bekassine, einen kleinen Schnepfenvogel, beobachten. Die zahlreichen Seen und Talsperren, wie z.B. die Westerwälder Seenplatte, sind nicht nur beliebte Erholungsstätten, sie sind auch Lebensraum für zahlreiche Wasserpflanzen, Wasservögel, Amphibien und andere Tiere. Deshalb sind einige Wasserflächen, Feuchtwiesen und sonstige Lebensräume als Naturschutzgebiete ausgewiesen.

*Lerchensporn unterhalb der Maienburg*

Vom Wasser der Hochfläche gespeist, schlängeln sich wunderschöne, meist noch unverbaute und naturnahe Bäche und Flüsse talwärts. Hier kann man noch die Wasseramsel und den Eisvogel am Bach und die Forelle im klaren Wasser erleben. Zur Lahn fließen die Dill, Ulm-, Kerker-, Gel- und Emsbach, zum Rhein die Wied und zur Sieg Hellerbach und Wied. Die den Westerwald umschlingenden Flusstäler Lahn, Rhein und Sieg gehören zu den schönsten Erholungslandschaften in Deutschland und erfreuen sich großer Beliebtheit bei Wassersportlern und Erholungssuchenden. Noch im 18. Jahrhundert war der Lachs ein häufiger Fisch im Rhein und seinen Nebenflüssen. Durch Gewässerverschmutzung, Wasserausbau bzw. Wasserverbau wurde diesem Wanderfisch die Lebensgrundlage zwischenzeitlich entzogen. Mit dem ehrgeizigen Programm „Lachs 2000" soll der Lachs wieder in Rhein, Lahn und Sieg zurückgeholt werden.
Der Naturschutz hat im Westerwald Tradition. 1836 wurde der Drachenfels als erstes deutsches Naturschutzgebiet ausgewiesen. 1926 folgten die Erdbacher Höhlen und 1927 das Wildweiberhäuschen bei Langenaubach sowie der Blasiusberg, die Dornburg und das Heidenhäuschen im Kreis Limburg.
Der Westerwald-Verein e.V. ist seit seiner Gründung 1888 dem Naturschutz verpflichtet und sieht auch in Zukunft aktiven Naturschutz im Westerwald als eine Hauptaufgabe.

# Eine Landschaft gehört drei Bundesländern

## Kurze Geschichte des Westerwaldes

*Von Karl Kessler*

Im Jahre 1048 wird für den Raum der drei späteren Kirchspiele Marienberg, Emmerichenhain und Neukirch erstmals die Bezeichnung Westerwald verwendet. Gemeint war damit das Waldgebiet westlich des Königshofes Herborn. Galt der Name ursprünglich nur dem Hohen Westerwald, so verstand man seit dem 19. Jahrhundert darunter das Mittelgebirge zwischen den Flusstälern von Rhein, Lahn, Sieg und Dill, fast in Übereinstimmung mit dem Arbeitsgebiet des Westerwald-Vereins. Mit diesem Westerwald befassen sich auch die nachfolgenden Ausführungen. Seit Mitte des 20. Jahrhunderts ist der Westerwald noch größer geworden und reicht im Osten bis zum Lahnbogen, wo der mittlere Ostflügel des Rheinischen Schiefergebirges endet.

Die Besiedlung des Westerwaldes nahm von den Randlandschaften her ihren Ausgang, in denen auch die meisten vor- und frühgeschichtlichen Funde entdeckt wurden. Es waren die alten Siedlungskammern im Neuwieder und Limburger Becken, die Siegburg-Hennefer Bucht und das mittlere Lahngebiet im Südosten, die sich als Kerngebiete für eine erste politische Gliederung des Raumes anboten und von denen aus langsam das Landesinnere erschlossen wurde. So finden wir dort in fränkischer Zeit den Engersgau, den Auelgau und den Niederlahngau, von dem sich der Oberlahngau abhebt. Breite Grenzwaldungen trennten ursprünglich die Gaue voneinander.

Die Gaugrafschaften waren schon im 12. Jahrhundert weitgehend bedeutungslos geworden. Kirche und Adel hatten die grundherrliche Macht übernommen. Neben den Erben der Stellvertreter des Königs, den Gaugrafen, hatten sich geistliche und weltliche Grundherren Machtstellungen im Kampf um die Ausbildung der Territorien geschaffen. Über den größten grundherrlichen Besitz verfügte der König. Das Königsgut kam nach dem Sturz der Konradiner an die Ottonen und Salier, die es zum großen Teil an die Kirchen verschenkten, die unter Trier, Köln und Mainz zusammen mit weiteren Kirchen nach dem Westerwald griffen, in den auch die Landgrafen von Hessen vordrangen. Neben den Grafen von Sayn, Nassau, Diez, Wied, Solms-Greifenstein und Isenburg steckten noch viele andere Herrengeschlechter ihre Herrschaftsbereiche ab.

Im Verlauf des Mittelalters kam es durch häufige Erbteilungen zur Zersplitterung der ohnehin kleinen Herrschaftsgebiete. Die territoriale Gliederung vereinfachte sich erst zur Neuzeit hin. Zum Ende des alten Reiches 1789 bestand der Westerwald noch immer aus den Territorien Sayn-Altenkirchen, Sayn-Hachenburg, Nassau-Oranien, Nassau-Weilburg, Nassau-Usingen, Leiningen-Westerburg, Wied-Runkel, Wied-Neuwied, Solms, Holzappel, Herzogtum Berg, Kurtrier, Kurmainz und Kurköln.

Nach den Koalitionskriegen und den napoleonischen Wirren konnte ein größerer Teil der Landschaft einer einheitlichen nassauischen Verwaltung zugeführt werden. 1866 annektierte Preußen das Herzogtum Nassau. Seitdem bildete es den Regierungsbezirk Wiesbaden der Provinz Hessen-Nassau. 1944 erfolgte nach deren Auf-

*In der Hachenburger Altstadt*

lösung und aus einem erweiterten Regierungsbezirk Wiesbaden die Provinz Nassau.

Eine erneute Auflösung gab es 1945. Der größte Teil kam im Rahmen der amerikanischen Besatzungszone an das neugebildete Land Hessen. Die damaligen Kreise Oberwesterwald, Unterwesterwald, Unterlahn, Altenkirchen und Neuwied kamen durch die französische Besatzungszone an das Land Rheinland-Pfalz. Die anderen westerwäldischen Landesteile gehörten größtenteils seit 1815 zur preußischen Rheinprovinz. Der frühere Kreis Siegen und der Siegkreis standen nach dem Ende des Zweiten Weltkriegs unter britischer Verwaltung.

So gehört der Westerwald heute drei Bundesländern an. Nach den letzten Verwaltungsreformen zählen zu Hessen die Kreise Lahn-Dill, Limburg-Weilburg und Marburg-Biedenkopf, zu Rheinland-Pfalz die Kreise Rhein-Lahn, Altenkirchen, Neuwied, Mayen-Koblenz und Westerwald, zu Nordrhein-Westfalen die Kreise Siegen-Wittgenstein und Rhein-Sieg. Trotz aller tiefgreifenden Grenzveränderungen im 19. und 20. Jahrhundert hinweg ist der Westerwald ein „binnendeutsches Grenzland" geblieben und ist nach wie vor politisch und verwaltungsmäßig zersplittert. Nur einzig und allein die Gründerväter des Westerwald-Vereins hatten die Wichtigkeit eines einigenden Bandes klar erkannt und sich nie an politischen Grenzen gestört. Sie wussten: Gemeinsam sind wir stärker.

# Der „Wäller"

## Von den Menschen im Westerwald

*Kurze Geschichte des Westerwaldes. Von Karl Kessler*

Heute verstehen wir unter dem Westerwald das Mittelgebirge zwischen den Flusstälern von Sieg, Lahn und Rhein. Da es so keine einheitliche Westerwald-Landschaft gibt, kann man auch nicht „dem Westerwälder" begegnen, von ihm sprechen oder ihn gar beschreiben.
Von den frühen Siedlungskammern her im Neuwieder und Limburger Becken sowie dem Dill- und Siegtal, mit den nach dorthin abfließenden Bächen, wurde den unterschiedlichen Wesenszügen und Eigenheiten der Nachbarn Zugang verschafft. Hessische, südnassauische, rheinische, bergische und siegerländische Lebensart haben bei der Bevölkerung Spuren hinterlassen. Verstärkt wurde der Einfluss von außen durch die alten Fern- und Handelswege, die den Westerwald zu einem Durchzugsgebiet machten und ihn heute noch queren.
Der Vorgang der Einwanderung aus den verschiedensten Gründen hat sich seit dem Spätmittelalter verstärkt, so auch das Hereinholen von Fachleuten zur Lösung bestimmter Aufgaben. Dieses geschah und geschieht aber stets und überall bis heute und ist schon immer und überall selbstverständlich. Das hat dem Westerwald nur gut getan. So sind dann auch die Bewohner in der Vergangenheit in landes- und volkskundlichen Betrachtungen, Reiseführern, Amtsbeschreibungen und Lesebüchern sehr unterschiedlich charakterisiert worden. Doch alles, was über den Westerwald und seine Menschen niedergeschrieben wurde, muss vom zeitlichen Hintergrund her gesehen werden. Schließlich war man seit der Neuzeit bis weit ins 19. Jahrhundert hinein durch einen Zeitraum schlimmster Nöte hindurch gegangen. Schlechte Lebensbedingungen durch Kriege, Realerbteilung, Bevölkerungsexplosion, Missernten, Viehsterben und Hungerjahre hatten Verarmung, Auswanderung, Landgängerei und Hausierhandel zur Folge.
Dr. h.c. Karl Löber hat 1965 einen Versuch unternommen westerwäldische Wesensart darzustellen und dabei zum Ausdruck gebracht, dass die „eigentlichen Wäller" auf dem Hohen Westerwald anzutreffen sind. Gekürzt und auszugsweise sollen hier Löbers sorgfältige und treffliche Forschungs- und Beobachtungsergebnisse wiedergegeben werden:
*Die „Wäller" sind in den Gefilden über 500 Meter Meereshöhe anzutreffen, auf der eingestandenermaßen ein wenig unwirtlichen, windzerzausten und schneesturmüberblasenen Hochfläche um die Fuchskaute, den Salzburger Kopf, den Stegskopf, den Barstein und den Knoten. Hier hatte sich im Kampf gegen klimatische Unbill, wirtschaftliche Notzeiten, Kriegs- und Kriegsfolgelasten ein rauschaliger, winterharter, sturmerprobter Menschenschlag entwickelt, der auch heute noch in seinen typischen Vertretern nicht zu übersehen ist. Den Landfremden fallen häufig große, kantige, vierschrötige Gestalten, ihre weithin hallende, laute Sprache und ihre eigenwillige Dickschädeligkeit auf. Kennt er sie länger, dann weiß er, dass sie die Gastfreundlichsten, Herzlichsten und Treuesten unter allen anderen rundum sind. Einem bedächtigen Gespräch ist der Westerwälder immer sehr zugeneigt. Im Streit können die Wäller gefährlich ruhig bleiben und, ohne viel Widerworte zu geben, lange zusehen, dann*

*aber plötzlich und kräftig zuschlagen. Sie sagen von sich selbst: „Ajch sei'n Wäller! Ajch saa net ajch schloh, ajch schloh!" Die Wäller sind sehr praktisch veranlagt und waren schon immer recht aufgeschlossene Leute. Gerne sind sie zu Hause. Und doch in jedem Wäller lebt ein Fernesüchtiger und ein Heimwehbehafteter.*

Sicher ist das eine: Die Westerwälder sind ein tüchtiges, fleißiges und gastfreundliches Volk, das auf die Fortschritte in der Vergangenheit sehr stolz sein kann. Und sicher ist auch, dass die Westerwälder mehr waren als oft nur Handlanger - Schlepper von Steinen und Mörtel. Bedeutende Persönlichkeiten aus Geistlichkeit, Adel, Bürger- und Bauerntum hat der Westerwald hervorgebracht.

Friedel Schweitzer hat den Nagel im wahrsten Sinn des Wortes auf den Kopf getroffen:

***Westerwälder Basaltköpp***

*Man sagt uns nach, wir hätten ihn,*
*den Schädel aus Basalt.*
*Ich wollte ja, es wäre wahr.*
*Was würden wir so alt!*

*Wir hätten immer kalten Kopf.*
*Er wär' ein bisschen schwer,*
*doch trügen wir ihn würdevoll*
*im Lande hin und her.*

*Und würde er dann älter,*
*das könnte uns nur freuen.*
*Wir gingen in den Steinbruch*
*und holten einen neuen.*

*Die Schar der Westerwälder,*
*mit ihren Köpfen schwer,*
*trifft sich am Höllenkopfe*
*und bildet dort ein Heer.*

*Sie tragen keine Waffen,*
*- die Köpfe sind aus Stein,*
*- die werden ihnen helfen,*
*Sieger stets zu sein.*

*Sie führten viele Kriege,*
*besiegten jeden Mann.*
*Fang bloß mit keinem Wäller*
*jemals zu streiten an!*

## Wäller Platt

### Die Mundartlandschaft Westerwald

*Von Karl Kessler*

Mit der zunehmenden Verkehrserschließung des Westerwaldes und der damit verbundenen Mobilität kam es seit dem 19. Jahrhundert ständig zu großen Veränderungen der Lebensgewohnheiten. Altes Brauchtum geriet in Vergessenheit, Trachten sind längst abgelegt und die Mundart wurde vernachlässigt. Städtische Vorbilder führten zur Umbildung des Begriffs- und Wortvorrats. Deutlich ist das Schwinden der Mundart zu spüren. In den letzten 50 Jahren wurden immer mehr Mundartwörter seltener gebraucht und werden bald verloren gehen. Die Oma schwätzt noch im breiten „Wäller Platt", die Mutter „bemüht" sich und der Schüler „spricht". Das ist in unserer bildungsbeflissenen Zeit leicht zu verstehen. Noch kennt man einige Bezeichnungen der Geräte aus den Bereichen der Landwirtschaft, des alten Handwerks und des Bergbaus, von deren Handhabung nur noch wenige der Alten zu berichten wissen. Hausnamen, Flurnamen und Redensarten geraten fortschreitend in Vergessenheit. Am ursprünglichsten ist die Mundart in den kleinen Westerwalddörfern als sprachliches Erbe erhalten geblieben. Trotz der ländlichen Struktur

*Weiher am Daadenbach in Biersdorf*

ist nur noch bei etwa 12% der Westerwälder das Platt beliebt. So ist also zur Aufzeichnung in Wort, Erklärung und Ton Eile geboten. Ohne das Wissen um die Grundlagen und um die Entwicklung der Mundart ist deren Erfassung kaum möglich. Die eigentliche wissenschaftliche Beschäftigung mit der Sprachgeographie begann im 19. Jahrhundert durch die Erforschung der Sprachgeschichte und der historischen Grammatik. Dabei kann im Westerwald auf frühe und grundlegende Arbeiten zurückgegriffen werden. Da ist beispielhaft das im Jahr 1800 erschienene Wörterbuch „Westerwäldisches Idiotikon" des Willmenroder Pfarrers Karl Christian Ludwig Schmidt zu nennen. Innerhalb des mitteldeutschen Mundartengebietes, das sich in einem breiten Gürtel zwischen den Gebieten des Ober- und Niederdeutschen hinzieht, gehört der Westerwald dem westmitteldeutschen Gebiet an, das seinerseits wieder zerfällt in das Ripuarische (Kurkölner Kulturkreis; nordwestlicher Westerwald), das Moselfränkische (Kurtrierer Kulturkreis; südwestlicher, mittlerer und Hoher Westerwald bis hin ins südliche Siegerland) und das Rheinfränkische (Kurmainzer Kulturkreis; südöstlicher Westerwald).

Es gibt also keine einheitliche „Westerwälder Mundart". Sie hat ihre Quellen im Indoeuropäischen, das mit den jungsteinzeitlichen Schnurkeramikern in Zusammenhang gebracht wird. Fluss-, Tier- und Pflanzennamen deuten darauf hin. Aus dem jüngeren Germanischen und Lateinischen stammen u. a. Orts- und Flurnamen. Einflüsse fremder Sprachen hat es zu allen Zeiten gegeben, so wurden lateinische, hebräische und französische Wörter in die Mundart übernommen. Auch „Rotwelsch", eine zusammengetragene, abgeschlossene, künstlich gemachte Gaunersprache, zusammengesetzt aus Platt mit unbekannten ausländischen „Brocken", fand Eingang.

Nach dem Zweiten Weltkrieg ergoss sich zunehmend bis in unsere Tage eine Flut von amerikanischen und englischen Ausdrücken auf die schöne deutsche Sprache. Besonders waren davon die Bereiche der Technik und der Werbung betroffen. So

blieb auch unser Dialekt leider nicht ganz davon verschont. Jedoch die Prägung der Westerwälder Volkssprache wurde durch die drei schon vorgenannten Kulturkreise bewirkt. Wenn auch von außen beeinflusst, hat sie sich bei uns herausgebildet, so spricht man eben nur im Westerwald. Wer sich aufmerksam mit der Mundart befasst, wird die Unterschiede in der Ausdrucksweise bald feststellen. Da ist z. B. die Sache mit dem Regen. In der Hochsprache sagt man „es regnet", dann kann das ein sehr unterschiedlicher Regen sein, es sei denn, wir setzten noch „sehr" oder „ein bisschen" hinzu. Auf Platt aber können wir die feinsten Unterschiede in der Stärke des Regens ausdrücken: *„öt niwwelt, öt fisselt, öt trebbelt, öt trätscht, öt schütt, öt gißt".*
Die nachfolgenden Beispiele mögen etwas von der Vielfalt unserer Volksprache widerspiegeln:

*Die gewaldisch degge Erdebbel*
*Dä Kall ön sei Liesje worn off da Marmer Hüh om Erdebbel ausdoh. Die zwa harren ön riesische Spaß üwwer die gewaldische degge Erdebbel. Wie se ohmens heem fuhrn möt dem schwer belorene Woh voll Erdebbel, ön dä Kall se in de Kähr gedoh hat, du verzohl hä in da Noberschaft, dät se de Erdebbel möm Bröcheise ön möt da Kreuzhaw ausgedoh ön da möt da Drommsee durchgeschniere härren. Ön von däm Seemehl künn ganz Owermarmerich 14 Daach lang Riewesblätzjer bagge.*
*(Erzählt von Erhard Donath in der Mundart von Bad Marienberg)*

*Det schunste Woad*
*Heimat ös det schünste Woad*
*off da ganzen Welt.*
*Heimat ös da schünste Oad*
*unnam Himmelszelt.*

*Heimat, ach, wie sein esch fruh,*
*datt esch dich noch hann.*
*Un esch freuen mich jo su,*
*datt esch häi sein kann.*
*(Gedicht von Friedel Schweitzer in der Mundart von Hattert-Hütte)*

*Wenn ma'n Bälmaa of en Gaul setzt, rannte Leu em.*
*Maulspetze gelt net, et muss aach gepeffe wern.*
*Viel Henn mache dä Orwet e En.*
*(Geflügelte Worte, gesammelt von Ännchen Jung-Eisel in der Mundart von Irmtraut)*

*Soag net ihnder hopsa, als bis de iwer de Bach bist!*
*Der Mann kann met em Leirerwo'n net so viel einfohre,*
*wie de Frau en der Schürz rausdrain kann.*
*Wemmer all die Mäuler zustoppe wollt, müsst mer viel Dreck hon.*
*(Sprichwörter, niedergeschrieben von Johanna Arndt in der Mundart von Eitelborn)*

Sicher wird in unserer schnelllebigen Zeit zusammen mit der zunehmenden Beweglichkeit und der Umgestaltung des ländlichen Lebens hin zu einer multikulturellen Gesellschaft die Mundart immer schneller abgestreift werden. Und doch sollte sie so lange wie möglich durch ihren Gebrauch gepflegt werden.
*„Su öss uhs Sproch: ön Urwuchs, fruuh im Freie gebonne - mir honn uhs Bloome omm Agger gefonne!"*

# 2. Erlebnisreicher Westerwald

## Veranstaltungen und Feste im Westerwald

### Übersicht und Auszug aus dem Gesamtangebot

*Von Klaus Deinaß*

Die Westerwälder feiern genau so gerne wie ihre Landsleute in anderen Regionen. Überall ist Kirmes, überall gibt es Heimat- und Straßenfeste. Es ist deshalb unmöglich, an dieser Stelle eine Gesamtübersicht zu geben. Ausgewählt wurden daher nur Veranstaltungen, die in ihrer Art ungewöhnlich sind, überregionale Bedeutung haben oder erfahrungsgemäß überdurchschnittlich viele Besucher anlocken.
Die Veranstaltungen und Feste richten sich häufig nach unbestimmten Daten, z.B. „. . . vor Pfingsten . . .". Gelegentlich werden sie aus örtlichen Gründen verlegt. Es ist deshalb unerlässlich, das genaue Datum bei den in diesem Buch genannten touristischen Adressen/Telefonnummern nachzufragen.

**JANUAR**
- **Nauroth.** *Am 1. Werktag eines neuen Jahres wird der „Bär" durch die Gemeinde geführt, um böse Geister zu vertreiben.*

**MÄRZ**
- **Eitorf**, *Internationaler Kanuslalom auf der Sieg, Ende März/Anfang April*

**APRIL**
- **Diez**, *Frühlingsmarkt und Automobilausstellung am 3. Wochenende*
- **Eitorf**, *„Eitorfer Frühling" (Kulturveranstaltungs-Woche mit Leistungsschau in der 3. Woche)*

**MAI**
- **Bad Ems**, *Jacques-Offenbach-Festival im Mai und Juni*
- **Bad Hönningen**, *„Hopfenfest", Mitte des Monats*
- **Dillenburg-Niederscheld**, *Wanderung zum „Nesseldorfer Weiher" mit Buden und Verkaufsständen am 1. Mai oder am Himmelfahrtstag*
- **Horhausen**, *Blumenmarkt im Laufe des Monats*
- **Kirburg**, *Jahrmarkt am 2. Samstag*

**JUNI**
- **Bad Ems**, *Rosenball mit Wahl der Rosenkönigin*
- **Bad Hönningen**, *Weinblütenfest am Monatsanfang*
- **Bad Marienberg**, *„Marmer Kirmes" mit Umzug in alten Trachten, Volksfest am letzten Sonntag*
- **Eitorf**, *Internationales Heißluftballon-Treffen am Monatsanfang*
- **Höhr-Grenzhausen**, *Großer Keramikmarkt am 1. Samstag*
- **Holzappel**, *Markt an Peter und Paul (29. Juni)*
- **Unnau**, *Kirmes mit Montagsmarkt am 3. Sonntag*
- **Weilburg**, *Schlosskonzerte im Juni und Juli*

**JULI**
- **Bad Hönningen**, *Sommernachtsfest am Monatsende*

- **Beselich-Obertiefenbach**, *„Historischer Markt" alle zwei Jahre am Samstag nach dem 15. Juli*
- **Diez**, *Altstadt-Fest am 1. Samstag*
- **Hammerstein**, *Schützenfest am letzten Sonntag*
- **Herdorf**, *Volksfest am 1. Sonntag*
- **Mengerskirchen**, *Kirmes am 3. Wochenende*
- **Neuwied**, *Internationales Deichstadtfest am 2. Wochenende*
- **Siegburg**, *Keramikmarkt am 1. Sonntag*
- **Zehnhausen b. W.**, *„Lindenblütenfest" am 1. Wochenende*

**AUGUST**

- **Asbach**, *große Kirmes am Monatsanfang*
- **Bad Ems**, *Bartholomäusmarkt mit Blumenkorso am letzten Wochenende*
- **Burbach**, *Museumsfest mit Kunsthandwerkermarkt am letzten Wochenende*
- **Diez**, *Heimatfest mit Feuerwerk am 1. Wochenende*
- **Gebhardshain**, *Kirmes und Schützenfest am 1. Sonntag*
- **Hachenburg**, *Kirmes am 2. Sonntag*
- **Hammerstein**, *Winzerfest am letzten Sonntag*
- **Herborn**, *viertägige Kirmes mit Sonntag-Umzug am letzten Wochenende*
- **Koblenz und Lahnstein**, *Großfeuerwerk „Rhein in Flammen" am 2. Samstag*
- **Leutesdorf**, *Laurentiuskirmes mit Fähnchenschwenken im Monatsverlauf*
- **Linz**, *„Rhein in Flammen" (bis Bonn) am 1. Samstag; Kirmes mit Internationalem Drehorgelfest am letzten Wochenende*
- **Löhnberg**, *dreitägiges Burgfest am Monatsanfang*
- **Montabaur**, *Kirmes am 1. Wochenende*
- **Montabaur-Wirzenborn**, *„Verlobter Tag" mit Predigt im Freien an der Wallfahrtskirche am 15.*
- **Neuwied**, *Verbrauchermesse IHAGA am Monatsende und Anfang September*
- **Rengsdorf**, *Freizeit-Spaß-Aktion im Monatsverlauf*
- **Seck**, *Hoffest auf Gut Dapprich im Monatsverlauf*
- **Stein-Neukirch**, *Neukircher Markt am 1. Montag*
- **Waldbreitbach**, *Kirmes mit Großfeuerwerk „Wied in Flammen" am 3. Wochenende*
- **Weilburg**, *„Nostalgischer Handwerkermarkt" am 2. Wochenende*
- **Westerburg**, *viertägige Kirmes am 1. Sonntag des Monats*
- **Windeck-Dattenberg**, *„Laurentius-Kirmes" am 2. Wochenende*
- **Windeck-Herchen**, *Kirmes am 3. Wochenende*

**SEPTEMBER**

- **Bendorf**, *Burgen- und Parkfest am 1. Wochenende*
- **Betzdorf**, *Schützenfest am 2. Wochenende*
- **Bonn-Beuel**, *„Pützchens Markt" am 2. Wochenende*
- **Dillenburg**, *Große Hengstparade an zwei Wochenenden am Monatsende alle 2 Jahre (2003 usw.)*
- **Elbingen**, *Backesfest am 2. Wochenende*
- **Elz**, *viertägige Kirmes als „Volksfest des Westerwaldes" am 3. Wochenende*
- **Kirburg**, *Jahrmarkt am 2. Samstag*
- **Leun**, *Brückenmarkt am 1. Wochenende*

- **Leutesdorf**, *Winzerfest mit Weindorf und Festzug am 2. Sonntag*
- **Limburg**, *Flohmarkt in der Altstadt, 1. Sonntag*
- **Linz**, *Winzerfest am 2. Wochenende*
- **Montabaur**, *Schustermarkt mit Westerwälder Handwerkermarkt am 3. Wochenende*
- **Nassau**, *Michelsmarkt als Volksfest mit Vergnügungspark und Feuerwerk Ende September*
- **Rengsdorf**, *Kirmes im Monatsverlauf*
- **Rhöndorf**, *Weinfest am Monatsanfang*
- **Windeck-Rosbach**, *Großkirmes am 1. Wochenende*

### OKTOBER

- **Betzdorf**, *Stadtfest am letzten Sonntag*
- **Dattenberg**, *Erntedank- und Winzerfest mit Umzug am 1. Wochenende*
- **Elsoff**, *Markt in der Monatsmitte*
- **Königswinter**, *Kirmes und Winzerfest am 1. Wochenende*
- **Leubsdorf**, *Winzerfest am 2. Sonntag*
- **Molsberg**, *Markt am 1. Samstag*
- **Pottum**, *Abfischen des Wiesensees mit Fest im Monatsverlauf*
- **Ransbach-Baumbach**, *Internationaler Töpfermarkt am 1. Wochenende*
- **Urbach**, *Markt am 1. Dienstag*
- **Weilburg**, *Internationaler Residenzmarkt am 2. Wochenende*
- **Westerwälder Seenplatte**, *Abfischen mit Fest im Monatsverlauf*
- **Wetzlar**, *Gallusmarkt im Monatsverlauf*

### NOVEMBER

- **Bad Hönningen**, *Federweißenfest am Monatsanfang*
- **Diez**, *Martinsmarkt am 2. Wochenende*
- **Eitorf**, *Internationales Schlittenhunde-Wagenrennen am 1. Wochenende*
- **Hachenburg**, *Katharinenmarkt am Monatsanfang*
- **Herborn**, *Großer Martinimarkt mit Verkaufsständen und Vergnügungspark am Sonntag und Montag vor Volkstrauertag*
- **Isenburg**, *Umzug mit Lichtschmuck im Ort am Martinstag (11.)*

### DEZEMBER

- **Asbach**, *Kunstmarkt für Hobbykünstler am Monatsanfang*
- **Burbach**, *Weihnachtsmarkt am 2. Advent*
- **Driedorf**. *Am Jahresende zieht der „Strohbär" durch den Ort, um böse Geister zu vertreiben.*
- **Eitorf**, *„Historischer Weihnachtsmarkt" am 1. Wochenende*
- **Haiger-Allendorf**, *seit über 250 Jahren „Naujoahrn-Backen" (Waffelgebäck) an Silvester*
- **Hof**, *Weihnachtsmarkt am Monatsanfang*
- **Mengerskirchen**, *Nikolausmarkt am 1. Sonntag*
- **Neunkirchen**, *Nikolausmarkt am 2. Advent*
- **Niederbreitbach**, *Weihnachtskrippe mit lebenden Tieren ab 4. Advent bis Mitte Januar*
- **Siegburg**, *„Mittelalterlicher Markt" in der Weihnachtszeit*
- **Waldbreitbach**, *Christkindchensmarkt mit Krippenausstellung am 3. Adventssonntag*

- **Weilburg** *Weihnachtsmarkt am 3. Wochenende vor Weihnachten*
- **Westerburg** *Weihnachtsmarkt am Dienstag nach dem 6.*

## Im Westerwald unterwegs

### Kinder- und familiengerechte Ziele und Touren zwischen Rhein und Dill, Sieg und Lahn

*Von Klaus Deinaß*

Wer als Familie oder Elternteil mit einem oder mehreren Kindern eine Wanderung oder einen Ausflug unternehmen will, muss anders planen als für ein Vorhaben, an dem nur Erwachsene beteiligt sind. Kinder langweilen sich oder ermüden schnell, wenn nicht unterwegs etwas geschieht, das sie ihrem Alter entsprechend interessiert. In diesem Beitrag geht es nun besonders um Ziele, die für Kinder zwischen etwa drei und rund 14 bis 15 Jahre geeignet sind.
Vorbereitend muss man sich auch erkundigen, ob Bauwerke, Museen, Besucherbergwerke usw. überhaupt und zu welchen Uhrzeiten geöffnet sind, wo man ggf. einen Schlüssel für eine Besichtigung bekommt, an wen man sich für eine fachkundige Führung wenden kann.
Unsere Recherchen haben ergeben, dass sich Öffnungszeiten, Telefon-Nummern, Bezugspersonen usw. schnell ändern können. Wir geben deshalb nur die Telefon-Nummern an, die wir überprüfen konnten bzw. die sich auf amtliche Institutionen wie Verkehrsämter, Verwaltungen usw. - meist kenntlich an der Endziffer -0 - beziehen.

#### BURGEN UND SCHLÖSSER

Es gibt rund 100 Burgen und Schlösser im Westerwald. Wir können hier nur eine Auswahl unter dem Aspekt geben, dass sie für Kinder besonders interessant sind:

- **Der Drachenfels** über Königswinter (SU), Burgruine, elektrische Zahnradbahn, Eselsritt auf halbe Höhe, Anfahrt mit der Pferdekutsche, unterwegs Drachenhöhle und Nibelungenhalle; Drachenburg, reicht für einen ganzen Tagesausflug
- **Burg Welterode** bei Eitorf (SU), Wasserburg, die tatsächlich noch im Wasser steht (Privatbesitz)
- **Freusburg** über Kirchen-Freusburg (AK), über 1000 Jahre alte Ritterburg, zweitälteste Jugendherberge in Deutschland, fast immer Spielkameraden vor Ort (0 27 41/6 10 94)
- **Schloss Friedewald** (AK), Besichtigung nur nach Vereinbarung, Tel. 0 27 43/ 20 93, mit Mammutbäumen im zugänglichen Schlosspark
- **Burglahr** (AK), gut anzuwandernde Ruine

*Wasserschloss Neuroth bei Bilkheim*

- **Burg Hartenfels** (WW) „Schmanddippe“: offene Burgruine mit 28 Meter hohem Bergfried, Freifläche für eigene Spiele
- **Schloss Neuroth** bei Bilkheim (WW), noch heute von Wasser umgebenes Wasserschloss (Privatbesitz)
- **Sporkenburg** bei Eitelborn (WW), offene Burgruine: so stellen sich Kinder eine Ritterburg vor, gut zu erwandern
- **Burg Hammerstein** über Hammerstein (NR), hoch über dem Rhein gelegene Burgruine mit fantastischer Aussicht, gut zu erwandern
- **Burg Linz** (NR), Schloss-Burg mitten in der Stadt, Folterkammer und Verlies (0 26 44/25 26)
- **Schloss Ahrenfels** bei Bad Hönningen (NR), Schloss mit so vielen Fenstern wie das Jahr Tage hat (0 26 35/ 22 73)
- **Burg Sayn**, Stadtteil Bendorf-Sayn (MYK), Wildgatter, Ruinen von Burgmannenhäusern, Schlossneubau am Fuß des Burgberges, ideal zu verbinden mit Besuch des Schmetterlinggartens (s. unter Tiere und Pflanzen)
- **Festung Ehrenbreitstein** über Koblenz (KO), Landesmuseum Rheinland-Pfalz für technische Altertümer, Prunkkanone „Vogel Greif“, Festungswerke und Bastionen, herrliche Aussicht auf Rhein und Mosel (02 61/9 70 30)
- **Burg Nassau** über Nassau (EMS), weitläufige Burganlage mit Bergfried, Stammburg des Hauses Nassau-Oranien, das heute u.a. das niederländische Königshaus und die Großherzogsfamilie von Luxemburg stellt und zu der auch ein englischer König gehört hat (0 26 04/7 02 30)
- **Schloss Oranienstein** bei Diez (EMS), Erinnerungszimmer an die Nassau-Oranier (s. Burg Nassau) (0 64 32/50 12 70)
- **Burg Diez** (EMS) hoch über der Stadt aufragendes Felsennest (0 64 32/50 12 70)
- **Schadeck** gegenüber Runkel (LM) , herrlicher Blick auf die gegenüberliegende Burg Runkel (0 64 82/42 22), eine der schönsten Burgruinen in Deutschland
- **Burg Merenberg** über Merenberg (LM), schöne Ruine auf einem Basaltkegel, gute Aussicht vom Bergfried
- **Schloss Weilburg**, sehenswerte weitläufige Schlossanlage, besuchenswert zusammen mit Altstadt, Schifffahrtstunnel (s. unter Gewässer) und der Kristallhöhle Kubach (s. unter Bergbau und Höhlen)
- **Burg Kalsmunt** über Wetzlar (LDK), Ruine mit Aussichtsturm auf Westerwald, Taunus, Lahntal, gut anzuwandern (0 64 41/9 93 38)
- **Burg Gleiberg** bei Wettenberg-Krofdorf-Gleiberg (LDK), 30 m hoher Bergfried (06 41/80 40)
- **Burg Greifenstein** am Rand des gleichnamigen Höhenortes (LDK), weithin sichtbare Burg mit Doppeltürmen, zwei Kirchen übereinander gebaut, Bollwerke, Münzen zum Selberprägen, Deutsches Glockenmuseum (0 64 49/64 60)
- **Plateau Dillenburg** über der Stadt Dillenburg (LDK), mit Wilhelmsturm und unterirdischen Ruinen (weitläufige begehbare Kasematten, einst für 3000 Soldaten), Erinnerungsstätte an die Nassau-Oranier (s. Nassau und Oranienstein) (0 27 71/89 61 17)

## KLÖSTER UND KIRCHEN

Auch hier gilt: Baustile und Architekturdetails, Baugeschichte und Kunstwerke interessieren Kinder anhaltig kaum. Etwas Besonderes muss es sein: Die Lage auf

*Der Dom zu Wetzlar*

steilen Felsen mit tollen Ausblicken ins Tal, eine Ruine mit Flair oder spannende Geschichten und Sagen:

- **Heisterbach**, bei Königswinter-Oberdollendorf (SU), malerische Chorruine eines Zisterzienser-Klosters vor einem Waldhintergrund in einem Landschaftspark
- **Rommersdorf** bei Neuwied-Heimbach-Weis (NR), Abtei mit Ruinen-Flair, interessante Restaurierungen (0 26 31/ 80 22 60)
- **Anbetungskirche Vallendar** (MYK), eine Kirche wie eine Burg gebaut
- **Bad Ems** (EMS), russisch-orthodoxe Kirche (02603/4491)
- **Arnstein** bei Seelbach (EMS), Kloster hoch auf einem Felsen über dem Lahntal, ehemalige Burg (0 26 04/9 70 40)
- **Limburger Dom** (LM), zwar schon auf der Taunusseite der Lahn, dennoch: Auch für den Westerwald das bedeutendste Gotteshaus der Region, mit sieben Türmen, in seiner Größe beeindruckend auch für Kinder
- **Lubentiuskirche** in Limburg-Dietkirchen (LM), auf steilem Felssporn über der Lahn
- **Heisterkapelle** bei Wissen-Schönstein (AK), Kirchlein als Fachwerkbau
- **Rehe** (WW), Kirche und Rathaussaal in einem gemeinsamen Fachwerkbau
- **Greifenstein** (LDK), innerhalb der Burganlage (s. unter Burgen) sind zwei Schlosskirchen in verschiedenen Epochen übereinander gebaut worden, eine auch mit für Kinder interessantem Wandschmuck (0 64 49/64 60)

## STADT-ENSEMBLES

Altstädte wirken auf Erwachsene sehr anziehend, für Kinder gilt das eingeschränkt. Im Westerwald wirken am ehesten noch Innenstädte mit vielem Fachwerk, das im Vergleich zu den Kindern gewohnten Etagenwohnungen und Eigenheimen ebenso mächtig wie fremdartig wirkt:

- **Stadt Blankenberg**, Stadtteil von Hennef (SU), einzigartiges Ensemble von Burgruinen, Stadtmauerresten und alter Stadt hoch über dem Siegtal, Halbtagesausflug wert (Auskünfte 0 22 42/8 88-0)
- **Altstädte** u.a. von **Linz** (NR), **Montabaur** (WW), **Hachenburg** (WW), **Limburg** (LM), **Wetzlar** (LDK) und **Herborn** (LDK)

## BERGBAUEINRICHTUNGEN, HÖHLEN UND SCHLUCHTEN

Kinder zieht besonders an, was in der Erde liegt. Im Westerwald lässt sich diese Neugier am besten stillen durch den Besuch von Bergbaueinrichtungen, von denen es im Westerwald früher sehr viele gab, von denen heute einige zu besichtigen sind. Selten sind hingegen Höhlen und Schluchten:

- **Gute Hoffnung** Siershahn (WW), interessantes Schaubergwerk mit kleinem Museum (02602/6890)
- **Grube Georg** bei Willroth (AK), mächtiger Förderturm (76 m hoch) mit Hängebank am Rand der Autobahn, keine Besichtigung
- **Grube Bindweide** Steinebach (AK), Besucherbergwerk mit Grubenbahn (0 27 47/ 8 09 54)
- **Bergbaumuseum** Herdorf-Sassenroth (AK), Schaubergwerk mit eigenem Raum für Kinder, lebensgroße Puppen, nachgeahmte Geräusche, Spiel „Im Bergwerk", Suchspiel, Förderturm, Kohlenmeiler, Kindergeburtstagsfeiern möglich (nachfragen, 0 27 44/63 89))
- **Grube Fortuna** bei Solms-Oberbiel (LDK), Besucherbergwerk mit Grubenfahrt bis in 150 m Tiefe, Vorführungen, Bergbaumuseum, Feld- und Grubenbahnmuseum, Lehrpfad (0 64 43/4 01)
- **Bergbauabteilung** im Museum Weilburg (LM) mit Schaustollen (0 64 71/37 94 47)
- **Kristallhöhle** bei Weilburg-Kubach (LM, Taunusseite der Lahn), höchste Halle aller deutschen Schauhöhlen (0 64 71/48 13)
- **Wildweiberhausfelsen** bei Haiger-Langenaubach (LDK), 40 m hohe Felswand mit kleiner Höhle, die über eine Felsentreppe (Vorsicht!) zu erreichen ist, weitere Höhle nicht zugänglich, zahlreiche Sagen
- **Karsthöhlensystem** bei Breitscheid (LDK), mit rd. 100 m tiefste Höhle Hessens, Netz von Gängen und Spalten (Besichtigungsmöglichkeiten nachfragen: 02 77/ 4 04), Erdbachschlucht zum Durchwandern
- **Heinzelmannshöhlen** bei Bad Ems (EMS), kleine Höhlenbildungen am Wanderweg zum Concordiaturm
- **Holzbachschlucht** bei Seck (WW), einer der schönsten Bachdurchbrüche des Westerwaldes, wildromantisches Tal mit steilen Felswänden und mächtigen Felsbrocken
- **Ruppertsklamm** bei Lahnstein (EMS), wildromantische Steilschlucht (Wanderung aufwärts zu empfehlen, Sicherung durch Stege und Seile, für größere Kinder geeignet), in der Klamm stürzt ein Bach auf 1 km Länge 150 m talwärts

**BASALT**

Bergbau findet im Westerwald - oberirdisch - auch heute noch u.a. in Form des Basaltabbaues statt. Aktive Basaltbrüche kann man aus Sicherheitsgründen nicht besichtigen, sondern nur aus Distanz in ihren Ausmaßen sehen (besonders schön die bei Enspel (WW) von der anderen Talseite von der Straße Dreifelden - Hachenburg aus). Ersatzweise kann man aufgelassene Steinbrüche betreten, was sich vor allem dann lohnt, wenn dort die typischen fünf- oder sechskantigen Basaltsäulen zu sehen sind:

- **Basaltpark** Bad Marienberg (WW), einzige - rekultivierte - Schaugrube rund um den Basaltabbau („Dokumentationsstätte für den Basaltabbau im Westerwald"), Darstellung von Arbeitsmethoden, -geräten usw., Rundweg (02662/7456)
- **Druidenstein** bei Herkersdorf (AK), 18 m hohe Erhebung aus Basaltsäulen, spektakulärster Säulenaufschluss im Westerwald
- **Basaltsäulen-Aufschlüsse** u.a. „Zehntgarben" bei Hartenfels (WW), „Ölberg" bei Hundsangen (WW), „Himburg" bei Rothenbach (WW), „Kranstein" bei Willmenrod (WW), „Pfaffenmal" bei Nisterau (WW), Blauer Stein bei Windeck-Leuscheid (SU)

- Ohne Basaltsäulen aber als eindrucksvolle **Kuppen** stehen in mehreren Teilen des Westerwaldes mächtige Basaltsteine, die bei einer Wanderung anzusteuern ein besonderes Erlebnis ist:
- **Kleiner und Großer Stein** bei Burbach (SI)
- **Kleiner und Großer Wolfstein** bei Bad Marienberg (WW)
- **Ketzerstein** bei Liebenscheid-Weißenberg (WW)
- **Druidenstein** bei Herkersdorf (AK)

## TON UND KERAMIK

Auch die Westerwälder Tone werden nur noch im obertägigen Bergbau gewonnen. Ein großer Teil dieser Erden werden in der Region zu keramischen Erzeugnissen verarbeitet, wobei für Kinder vor allem Einblicke in Tongruben und das Drehen von Gefäßen interessant ist. Die besten Erlebnissorte liegen an der 36 km langen

- **Kannenbäckerstraße** (WW) von Neuhäusel über Hillscheid, Höhr-Grenzhausen, Hilgert, Ransbach-Baumbach, Mogendorf, Siershahn, Wirges und Moschheim (oder umgekehrt) mit Tongruben und Rekultivierungen, Keramikmuseen und rund 45 zu besichtigenden Keramikbetrieben, Hobbytöpfer-Kurse (0 26 02/3 00 10).
- **Keramikmuseen:** U.a. Keramikmuseum Westerwald in Höhr-Grenzhausen („Deutsche Sammlung für historische und zeitgenössische Keramik" mit Töpfer-Möglichkeit für Kinder) (0 26 24/36 66), Töpferei und Museum im „Kannenofen Peltner" in Höhr-Grenzhausen (Kinder können beim Töpfern zusehen) (0 26 24/72 51).

Die einzelnen Zielpunkte können selbstverständlich mit Wanderungen verbunden werden.

## AUSSICHTSTÜRME

In allen Regionen des Westerwaldes gibt es zahlreiche Aussichtspunkte, die überwiegend Einblicke in Fluss- und Bach-Tallandschaften eröffnen. Ragen sie als Form von Aussichtstürmen deutlich über die Landschaft, können für Kinder sogar sonst langweilige Wanderungen zu einem Erlebnis werden:

- **Lichterkopf** über Koblenz-Pfaffendorf (KO), 25 m hoch

*Typisch für das Kannenbäckerland: grau-blaues Steinzeug, hier in der Töpferei Peltner*

- **Sechsseenblickturm** bei Lahnstein (EMS), 17 m hoch
- **Concordiaturm** über Bad Ems (EMS), 265 Höhenmeter
- **Malbergturm** Bad Ems (EMS, Taunusseite), 317 Höhenmeter
- **Limesturm** bei Arzbach, 422 Höhenmeter
- **Köppelturm** bei Montabaur (WW), 37,5 m
- **Gräberbergturm** bei Alpenrod (WW), 194 Stufen
- **Hellebergturm** an der B 8 östlich von Freilingen (WW); Plattform 30 m
- **Beulskopfturm** über Busenhausen-Beul (AK), 34 m
- **Ottoturm** bei Kirchen-Offhausen (AK), 18 m
- **Bismarckturm** bei Altenkirchen (AK)
- **Kalsmuntturm** über Wetzlar (LDK)
- **Altenbergturm** bei Wetzlar (LDK)
- **Dünsbergturm** bei Wetzlar-Naunheim (LDK)
- **Wilhelmsturm** auf dem Schlossberg über Dillenburg (LDK)

## BERGBAHNEN

Aussichtstürme muss man selber erklimmen. Bequemer führen Bergbahnen auf die Höhen. Bereits die Fahrt ist für Kinder ein Abenteuer:

- **Zahnradbahn** (elektrisch) von Königswinter auf den Drachenfelsen (SU) (0 22 44/ 8 89-0)
- **Sessellift** von Koblenz-Ehrenbreitstein auf die Festung Ehrenbreitstein (KO) (02 61/1 29 16 10)
- **Kurwaldbahn** (Kabinenseilbahn) von der Innenstadt Bad Ems auf die Kurhöhe (0 26 03/1 94 33)

## LEHRPFADE

Auflockern lassen sich Wanderungen und Touren mit Kindern durch Einrichtungen wie Lehrpfade (sie gibt es im Westerwald u.a. in Form von Waldlehr-, Landwirtschafts-, Geologie-, Naturlehr-, Vogelschutz-, Waldimkerei-, Bienen-, Wein-, Dorfökologie-, Gruben- und Bergbau-Lehrpfaden), Trimm- und Fitnesspfaden, Grillhütten und -plätzen. Sie sind so zahlreich, dass sie hier nicht aufgelistet werden können. Auskunft gibt es über die angegebenen regionalen Tourismuseinrichtungen.

## ABENTEUERSPIELPLÄTZE

Noch spannender als Aussichtstürme und Lehrpfade sind Spielplätze - selbst dann, wenn sie mit den herkömmlichen Geräten aus Massenproduktionen bestückt sind, aber erst recht, wenn sie zum Abenteuerspielplatz werden. Da die Übergänge fließend sind, seien als beispielhaft genannt:

- **Abenteuerspielplatz** am Wildpark Bad Marienberg (WW)
- **Waldspielplatz** an der Straße Dreifelden - Steinen (WW)

## TIERGEHEGE, PFLANZENFARM UND MÄRCHENPARK

Spielplätze finden sich auch in und an den Tierparks, die es in mehreren Regionen des Westerwaldes gibt. Tiere aller Art ziehen Kinder mächtig an. Das gilt schon für die ganz kleinen, d.h. Vater und Mutter können schon die Zwei- bis Dreijährigen mitnehmen in Zoo oder Wildpark. Größere interessieren sich zusätzlich auch für

Pflanzen. Allerdings gibt es hier zu Lande keine ausgesprochene „Blumenfarm", aber eine für Kräuter, die Kindern z.B. aus dem elterlichen Garten ein Begriff sind. Pflanzen vieler Arten und auch Blumen gehören jedoch auch zu den Anlagen mit Tieren. Das gilt auch für den einzigen Märchenpark, den wir gefunden haben:

- **Märchenpark Ulmtal** bei Greifenstein (LDK) (0 64 73/31 06)
- **Reptilienzoo** am Drachenfels über Königswinter (SU) (0 22 23/8 89-0)
- **Zoo Neuwied**, Neuwied-Heimbach-Weis (NR), große Freianlage mit einheimischen und fremdländischen Tieren, u.a. Geparden, Känguruherde (0 26 22/8 11 66)
- **Schmetterlingsgarten** Bendorf-Sayn (NR) (0 26 22/1 54 78)
- **Wildpark** Bad Marienberg (WW) (0 26 61/16 66 o. 70 31)
- **Wild- und Freizeitpark** Gackenbach (WW), u.a. Rutschbahn (0 64 39/2 33)
- **Tiergarten** Weilburg, Staatlicher Wildpark (LM) (0 64 71/3 90 75)
- **Tierpark** Donsbach bei Dillenburg (LDK) (0 27 71/3 59 71)
- **Vogelpark** Herborn-Uckersdorf (LDK) mit seltenen einheimischen und exotischen Vögeln (0 27 72/4 25 22)
- **Kräuterfarm** Paracelsus bei Daaden (AK) (0 27 43/9 29-0)

## GEWÄSSER

Wasser jeglicher Art zieht Kinder magisch an. Da kann eine Wanderung rund um einen der vielen Seen im Westerwald oder entlang eines naturbelassenen Bachlaufs durchaus zum Abenteuer werden. Das gilt natürlich erst recht, wenn man in dem Gewässer baden oder auf ihm Bötchen fahren kann. Stauseen, Quellen und Wasserfälle - die im Westerwald allerdings sehr bescheiden ausfallen - sind ebenfalls beliebt:

- **Stebacher Weiher** (NR), Bootsfahrt (0 26 89/2 91 81)
- **Westerwälder Seenplatte** zwischen Dreifelden und Freilingen (WW), Baden, Bootfahren, Postweiher 0 26 66/10 17, Dreifelder Weiher 0 26 62/50 41)
- **Klingelwiese**, Badesee bei Goddert und Maxsain (WW) (0 26 26/50 41)
- **Secker Weiher**, Badesee bei Seck (WW) (0 26 64/85 55)
- **Waldsee** bei Maroth (WW), Baden, Bootfahren
- **Wiesensee** bei Stahlhofen und Pottum (WW), Baden, Bootfahren, Floßfahrt (0 26 63/2 91 37)
- **Herthasee**, Badesee bei Holzappel (EMS) (0 64 32/50 12 70)
- **Seeweiher**, Badesee bei Mengerskirchen-Waldernbach (LM), Strandbad, Bootsverleih (0 64 76/22 63)
- **Lahn-Park** Wetzlar (LDK) mit Dutenhofener See und Heuchelheimer See, Baden (06 41/6 00 30 o. 2 12 45)
- **Wißmarer See** bei Wettenberg-Wißmar (LDK), Bootsfahren (0 64 06/30 31)
- **Krombachtalsperre** bei Dierdorf-Mademühlen (LDK) (0 27 75/3 00) und Rehe (WW) (0 26 64/85 33), Baden, Bootsverleih
- **Heisterberger Weiher** bei Driedorf-Heisterberg (LDK), Bootsverleih (0 27 75/4 58)
- **Aartalsee** bei Bischoffen/Hohenahr (LDK), Baden, Bootfahren (0 64 44/80 81 u. 0 64 46/9 23 00)
- **Waldsee** bei Mengerskirchen-Probbach (LM), Badesee, Kiosk
- **Thermalquelle** Bad Ems (EMS), sichtbar im Stadtgebiet
- **Wiedquelle** bei Linden (WW), schön gestalteter Quellort

- **Wied-Wasserfall** bei Altwied (NR)
- **Sieg-Wasserfall** bei Windeck-Schladern (SU)
- **Schifffahrtstunnel** bei Weilburg (0 64 71/1 33-0)
- Nicht aufgeführt werden können hier - wegen ihrer sehr großen Zahl - die Frei- und Hallenbäder der Westerwälder Regionen, nicht die Schifffahrtsmöglichkeiten auf Rhein und Lahn (Personenschiffe und -boote, Floßfahrten auf der Lahn) und nicht die Wassersportmöglichkeiten auf Lahn, Dill, Wied und Sieg (z.B. Kanufahrten, Paddeln): Auskünfte geben die genannten regionalen Touristikeinrichtungen.

## MUSEEN

Unterschiedlicher Beliebtheit bei Kindern erfreuen sich die zahlreichen Museen in den Westerwald-Regionen. Oft sind sie deshalb unbeliebt, weil sie keine kindgerechten Inhalte oder keine kindgerechte Aufarbeitung besitzen. Wir listen deshalb nur jene Museen auf, von denen wir glauben, dass sie bei den Kids auf Interesse stoßen:

- **Turmmuseum** im Katharinenturm in Hennef-Stadt Blankenburg (SU) (0 22 48/25 11)
- **Motorrad- und Technikmuseum** in Steinebach (AK) (0 27 47/24 35)
- **Kleines Waagenmuseum** Hümmerich (NR), Waagen, alte Werkzeuge (0 26 34/61 11)
- **Eddes Spielzeugmuseum** in Kurtscheid (NR) (0 26 34/61 11)
- **Museum für mechanische Musikinstrumente** in der Burg Linz (NR) (0 26 44/25 26)
- **Museum Schloss Monrepos** bei Neuwied (NR), Museum zur Archäologie des Eiszeitalters (0 26 31/7 20 43)
- **Landesmuseum Rheinland-Pfalz** für technische Altertümer auf der Festung Ehrenbreitstein mit vielen interessanten Angeboten auch für Kinder (02 61/9 70 30)
- **Landschaftsmuseum Westerwald** in Hachenburg, Museumsdorf mit kindgerechten Themen, zentrales Museum des gesamten Westerwaldes (0 26 62/74 56)
- **Tonbergbau-Museum** Siershahn. Tonbergbau „zum Anfassen". (0 26 02/95 1363)
- **Cadillac-Museum** Hachenburg, größte Sammlung von Cadillacs der 50er Jahre in Europa (0 26 62/9 52 30)
- **MU*SE** Selters (WW), Museum in der Grund- und Hauptschule (0 26 26/9 78 40)
- **Deutsches Glockenmuseum** auf Burg Greifenstein in Greifenstein (LDK) (0 64 49/64 60)
- **Kutschenmuseum** im hessischen Landgestüt in Dillenburg (LDK) (0 27 71/89 83-0)
- **Optisches Museum** Leitz in Wetzlar (LDK) (0 64 41/29-0)
- **Turmmuseum** Mengerskirchen im Schloss (0 64 76/9 13 60)
- **Puppenstuben-Museum** in Zimmerschied (EMS) (0 26 43/7 02 30)

## GEDENKSTÄTTEN

Auch Gedenk- und Erinnerungsstätten gehören zu den musealen Einrichtungen, die größere Kinder interessieren. Hier eine Auswahl:

- **Römerturm** bei Hillscheid (WW) mit Limesmuseum, Rekonstruktion einer Grenzanlage des Römischen Reiches gegenüber dem freien Germanien aus dem ersten bis dritten nachchristlichen Jahrhundert (0 26 24/79 26 o. 51 59)
- **Nibelungenhalle** an der Drachenhöhle (Drachenfels bei Königswinter); Darstellung der Nibelungensage (0 22 23/8 89-0)
- **König-Konrad I.-Denkmal** bei Villmar (LM), Erinnerung an den Deutschen König (911 bis 919) und Graf des Lahngaues

- **Schloss Oranienstein** bei Diez (EMS) (0 64 32/50 12 70) und **Dillenburg** (LDK) (0 27 71/89 61 17), Gedenkstätten für die Familie der Oranier, die u.a. heute das Königshaus der Niederlande und das Großherzoghaus von Luxemburg stellt
- **Raiffeisen-Brotbackhaus** in Weyerbusch (AK) in Erinnerung an den Gründer des weltweiten Genossenschaftswesens Friedrich Wilhelm Raiffeisen, 1846/47 Bürgermeister in Weyerbusch und **Raiffeisen-Geburtshaus** in Hamm (AK) (heute Hotel)
- **Adenauer-Gedenkstätte** in Bad Honnef-Rhöndorf (SU), im Inneren unverändertes Wohnhaus des ersten bundesdeutschen Kanzlers (0 22 24/9 21-0)
- **Nistermühle** bei Hachenburg (WW), Erinnerungsstätte an das Versteck Konrad Adenauers vor den Nationalsozialisten, nur Gedenktafel
- **Mühlhof** in Daaden (AK), Elternhaus des früheren Bundespräsidenten Walter Scheel

## TECHNISCHE DENKMÄLER

Als „Freilichtmuseen" angesehen werden können technische Denkmäler, die in den Regionen des Westerwaldes zu sehen sind. Dazu gehören u.a.:

- **Sayner Hütte** bei Bendorf-Sayn (MYK), ehemalige Gießhalle, Gusseisenkonstruktion, Kunstguss (0 26 22/1 22-0)
- **Hein's Mühle** in Bendorf (MYK), Mühlenmuseum, vollständig erhaltene Getreidemühle (0 26 22/7 03-0)
- **Ölmühle und Alte Dorfschmiede** in Waldbreitbach (NR) (0 26 31/40 17)
- **Wasserrad** an der Laubachsmühle bei Altwied (NR)
- **Deichmauer** am Rheinufer von Neuwied (NR), einziger deutscher Binnendeich mit Deichmauer vor der Stadt
- **Eisenbahnbrücke** bei Nistertal (WW), vor dem Ersten Weltkrieg größte Betonbrücke in Deutschland
- **Eisenbahnbrücke** Westerburg (WW), Stahlgitterbrücke von 1906, Handwerker- und Technikzeugnis
- **Historisches Windrad** in Weltersburg (WW), bestaunenswerter Vorgänger der auch im Westerwald heute überall sichtbaren Windkraftanlagen
- **Förderturm Grube Georg** bei Willroth (AK), letzter Zeitzeuge des Erzbergbaues im Westerwald

## TOURISTIKSTRASSEN

Auf ihnen und von ihnen aus lassen sich besonders viele Sehenswürdigkeiten auf einmal anschauen, wenn man sie mit dem Auto abfährt. Die Erlebnisse links und rechts der Straßen lassen sich aber auch gut erwandern. Siehe Seite 34!

## DEN FLIEGERN ZUSCHAUEN

Es bestehen im Westerwald zahlreiche Möglichkeiten auch für Leute, die nicht einem Flugsportverein angehören, in die Luft zu gehen: Mit Heißluftballons, mit Doppeldeckern und anderen Motorfliegern, mit Segelflugzeugen. Das wird für Familien mit Kindern kaum in Frage kommen. Es kann aber viel Spaß machen, den tollkühnen Männern und Frauen in ihren „fliegenden Kisten" zuzuschauen, vor allem, wenn man bei einem „Tag der offenen Tür" zu einem Flugplatz kommt.

- **Burbach-Lippe** (SI), Siegerlandflughafen, Linienflüge, Rundflüge, Segelflieger, Motorflieger, Fallschirmspringer, einziger Großflughafen im Westerwald (0 27 35/26 22)

- **Eitorf** (SU), Heißluftballonflieger (0 22 43/60 63)
- **Dierdorf-Wienau** (NR), Motor- und Segelflieger (0 26 89/15 66)
- **Ailertchen** (WW), Segelflieger, Fallschirmspringer (0 26 63/76 56)
- **Bad Marienberg** (WW) - zwischen Oberrossbach und Hof - , Motor- und Segelflieger (0 26 61/57 30)
- **Montabaur** (WW), Segelflieger (0 26 02/24 87)
- **Aßlar** (LDK), Motor- und Segelflieger, Paraglider (0 64 41/86 62 und 8 83 47)
- **Breitscheid** (LDK), Motor- und Segelflieger, Rundflüge, Fallschirmspringer (0 27 77/13 38)
- **Herborn** (LDK), Gleitschirm- und Drachenflieger (0 27 72/4 01 78)
- **Herborn-Hörbach** (LDK), Segelflieger (0 27 72/8 12 34)

## VERANSTALTUNGEN

Vom Frühjahr bis in den Herbst ist der Westerwald angefüllt mit Festen und Veranstaltungen. Einige davon sind auch für Kinder interessant:

- **Drehorgel-Festival** in Linz (NR), letztes Wochenende vor Pfingsten (0 26 44/25 26)
- **„Rhein in Flammen"** bei Koblenz/Lahnstein (KO/EMS) (02 61/1 29 16 10), Großfeuerwerk, 2. Samstag im August; bei Linz/Bonn (NR/SU) (0 26 44/25 26) 1. Samstag im August
- **Blumenkorso** in Bad Ems (EMS), letzter Sonntag im August (0 26 03/1 94 33)
- **Nostalgischer Handwerkermarkt** in Weilburg (LM), 2. Augustwochenende (0 64 71/13 30)
- **Hengstparade** in Dillenburg, an zwei Wochenenden im September (0 27 71/89 61 17)
- **Böllerschießen** in Herdorf (AK) an Fronleichnam (0 27 44/92 23-0)
- **Eierschibbeln** in Norken (WW) an Ostern
- **Hundeschlittenrennen** in Liebenscheid (WW), Anfang Februar (0 26 67 /2 22)
- **Abfischen** des Wiesensees (WW) (0 26 63/40 47) und des Dreifelder Weihers (WW) (0 26 26/7 64-0) jeweils im Oktober
- **Glockenbeiern** in Wissen (AK) an hohen kirchlichen Feiertagen (0 27 42/26 86)

*Am Marktplatz in Erpel*

## UNGEWÖHNLICHE ZIELE

Ob bereits unter den obigen Kapiteln genannt oder nicht - es gibt einige Ziele, die völlig ungewöhnlich sind:

- Auf einem **Esel** auf den Drachenfelsen über Königswinter (SU) reiten
- Wanderung durch einen **ehemaligen Erzbahntunnel** bei Döttesfeld (NR)
- **Inselwanderung** auf der Rheininsel Niederwerth (MYK) unternehmen

- **Abweichung der Kompassnadel** am Ketzerstein bei Liebenscheid-Weißenberg (WW) beobachten
- Sich in einem **Oldtimer-Eisenbahnzug** der Eisenbahnfreunde Betzdorf auf der Strecke der Westerwaldbahn Betzdorf-Weitefeld (AK) ziehen lassen (0 27 41/ 2 91-0)
- Am **Dreiländereck** den Punkt suchen, an dem die Bundesländer Nordrhein-Westfalen, Hessen und Rheinland-Pfalz zusammenstoßen
- Nach den Resten eines **verschwundenen Dorfes** bei Reckenthal (WW) im Gelbachtal suchen
- Den **Go-Cart-Fahrern** im Westerwälder Cartcenter in Hof zuschauen
- Das **Ewige Eis** (Eisstollen auch im Sommer) auf der Dornburg nahe der Gemeinde Dornburg (LM) erleben
- Zuschauen, wie Paddelboote durch den **Schifffahrtstunnel** bei Weilburg (LM) fahren
- Eine **Glockengießerei** in Sinn (LDK) (Firma Rincker) nach Voranmeldung (0 27 72/94 06-0) aufsuchen
- Die **dicksten Bäume** im Westerwald bei Dausenau (EMS) 13 Meter; Freirachdorf (WW) 8 Meter; Rott (AK) 7,50 Meter Umfang besuchen

Bei allen Erlebnismöglichkeiten im Westerwald darf nicht vergessen werden, dass auch hierzulande die kleinen Kinderfreuden beim Wandern reichlich vorhanden sind. Die Pfützen, in denen sich herrlich herumtrampeln lässt; die Kaulquappen beobachten, die im Frühjahr in kleinen Tümpeln schwimmen; die Himbeer- oder Brombeersträucher am Wegesrand mit Früchten, die viel besser schmecken als aus dem Garten; die Pusteblumen, die Knallerbsen . . .

## Essen und Trinken wie die Wäller

### Arme-Leute-Essen von früher sind heute regional-typische Spezialitäten

*Von Klaus Deinaß*

Der Westerwälder von heute isst und trinkt das, was die Leute auch überall sonst in Deutschland zu sich nehmen. Immer öfter entsinnen sich die Menschen aber auch hier an alte Traditionen, an die Küche der Vorfahren. Die konnten nicht sehr wählerisch sein, denn der Westerwald war eine arme Region.

Fehlender Überfluss wurde früher durch gute Ideen wettgemacht, so dass die regionaltypische, überkommene Küche eine ganze Menge von Rezepten besitzt, die heute noch und wieder zu schmackhaften Gerichten führen. Und: Was früher Arme-Leute-Küche war, gilt heute als gebietstypischer Leckerbissen. So gibt es Speisen, die aus den einfachen Zutaten Kartoffeln, Milch, Getreide bereitet werden und köstlich duften und schmecken.

Bei den Getränken spielte früher der Schnaps eine - unheilvolle - Rolle. Heute kommen Kümmel und Korn aus Edelbrennereien und sind Westerwälder Spezialitäten, die nicht gekippt, sondern genossen werden. In mehreren heimischen Brauereien entstehen unterschiedliche Bier-Typen, die ideale Begleiter zum Essen sind.

Nur mit Augenzwinkern kann man vom Wein aus dem Westerwald sprechen. Tatsache ist aber, dass zum Anbaugebiet des Mittelrheins das rechte Rhein- und das rechte Lahnufer gehören - und diese Regionen sind nun einmal nach der gängigen Landschaftsdefinition Westerwald.

## TYPISCHE WESTERWÄLDER GERICHTE

(für jeweils vier Esser)

**Dippekuchen** (eine Variante von vielen)
Zutaten: 3 kg Kartoffeln, 1/4 bis 3/4 l Milch, 2 altbackene Brötchen, 2 Eier, 4 Essl. Öl, 1 bis 2 gewürfelte Zwiebeln und 250 g durchwachsener geräucherter Speck, je zur Hälfte in Scheiben und Würfeln, Salz.
Die Kartoffeln werden fein gerieben (bitte mit der Hand), die Brühe lässt man ablaufen. Die Masse wird in einem Topf so lange erhitzt, bis die restliche Feuchtigkeit entwichen ist. Dann kommt sie in die Schüssel zurück und wird mit der erhitzten Milch, in der die in kleine Brocken geschnittenen Brötchen aufgeweicht worden sind, sowie den Speck- und Zwiebelwürfeln vermischt. Anschließend kommen die Eier hinein und es wird mit Salz abgeschmeckt. (Vorsicht, auch der Speck ist ggf. recht salzig!) Das Öl wird in einen Bräter gegeben, der anschließend mit der Hälfte der Speckscheiben ausgelegt wird, darüber wird die Kartoffelmasse verteilt und mit den restlichen Speckscheiben abgedeckt.
Der Dippekuchen wird auf dem Herd oder im Backofen bei guter Hitze eineinhalb bis zwei Stunden gebacken. Dazu passen eine Bohnensuppe, Weißkohlsalat, Eierkäs mit Pfeffer und Salz, Kräuterquark oder Apfelmus, Kartoffelbrot.
Der Dippekuchen heißt in anderen Westerwälder Regionen auch Dutsch oder Datschett oder gar „Knallkuchen“. Und man kann die - ohne die Speckscheiben - gebratene Masse wie einen Schmarren mit Gabeln zerreißen oder die angebratenen Speckwürfel und Zwiebeln vor dem Ausbacken unter die Masse mengen. Ohnehin liegt es an der Hausfrau, ob es mehr oder weniger Speck, weniger oder gar keine Zwiebeln gibt, ob Eier hinzugefügt werden oder der Speck durch Mettwurstscheiben ergänzt oder ersetzt wird.

**Eierkäs**
Zutaten: 7 Eier, 1l Milch, Salz.
Die Eier werden in einer Schüssel gut verschlagen, die Milch wird nach und nach zugegossen. Die Mischung wird mit Salz abgeschmeckt. Sie kommt dann in einen Topf und wird im heißen Wasserbad gestockt. Nach rund einer Stunde kommt die Masse in ein Sieb und tropft dort so lange ab, bis keine Flüssigkeit mehr abgegeben wird. Dann wird der fertige „Eierkäs“ auf eine Form gestürzt und scheiben- oder stückweise mit Pfeffer und Salz oder mit Zimt und Zucker gegessen. Gute Unterlagen sind frisches Brot (z.B. Kartoffelbrot) oder Hefezopf.
Die Westerwälder nehmen als Sieb immer die typische durchlöcherte Keramikform, die es unschwer zu kaufen gibt. In jeder Region ist die Zubereitung jedoch anders. Zur Milch kommt manchmal noch Dickmilch und/oder Sahne bzw. Buttermilch sowie Mehl. Und auch das Verhältnis von Eiern zur Milchmenge schwankt.

**Bohnensuppe**
250 Gramm getrocknete Bohnen (am liebsten großkernige bunte oder normale weiße), 1 1/2 l Wasser, Salz und Pfeffer, 750 g Schweinepfoten (oder anderes geeig-

netes Schweinefleisch, z.B. frischer Bauch, Schälrippchen, geräucherter Bauchspeck oder Fleischwurstscheiben), 1 Zwiebel, Lauch von der Stange und Sellerie von der Knolle, etwas Butter.
Die Bohnen werden über Nacht in Wasser eingeweicht und dann im gesalzenen Einweichwasser vorgegart (etwa 1/2 Stunde). Das Fleisch wird gewaschen und abgetrocknet. Lauch und Sellerie werden in kleine Scheiben bzw. in kleine Würfel geschnitten. Alles kommt zu den Bohnen, wird gepfeffert und in etwa 1 1/2 Stunden gegart; die Bohnen sollen noch Biss haben. Das Fleisch wird herausgenommen und klein geschnitten, die Suppe nochmals mit Salz und Pfeffer abgeschmeckt. Die gehackten Zwiebeln werden in der Butter gebräunt und kommen in die Suppe und diese auf das in tiefen Tellern angerichtete Fleisch.

**Weißkrautsalat**

Zutaten: 500 g Weißkohl, 3 säuerliche Äpfel, 5 Essl. Essig, 1/8 l saure Sahne, Kümmel und Selleriesalz, 4 Essl. Öl.
Der Weißkohl wird sehr fein geschnitten (oder gehobelt), gesalzen und mit den Händen (!) gestampft, bis er ganz weich ist. Dann lässt man ihn abgedeckt einige Stunden durchziehen und beträufelt ihn anschließend mit dem Essig. Die Äpfel werden entkernt und grob geraspelt unter den Kohl gemengt. Aus Öl, Sahne, Selleriesalz und Kümmel wird eine Sauce gerührt, die in den Salat gemischt wird. Vor dem Servieren wird nochmals würzig abgeschmeckt.

**Kartoffelbrot**

Zutaten: 1/4 l Milch, 1 kg Kartoffeln, 500 g Mehl, 30 g Hefe und etwas Salz.
Mehl, die lauwarme Milch, Hefe und Salz zu einem Teig verrühren und aufgehen lassen. Die geschälten und geriebenen Kartoffeln in einem Tuch ausdrücken. Die Kartoffelmasse mit dem Teig gut verkneten und nochmals aufgehen lassen. Anschließend zu einem runden Brot formen und bei starker Hitze im Backofen backen. Dick mit Butter bestrichen ist eine Scheibe Kartoffelbrot eine Delikatesse.

## Anschriften der zentralen Touristikstellen:

und zusätzlich die Adressen der neun regionalen Touristik-Einrichtungen, die die Erlebnis-Region Westerwald in den Bundesländern Nordrhein-Westfalen, Hessen und Rheinland-Pfalz betreuen (in Klammern die Zuordnung an Hand von Autokennzeichen, die sich auch hinter den Zielorten finden):

**Westerwald-Gäste-Service (WW)**, Kirchstraße 48 a, 56410 Montabaur,
☎ 0 26 02/30 01-0; Fax 0 26 02/52 45 oder 30 01-15;
E-Mail: info@westerwald-touristik.de. Internet:: www.westerwald-touristik.de

**Westerwald-Touristik Landkreis Altenkirchen (AK)**, Siegener Str. 20, 57610 Altenkirchen,
☎ 02681/81358, Fax 81445, E-Mail: WWT.AK@t-online.de,
Internet: www.altenkirchen-online.de, www.kreis-altenkirchen.de

**Ferienland Westerwald-Lahn-Taunus (LM)**, Schiede 43, 65549 Limburg,
☎ 06431/296-221; Fax 296-444, E-Mail: Ferienland.WLT@t-online.de

**Freizeitregion Lahn-Dill e.V. (LDK)**, Karl-Kellner-Ring 51, 35576 Wetzlar,
☎ 06441/407-1900; Fax 407-1903, E-Mail: ldk.mail.@Lahn-Dill-Kreis.de

**Lahn-Taunus-Touristik (EMS)**, Römerstraße 1, 56130 Bad Ems,
☎ 02603/94150; Fax 4488 sowie Postfach 1107, 56371 Nassau,
☎ 02604/970-230; Fax 970-224; Internet: www.rhein-lahn-info.de
**Rhein-Mosel-Eifel-Touristik (KO),** Stadt Koblenz rechtsrheinisch, MYK = Landkreis Mayen-Koblenz rechtsrheinisch), Bahnhofstraße 9, 56068 Koblenz,
☎ 0261/108419, Fax 3002797; E-Mail: info@remet.de
**Touristikverband Mittleres Wiedtal (NR)**, Neuwieder Straße 61, 56588 Waldbreitbach,
☎ 02638/4017; Fax 6688
**Touristikverband Siegerland-Wittgenstein e.V. (SI)**, Koblenzer Straße 73, 57072 Siegen,
☎ 0271/333-1020; Fax 333-1029;
E-Mail: tsw@siegen-wittgenstein.de; www.siegen-wittgenstein.de
**Rhein-Sieg-Kreis (SU)**, Kaiser-Wilhelm-Platz 1, 53721 Siegburg,
☎ Tel. 02241/132444, Fax 13312;. Internet: www.rhein-sieg-kreis.de
**Tourismus Siebengebirge GmbH (BN)**, Drachenfelsstraße 11, 53639 Königswinter,
☎ 02223/917711; Fax 917720; E-Mail: info@siebengebirge.com.
Internet: www.siebengebirge.com und www.romantischer-rhein.de.
**Wanderinfos** gibt es vom **Westerwald-Verein**, Peter-Altmeier-Platz 1, 56410 Montabaur,
☎ 02602/124514 (vormittags), Fax 02602/124542,
E-Mail: kv_westerwald@westerwald.rlp.de

## Mit Bussen und Bahnen in den Westerwald

*Zusammengestellt von Walter Helfert*

In den letzten Jahren haben alle für den Westerwald zuständigen Bundesländer (Nordrhein-Westfalen, Hessen, Rheinland-Pfalz) den öffentlichen Personen-Nahverkehr attraktiver gestaltet. Das kostet auch viel Geld. Zahlreiche Orte im Westerwald kann man heute mit diesen Verkehrsmitteln erreichen. Die nachfolgende Aufstellung enthält nicht alle wirklich relevanten Linien - das hängt auch vom individuellen Reisewunsch ab. Es sind aber doch die wichtigsten und die schnellsten Linien aufgeführt.

Das System sollte durchschaubar sein: Es geht von den vier den geographischen Westerwald umschließenden Eisenbahnlinien und deren Bahnhöfen aus. An die aufgeführten Linien gibt es in aller Regel noch weitere ins geographische Detail gehende Anschlusslinien. Die sind nur im Ausnahmefall mit erwähnt.

Die knappe Zusammenstellung beweist: Viele Ausreden, warum man nun unbedingt mit dem Auto in den Westerwald fahren müsste, gibt es nicht mehr.

*Blick von der Bodensteiner Lay auf Villmar*

*Zeichenerklärung*

T Verbindung wird jeden Tag angeboten.
W Verbindung wird nur werktags (Montag bis Freitag) angeboten.
S Verbindung wird werktags (Montag bis Samstagvormittag) angeboten.
H Busse oder Bahnen fahren häufig (wenigstens Zwei-Stunden-Takt).

**RHEIN-STRECKE**

- **Koblenz**
  T,H Bus 3116 nach Montabaur, Westerburg, Bad Marienberg/Rennerod
  T,H Bahn nach Limburg
- **Niederlahnstein**
  T,H Bahn nach Limburg
- **Vallendar**
  T,H Bus 7 nach Höhr-Grenzhausen
- **Neuwied**
  T,H Bus 3101 nach Neustadt/Wied
  T,H Bus 3232 nach Altenkirchen
  W,H Bus 103 nach Dierdorf/Puderbach
- **Linz**
  W,H Bus 135 nach Neustadt (Wied)
  H Bahn nach Kalenborn
  (nur im Sommer, nur am Sonn- und Feiertag)
- **Bad Honnef**
  T,H Bus 562 nach Neustadt (Wied)
- **Königswinter**
  T,H Bahn auf den Drachenfels (Januar bis November)

**LAHN-STRECKE**

- **Nassau**
  W Bus 4236 nach Montabaur
- **Bad Ems**
  W Bus 4236 nach Montabaur
- **Diez**
  W Bus 8390 nach Montabaur
- **Limburg**
  T,H Bahn nach Altenkirchen - Au (an die Sieg-Strecke)
  T,H Bahn nach Montabaur - Siershahn
  S Bus nach Rennerod
- **Hadamar**
  S Bus nach Rennerod

**DILL-STRECKE**

- **Siegen**
  S,H Bus 23 nach Daaden (W,H Bus 59 von Daaden nach Nisterberg)
- **Rennerod**
  T,H Bus 3116 nach Westerburg - Montabaur - Koblenz

- **Haiger**
  T,H Bahn nach Betzdorf
- **Herborn**
  S,H Bus 5352 nach Driedorf
  T,H Bus 5353 nach Rehe
  W Bus 108 nach Rodenroth
- **Katzenfurt**
  W Bus 204 nach Allendorf
- **Burbach**
  W Bus 24 nach Rennerod
  W,H Bus 25 nach Bad Marienberg

**SIEG-STRECKE**

- **Au**
  T,H Bahn nach Altenkirchen - Westerburg - Limburg
- **Betzdorf**
  T,H Bahn nach Dillenburg
  T,H Bahn nach Daaden (W, Bus nach Bad Marienberg)
  W Bus 8400 nach Hachenburg
- **Siegen**
  S,H Bus 23 nach Daaden (W,H Bus 59 von Daaden nach Nisterberg)

## Auf vielen Straßen durch den Westerwald

*Von Klaus Deinaß*

Wer im Westerwald wandern will, muss die Start- und Zielpunkte auf öffentlichen Verkehrswegen erreichen bzw. verlassen können. Das ist für keine der zahlreichen Einzellandschaften des Westerwaldes ein Problem, denn die Region ist überall durch Straßen gut erschlossen.

Die Verkehrswege höherer Qualifikationen ziehen sich aus den Richtungen Nord-West nach Süd-Ost und von Nord-Ost nach Süd-West quer und in größeren Abständen gleichsam parallel durch den Westerwald und teilen die Landschaft schachbrettähnlich auf, so dass alle Punkte auf übergeordneten Straßen gut zu erreichen sind. Es fehlen in diesem Netz nur eine Autobahnverbindung von Limburg nach Wetzlar - jetzt allerdings durch eine gut ausgebaute Bundesstraße miteinander verbunden - und eine gut ausgebaute Verbindung durch das Siegtal zwischen Hennef und Hamm.

Im Westen zieht die Autobahn A 3 Köln (Dreieck Bonn-Beuel) - Frankfurt (Limburg Süd) durch den Westerwald, im Osten ist es die Autobahn A 45 Siegen (Wilnsdorf) - Wetzlar (Wetzlar Ost). Von Süden her gibt es von der Autobahn A 66 Eltville - Frank-

furt gute Verbindungen in Richtung Westerwald, im Norden ist es vom Großraum her gesehen die A 4 Köln - Olpe.
Zwischen den Nord- und Südautobahnen queren die Bundesstraßen B 42 Bonn - Lahnstein, B 8 Hennef - Limburg, B 414 Altenkirchen - Herborn, B 54 Haiger/Burbach - Limburg den Westerwald. Zwischen den West- und Ostautobahnen sind es als Zubringer die B 478 Hennef - Waldbröl und quer durch die Region B 256 Neuwied - Hamm, B 413 Bendorf/Vallendar - Hachenburg und von dort weiter B 414/B 255 bis Herborn, B 255 Montabaur - Nähe Dierdorf und B 49 Limburg - Wetzlar.
Dazwischen liegt ein dichtes Netz von Landes-, Kreis und Gemeindestraßen in unterschiedlicher, aber meist guter Qualität. Ständig verbessert wird die Situation bei den Ortsumgehungen und bei den Anbindungen der Straßen untereinander. Es gibt - vor allem in den touristisch erschlossenen Gebieten - ausreichend Parkplätze entlang der Verkehrswege, vor allem im Bereich von Aussichtspunkten. Auf Sehenswürdigkeiten wird fast überall hingewiesen (braun/weiße oder grün/gelbe Schilder).
Wer die Straßen nicht befährt, um zu Wanderwegen zu gelangen oder von ihnen zurück zu fahren, sondern den Westerwald über Straßen erleben will, benutzt u.a. die ausgewiesenen Touristikstraßen:
Die **Sieg-Freizeitstraße** erschließt auf rund 140 km die Flusslandschaft mit ihren Sehenswürdigkeiten an beiden Ufern sowie die Freizeit- und Erlebnismöglichkeiten von der Quelle bei Netphen bis zur Mündung bei Bonn. Die Sieg berührt Westerwald, Rothaargebirge, Bergisches Land und Rheintal.
Die **Raiffeisenstraße** Hamm/Sieg - Altenkirchen - Weyerbusch - Flammersfeld - Neuwied führt zu Erinnerungsstätten, die das Leben und Wirken des weltbekannten Sozialreformers und Genossenschaftsgründers Friedrich Wilhelm Raiffeisen dokumentieren.
Die **Deutsche Limes-Straße** führt vom Limesbeginn - ehemalige Grenze des Römischen Reiches gegenüber dem freien Germanien vom ersten bis dritten nachchristlichen Jahrhundert - bei Rheinbrohl über die Höhen bei Neuwied, Bendorf, Höhr-Grenzhausen, Hillscheid, Arzbach bis nach Bad Ems durch den Westerwald, um sich durch den Taunus, durch Hessen, Baden-Württemberg und Bayern zur Donau bei Regensburg fort zu setzen. Sie ist eine gute Anfahrtsmöglichkeit und Ergänzung zum Limes-Wanderweg des Westerwald-Vereins
Die **Kannenbäckerstraße** - die „Straße der Keramik" im Kannenbäckerland von Neuhäusel über Hillscheid, Höhr-Grenzhausen, Alsbach, Hilgert, Ransbach-Baumbach, Mogendorf, Siershahn, Wirges, Moschheim bis Boden - macht mit der Geschichte der Region des Tons und der Töpfer und seiner Töpferkunst bekannt. Interessante Museen und zu besichtigende Werkstätten liegen an der Straße (Tel. 0 26 02/30 01).
Die **Deutsche Fachwerkstraße** auf ihrer regionalen Route West- und Mittelhessen über Marburg - Herborn - Wetzlar - Braunfels - Weilburg - Hadamar - Limburg - Bad Camberg - Idstein - Hochheim - Höchst zeigt auf rund 200 Kilometern elf der schönsten hessischen Fachwerkstädte. Zahlreiche komplett erhaltene bzw. hervorragend restaurierte Fachwerkstraßenzüge und -plätze und einige der ältesten bekannten deutschen Fachwerkgebäude (Tel. 0 61 26/82 10).
Die **Lahn-Ferien-Straße** führt von der Quelle bis zur Mündung über Lahnhof - Bad Laasphe - Biedenkopf - Marburg - Gießen - Wetzlar - Braunfels - Weilburg - Runkel - Limburg - Diez - Nassau - Bad Ems - Lahnstein über eine 300 Kilometer lange

Mehrtagesreise zu vielen kulturellen, historischen und landschaftlichen Sehenswürdigkeiten (Tel. 0 64 41/4 07 19 00).

Die **Solmser Straße** berührt zwischen Braunfels - Solms (Kloster Altenberg) und Wetzlar über - Leun - Greifenstein - Herborn - Niederweidbach - Hohenahr/Hohensolms den Westerwald oder liegt ganz nahe dem Westerwald. An ihr liegen die historisch und kunsthistorisch wichtigsten Orte der ehemaligen Grafschaften und Fürstentümer des Hauses Solms (Tel. 0 64 04/80 62 47).

Die **Bäderstraße** streift von Lahnstein bis Nassau den Lahn-Westerwald, um weiter zu führen nach Wiesbaden und bekam ihren Namen, weil sie die Badestädte Wiesbaden, Schlangenbad, Bad Schwalbach sowie am Rand des Westerwaldes Bad Ems und Lahnstein verbindet.

Selbstverständlich kann man an fast jeder Stelle die Straßen verlassen, um Ziele auf den überall ausgeschilderten bzw. markierten Wanderwegen zu erwandern.

## Die schönsten Routen für Westerwald-Ausflüge

*Von Hermann-Josef Hucke*

*Während die obigen Straßen ausgeschildert sind und teilweise nur mit Abschnitten durch den Westerwald führen, sind die folgenden Routen so ausgewählt, dass sie uns die schönsten Landschaften und interessantesten Sehenswürdigkeiten erschließen. Sie beginnen jeweils in Ballungszentren am Rande des Westerwaldes. Die Kilometerangaben sind reine Entfernungskilometer und beziehen nicht die Abstecher zu den örtlichen Sehenswürdigkeiten ein.*

**Ab Koblenz zur Westerwälder Seenplatte (95 km)**

KO-Ehrenbreitstein - Festung Ehrenbreitstein - Neuhäusel (10 km; Arboretum, Sporkenburg bei Eitelborn) - Montabaurer Höhe (50 $km^2$ geschlossenes Waldgebiet) - Montabaur (20 km; Altstadt, Schloss, Wirzenborn) - Siershahn (27 km; Tonbergbaumuseum) - Leuterod (31 km; Malberg) - Selters (40 km) - Westerwälder Seenplatte (50 km) - Freilingen (53 km; Hellebergturm) - Hartenfels (56 km; Schmanddippe) - Herschbach (62 km; Quarzitseen) - Dierdorf (68 km; Mausoleum, Stadttürme) - Isenburg (78 km; Burgruine, Kirchenruine Hausenborn) - Sayn (84 km; Schloss, Abteikirche, Burgruine, Sayner Hütte, Schmetterlingspark) - Bendorf - Koblenz (95 km).

**Ab Neuwied in den Rheinischen Westerwald (95 km)**

Neuwied, Stadtteil Engers (Altstadt, Deich, Schloss Engers, Abtei Rommersdorf, Zoo) - Rengsdorf (15 km; mehrere touristische Orte) - Willrother Höhe (25 km; Förderturm der Grube Georg) - Horhausen (27 km; „Westerwälder Dom") - Flammersfeld (34 km; Tourismus) - zurück durch das Wiedtal: Burglahr (38 km) - Kloster Ehrenstein (54 km) - Roßbach (70 km) - Waldbreitbach (73 km; Klöster, museale Gebäude) - Hausen (75 km; Malbergskopf) - Niederbreitbach (76 km; Fockenbachtal) - Altwied ( Burg, Monrepos) - Neuwied (95 km).

**Ab Bonn zum Siebengebirge und in den Westerwald (138 km)**

BN-Beuel (5 km; Schwarzrheindorf, Ennert) - Königswinter (8 km; Siebengebirgsmuseum, Petersberg, Drachenfels, Adenauerhaus Rhöndorf) - Heisterbach (11 km; Klosterruine, Weilberg, Stenzelberg, Nonnenstromberg) - Oberpleis (25 km; Propsteikirche) -

Ittenbach (28 km; Ölberg, Löwenburg) - Autobahn bis Abfahrt Neustadt/Wied (46 km)- Neustadt/Wiedtal (48 km) - Kloster Ehrenstein (50 km) - Flammersfeld (64 km) - Kreisstadt Altenkirchen (75 km) - Kloster Marienthal (85 km) - Aussichtsturm Beulskopf (92 km) - Raiffeisendorf Weyerbusch (101 km) - Mehren (104 km; Fachwerkhäuser) - Kircheib (116 km; Kirche) - Süchterscheid (125 km; Wallfahrtskirche) - Blankenberg (128 km; historische Altstadt, Burg) - A 560 - A 565 - Bonn (138 km).

**Ab Siegen in den Hohen Westerwald (105 km)**

Siegen - Siegtal abwärts - Freusburg - Kirchen-Herkersdorf (21 km; Ottoturm, Druidenstein, Windhahn) - Herdorf (30 km; Bergbaumuseum) - Daaden (34 km; Pfarrkirche) - Friedewald (37 km; Schloss) - Bad Marienberg (47 km; Basaltpark, Wildpark, Wolfsteine) - Hachenburg (60 km; historische Altstadt, Schloss, Landschaftsmuseum) - Kroppacher Schweiz (68 km; Nistertäler, Abtei Marienstatt, Limbach) - Steinebach (75 km; Besucherbergwerk) - Betzdorf (84 km) - durch das Siegtal zurück nach Siegen (105 km).

**Ab Dillenburg in den Hohen Westerwald (132 km)**

Dillenburg (Wilhelmsturm, historische Altstadt) - Haiger (6 km; Pfarrkirche, Heimatmuseum, Leinenmuseum) - Donsbach (11 km; Kornberg, Wildpark) - Uckersdorf (16 km; Vogelpark) - Breitscheid bzw. Erdbach (21 km; Erdbachhöhlensystem, Steinkammern, Museum) - Heisterberg (26 km; Heisterberger Weiher) - Fuchskaute (37 km) - Stein-Neukirch (40 km; Salzburger Kopf) - Bad Marienberg (48 km; Basaltpark, Wildpark, Wolfsteine) - Hachenburg (60 km; historische Altstadt, Schloss, Landschaftsmuseum) - Westerburg (78 km; Schloss) - Pottum (85 km; Wiesensee) - Rennerod (90 km) - Rehe (96 km; Rathaus, Krombachtalsperre) - Mademühlen (101 km; Knotengebiet) - Beilstein (109 km; Burgruine) - Greifenstein (113 km; Burg, Deutsches Glockenmuseum) - Herborn (126 km; historische Altstadt) - Dillenburg (132 km).

**Ab Wetzlar in den östlichen Westerwald (145 km)**

Wetzlar (historische Altstadt, Dom, Museen) - Wettenberg (17 km; Burgruinen Vetzberg und Gleiberg) - Dünsberg (32 km; Ringwallanlage, Aussichtsturm) - Hohensolms (37 km; Schloss) - Niederweidbach (44 km; Aartalsperre, Pfarrkirche) - Landschaft der Hörre - Herborn (59 km; historische Altstadt) - Dillenburg (67 km; Wilhelmsturm, historische Altstadt) - A 45 bis Herborn Süd (81 km) - Edingen - Greifenstein (94 km; Burg) - Beilstein (100 km; Burgruine, Ulmtalsperre) - Ulmtal bis Biskirchen (112 km; Mineralquellen) - Lahntal - Oberbiel (123 km; Kloster Altenberg, Besucherbergwerk Grube Fortuna) - Wetzlar (145 km).

**Ab Diez (oder Limburg) in den Hohen Westerwald (128 km)**

Diez (historische Altstadt, Burg, Schloss Oranienstein - Limburg (5 km; Dom, Fachwerk-Altstadt) - Hadamar (13 km; historische Altstadt, Schloss, Gedenkstätte, Herzenberg, Liebfrauenkirche) - Dornburg (20 km; Dornburg-Plateau, Hildegardisfelsen, Ewiges Eis, Blasiuskirche) - Gemünden (26 km; Stiftskirche, Holzbachschlucht) - Westerburg (30 km; Schloss, Liebfrauenkirche) - Pottum (37 km; Wiesensee) - Höhn (41 km; Neuhochstein) - Bad Marienberg (46 km; Basaltpark, Wildpark, Wolfsteine) - Stein-Neukirch (56 km; Salzburger Kopf, Neukirch) - Nister-Möhrendorf (60 km; Fuchskaute) - Rehe (67 km; Rathaus) - Mademühlen (75 km; Krombachtalsperre) - Mengerskirchen (87 km; Seeweiher) - Merenberg (96 km; Burgruine) - Beselich (103 km; Beselicher Kopf) - Limburg (124 km) - Diez (128 km).

# Lohnenswerte Ausflugsziele

*Zusammengestellt von Hermann-Josef Hucke*

## Hoher Westerwald

### Frischer Wind auf freien Höhen

So hoch erscheint er uns nicht, ist er auch nicht, unser „Hoher Westerwald". Wer ihn bereist, sucht vergeblich nach hochaufragenden Bergen und Gipfeln. Der Hohe Westerwald ist vielmehr eine leicht gewellte Hochfläche mit einzelnen sanften Kuppen und hier noch jungen, wenig eingetieften, breiten Tälern. Mit 657 m ist die Fuchskaute die höchste Erhebung des Westerwaldes. Tertiärer Basalt hat hier in einer Mächtigkeit von rund 100 m auf rund 80 $km^2$ das devonische Grundgebirge überdeckt. Während die Landschaft sich nach Süden und Westen nur allmählich absenkt, endet sie nach Norden und Osten recht unvermittelt und endet an den steil zu den Tälern von Sieg und Dill hinabgleitenden Hängen.

Die schwer zu bearbeitenden Basaltböden und die Staunässe lassen kaum Ackerbau zu. Kleine Wälder, überwiegend Fichten, und Windschutzstreifen sowie ein extrem hoher Grünlandanteil sind typisch für den Hohen Westerwald. Noch heute wird eine mehr oder weniger geregelte Feldgraswirtschaft betrieben, die der Viehzucht breiten Raum lässt.

Das feuchtkühle Mittelgebirgsklima, verbunden mit der Höhenlage, führt zu einer merklichen Absenkung der durchschnittlichen Temperaturwerte. In 600 m Höhe liegt die mittlere Jahrestemperatur bei nur $6^0$ C.

Der Hohe Westerwald ist relativ dünn besiedelt: Etwa 170 Menschen wohnen im Schnitt je qkm. Bad Marienberg und Rennerod sind die einzigen beiden recht jungen Städtchen. Nur wenige Dörfer haben mehr als 1000 Einwohner. Durch die Bundesstraßen B 54, B 255 und B 414 ist er verkehrsmäßig jedoch sehr gut erschlossen.

Wer offene, weite Landschaften liebt, wer gerne die frische Luft einer intakten Natur atmet, wer gerne mit herrlichen Fernblicken auf gut markierten Wegen durch weite Wiesen und kleinere Wälder wandert, dem sei der Hohe Westerwald von ganzem Herzen empfohlen.

## Rennerod und Umgebung

- **Rennerod** (450 m; 3.930 E., VG Rennerod 16.950 E., Westerwaldkreis)
  Die Stadt liegt windgeschützt in dem nach Süden sich neigenden Tal des Holzbachs. Seit 1971 Stadtrechte. Verbandsgemeinde mit 23 Orten, Bundeswehrgarnison, Einkaufszentrum. Ausgedehnter Wald reicht bis unmittelbar an das Stadtgebiet heran.
  ⓘ Tourist-Information Hoher Westerwald, Hauptstraße 55, 56477 Rennerod, ☎ 02664/5067-0; Fax 02664/5957; Internet: www.rennerod.de

**NORDÖSTLICH VON RENNEROD:**

♣ ★ **Höllkopf-Gebiet**. Die Landschaft am Höllkopf (643 m), in Karten auch „Höllberg" genannt, liegt am Osthang des Westerwaldes. Sie ist gleichzeitig ein Teil der östlichen Flanke des basaltischen Hohen Westerwaldes und

gehört zum hessischen Lahn-Dill-Kreis. Zur Dill hin ist die Landschaft stark zertalt, die Basalthochfläche dagegen ist relativ flach. Kleine Wälder, überwiegend Fichten, und Windschutzstreifen sowie ein extrem hoher Grünlandanteil sind typisch für den Hohen Westerwald. Fernmeldeturm auf dem Höllkopf (1978; 110 m)

**Ski-Gebiet Höllkopf:** Höhenlage: 640 m; Auskunft: Ski-Club Höllkopf, ☎ 02775/ 200;

**Ski-Gebiet Breitscheid:** Höhenlage: 450 bis 500 m; Auskunft: Ski-Club Breitscheid, ☎ 0 27 77/13 38;

**Ski-Gebiet Ski-Ranch Roth:** Höhenlage: 570 m; Auskunft: Ski-Ranch, ☎ 0 27 75/50 74; 2 Schlepplifte (Länge 350 m); Abfahrten ca. 450 m (Höhenun-

*Am Heisterberger Weiher. Im Hintergrund der Höllkopf mit seinem Turm.*

terschied 56 m), Flutlicht; Pistenwalze; Liftzeiten: Mo - Fr 13 - 22 Uhr, Sa + So 9 - 18 Uhr; gespurte Loipe (leicht): 4 km; Restaurant mit Schwimmbad und Sauna; Ski-Schule; Ski-Verleih alpin und Langlauf.

**Großer Sportflugplatz** „Auf der Hub" südwestlich von Breitscheid.

- Breitscheid-**Rabenscheid** (554 m; 450 E.)

  Alte Basaltkirche, eine Wehrkirche, bei der der Zugang zum trutzigen Turm nur über den Speicher des Kirchenschiffes möglich ist (Verteidigung in Kriegszeiten!).

- Driedorf-**Heisterberg** (580 m; 320 E.)

  ★ **Heisterberger Weiher** (11 ha): Er liegt in einer flachen Talmulde zwischen Barstein und Höllkopf und wurde 1707 - 1711 unter Fürst Wilhelm V. von Nassau-Dillenburg als herrschaftlicher Fischteich und als Rückhaltebecken erbaut. - Trotz aller Veränderungen der Randnatur um den Weiher empfiehlt sich ein Rundgang. Charakteristische Vegetation im Uferbereich. Schwimmen und Bootsverleih

- Driedorf-**Mademühlen** (512 m; 930 E.)

  Typisches Dorf des Hohen Westerwaldes, wenn auch viele Neubauten sein Gesicht fortlaufend verändern. Es war ein Dorf der langgestreckten, gereihten Westerwaldhäuser mit den langen Dächern. Massive ev. Kirche mit spätromanischem Chorturm mit Spitzhelm. Der Turm kann nur durch eine Tür im Kirchenspeicher betreten werden (Verteidigung!). - Aus Mademühlen stammt Adolf Weiß, der Schöpfer des bekannten Westerwaldrufes „Hui! Wäller?" - „Allemol!"

- ★ **Driedorf** (480 m; 1.950 E.; Großgemeinde 5.270 E., Kreis LDK)

Driedorf erhielt als kleiner Marktflecken bereits 1305 Stadtrechte. Im Mittelalter war Driedorf ein sehr wichtiger Ort. Er lag am Kreuzungspunkt der Köln-Leipziger, der Frankfurter und der Rheinstraße und war Stapelplatz für Waren aller Art. Die Stadtmauer hatte einst fünf Türme. Nach einem Brand 1819 wurde der Ort planmäßig angelegt.

**Ev. Pfarrkirche** (1821 bis 27) in der Ortsmitte. Stattlicher Saalbau mit Emporen auf Säulen im großen Halbkreis um Altar und Kanzel in der Mitte der südlichen Langseite.

Die **Unterburg** oder das **Junkernschloss**, eine ehem. Wasserburg, liegt als Ruine mitten im Ort in den Wiesen, angelegt vor 1290 als Wasserburg und bereits 1610 verfallen. Am Nordrand des Dorfes die Oberburg, auch „Landesburg" genannt.

**Radwanderweg um den Knoten** (ausgeschildert; ca. 30 km)

## NÖRDLICH VON RENNEROD:
### Landschaft an der Fuchskaute

Die ★★ **Fuchskaute** (657 m) ist die höchste Erhebung des Westerwaldes. ☼ Vom Nordhang gute Aussicht über den nordöstlichen Westerwald, nach Südwesten bis zur Montabaurer Höhe. Nordöstlich der Gastwirtschaft beginnt ein Naturschutzgebiet (35 ha). Zufahrt über die B 414. Gaststätte.

- **Liebenscheid** (530 m; 880 E.; VG Rennerod)

**Ev. Pfarrkirche**. Kurzer Saalbau mit Mansarddach und Haubendachreiter. Spiegeldecke, dreiseitige Emporen auf Rundstützen, an der Ostseite Kanzel vor hoher Orgelempore.

Die **alte Schule** von 1746, renoviert 1989, steht unter Denkmalschutz. Sie ist zusammen mit dem Backhaus und dem Brunnen ein Schmuckstück des Dorfes. Mit einem geschmackvollen Anbau dient sie heute als Dorfgemeinschaftshaus.

**Ski-Gebiet Liebenscheid**: Ab Mehrzweckhalle Liebenscheid: 3 Loipen, 5 bis 15 km, kaum Höhenunterschied, zweispurig. Auskunft: ☎ 0 26 67/7 37 u. 668

**Siegerland-Flughafen** auf einem 600 m hohen Plateau des Hohen Westerwaldes, betrieben seit 1967. Er schließt das Land an der Sieg und den Wester-

*Blick auf die Fuchskaute, mit 657m die höchste Erhebung des Westerwaldes*

**_Schutzhecken_**

*Überall im Hohen Westerwald fallen immer wieder langgezogene Hecken und Fichtenstreifen auf, die sich in gewissen Abständen dahinziehen. Im frühen 19. Jh. waren viele Wälder abgeholzt worden, weil man zur Verhüttung der Siegerländer und Westerwälder Erze einen sehr hohen Holzkohlenverbrauch hatte. Da nun Winde ungeschützt einfallen konnten und die Bodenkrume ausgeblasen wurde, waren die Bodenerträge und die ausgedehnte Weidewirtschaft stark beeinträchtigt. Bis man ab 1837 unter der Leitung des nassauischen Regierungsrates Dr. Albrecht diese Windschutzhecken anlegte, die in ihrer Funktion an die Stelle der fast völlig verschwundenen ehemaligen großen Wälder getreten sind. Der Raubbau an den Wäldern hat die einstige flächenhafte, dem Gebirge den Namen gebende Waldbedeckung stark reduziert, in jüngster Zeit wurden Flächen teilweise wiederaufgeforstet.*

wald an das Nahluftverkehrsnetz der Bundesrepublik an. Die Landebahn ist 1.700 m lang. Rundflüge: 0 27 77/3 33.

★ **Ketzerstein:** Oberhalb des Dorfes **Weißenberg** liegt eine Basaltgruppe in altarähnlicher Form aus groben Felsblöcken, die man schon als heidnischen Opferaltar deuten wollte. Er führt wohl seinen Namen auf einen Grenzübergang zurück, auch „Katze" genannt. Möglicherweise hat auch die in der Nähe gelegene Wüstung Katzhausen den Namen gegeben. Interessant ist die Ablenkung der Kompassnadel unmittelbar am Ketzerstein.

**Dreiländereck**: Hier führt der Jubiläumswanderweg des WWV vorbei. 1 km östlich stoßen im Ketzerbachtal die Bundesländer Rheinland-Pfalz, Hessen und Nordrhein-Westfalen aneinander.

*Reicher Ornamentenschmuck an der Türe des Reher Rathauses*

*Badeleben an der Krombachtalsperre. Am jenseitigen Ufer ein großes Naturschutzgebiet.*

Der nördlich sich anschließende **Hickengrund** ist schon seit 1815 dem Siegerland zugeteilt und gehört daher jetzt zu Nordrhein-Westfalen. In ihm liegen die Ortsteile Ober- und Niederdresselndorf, Holzhausen und Lützeln der Großgemeinde Burbach. Hickengrund leitet sich von der hecken- und waldreichen Landschaft des Tales her, das von beiden Seiten von Bergen umschlossen liegt und daher klimatisch im Kontrast zum unmittelbar benachbarten Hohen Westerwald steht.

- Burbach-**Oberdresselndorf** (370m; 1000 E.)

  ♣ ★ **NSG „Wildweiberhaus"** an der Verlängerung des Rabenscheider Weges, etwa 10 Min. ab Dorfgemeinschaftshaus. Es ist eine sagenumwogene Felsgruppe mit teilweise mehr als 10 m hohen Felszacken und höhlenartigen Auswaschungen. Bitte nicht verwechseln mit dem NSG gleichen Namens im Aubachtal oberhalb Langenaubach! S. S. 128!

- **Rehe** (550 m; 950 E.; VG Rennerod)

  ★★ **Rathaus**. Beachtenswerter Fachwerkbau mit Schnitzereien und schöner Haustür. Der im Obergeschoss liegende Kirchenraum enthält Bänke und eine Kanzel (1741) in Volkskunst. - Mehrere **typische Westerwälder Bauernhäuser** mit schwerem Gebälk und an einer Seite tief herabgezogenem Dach.

  ♣ ★★ **Krombachtalsperre** (523 m). Angelegt 1946 bis 1949, 85 ha. Fassungsvermögen 4,25 Millionen $m^3$. Die Staumauer, die das Tal gegen das Dorf Mademühlen abschließt, hat eine Länge von 550 m, ist an der Sohle 77 m breit und 14 m hoch. Zweck des Baues war die Bereitstellung von größeren Wassermengen für die Elektrizitätsgewinnung. Inzwischen ist die Talsperre auch zu einem Ferienparadies geworden (Ferien- und Wochenendhäuser, Campingplätze und Gaststätten. Ruder-, Tret- und Segelboote. Surfmöglichkeit. ☎ 0 26 64/85 33. Bademöglichkeit. - Ein Teil ist als Vogelschutzgebiet ausgewiesen und Brutgebiet seltener Sumpf- und Wasservögel sowie ein wichtiger Rastplatz zahlreicher Zugvögel. Lehrreiche Beobachtungsmöglichkeiten der Tier- und Vogelwelt. Schönes Wandergebiet.

- Rennerod-**Emmerichenhain** (500 m)

  ★ **Ev. Pfarrkirche**, barock, von 1744. Im Kern mittelalterlicher Westturm mit hohem, achteckigen Haubenhelm. Das Schiff mit Flachtonne und dreiseitigen Emporen. An der östlichen Schmalseite eine reichgeschnitzte Kanzel, Orgel vom berühmten Orgelbauer Florentinus Wang aus Hadamar, 1725. - Ein 1879 erbautes Denkmal erinnert in Emmerichenhain an Regierungsrat **Dr. Albrecht** († 1869), der 1837 die ersten Schutzhecken im Hohen Westerwald anlegen ließ.

- ★ **Stein-Neukirch** (638 m; 490 E.; VG Rennerod)

**Ev. Pfarrkirche** mit trutzigem Charakter in beherrschender Lage. Gotischer Chor mit dreiseitigem Schluss aus dem 14. Jh. Ein breiteres Schiff wurde 1748 gebaut. Abgebrannt 1813, Wiederaufbau 1816 mit niedrigem Westturm mit geschiefertem Glockengeschoss und niedrigem Spitzhelm. Die Flachdecke, Westempore, Chorempore und Ausstattung sind aus der Zeit um 1822.

**Ski-Gebiet Salzburger Kopf**: Höhenlage: 656 m; Auskunft: Wintersportverein Salzburger Kopf, ☎ 02667/1086

☼ ★★ **Salzburger Kopf** nördlich des Dorfes Salzburg, bestehend aus Galgenberg (645 m) und Saalberg (653 m). Von hier hat man einen einmaligen Rundblick über den Westerwald. Bei klarem Wetter können mehr als 50 Orte gezählt werden. Nördlich sieht man die Berge des Siegerlandes, das Rothaargebirge, die Kalteiche, südlich die Taunushöhen mit dem 880 m hohem Großen Feldberg. Im Südwesten liegen im Vordergrund die Montabaurer Höhe und dahinter die Höhen von Hunsrück und Eifel, im Westen das Siebengebirge. - Im Südhang des Galgenberges seit 1924 **Ehrenmal des Westerwald-Vereins**, neu gestaltet 1983. - 5 Windkraftanlagen auf dem Galgenberg; Nabenhöhe 40,5 m, Durchmesser der Rotorfläche fast 30 m. Leistung jeweils 250 KW.

**Stegskopf**: Der Stegskopf (654 m), der Kühfelder Stein (638 m) und der Backofen (602 m) sind Basaltkuppen, die die wellige Hochfläche des Hohen Westerwaldes überragen. Durch den reichlich zertalten Nordrand des Hohen Westerwaldes erscheint der Stegskopf von Norden her als hoher Berg, ja fast als Massiv, während der Anstieg zur Höhe von Süden her allmählich vor sich geht. Infolge der hohen Niederschläge und der Wasserstagnation des mit Basaltblöcken durchsetzten Lehmbodens haben hier die Schwarze Nister, die Kleine Nister, die Grüne Nister, der Hirlitzbach und die Buchheller ihren Ursprung, die über Große Nister, Heller und Sieg dem Rhein angeschlossen sind. Das Gelände des Stegskopf ist Truppenübungsplatz und nicht zu betreten.

## SÜDLICH VON RENNEROD:

- **Seck** (410 m; 1.280 E.; VG Rennerod)

★ **Kath. Kilianskirche**. Ursprung um 900. Die Kirche wurde 1878 durch Feuer vernichtet. Der Neubau von 1880 aus Basaltlava steht auf den alten Fundamenten. Taufstein aus dem 13. Jh., Kanzel 17. Jh. Eine Besonderheit: Der Kirchturm gehört der Zivilgemeinde. Moderner Anbau von 1963.

✕ ★ **Secker Weiher**: Landschaftlich sehr reizvoll ist das Gebiet um die drei Weiher. Sie wurden 1672 und danach von Fürst Moritz Heinrich von Nassau-Hadamar unweit eines kleinen Jagd- und Fischschlösschens angelegt. Am Großen Weiher (10 ha) Campingplatz mit Wochenendhäusern. Gaststätte.

*Wacholderheide bei Westernohe*

**Klosterruine Seligenstadt.** Spärliche Ruinenreste auf der linken Straßenseite in Richtung Hellenhahn. 1181 erstmals erwähnt. Das Kloster wurde um 1210 durch Siegfried von Runkel gestiftet, geriet aber Mitte des 15. Jh. trotz großer Zuwendungen in Verfall. Gedenkstein

**Feriendorf Fohlenwiese** auf dem Gelände des alten Hofguts Dapprich mit 15 Ferienblockhäusern, Ferien auf dem Bauernhof Hofgut Dapprich, Ferienwohnung im Ort. **Holzbachschlucht** siehe Seite 54!

**Secker Beilstein**. Auf der Höhe südlich des Dorfes über den Basaltfelsen Kriegergedächtniskapelle St. Michael und St. Joseph, erbaut 1904.

## LASTERBACH

Breite Talsenke mit etlichen Dörfern. Die B 54 Limburg - Siegen führt ziemlich genau von Süden nach Norden durch den Westerwald und durchschneidet zwischen Langendernbach und Rennerod den westlichen Teil der „Lasterbach", die in der Verbandsgemeinde Rennerod das östlichste Gebiet im nördlichen Rheinland-Pfalz darstellt und halbkreisförmig nach Hessen hineinragt.

- **Westernohe** (425 m; 940 E.; VG Rennerod)

  Am alten Dorfplatz mit seinen Linden und Grünanlagen der wuchtige Turm der 1957 erbauten **kath. Pfarrkirche St. Matthäus**. Der **Laufbrunnen** des 19. Jh. stammt aus der Sayner Hütte.

- **Oberrod** (430 m; 740 E.; VG Rennerod)

  Nördlichstes Dorf der Lasterbach und östlichstes Dorf im Nordteil von Rheinland-Pfalz.

  **Ski-Gebiet Oberroder Knoten:** Höhenlage: 580 m; Auskunft: Ski-Club Elz, ☎ 0 64 31/5 11 48 und 0 27 75/14 11

- **Hüblingen** (365 m; 315 E.; VG Rennerod)

  **Ev. Kapelle**, 1385 als Marienkapelle erbaut. Wuchtiger Wehrturm mit Satteldach und Dachreiter. Mittelalterliches Schiff mit dreiseitigen Emporen und einfacher Barockausstattung. Wandmalereien aus der Zeit um 1420 - 1430. Zarte Ranken umgeben Darstellungen der Hl. Drei Könige, der Passion Christi und des Jüngsten Gerichts.

- **Neunkirchen** (320 E.; 530 E.; VG Rennerod)

★ **Ev. Pfarrkirche** St. Johannes der Täufer ist neben der Daadener Pfarrkirche die bedeutendste protestantische Barockkirche des Westerwaldes. Der romanische, 32 m hohe Turm (12. Jh.) trägt einen achteckigen Spitzhelm. Das quadratische Kirchenschiff mit Eckpflastern, Rundbogenfenstern, Spiegeldecke und dreiseitigen Emporen wurde 1740 von Julius Ludwig Rothweil im Stil einer Predigtkirche erbaut. Stattlicher barocker Kanzelaufbau.

## Rund um Bad Marienberg

*Übersichtskarte siehe Seite 40!*

- **★★ Bad Marienberg** (370 bis 535 m; 5.870 E.; VG Bad Marienberg 19.900 E., Westerwaldkreis)

Mit Bad Marienberg, Kneipp-Heilbad und Höhenluftkurort verbindet sich der Begriff „Hoher Westerwald". Bad Marienberg, dessen Altstadt mit der Kirche sich auf einem mit mäßiger Böschung abfallenden Basaltriedel in 485 m Höhe erhebt, ist seine „Eingangspforte". Das Klima von Bad Marienberg wird durch die Mittelgebirgslage und durch die umgebenden Höhe und Wälder günstig beeinflusst. Das Stadtbild ist mit Grünanlagen durchsetzt und die zahlreichen öffentlichen und privaten Einrichtungen und Anlagen in Bad Marienberg lassen eine Tradition in der Betreuung der Kur- und Urlaubsgäste erkennen, die schon vor der Jahrhundertwende begann.

ⓘ **Tourist-Information Bad Marienberg,** Wilhelmstraße 10, 56470 Bad Marienberg, ☎ 0 26 61/70 31; Fax 0 26 61/93 17 47. Internet: www.bad-marienberg.de

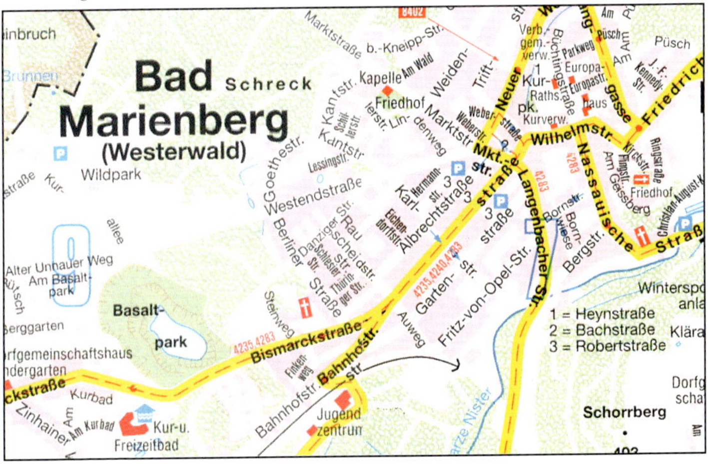

★ **Ev. Kirche** wurde 1818 bis 21 in spätklassizistischem Baustil erbaut. Ein großer, schlichter Saalbau, an einer Langseite, der Eingangsfront, dreiachsiger Mittelrisalit mit Pilastern und Flachgiebel, vor der anderen der Turm mit Zeltdach und Haubenlaterne.

**Europahaus**, Informations- und Bildungsstätte.

**Sendeturm** (175 m) nördlich der Stadt an der Wetterstation.

**Kur- und Freizeitbad „MarienBad"** mit 350 $m^2$ Wasserfläche.

**Kureinrichtungen:** medizinische Badebetriebe, Wassertretbecken, Armbadeanlagen, Kurpark mit Musikpavillon, markierte Wanderwege, Terrainwegenetz, Therapiewege, Lesezimmer, Bücherei, Minigolf im Kurpark.

**Unterhaltungsmöglichkeiten:** Tennis, Squash, Segeln, Golfen, Reiten. Naturkundliche Wanderungen.

☼ ★ **Wildpark:** Auf der Zinhainer Höhe nordwestlich der Stadtmitte. 20 ha. Herrlicher Westerwaldblick. Mini-Autobahn, ein Abenteuerspielplatz und Ponyreiten.

★ **Basaltpark:** Einen Blick ins Erdinnere des Hohen Westerwaldes lässt ein rekultivierter Basaltbruch zu. Durch die Vulkaneruptionen in der Tertiärzeit erfolgten für weite Teile des Westerwaldes typische Basaltdurchbrüche. Die Lava erstarrte nach den Eruptionen und bildete dabei oft fünf- und sechseckige Säulen, die ein begehrter Rohstoff des Bergbaus sind. Als „Dokumentationsstätte für den Basaltabbau im Westerwald" bietet der Basaltpark interessante Einblicke in die geologischen Vorgänge rund um die vulkanische Entstehung des Basalts. Aber auch die unterschiedlichen Abbaumethoden, die im Laufe dieses Jahrhunderts Anwendung fanden, werden anschaulich dargestellt. Der Basaltpark ist eine Außenstelle des Landschaftsmuseums Westerwald in Hachenburg. Zur möglichst breiten Nutzung des Basaltparks als Dokumentationsstätte wurden eine Reihe informativer Schautafeln, Gesteinsarten, Hinweisschilder und Wegemarkierungen aufgestellt. Ein ehe-

*In der Fußgängerzone von Bad Marienberg*

*Die größten Basaltbrüche des Westerwaldes im Bergmassiv des Stöffel*

maliges Maschinenhaus dient heute als Info-Stätte und ist von Mai bis September (Di - So) von 10 - 12 Uhr und von 14 - 16 Uhr geöffnet.

Die ★ **Wolfsteine**, durch den sogenannten Wolfsteinrücken miteinander verbunden, nordwestlich von Bad Marienberg gelegen, sind Relikte einer im Tertiär (vor ca. 30 Millionen Jahren) entstandenen Schlot - und Gangform des Basaltes.

**Wintersport: Ski-Gebiet Bad Marienberger Höhe:** Höhenlage: 550 m; Auskunft: Kurverwaltung, ☎ 0 26 61/70 31 (rund um die Uhr)
**Ski-Gebiet Bad Marienberg Schorrberg:** Höhenlage: 550 m; Auskunft: Skiclub Bad Marienberg-Unnau, ☎ 0 26 61/70 31 oder Kurverwaltung

## SÜDLICH UND WESTLICH VON BAD MARIENBERG:

- **Unnau** (400 m; 1.930 E.; VG Bad Marienberg)
  Im vergangenen Jh. spielten die **Schnapsbrennereien** eine besondere Rolle: „Unnauer Kümmel und Korn"; auch war die Spinnraddrechslerei über die Grenzen hinaus bekannt. Die **Schilderfabrikation** ist heute ein bedeutender Wirtschaftszweig. Verschiedene Schilderfabriken und Brennereien mit Besichtigungsmöglichkeiten (in den Brennereien Schnapsproben).
- **Höhn** (517 m; 3.210 E; VG Westerburg)
  Gelegen auf dem Hochplateau, durchschnitten von der B 255 und mit Kirchturm und Hochbehälter weithin sichtbar.
  ❖ 959 als „Hana" erster urkundlich erwähnter Ort im Hohen Westerwald. Ein Förderturm am Marktplatz erinnert an den ehemaligen Braunkohlenbergbau. Daneben Grubenlok mit zwei Förderwagen.

> ***All kei Norke net***
> *An Ostern wird nach altem Brauch ein Ostereierschibbeln veranstaltet. In der Mitte des vorigen Jahrhunderts reiste ein Norkener nach Wiesbaden. Nach seiner Rückkehr befragt, antwortete er: „All kei Norke net, in ganz Wiesbaden kein Scheuertor." Seitdem ist „All kei Norke net" ein geflügeltes Wort für Westerwälder Heimatliebe.*

★ **Hochstein** (ND; 524 m). Basaltgruppe inmitten eines ausgedehnten Basaltblockmeeres am Nordhang des Kackenberger Steines bei Neuhochstein.

**Nistertal-Brücke:** Die 300 m lange und bis zu 31 m hohe Bahnbrücke bei Nistertal galt vor dem ersten Weltkrieg als „Wunder der Technik". Die damals größte Betonbrücke in Deutschland wurde von Technikern und Ingenieuren aus aller Welt besucht. 1911 wurde die über sie führende eingleisige Strecke Erbach - Marienberg - Fehl-Ritzhausen eröffnet.

- **Enspel** (390 m; 300 E.; VG Westerburg)

★★ **Stöffel** südlich von Nistertal. Derzeit noch die größten Basaltbrüche im Westerwald. Abbau von hochwertigem Basalt seit über 100 Jahren; z. Zt. jährlich über 1,5 Mill. t Basalt. Bruchfläche 140 ha. Die hohen Steilwände im Abbaugebiet sind aus weiter Entfernung zu sehen. (Besichtigung nur nach vorheriger Vereinbarung möglich.) - Seit 1990 erschlossene bedeutende Fossillagerstätte im Steinbruch Adrian im zutage tretenden Urboden unterhalb der Basaltablagerungen. Bisher wichtigste Funde: Krokodilzähne und die **„★★ Enspelmaus"**, fledermausartige Eomyden, zu bestaunen im Landschaftsmuseum Westerwald in Hachenburg. Ergänzende Forschungsergebnisse werden nach weiterem Abbau der Vulkanaufwerfungen eine nahezu vollständige Rekonstruktion des Süßwassersees der damaligen Zeit vor 27 Millionen Jahren sowie eine Rekonstruktion des Lebensraumes der angesiedelten Tier- und Pflanzenwelt ergeben.

## NÖRDLICH VON BAD MARIENBERG

### Neunkhäuser Plateau

Das Neunkhäuser Plateau umfasst etwa den Bereich der Ortsgemeinden Neunkhausen, Mörlen, Nauroth, Elkenroth, Weitefeld und Langenbach bei Kirburg. Es ist eine kleine Fastebene aus Deckenbasalt, die ein Höhenniveau von 450 bis 500 m erreicht.

**Windkraftanlagen** bei Langenbach: zwei auf 30 m hohem Mast (jährlich 200 000 KW); eine auf 50 m hohem Mast (jährlich 800 000 KW). - Eine historische Dampfmaschine (25 t), ursprünglich aus Wirges, bedient eine Kraft-Wärme-Kopplungsanlage.

- **Elkenroth** (450 m; 1.850 E., VG Gebhardshain)

Anerkannte Fremdenverkehrsgemeinde.

**Ski-Gebiet Elkenroth:** Höhenlage: 460 m; Auskunft: SG Westerwald, ☎ 0 27 47/8 09 54

- **Lautzenbrücken** (500 m; 440 E., VG Bad Marienberg)

Typisches Straßendorf. Beispiele Westerwälder Einheitshäuser (Wohnhaus, Stall und Scheune unter einem Dach) und, das ist eine Besonderheit, mit den zur Straßenseite zugekehrten Hausgiebeln.

# Oberer Westerwald

**Land der romantischen Seen, Täler und Städtchen**

## Im Westerburger Land

*Übersichtskarte siehe Seite 40!*

- ★★ **Westerburg** (400 m; 5.840 E., VG Westerburg 23.500 E., Westerwaldkreis) Luftkurort in schöner, waldreicher Umgebung. Das mittelalterliche Städtchen mit Ober- und Unterflecken wird überragt von der Westerburg der Grafen von Leiningen-Westerburg. Geschäfte aller Art, verschiedene Behörden, Schulen aller Art, Bundeswehrgarnison.

❖ Wahrscheinlich ab dem 9. Jh. wurde Westerburg Sitz einer Reichsvogtei; ab dem 11. Jh. treten die „Herren zu Westerburg" auf. 1292 erhielt Westerburg durch König Konrad von Nassau Stadtrechte. Im Mittelalter war Westerburg ein bedeutender Marktflecken. Bis 1972 Sitz der Kreisverwaltung des Oberwesterwaldkreises.

★ **Schloss** (nicht zu besichtigen), Bauanfänge 12. Jh., großzügiger Ausbau im 15. und 18. Jh. Schmuckloser Zweckbau, zur Verteidigung eingerichtet, mehrere Türme (verfallen), Burgmauern und Wallgraben teilweise erhalten.

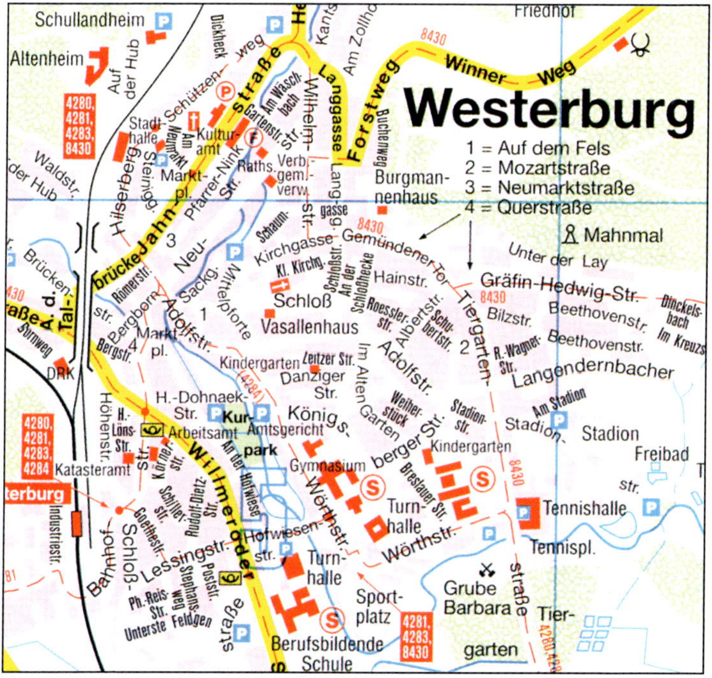

*Blick vom Schloss auf Westerburg. Im Hintergrund die Bahnbrücke*

★★ **Ev. Kirche** unterhalb des Schlosses, jetziger Bau Anfang 16. Jh., vorher Georgs- und Marienkapelle. Unter dem Chor Grablege der Westerburger Grafen, vorher Beisetzung in der Stiftskirche zu Gemünden. Drei Grabsteine aus dem 15. Jh.

★ **Burgmannenhaus** (1607) am Gemündener Tor in der Oberstadt, jetzt Stadtarchiv und Gemeinschaftsräume. Restaurierung 1985/86. Heute Begegnungsstätte der Westerburger.

★ **Liebfrauenkirche**. Frühe Wallfahrtskirche von vor 1400. 1899 auf alten Trümmern und Fundamenten in ursprünglicher Form wiederaufgebaut. 1994/95 Innenausmalung nach den alten Originalplänen. Heute bedeutendes Wallfahrtszentrum der kath. Christen des Westerwaldes.

*Schloss Westerburg*

★ **Bahnbrücke**, errichtet 1906/07 für Bahnlinie Westerburg - Rennerod. 257 m lang, größte Höhe über Talsohle 31 m.

**Ski-Gebiet Westerburg:** Skigelände Heißberg im Ortsteil Gershasen; Auskunft: 02663/29137 und 1478.

ⓘ **Fremdenverkehrsverein Westerburger Land**, Neustr. 39, 56456 Westerburg, ☎ 02663/291490; Fax 02663/291888. Internet: www.westerburgerland.de

**WESTLICH VON WESTERBURG:**

★ **Kath. Kirche** Schönberg im Wald versteckt, südlich von Kölbingen: 1494 erstmals genannt. Schönberg war Mittelpunkt des Oberkirchspiels

Salz. Die 1714 neuerbaute Kirche ist jetzt Friedhofskirche und wurde 1974 restauriert; sie besitzt einige Bildnisgrabsteine früherer Adliger.

- **Hahn am See**
  (420 m; 460 E., VG Wallmerod)
  **Kath. Pfarrkirche St. Margaretha** (1740). Hoher Saalbau mit Flachtonne aus Holz. Innenausstattung mit zahlreichen Kunstwerken der „Hadamarer Schule". Brüstungsmalereien. Westturm romanisch.
  Westlich in Richtung Elbingen liegt ein etwa 350 m langer **Stausee** hinter dem Haus Seeblick.

*Die einsame Friedhofskirche Schönberg bei Kölbingen.*

## ÖSTLICH VON WESTERBURG

- **Gemünden** (310 m; 1.130 E., VG Westerburg)
  **★★ Stiftskirche St. Severus (ev.)**. 879 verlegte Gebhard, Graf des Niederlahngaues und Urahn der Konradiner ein Chorherrenstift mit 12 Chorherren nach Gemünden. Als das Stift 1570 reformiert wurde, verfiel es. Die ehemalige Stiftskirche ist eine prächtige romanische Pfeilerbasilika aus der 1. Hälfte des 11. Jh., wobei die südlichen Pfeilerarkaden des Langhauses einer älteren

*Gemünden im Holzbachtal mit seiner Stiftskirche. Jenseits das Basaltmassiv des Watzenhahn und das Dorf Wilsenroth.*

*Holzbachschlucht östlich von Gemünden*

Bauphase angehören. 1973 wurde sie musterhaft restauriert. Dabei wurde das um 1510 eingezogene Langhausgewölbe des Mittelschiffs entfernt und der ursprünglich romanische Zustand wiederhergestellt. Alte Fresken wurden freigelegt. - Die Kirche war bis ins 15. Jh. Grablege der Westerburger Grafen. - Weltkulturerbe.

🍁 ★★ **Holzbachschlucht** (NSG), Durchbruch des Holzbachs durch Basaltfelsen. Die Holzbachschlucht zwischen dem Dappricher Hof und Gemünden. Der Holzbach hat hier auf 1 km Länge den Basalt durchbrochen und ein wildromantisches Tal mit steilen Felswänden und mächtigen Felsbrocken geschaffen.

- **Pottum** (420 m; 1.120 E., VG Westerburg)

  🍁 ★★ **Wiesensee**. Der 1971 auf einer Wiesenbrache angelegte 80 ha große Wiesensee erfreut sich wegen seiner landschaftlichen Schönheit und der Wassersportmöglichkeiten besonderer Anziehungskraft. Der See kann ganz umwandert werden. Am Nordrand des Wiesensees liegt Pottum. Bademöglichkeit; Ruder-, Paddel- und Tretbooteverleih. Segeln und Surfen; Floßrundfahrten. Segelhafen für 320 Boote, Segelschule, Segelbootverleih, Angeln, Fahrradverleih. Golfplatz: 18-Loch-Anlage mit Golfschule. Gasthäuser und Ferienwohnungen mit 62 Betten. Campingplatz. Wassersport.

*Am Wiesensee. Im Hintergrund Pottum.*

## SÜDLICH VON WESTERBURG:

- **Guckheim** (338 m; 920 E., VG Westerburg)
  - **Rothenberg** westlich des Ortes. Auf dem Waldgipfel der kleinen Basaltkuppe versteckt sich die 1951 erbaute Guckheimer **Wallfahrtskirche**. Interessanter **Vogellehrpfad**.
- ★ **Weltersburg** (385 m; 260 E., VG Westerburg)
  - **Burgruine**. Im Hang des Küppels (436 m) über dem Dorf stehen noch geringe Reste der Weltersburg, die wohl zur Sicherung der Köln-Frankfurter Straße um 1200 erbaut wurde. Bereits seit dem 18. Jh. ist die Weltersburg verfallen.
  - Vom ★ **Küppel** (436 m, NSG; Schutzhütte) über der Burg prächtige Aussicht ins Elbtal und über das ganze Westerwälder Kuppenland. Panoramatafel.
  - **Reifenberger Schlösschen** (16. Jh.) im Hang des Berges am Westrand des Ortes, ein gut erhaltener Burgsitz der Wäller Linie der von Reifenberg. Zweistöckiger, rechteckiger Steinbau mit Giebeldach und zwei Zwerchhäusern; an den Ecken je ein Rundturm mit Spitzhelm.

    **Windrad** (1912). Es diente früher der Wassergewinnung und bleibt als technisches Denkmal erhalten.

    **St.-Leonhards-Kapelle** an der Kreuzung der Straßen Guckheim - Salz und Herschbach - Weltersburg. 1525 erstmals erwähnt, jetziger Bau von 1863. Eine Wallfahrtskapelle wohl an einer Nebenstrecke der Köln-Frankfurter Straße. Am Erntedankfest Reiterprozession. Von Salz hoch führt hierher ein Kreuzweg.
  - An der Straße nach Weltersburg kleiner **Basaltbruch** mit fächerförmigen Basaltsäulen.
  - ★ **Watzenhahn:** Der 6 km lange und 4,5 km breite Basaltberg Watzenhahn (475 m), fast ganz mit Wald bedeckt, ist ein stilles Wandergelände. Die Wege sind beschildert. Im Osthang liegen der Blasiusberg und das Naturschutzgebiet Dornburg mit dem „Ewigen Eis" (S. S. 145!). - In Girkenroth am südlichen Ortsrand Waldkuppe des **Ruhbergs** mit imposanten Basaltfelsen.

*Die St.-Leonhards-Kapelle zwischen Salz und Weltersburg*

## Im Raum Hachenburg

- ★★ **Hachenburg** (315-390 m; 5.550 E., VG Hachenburg 24.300 E.; Westerwaldkreis)
  Die Stadt liegt auf einer rund 350 bis 390 m hohen Basaltkuppe, der Wasserscheide zwischen Wied und Nister, damit auch zwischen Rhein und Sieg. Nördlich senkt sich das Nistertal steil ein. Luftkurort, Einkaufszentrum, Fußgängerzone, Fachhochschule der Deutschen Bundesbank. Den Anblick auf sich ziehend das Schloss, dicht daran angeschmiegt die malerische, ehemals befestigte, gut erhaltene historische Altstadt.

*Blick von der ev. Schlosskirche auf die kath. Kirche Mariä Himmelfahrt am Alten Markt zu Hachenburg*

❖ Der Ursprung liegt im heutigen Ortsteil Altstadt, südwestlich vom Ortskern gelegen, wo bereits in der Karolingerzeit ein Rastplatz an der mittelalterlichen Fernstraße Köln-Leipzig bestanden hat. Um 1180 wurde die Burg errichtet, die dem Schutz dieser Straßen diente und bis 1799 Residenz der Grafen von Sayn war.
Der Bezirk von Hachenburg kommt zum ersten Male 1221 als kurkölnisches Lehen im Besitz der alten Grafen von Sayn vor. Im 18. Jh. erbten die Fürsten von Nassau-Weilburg die Grafschaft Sayn-Hachenburg. Stadtrechte seit 1314. Im Schutze der Burg konnte sich die Stadt als eine Siedlung von Ackerbürgern, Handwerkern, Kaufleuten und später auch Beamten der Residenz der Grafschaft entwickeln. Der Verlust der Residenz führte im 19. Jh. zu einem Rückgang, erhielt jedoch der Stadt bis auf den heutigen Tag ihr historisches Bild aus dem 17. bis 18. Jh.

ⓘ **Tourist-Information Feriengebiet Hachenburg,** Gartenstraße 11, 57627 Hachenburg; ☎ 0 26 62/80 11 17, Fax 0 26 62/80 12 60; Internet: www.hachenburg-vg.de und: www.hachenburg.de

★★ **Schloss Hachenburg** thront als „Krone der Stadt" beherrschend über den Häusern des alten Städtchens. Erbaut ab 1717. Der aus fünf Flügeln bestehende Hauptbau gruppiert sich hufeisenförmig um den Innenhof, der sich zum weiträumig angelegten Burggarten (heute von der Straße durchschnitten) hin öffnet. Südlich umschließen im Halbkreis die Gebäude der Vorburg das Hauptschloss. Das Schloss kam 1816 an das Herzogtum Nassau, 1866 an Preußen und 1946 an Rheinland-Pfalz. 1974 erwarb die Deutsche Bundesbank den Gebäudekomplex, die nun darin eine Fachhochschule mit Internat betreibt. Eine Innenbesichtigung ist nicht möglich.

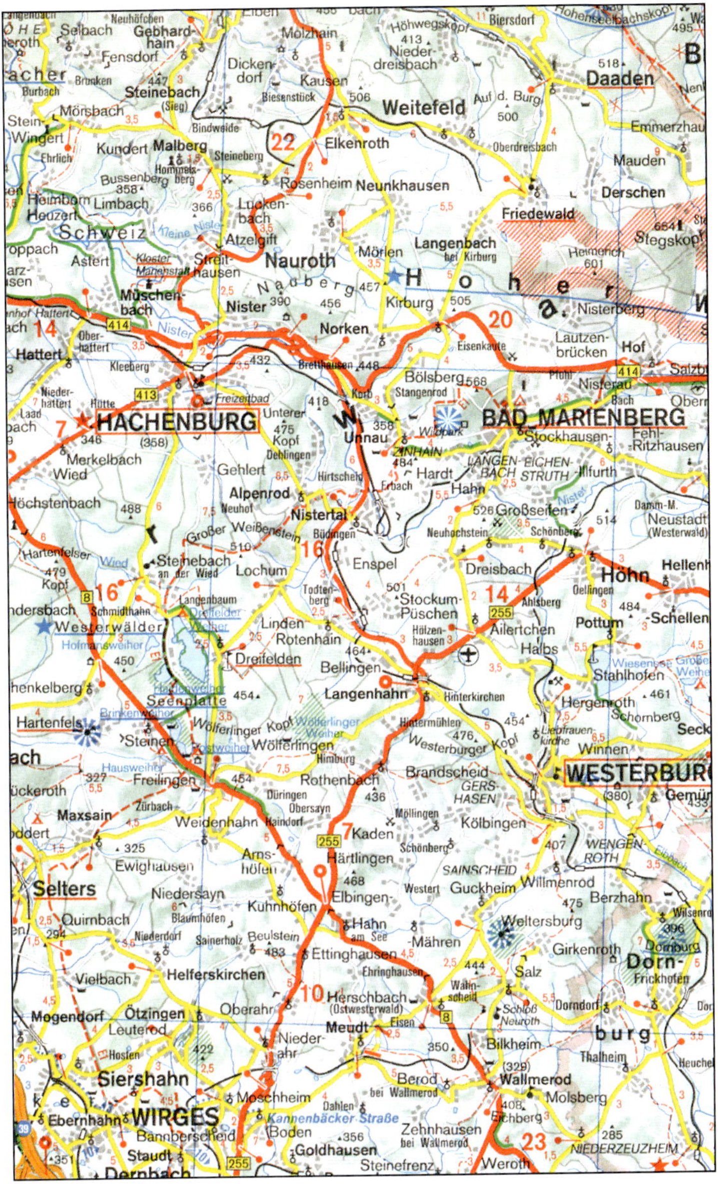
Selbach
Gebhardshain
Fensdorf
Molzhain
Höhwegskopf
Biersdorf
Nieder-dreisbach
Daaden
Dickendorf
Kausen
Steinebach (Sieg)
Mörsbach
Weitefeld
Elkenroth
Emmerzhausen
Kundert
Malberg
Mauden
Bussenberg
Rosenheim
Neunkhausen
Derschen
Limbach
Luckenbach
Friedewald
Atzelgift
Stegskopf
Nauroth
Mörlen
Langenbach bei Kirburg
Astert
Kloster Marienstatt
Streithausen
Müschenbach
Nister
Nauberg
Kirburg
Nisterberg
Norken
Hattert
Eisenkaute
Lautzenbrücken
Hof
Kleeberg
Bölsberg
Stangenrod
Nisterau
Freizeitbad
HACHENBURG
Unnau
BAD MARIENBERG
Stockhausen-Illfurth
Fehl-Ritzhausen
Merkelbach
Wied
Gehlert
Zinhain
Langenbach
Eichenstruth
Hardt
Erbach
Hahn
Höchstenbach
Alpenrod
Nistertal
Großseifen
Neuhochstein
Schönberg
Neustadt (Westerwald)
Großer Weißenstein
Enspel
Dreisbach
Steinebach an der Wied
Lochum
Höhn
Hellenhahn
Stockum-Püschen
Oellingen
Ailertchen
Pottum
Schellenberg
Westerwälder Seenplatte
Dreifelder Weiher
Linden
Rotenhain
Hölzenhausen
Halbs
Dreifelden
Bellingen
Stahlhofen
Wiesensee
Langenhahn
Hinterkirchen
Hergenroth
Hartenfels
Steinen
Wölferlinger Kopf
Wölferlingen
Westerburger Kopf
Winnen
Brandscheid
WESTERBURG
Freilingen
Rothenbach
Gershasen
Maxsain
Weidenhahn
Kaden
Kölbingen
Ewighausen
Härtlingen
Sainscheid
Willmenrod
Selters
Niedersayn
Elbingen
Guckheim
Berzhahn
Quirnbach
Kuhnhöfen
Weltersburg
Helferskirchen
Ettinghausen
Mähren
Girkenroth
Dornburg
Vielbach
Herschbach (Oberwesterwald)
Salz
Frickhofen
Mogendorf
Ötzingen
Oberahr
Meudt
Dorndorf
Niederahr
Bilkheim
Thalheim
Siershahn
Berod bei Wallmerod
Wallmerod
Molsberg
Moschheim
Ebernhahn
WIRGES
Kannenbäcker Straße
Boden
Zehnhausen bei Wallmerod
Niederzeuzheim
Bannberscheid
Staudt
Goldhausen
Steinefrenz
Weroth
Dernbach

**★★★ Alter Markt**, Kernstück der alten Stadt, der wohl schönste im ganzen Westerwald, mit den beiden Kirchen und den größtenteils gut renovierten Giebelhäusern aus dem 17. und 18. Jh. sowie einem Marktbrunnen mit dem vergoldeten Saynischen Löwen (1702). Gegenüber der kath. Kirche eine historische Uhr im Fenster des Wohnhauses. Ausblick auf die Giebelhäuser der Wilhelmstraße (Fußgängerzone).

**★★ Ev. Schlosskirche**, mit dem Schloss durch einen Bogengang baulich verbunden (malerischer Durchblick). Chor und Turm stammen aus der Mitte des 15. Jh., das Schiff von 1775. Gräfliche Familiengruft im Chor. Typische Predigerkirche mit dem Übereinander von Altar, Kanzel und Orgel (Barockpredigt) an der Ostseite und dem hölzernen Einbau von Emporen an den übrigen Wänden.

**★★ Kath. Kirche Mariä Himmelfahrt**, ursprünglich Franziskanerkirche, 1734 - 1738 erbaut, 1907 - 1909 erweitert und mit einem Turm versehen. Hochaltar (1738): Das Altarbild „Mariä Himmelfahrt" ist eine Kopie eines Gemäldes des italienischen Meisters Guido Reni (1554 - 1642), ausgeführt von Philipp Albrecht aus Limburg (1782 - 1886). Sehenswert auch die beiden Seitenaltäre, Barockkanzel und Ewige Lampe. Unter der Kirche eine Mönchsgruft mit 19 Grabnischen (1754 - 1811) und leider stark verwittertem Totentanzfresko. Hinter der Kirche eine Hoheitssäule des Großherzogtums Nassau, bis 1866 als Grenzstein an einer Ausfallstraße verwendet.

**„Steinernes Haus"** (Hotel Krone) neben der kath. Kirche, erbaut 1439, 1531 im Spätrenaissancestil erneuert und mit steinernem Erker versehen. Heutige Giebelform von 1585. Die am Haus angebrachte Jahreszahl 1322 ist irrig und bezieht sich auf die erste Erwähnung eines Hauses an dieser Stelle.

Zahlreiche **Patrizierhäuser** am Alten Markt, an der Wilhelmstraße, Friedrichstraße und Herrenstraße.

**★ Ev. Kirche im Stadtteil Altstadt** (700 m vom Ortskern gelegen), 1131 erwähnt, spätromanische, dreischiffige Pfeilerbasilika. Durch spätere Anbau-

*Gehöftgruppe im Landschaftsmuseum Westerwald*

ten hat sie heute Kreuzform. Inneres von 1664. Gut erhaltener Taufstein aus der spätromanischen Zeit. Auf dem eingeebneten Friedhof (ehemaliger Wehrkirchhof) Grabtafel der Hachenburger Dichterin aus der Goethe-Zeit Albertine von Grün (1769 - 1792).

**★★★ Landschaftsmuseum Westerwald**

Im Burggarten, 57627 Hachenburg Ww., ☎ 0 26 62/74 56 (östlicher Stadtrand); Öffnungszeiten: Di - So, 10 - 12 Uhr und 14 - 17 Uhr. Das bedeutendste Museum unserer Heimat. Kern ist das barocke Jagdzeughaus der Grafen von Sayn-Hachenburg. Kleines Freilichtmuseum: Gehöftgruppe mit Gebäuden, die aus anderen Orten nach hier umgesetzt wurden: Mühlenwohnhaus, Niederlasshaus, Scheune, Backhaus, Ölmühle, Arme-Leute-Haus, Dorfbrunnen mit Bauerngarten, Kräutergarten, Friedhof und Hofanlage. Im Hauptgebäude, dem Jagdzeughaus, finden sich neben den Büros und Magazinen ein Saal für Sonderausstellungen und Veranstaltungen sowie die geologischen, mineralogischen, naturkundlichen und vor- und frühgeschichtlichen Schausammlungen. Im Westerwald-Gehöft sind die volkskundlichen Sammlungen und Handwerksstuben eingerichtet.

**Cadillac-Museum**, Nähe Bahnhof. Größte Sammlung von Cadillacs der 50er Jahre in Europa (0 26 62/9 52 30 13).

## NORDWESTLICH VON HACHENBURG:

### ★★★ Kroppacher Schweiz

Wer die wohltuende Stille einer reizvollen Landschaft liebt, der muss einmal den Unterlauf der Nister besucht haben. Hier wird ihn die Landschaft zwischen der Abtei Marienstatt und Helmeroth, nach dem alten Kirchspielort Kroppach die „Kroppacher Schweiz" genannt, ganz besonders ansprechen. Zwischen steilen, felsigen Rücken, die sich von allen Seiten herandrängen, windet sich der Bach in mannigfachen Krümmungen hindurch und bietet dem Wanderer immer neue reizvolle Landschaftsbilder.

*Die Zisterzienserabtei Marienstatt in der Kroppacher Schweiz*

Man wandert an grünen Wiesen vorbei zwischen hohen bewaldeten Bergen an den Ufern der Nister entlang; man erklimmt die Hänge, um von steilen Felswänden herab herrliche Umschau zu genießen, etwa von der Hohen Ley (270 m) zwischen Limbach und Astert oder von der Spitz-Ley (265 m) nördlich von Wingert. Man überschreitet auf schmalen Stegen den schäumenden Bach; man geht durch stille Dörfchen, die wie eingeklemmt an hohen Felsen liegen, man wandert schließlich an hohen Bergen entlang auf Pfaden, die teils durch die Felsen gehauen sind, tief unten der fließende Bach. Das ganze Tal steht von dem Ort Nister bei Hachenburg bis zur Mündung in die Sieg unter Landschaftsschutz.

❖ ★★★ **Zisterzienser-Abtei Marienstatt:** Stiftungsurkunde im Jahr 1212 ausgestellt. Gotischer Kirchenbau, bis 1243 in den Ostteilen fertiggestellt, 1324 auch Querschiff und Langhaus (drei Joche) vollendet, in jenem Jahr Einweihung der Kirche. Später nach Westen Anbau um vier Joche, um 1425 abgeschlossen. Zahlreiche Heimsuchungen des Klosters durch Pest und Kriege. In einer Zeit finanziellen Aufschwungs während des 18. Jh. Abriss der mittelalterlichen Klosteranlage und vergrößerter Neubau im klassizistischen Stil. 1803 Aufhebung der Abtei. Wechselnde Eigentümer, 1864 - 75 und seit 1888 wieder Kloster. Seit 1832 Pfarrei. Neubauten entlang der Südfront (1909, 1958, 1978) beherbergen ein öffentliches Gymnasium. Seit Ende des 15. Jh. Ziel einer populären Wallfahrt. In der Kirche regelmäßig Konzerte. Die Kirche ist eine der ältesten gotischen Bauwerke in Deutschland. Prächtiger Altaraufsatz im Chor, um 1360, als Reliquienschrein gestaltet: obere Reihe Krönung Mariens und Apostelfiguren, darunter Frauenbüsten zur Aufnahme von Reliquien, untere Reihe Nischen zum gleichen Zweck. Bedeutendes Kölner Kunstwerk mit nur zwei Parallelen in Deutschland (Oberwesel, Bad Doberan). Gut erhaltenes Chorgestühl mit spärlichem Schnitzwerk, nur der Sitz des Abtes reicher ausgestattet, um 1300. Grabmal des Grafenpaars Gerhard II. von Sayn († 1493) und Elisabeth von Sierk († 1489), lebensgroße Holzfiguren, Werk des niederrheinischen Meisters Tilman van der Burch. „Gnadenbild", eine Pieta aus Steinguss, Kunstwerk aus dem böhmisch-salzburgischen Raum, um 1430. Barocke Seitenaltäre und Beichtstühle (18. Jh.). Gusseiserne und marmorne Grabplatten. Moderne Orgel. Schlossähnlicher Klosterbau (1747), wohl von dem Trierer Hofbaumeister Johannes Everhard aus Ehrenbreitstein. Gegliederter Portalbau, innen mit reichgeschnitzter Treppe und Heiligenfiguren der sogenannten Hadamarer Schule (18. Jh.), Deckengemälde. Beachtliche Stuckaturen in den Privatgemächern des Abtes. Seit 2001 umfangreiche Restaurierungsarbeiten.

**Alte Brücke** über die Nister, im Kern mittelalterlich, 1721 erneuert. Oberhalb derselben im Felsen Fundamente der unvollendeten **Burg Froneck**, nach 1340 geschleift.

**Marienwanderweg** zum Kloster Marienthal (24 km)

- **Kroppach** (300 m; 620 E., VG Hachenburg)

Namengebendes Dorf für die Kroppacher Schweiz.

**Ev. Pfarrkirche St. Peter** auf einem kleinen Hügel im Dorf. Der ursprünglich einschiffige Raum aus dem 12. Jh. wurde später durch Seitenschiffe erweitert. Westturm von 1835. Spätgotische Fresken, Bildnisgrabstein aus Eisenguss von 1576.

- **Stein-Wingert** (182 m; mit Ortsteilen 210 E., VG Hachenburg)

Auf dem Burghardt Reste einer keltischen **Fliehburg**.

Oberhalb des Dorfes auf der rechten Nisterseite der **Aussichtspunkt „Spitz-Ley"**.

**Dorfmuseum** in Mörsbach (2 km)

- **Streithausen** (280 m; 620 E., VG Hachenburg)

**Turmhügel-Burg (Motte)**, im Volksmund Küppelweiher genannt. Ihre Reste liegen rechts des Weges vom Dorf zur Kempfsmühle (nördlich). Vom ehemaligen Sitz der Herren von Nister ist noch ein 12 m breiter Hügel oder Küppel übrig, umgeben von einem 6 m breiten und 3 m tiefen Graben. - **Scholtzenhaus**, reizvoll restauriertes Fachwerkhaus-Ensemble in der Ortsmitte.

- **Limbach** (260 m; 410 E., VG Hachenburg)

Staatlich anerkannter Erholungsort mit Fremdenverkehr.

**Dorfmuseum Limbach** in einer Fachwerkscheune. Wanderpfad „Museum in der Landschaft".

**Dorfökologischer Lehrpfad** (3,2 km lang); Kräutergarten.

Ehemaliges **Dachschieferbergwerk** mit Besichtigungsmöglichkeit.

*Im Tal der Nister bei Heimborn*

☼ **Aussichtspunkte „Kappanöll"** und **„Hohe Ley".**

**Mühlenwanderweg durch die Kroppacher Schweiz.** 1.: Limbach - Kloster Marienstatt; 2. Limbacher Mühle - Helmerother Mühle.

**SÜDWESTLICH UND SÜDLICH VON HACHENBURG:**

Zwischen der oberen Wied und der Nister dehnt sich ein breitgelagerter Rücken mit Höhen bis fast 500 m aus, der größtenteils von den ausgedehnten Waldungen des Staatsforstes Hachenburg und des Stadtwaldes Hachenburg bedeckt wird.

- **Alpenrod** (425 m; 1550 E.; VG Hachenburg)

  ☼ **★★ Aussichtsturm auf dem Gräberberg**, mit 513 m der höchste Berg in der VG Hachenburg. Sendeturm des E-Plus-Netzes (1998), dessen Aussichtsplattform täglich von 8 bis 20 Uhr geöffnet ist. Wer sich nicht scheut, 194 Stufen emporzusteigen, der wird von einer prächtigen Rundumsicht über die Wälder und Dörfer des Oberwesterwaldes belohnt. Besonders nach Norden erspähen wir die höchsten Berge von der Bad Marienberger Höhe bis zum Höllkopf. Am Fuße bewirtschaftete Gastwirtschaft.

**Oberes Wiedtal**

Die **Wied**, größter Bach im Westerwald, ist 95 km lang; Quelle und Mündung sind jedoch nur 32 km voneinander entfernt. Sie entspringt oberhalb Linden und fließt durch den Dreifelder Weiher (auch Seeweiher genannt), schlängelt sich durch die Landschaft der Seenplatte und hat nicht nur topographische, sondern auch geschichtliche Spuren hinterlassen.

- **Steinebach a. d. Wied** (380 m; 800 E., VG Hachenburg)

  **Rest der Wasserburg**, Stammsitz des gleichnamigen Geschlechts, das 1273 erstmals erwähnt wird und um 1550 erloschen ist.

- **Höchstenbach** (350 m; 720 E., VG Hachenburg)

  ★ **Ev. Pfarrkirche St. Georg**. Ursprünglich einschiffige, spätromanische Kirche, außen teilweise mit Bogenblenden und Rundbogenfries gegliedert. Den Westturm krönt ein achteckiger Spitzhelm. Innen kuppelähnliches Kreuzgratgewölbe mit schönem Schlussstein. In der Apsis wurden 1952 Wandmalereien freigelegt, in denen Christus als Weltenrichter, umgeben von Evangelistensymbolen und Heiligengestalten, dargestellt ist. Vermutlich zweite Hälfte des 13. Jh.

★ **Marceau-Denkmal**. Den einfachen Obelisk, an der B8 etwa 1 km südlich des Ortes im Walde, stiftete 1863 Kaiser Napoleon III. für den 27-jährigen französischen Revolutionsgeneral Marceau, der 1796 von einem Tiroler Kaiserjäger hier verwundet wurde, im Lazarett Altenkirchen starb und mit militärischen Ehren von den Österreichern den Franzosen übergeben wurde. Das Geschehen ist sogar auf dem Triumphbogen in Paris gewürdigt.

***Ehe zu dritt***
*An die Zeit der Kreuzzüge erinnert die Volkssage, nach der ein Ritter von Steinebach in türkische Gefangenschaft geraten, aber von einer Sultanstochter befreit worden sei. Er habe sie geheiratet und sei mit ihr und ihrem Sprössling in die Heimat zurückgekehrt, wo die rechtmäßige Gattin noch lebte. Seine erste Frau ertrug es und sie lebten zu dritt einträchtig in der Burg. Seitdem hat deren Holz die Kraft, im Westerwald „jede Eifersucht zu überwinden, wenn man es aufs Herz legte". (Heute ist in der Ruine Steinebach - leider - kein Holz mehr zu finden!)*

## ★★★ Westerwälder Seenplatte

Besonders reizvolle Natur- und Kulturlandschaft einmalig im Westerwald, eine flachwellige Hochfläche zwischen den Bergköpfen des Hachenburger und Höchstenbacher Waldes im Norden bis zum Tal des Saynbachs im Süden.

Sieben Stauweiher haben dem Gebiet seinen Namen verliehen. Bei Dreifelden breiten sich **See-, Haiden- und Hofmanns-Weiher** aus, bei Freilingen **Brinken-, Post- und Hausweiher**. Etwas abseits liegt nordöstlich des gleichnamigen Ortes der **Wölferlinger Weiher**, der zu einem großen Teil verlandet ist. Die Dreifelder Weihergruppen stehen untereinander durch Kanäle in Verbindung, ebenso die Freilin-

*Badeleben am Dreifelder Weiher*

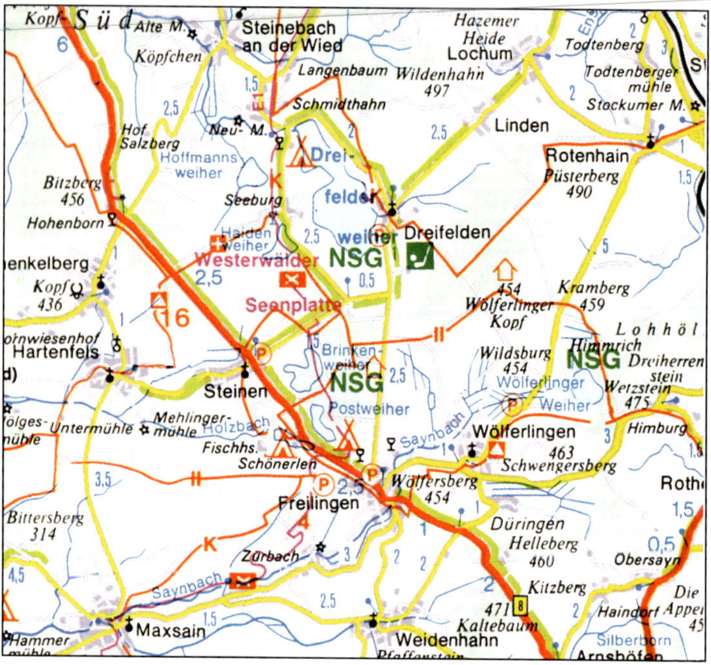


ger Weiher. Mit 123 ha ist der Seeweiher das größte Gewässer, der Hausweiher mit 9,6 ha das kleinste. Daneben existieren noch kleinere Teiche, die der Fischereiwirtschaft als Abfisch- oder Haltebecken dienen. Die Seen liegen zwischen 400 und 420 m hoch. Die Wied durchfließt den Seeweiher. Der Holzbach tritt beim Hof Schönerlen aus dem Hausweiher, während der Wölferlinger Weiher als Quelle des 40 km langen Saynbachs gilt.

Die Uferzonen, die nach Ablassen der Weiher trocknen, tragen eine für solche Standorte typische Pflanzendecke, die manche Kostbarkeit enthält. Wo nicht Laubwälder oder Fichtenforste bis unmittelbar an die Ufer der Weiher treten, säumen Erlen- und Weidengebüsche, Röhricht und Sumpfwiesen das offene Wasser. Seltene, zum Teil nur hier wachsende Pflanzen, haben der Westerwälder Seenplatte unter den Botanikern zu hohem Ansehen verholfen.

Die mehr oder weniger breiten Schilfgürtel, die Kleinseggenfluren und die beim Ablassen der flachgründigen Weiher entstehenden Schlamm- und Schlickbänke machen die Westerwälder Seenplatte zu einem nahrungsreichen Rast- und Brutplatz einer artenreichen Vogelwelt. Auch die Umgebung mit ihren ausgedehnten Wäldern und Sumpfwiesen gewährt diesen Tieren Nahrung und Unterschlupf. Wegen der botanischen und ornithologischen Bedeutung des Gebietes wurden Brinken-, Haiden- und Wölferlinger Weiher unter Naturschutz gestellt. Der gesamte Bereich der Seenplatte genießt Landschaftsschutz.

Graf Friedrich von Wied, Gründer der Stadt Neuwied, ließ als Arbeitsbeschaffungsmaßnahme nach dem Dreißigjährigen Krieg die Teiche über nassen Wiesen aufstauen. Die Weiher werden fischereiwirtschaftlich genutzt. Vorwiegend werden Karpfen und Schleien gezogen. Zum Abfischen im Herbst werden die Teiche abgelassen. Die Fische werden durch die Schleusen der Dämme gespült und erst in den Abfischteichen gefangen und sortiert, ein Ereignis, das geradezu volksfestartigen Charakter annimmt. Die ausgetrockneten Becken werden gepflügt und durch Düngung auf den Besatz des nächsten Jahres vorbereitet.
Unmittelbar südöstlich vor dem Ortsteil Straßen befindet sich der Brinkenweiher (Naturschutzgebiet), der einmalige Naturbeobachtungen zulässt. Vor allem seltene Wasservögel können von einem versteckten Hochstand aus beobachtet werden. Im Süden am Hausweiher (Fischhaus) Campingplatz und Badegelegenheit.

**7-Weiher-Wander- und Radwanderweg.** Nordteil 14 km; Mittelteil 20 km; Südteil 9 km

ⓘ **Westerwald-Gäste-Service**, Kirchstraße 48a, 56410 Montabaur, ☎ 0 26 02/30 01-0; Fax 0 26 02/30 01-15. Internet: www.westerwald-touristik.de

- **Freilingen** (450 m; 720 E., VG Selters)
  Bekannter Fremdenverkehrsort, im Tal des Saynbachs gelegen und von abwechslungsreicher Landschaft mit ausgedehnten Wäldern und landwirtschaftlich genutzter Fläche umgeben. Im Schnittpunkt mehrerer Straßen mit der B 8 ist der Ort verkehrsmäßig leicht von allen Richtungen aus zu erreichen. - Am Postweiher Baden, Surfen, Verleih von Paddel- und Tretbooten.
  ☼ ★★ **Hellebergturm** an der B 8 östlich von Freilingen. Seit 1998 erhebt sich hier ein 60 m hoher, aus Stahlprofilen zusammengeschraubter Turm für das Mobilfunknetz D 2. 160 Stufen müssen wir hoch, dann stehen wir 30 m über dem Bergplateau und 521,3 m über dem Meeresspiegel auf einer 50 qm großen Aussichtsplattform. ☼ Großartig der Blick.
- **Wölferlingen** (394 m; 580 E., VG Selters)
  ★ **Ev. Pfarrkirche**, erbaut 1751. Großer Saalbau, dem im Osten ein Turm vorgesetzt ist, den breite Ecklisenen und eine hohe Zwiebelhaube schmücken.
- ★ **Dreifelden** (416 m; 320 E., VG Hachenburg)
  Unmittelbar am Seeweiher gelegen, erfreut sich deswegen großer Beliebtheit als Ausflugsziel und Erholungsort. Mit den Naturschutzgebieten am Südufer des Seeweihers (Rundweg!) und am Haidenweiher verfügt Dreifelden über besondere Anziehungspunkte.
  Die ★ **ev. Pfarrkirche** ist eine der ältesten erhaltenen Steinkirchen des Westerwaldes. Nach einer ersten Anlage um 1110 wurde um 1200 der viergeschossige quadratische Chorturm mit Apsis errichtet und der Kirchensaal zu einem dreischiffigen Langhaus erweitert. Die Gotik veränderte den Baukörper, das Barock die Ausstattung. Die neueste Erweiterung erfolgte 1956 - 1959 in sehr einfühlsamer Weise. Schautafeln im Innern der Kirche unterrichten ausführlich über die Baugeschichte.
  **Seeburg** auf der Westseite des Seeweihers, ein Gehöft auf einer Halbinsel.
  D 1 (5,8 km) **Uferrundweg** um den Dreifelder Weiher (Seeweiher).
  ✗ **Wiedquelle** oberhalb Steinen, östlich von Dreifelden.

# Unterer Westerwald mit dem Kannenbäckerland

**Im Land des guten Tons und der Keramik**

## Rund um Selters und Herschbach

*Übersichtskarte siehe Seite 57!*

Nördlich an das Kannenbäckerland grenzen die Einzugsgebiete des Kleinen und des Großen Saynbachs, die sich bei Ellenhausen am Eingang zur kleinen Talbeckenlandschaft der Haiderbach vereinigen. Im stillen, noch wenig eingegrabenen, aber dennoch reizvollen Tal der Kleinen Sayn reihen sich einige kleine Dörfchen aneinander.

Lebhafter ist das Tal des Großen Saynbachs. Sein Quellgebiet liegt am idyllischen Wölferlinger Weiher. An der stärker befahrenen Talstraße liegen größere Ortschaften: Wölferlingen und Freilingen, die zum Gebiet der Westerwälder Seenplatte gehören, sodann Maxsain und Selters, das Zentrum des nördlichen Unterwesterwaldes.

- ★ **Selters** (264 m; 2.760 E., VG Selters 16.400 E.; Westerwaldkreis)
  Sitz der Verbandsgemeinde Selters mit 21 Ortschaften. Der Name Selters geht auf „Saltres" zurück, was auf Salzheim schließen lässt. Selters besitzt bemerkenswerte Mittelpunktfunktionen und ist seit 2000 Stadt.

  ★ **Ev. Kirche**, erbaut 1842 im klassizistischen Kolonialstil. Keine Gemälde, aber sehr gelungene Aufteilung von Flächen und Formen. Bemerkenswert die ungewöhnlichen Holz-Rundbogenfenster des breit dem Marktplatz vorgelagerten Gebäudes. Der Kirche sind rechts und links je ein Flügel für eine vierklassige Schule angebaut; eine sinnhafte Darstellung der „Einheit von Staat und Kirche". Jetzt Sitz der Stadtverwaltung und einer Begegnungsstätte. Zahlreiche aus Trachytsteinen gefügte Häuser.

  **Museum „Vom Leben auf dem Lande"** in der Oberwaldschule. Besichtigung: ☎ 0 26 26/60 71.

  ⓘ **Tourist-Information** der VG Selters, 56242 Selters, ☎ 0 26 26/7 64-58; Fax 7 64-20, Stadt 56242 Selters, ☎ 0 26 26/3 95. Internet: www.selters-ww.de.

  **Zu Fuß zu erreichen:**

  1. Von der Straße nach Vielbach am Ortsende rechts auf asphaltiertem Weg den Berg hoch zur Schutzhütte **„Wacht"**, geradeaus zum Wald, darin alter **jüdischer Friedhof**.

  2. Vom Marktplatz nördlich über den Saynbach, zum ehem. Bahnhof, entlang der Bahnlinie nördlich weiter nach Goddert. Am Dorfrand in östl. Richtung über die Brücke der Umgehungsstraße zur **Klingelwiese** (Stausee mit Badeanstalt und Campingplatz), rechts um den Weiher zur Landstraße Rückeroth - Maxsain, rechts bis zum freien Feld, rechts meist über asphaltierte Wege zum **Hammermühler Weiher** (Hammermühle - ein altes Herrenhaus in einfachem Barock, alter Baumbestand); hier arbeitet ein kleines Elektrizitätswerk, das schon 1900 Selters mit Elektrizität versorgte.

### NÖRDLICH UND NORDWESTLICH VON SELTERS:

**Herschbach und das obere Holzbachtal**

Größter Nebenfluss der Wied ist der knapp 40 km lange Holzbach. Er durchfließt Herschbach (Uww.) und Freirachdorf, wendet sich dann von Westen nach Süden und erreicht bei Döttesfeld die Wied. Das noch nicht sehr tiefe Tal seines Oberlaufs besticht durch den reizvollen Wechsel von Wiesen, Feldern und Wäldern und hübschen Dörfern mit etwas Fremdenverkehr.

- ★ **Hartenfels** (320 m; 880 E., VG Selters)

  ❖ Die **Burg** wurde in der Salierzeit zum Schutze der alten Handelsstraße Köln - Frankfurt erbaut, der Hohen Straße, heute B 8. Auf einer Basaltkuppe steht als Wahrzeichen der Umgebung der 28 m hohe Rundturm der ehemaligen Burg; nach seiner Ähnlichkeit mit einem Rahmtopf wird er allgemein von der Bevölkerung **„Schmanddippe"** genannt. Von der Burganlage sind sonst nur wenige Reste erhalten.

- **Herschbach** bei Selters (290 m; 2.850 E., VG Selters)

  Großer Ort im flachen Tal des oberen Holzbachtals unweit der B 413 Bendorf - Hachenburg.

  ★ **Kath. Pfarrkirche St. Anna** in der Ortsmitte. Sie wurde 1765 - 68 nach Plänen von Johannes Seiz (s. Ehrenbreitstein) errichtet.

  ★ **Wallfahrts- und Friedhofskapelle St. Laurentius** nordöstlich. Dorthin führt eine mächtige doppelte Kastanienallee mit Kreuzweg.

  ★★ **Herschbacher Quarzitseen**, eine romantische Weiherlandschaft westlich und südlich des Ortes. Hier wurden etwa zwischen 1900 und 1960 tertiäre Quarzite abgebaut. Sie waren durch Verkieselung von Sand- und Klebsandschichten entstanden und eignen sich wegen ihres hohen Gehalts von Kieselsäure (98 %) besonders für die Herstellung von Silikatsteinen, die beim Bau von Öfen mit hohen Temperaturen benötigt werden. Heute sind die Vorkommen fast erschöpft und fischreiche, landschaftlich sehr reizvolle, oft versteckt liegende Teiche haben sich gebildet: Waagweiher (5 ha), Heldenweiher (2,5 ha), Mühlenweiher (1,5 ha), Brohltalweiher (3,5 ha).

*Blick auf Hartenfels mit seinem Bergfried, dem „Schmanddippe"*

- **Roßbach** (300 m; 950 E., VG Hachenburg)

  **Dorfkirchen-Ruine**. Von der ehemaligen romanischen Kirche aus dem frühen 13. Jh., einst eine dreischiffige Kleinbasilika mit mächtigem Wehrturm, blieb nur noch eine Ruine. Bergbau und Straßenverbreiterungen hatten das Fundament des Turmes in Bewegung gebracht, so dass er 1954 wegen Einsturzgefahr abgerissen werden musste. Nach der Errichtung einer neuen Kirche erfolgte die Umgestaltung der Ruine in das heutige Ehrenmal.
- **Maroth** (290 m; 240 E., VG Selters)

  ★ **Waldsee**, 10 ha, zum Baden und Bootfahren geeignet. Unmittelbar am Waldsee befindet sich ein großer Campingplatz mit einem Bootshaus und einer Speisegaststätte. Paddelbootverleih; Angeln.

**SÜDLICH UND SÜDÖSTLICH VON SELTERS:**

- **Helferskirchen** (350 m; 1.130 E., VG Wirges)

  ★★ **Kath. Pfarrkirche St. Maria.** Romanischer Westturm mit spätgotischem Aufbau und achteckigem Spitzhelm aus dem Anfang des 13. Jh. Nach einem Brand wurde das Schiff 1781 als breiter Saalraum zu schmalerem, dreiseitig geschlossenem Chor neu errichtet, unter Beibehaltung des von der Westseite stehenden viereckigen Wehrturmes. Reichste Barockkirche des Westerwaldes.
- **Maxsain** (280 m; 1.100 E., VG Selters)

  ★ **Fachwerkhaus** (Sahm) aus dem Jahre 1587 im hier einmündenden Steinchesbachtal unweit der Kirche mit ungewöhnlich starken Holzbalken.
- **Rückeroth** (290 m; 450 E., VG Selters)

  ★ **Ev. Pfarrkirche** mitten im Ort auf einem steilen Hügel. Eine bemerkenswerte Kirche aus dem 13. Jh. mit gedrungenem quadratischen Turm und gotischem Chor. Flache Renaissance-Stuckdecke. Renaissance-Grabsteine.

## Montabaur und sein Umland

- **★★ Montabaur**

210 bis 320 m ü.d.M.; Kernstadt 8.610 E. insgesamt 12.500 E.; Kreisstadt und Verwaltungszentrum des Westerwaldkreises (202.000 E.), Sitz der größten Verbandsgemeinde in Rheinland-Pfalz (40.000 E.; 151 km²). Bahnhof der ICE-Strecke Köln - Frankfurt.

Die Stadt liegt in der Montabaurer Senke, einer von der bewaldeten Montabaurer Höhe im Westen und von weiteren Bergen und Kuppen umschlossenen Mulde. Markantes Wahrzeichen der Stadt ist inmitten des Stadtzentrums das Schloss auf dem Kuppenplateau des 321 m hohen Schlossberges.

❖ Die fränkische Siedlung Humbach entwickelte sich an einer alten vom Rhein nach Thüringen führenden Handelsstraße im Schutze eines befestigten Berges, auf dem die Konradiner um 1000 eine Burg errichteten. Sie kam dann in den Besitz der Kurfürsten und Erzbischöfe von Trier, in deren Besitz sie bis 1803 blieb. Im 13. Jh. bauten sie die Burg aus und nannten sie nach dem biblischen Berg „Mons Tabor". Daraus entwickelte sich der heutige Stadtname Montabaur. Im Jahre 1291 bekam Montabaur Stadtrechte. Nun erhielt Montabaur eine Stadtmauer mit acht Türmen und dreizehn Toren. Die Burg wurde Sitz eines kurtrieri-

MONTABAUR
HADAMAR
LIMBURG an der Lahn
DIEZ
Altendiez
Elz
Nentershausen
Girod
Heiligenroth
Wirges
Ransbach-Baumbach
Höhr-Grenzhausen
Vallendar
Hillscheid
Neuhäusel
Eitelborn
Arzbach
Bad Ems
Nassau
Naturpark Nassau
Holzappel
Laurenburg
Obernhof
Dausenau
Fachbach
Nievern
Miellen
Frücht
Lahnstein
Hahnstätten
Niederneisen
Flacht
Birlenbach
Balduinstein
Heistenbach
Hambach
Görgeshausen
Dernbach (Westerwald)
Hundsangen
Molsberg
Simmern
Urbar
Niederelbert
Oberelbert
Welschneudorf
Horbach
Gackenbach
Holler
Untershausen
Stahlhofen
Isselbach
Eppenrod
Hübingen
Winden
Hömberg
Charlottenberg
Cramberg
Scheidt
Steinsberg
Wasenbach
Biebrich
Schönborn
Misselberg
Sulzbach
Kemmenau
Kadenbach
Staudt
Goldhausen
Ruppach-Goldhausen
Moschheim
Ebernhahn
Hilgert
Kammerforst
Hundsdorf
Alsbach
Montabaur
Horressen
Elgendorf
Holzheim
Lohrheim
Bremberg
Gutenacker
Dörnberg
Weinähr
Langenscheid
Geilnau
Hirschberg
Horhausen
Dienethal
Seelbach

*Schusterjungen-Brunnen am Konrad-Adenauer-Platz in Montabaur*

schen Amtes, dem die Verwaltung des dazugehörigen trierischen Besitzes unterstand. Oft weilten die Trierer Landesherren in Montabaur. - Nach dem Ende des Kurfürstentums 1802 kam Montabaur zum Fürstentum und späteren Herzogtum Nassau. Die Stadt blieb Amtsstadt über 38 Dörfer. Infolge des „Deutschen Krieges" von 1866 kam Nassau an Preußen. Montabaur wurde 1867 **Kreisstadt des Unterwesterwaldkreises** im Regierungsbezirk Wiesbaden. Die Besatzungspolitik trennte 1946 die vier nassauischen Kreise Unterwesterwald, Oberwesterwald, Unterlahnkreis und Loreleykreis im Regierungsbezirk Wiesbaden ab, schuf damit einen neuen **Regierungsbezirk Montabaur**, den an Einwohner kleinsten in der Bundesrepublik, und schlug diesen dem neugeschaffenen Land Rheinland-Pfalz zu. Er wurde 1968 dem Regierungsbezirk Koblenz angegliedert. Seit 1970 besteht die **Verbandsgemeinde Montabaur** aus der Stadt Montabaur und 24 Ortsgemeinden. Im Jahre 1974 wurde die Stadt Sitz des aus Unter- mit dem Oberwesterwaldkreis gebildeten neuen **Westerwaldkreises**. Heute ist Montabaur eine blühende, ständig an Einwohnern wachsende Stadt und insbesondere Sitz zahlreicher Behörden, Schulen und Dienstleistungsunternehmen.

ⓘ **Tourist-Information Montabaur**, Konrad-Adenauer-Platz 8, 56410 Montabaur, ☎ 0 26 02/1 26-3 23; Fax 0 26 02/1 26-2 55. Internet: www.montabaur.de Westerwald-Gäste-Service, Kirchstraße 48a, 56410 Montabaur, ☎ 0 26 02/ 30 01-0; Fax 02602/3001-15; Internet: www.westerwald-touristik.de

★★ **Schloss Montabaur** (321 m) ist das Wahrzeichen der Stadt und ihr bedeutendstes Baudenkmal. Es entstand vermutlich zur fränkischen Zeit als „Kastell Humbach" zur Sicherung der alten Handelsstraße von Koblenz nach Thüringen. Vom Bergfried aus dem 13. Jh. abgesehen, errichteten es die Trierer Erzbischö-

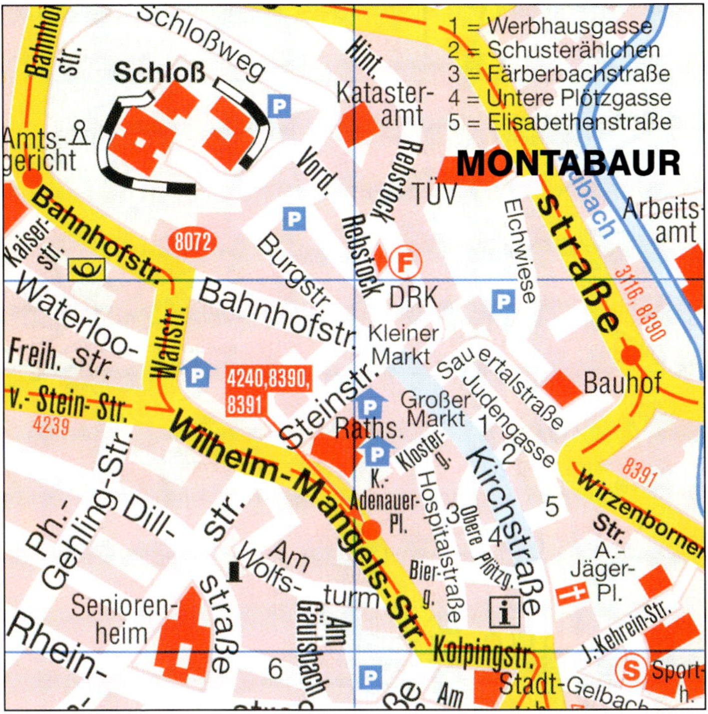


fe im 15. bis 18. Jh. Im vorigen Jh. war das Schloss Sitz eines Lehrerseminars, dann bis 1945 Sitz des Landratsamtes und anschließend der Bezirksregierung Montabaur. 1969 kaufte es die Deutsche Genossenschaftskasse und richtete darin nach gründlichem Ausbau die Akademie Deutscher Genossenschaften ein. - Wer heute zu dem ockerfarbenen Schlosskomplex emporwandert, trifft links vor der Vorburg und rechts hinter der Vorburg auf Neubauten, die sich harmonisch in den alten Baubestand einfügen. Das Torgebäude ist nach Wappen und Jahreszahl unter dem Erzbischof Johann VII. von Schönborn 1538 erbaut worden. Dahinter links Holzgalerie mit geschweiftem Schieferdach. Vor dem Hauptgebäude links ein moderner Brunnengarten mit schönem Stadtblick. Hinter dem großen Steinportal (1687) des Hauptbaus, der sich mit vier zweistöckigen Flügeln um einen quadratischen Hof gruppiert, stoßen wir auf den 33 m hohen Bergfried und den 70 m tiefen Brunnen aus den Jahren 1482/1608. Dreistöckige Rundtürme flankieren die Außenecken des Hauptbaus. Der 132 $m^2$ große Rittersaal im ersten Stock des rechten Flügels entstand um 1700; ihn schmücken Stuckarrangements, allegorische Deckengemälde und Ölgemälde, so das des letzten Kurfürsten Clemens Wenzeslaus. Hier finden öffentliche Konzerte statt. Die übrigen Räume sind nicht zu besichtigen.

**★★ Kath. Pfarrkirche St. Peter in Ketten** an dem dem Schloss gegenüberliegenden Ende der Altstadt. Der jetzige Bau stammt im wesentlichen aus dem 14. Jh. Gotisches Langhaus mit drei durch Emporen gegliederten Seitenschiffen. Doppelturmfassade: zwei kleinere Treppentürme flankieren an den Chor beidseitig angebaute Kapellenquerhäuser. Über dem Triumphbogen des Mittelschiffes spätgotisches Weltgerichtsfresko mit Auferstehenden und Verdammten (16. Jh.). Jetzt in den Querhäusern aufgestelltes Chorgestühl aus dem Jahre 1489. Im rechten Seitenschiff steinerne Madonna aus dem 14. Jh., lebensgroße Madonna aus Holz aus dem 15. Jh. Umfassende Restaurierung 2001/2002.

**Ehemalige Friedhofskapelle St. Anna** auf der Südseite des Kirchplatzes in eine an die Innenseite der ehemaligen Stadtmauer angebauten Häuserzeile eingefügt. Gotischer Chor vermauert. Jetzt Kriegergedächtniskapelle. Der volkstümliche Name „Fuhrmannskapelle" hält die Erinnerung an die mittelalterlichen Ausspann- und Fuhrwerkshöfe aufrecht. Davor **Joseph-Kehrein-Denkmal**. (Joseph Kehrein, 1808 - 76, Seminardirektor und Heimatforscher.)

**★★ Großer und Kleiner Markt** mit zahlreichen dreistöckigen, farbig gestalteten oder verschieferten Fachwerkhäusern unter geschweiften Giebeln. Am Großen Markt neugotisches Rathaus, erbaut 1866 - 1868. Davor **Sauerbrunnen**, dessen Wasser aus dem Sauertal hochgepumpt wird. Stadtbrunnen.

**Landwirtschaftliche Beratungsstelle** am Kreisel in der Bahnhofstraße. 1768 von Joh. Seiz entworfener zweistöckiger Bau mit Mittelpavillon und Mansarddach, einst Kurfürstliches Gestüt.

**★ Die Stadtbefestigung** führte vom Schlossberg zum Steilhang zwischen Altstadt und Gelbachtal (Sauertal) und weiter zum „Gebück" hinter der Pfarrkir-

*Die Montabaurer Stadtmauer an der Biergasse*

*Straßencafés am Großen Markt in Montabaur*

che. Von dort an der Fuhrmannskapelle entlang zum jetzigen Verkehrsamt und hinunter zur Biergasse, dann zum Wolfsturm und durch die Wallstraße zurück zum Schloss. Von der im 13. bis 15. Jh. errichteten Stadtmauer stehen nur noch geringe Reste und drei Türme.

In den Sommermonaten Di 16 Uhr kostenlose **Stadtführungen**, Beginn am alten Rathaus in der Fußgängerzone.

**Hallen- und Freibad** an der Weserstraße (westlicher Stadtrand); **Freizeitanlage** an der Fröschpfort mit Ballspielfeldern, Rollschuh- bzw. Schlittschuhbahn, Kinderspielplatzanlagen, Bocciabahn, Minigolf, Freiluftschach; **Kneippanlage** hinter dem Hallenbad am **Trimm- und Waldlehrpfad**; **Segelfluggelände** an der Hollerer Straße.

**Vorschlag für einen Altstadt-Rundgang:** Montabaurs Altstadt liegt auf einem flachen Bergrücken zwischen dem größtenteils kanalisierten Biebrichsbach im Westen und dem Aubach bzw. Gelbach im Osten. „Kammstraße" ist zwischen der kath. Pfarrkirche und dem Schloss die Kirchstraße mit dem „Vorderen Rebstock". Die frühere innerstädtische Verkehrsachse Koblenzer Straße - Kirchstraße - Großer und Kleiner Markt - Bahnhofstraße - Alleestraße zieht sich in einer Schleife um den Schlossberg herum. Sie ist seit 1970 zwischen Pfarrkirche und Wallstraße eine gut gestaltete Fußgängerzone. - Ausgangspunkt für einen Altstadtrundgang sei die viertürmige kath. Pfarrkirche **St. Peter in Ketten** mit der nebenstehenden ehemaligen Friedhofskapelle St. Anna. Dahinter ein Stadtmauerturm am Rande des steilen Abhangs des **„Gebücks"**, des undurchdringlichen Heckenverhaus der mittelalterlichen

Stadtbefestigung. Schöner Ausblick auf die Unterstadt. Zurück zur Kirchstraße mit zahlreichen ansehnlichen Gebäuden aus dem 17./18. Jh. Der Kirche gegenüber Tourist-Info in einem 1715 erbauten ehemaligen Schulgebäude. Nach rechts hinunter die Kirchstraße mit schönen Fachwerkhäusern, darunter ein Haus des Freiherrn vom und zum Stein. - Diesem schräg gegenüber kurzer Abstecher durch die **Schusterählchen** zur **Judengasse/Elisabethenstraße**; vom kleinen Parkplatz neben dem Gebücksturm der Stadtmauer schöner Blick auf den Festplatz „Eichwiese" mit der Alleestraße und hinüber zum Neubaugebiet am Himmelfeld. Durch die kurze **Werbhausgasse** zurück zur Kirchstraße. Abwärts zum **Großen Markt** mit dem neugotischen Rathaus. Sauerwasser-Brunnen an der Rathauswand, Laufbrunnen mit Symbolen für die Stadtteile. Am sich anschließenden **Kleinen Markt** rechts hoch durch den **Vorderen Rebstock** (im rechts abbiegenden „Hinteren Rebstock" weitere schöne Fachwerkhäuser) zum **Schloss**. Von der Kanzel an der Burgmauer Ausblick über Stadt und Umland. - Vom Parkplatz am Schloss führt oberhalb des Schlossweges ein hübscher Spazierweg rings um den **Schlossberg** mit seinem schönen Waldbestand und mündet gegenüber der Post auf die verkehrsberuhigte **Bahnhofstraße** mit ihren zahlreichen Geschäften. Stadteinwärts am Kleinen Markt rechts ab und in den **Vorderen Steinweg** mit seinen alten zweistöckigen Häuschen, dann links zum **Konrad-Adenauer-Platz**, einst Klostergarten, dann „Juxplatz", seit 1979 mit Tiefgarage und Schusterbrunnen. - Westlich etwas außerhalb steht der **Wolfsturm** im Zuge der ehemaligen Stadtbefestigung mit kleiner Parkanlage. - Hinter den Kaufhäusern an der **Wilhelm-Mangels-Straße**; zur links abzweigenden **Biergasse** (Reste der Stadtmauer). Oberhalb am **Haus Mons-Tabor (Stadthalle)** vorbei zurück zur Kirchstraße.

**Wandermöglichkeiten im Kernstadtbereich:**

1. Zum **Naturschutzgebiet Spießweiher** zwischen der Umgehungsstraße und dem alten Straßenzug der B 49. Zahlreiche seltene Wasserpflanzen, Seerosen, alte Alleebäume, Stundenstein aus dem Jahre 1789.
2. Zum **Waldlehrpfad** und **Trimm-dich-Weg** vom Hallenbad entlang des Biebrichsbaches zur Horresser Straße und durch den Schleifmühlenwald an den Tennisplätzen vorbei zurück.
3. Auf dem **Promenadenweg** (Wegemarkierung IV) ab der Koblenzer Straße (abzweigend gegenüber der Polizeiinspektion) zum Hallenbad.
4. Über den **Stationenberg nach Wirzenborn** und durch das Gelbachtal zurück. Beginn ab der Jugendherberge.

### ★ Die Waldberge der Montabaurer Höhe

Die Montabaurer Höhe liegt zwischen der Montabaurer Senke und den Rheinhöhen. Sie ist ein etwa 50 km² großes, geschlossenes Waldgebiet, das nur von wenigen Straßen durchzogen wird. Die Höhe ist überwiegend aus hellgrauem Quarzitsandstein aufgebaut.

Die **Alarmstange**, so genannt nach einer Signalstange, die unter Napoleon 1809 dort errichtet wurde, ist mit 546 m die höchste Erhebung. Auf ihr ein 98,5 m hoher Fernmeldeturm, dessen Betriebsgeschoss 53 m emporragt. Nahebei liegen der 540 m hohe **Köppel** mit seinem ★★ **Aussichtsturm** (s.u.) und der 534 m hohe **Lippersberg**. In Richtung Horressen erhebt sich der 454 m hohe **Biebrichskopf**. West-

lich der Alarmstange die 1967 errichtete **Thielshütte**. Im Westen des Waldgebietes durchzieht der Limes, der römische Grenzwall, das Gebiet. Siehe Seite 84!
Dieses größte Waldgebiet des ganzen Westerwaldes befindet sich nur zu 7,4 % in privatem Besitz. 80 % sind Gemeindeeigentum und 12,6 % staatlich. Die Waldanliegergemeinden besitzen seit 1818 ihren Kommunalwald in ihrem sich zur Höhe erstreckenden Gemarkungsbereich. Nach Montabaur hin teilen sich jedoch die ursprünglich zum Banne Montabaur gehörenden teilweise entfernter liegenden Gemeinden den Waldbesitz.
An jagdbarem Wild kommen um die Montabaurer Höhe besonders Rot-, Reh- und Schwarzwild vor, außerdem auch Hasen, Kaninchen, Fasanen, Tauben und Schnepfen, im „Rotwildkerngebiet" von 6,3 $km^2$ auch Rotwild und Muffelwild.
☼ Mittelpunkt dieses Erholungszentrums ist der 1965/66 erbaute, 37,5 m hohe ★★★ **Aussichtsturm auf dem Köppel**. Von der zweiten Plattform, 567 m über dem Meeresspiegel, erhält man bei klarem Wetter nicht nur einen Überblick über die Weite des Waldgebietes, sondern auch einen prachtvollen Fernblick über die Höhen des Rheinischen Schiefergebirges bis hinein nach Hessen und Nordrhein-Westfalen.
Neben dem Köppelturm befindet sich eine **Waldgaststätte**. ☎ 0 26 23/12 80, 50 Plätze. Montag Ruhetag. Zugang ab WP Köppel an der Kreisstraße Ransbach-Baumbach - Montabaur (3 km; geteertes Waldsträßchen). Zufahrt nur von dort und nur mit Sondergenehmigung der Kreisverwaltung in Montabaur (☎ 0 26 02/ 12 42 06). Ab WP Großer Herrgott (B 49/Hillscheider Stock) zum Köppel 3,5 km.

**Wanderparkplätze** mit ausgeschilderten Rundwanderwegen finden wir am Waldrand der Montabaurer Höhe unweit der Orte Neuhäusel, Hillscheid, Höhr-Grenzhausen, Montabaur-Horressen, Welschneudorf und Arzbach.
An den durch den Wald führenden Straßen finden sich folgende Wanderparkplätze:

■ **Butterweg** an der B 49: wie Kadenbach.
■ **Stundenstein** an der B 49: wie ■ Wolfskirchhof.
■ **Großer Herrgott** nördlich B 49/Hillscheider Stock:
■ **Kalterbachsee** (8 ha) zwischen Neuhäusel und Hillscheid an einem hübschen Waldsee. Etwa am WP kreuzt der Limes, allerdings dort kaum noch erkenntlich, das Kalterbachtal.
■ **Nasse-Weg** südöstlich des Wolfsborns.
■ **Wolfsborn** an der Hillscheider Straße.
■ **Wolfskirchhof** an der Kreuzung der Straßen nach Oberelbert, Arzbach und zur B 49.

***Ordensgründerin Katharina Kasper*** *(Siehe Seite 76!)*
*Mutter Maria, geborene Katharina Kasper, ist die Gründerin der Genossenschaft der Armen Dienstmägde Jesu Christi in Dernbach. Sie wurde dort 1820 als zweitjüngstes von zehn Kindern einer einfachen Familie geboren. 1842 gründete sie mit mehreren Freundinnen einen „frommen Verein", aus dem die Ordensgemeinschaft der „Armen Dienstmägde Jesu Christi" entstand. Fortan widmete sie sich sozialen Aufgaben und begründete auch das Dernbacher Krankenhaus. Sie starb 1851. Im Jahre 1978 wurde sie vom Papst seliggesprochen. Die deutsche Provinz des Ordens hat noch 600 Schwestern. Es gibt Niederlassungen in den Niederlanden und England, Indien, der USA, Mexiko und Brasilien. Ihr Grab ist in der Klosterkirche unweit des Friedhofs.*

*Wallfahrtskirche „Unsere Liebe Frau von Wirzenborn" im Gelbachtal*

Sowie ■ **Kennelbachtal** an der B 49: (Beide Parkplätze haben das gleiche Wegenetz. Es ist von den K-Wegen des Kalterbachtals durch die B 49 getrennt.)
■ **Horressen** am Abenteuerspielplatz in der verlängerten Westerwaldstraße.
■ **Elgendorf - Dernbach** an der Straße Montabaur bzw. Dernbach - Baumbach:
■ **Köppel** an der Straße Ransbach-Baumbach - Montabaur; Zugang zum Köppel (einfache Strecke 3 km).

## NÖRDLICH VON MONTABAUR

• ★ **Dernbach** (310 m; 2.850 E., VG Wirges)
am Ostrand der Montabaurer Höhe.
❖ Sitz des Mutterhauses der Armen Dienstmägde Jesu Christi (Dernbacher Schwestern) mit **Herz-Jesu-Krankenhaus**, begründet von der seliggesprochenen Katharina Kasper

♣ Kleine Kapelle am **Heilborn** südlich von Dernbach, erbaut um 1692; Schiff 1875. Am Eingang die mächtigen Stämme zweier Linden (ND). Tunnel Dernbach (3285 m) der ICE-Strecke unter dem **Dernbacher Dreieck** der Autobahnen A 3 und A 48.

## SÜDLICH VON MONTABAUR

### ★ Im Gelbachtal abwärts

Zweifellos ist das Gelbachtal eines der reizvollsten und landschaftlich schönsten Täler des ganzen Westerwaldes. In seiner gesamten Länge von 19 km zwischen Montabaur und der Lahn gehört es zum Naturpark Nassau.
Der enge Talgrund ist meistens Wiesenland. Nur an etwas breiteren Stellen haben sich kleine Ansiedlungen gebildet, deren Ackerland in den flacheren Hängen liegt. Die steileren Berghänge zu beiden Seiten sind mit Wald bestanden. Auf den Talhöhen ziehen sich breitere Flurterrassen mit mehreren kleineren, idyllisch gelegenen Dörfern den bewaldeten Höhenzügen entgegen. - Eine Gelbachquelle würden wir vergeblich suchen. Vielmehr bildet der Bach sich aus vier verschiedenen Quellbächen. Drei kommen vom oberen Westerwald herab und durchfließen die Montabaurer Senke: Aubach, Ahrbach und Eisenbach. Einer dagegen strömt ihm vom Südwesten her zu: der Stelzenbach. Die vier Nebenbäche haben ein Einzugsgebiet von etwa 140 $km^2$, der eigentliche Gelbach nur ein solches von 60 $km^2$. - Eigentlich heißt der Bach unterhalb Montabaur offiziell noch Aubach. Da sein Wasser aber in früherer Zeit durch die Färberlohe der Lohgerber in der Stadt (deshalb der Straßenname „Färberbach") gelblich getrübt wurde, redet das Volk eben vom Gel-Bach. Die Gelbachtalstraße L 313 begleitet ihn von Montabaur aus abwärts.

- ★ Montabaur-**Wirzenborn** (220 m; 100 E.)
  Idyllisch im Hang beiderseits des Wiesengrundes gelegenes Dörfchen mit ansehnlichen Fachwerkhäusern.
  ★★ **Wallfahrtskirche Unsere Liebe Frau von Wirzenborn** von 1510 auf einer vorspringenden Terrasse des dahinter steil ansteigenden Hanges. - Nach Montabaur ★ **Stationenweg** mit den Sieben Schmerzen und Sieben Freuden Mariens aus dem Jahre 1726.
- **Sespenroth**
  ❖ Etwa 500 m unterhalb der nach Reckenthal abzweigenden Straße auf der linken Talseite zwischen Fichten ein Holzkreuz und unweit eine Tafel.: Hier stand bis 1853 das Dörfchen **Sespenroth** (Gedenktafel). Nach harten Notjahren entschlossen sich fast alle der zuletzt 76 Einwohner dazu, ihren Besitz zu verkaufen und nach Nordamerika auszuwandern.

*Am „Tannenhof" fordert ein Schild in schönstem Küchenlatein zum Verweilen auf: „Ovum, ovum - sic ante apud?" - „Ei, ei - so vorbei?" - In früherer Zeit hat das „Dieser Karlche" - ein weitbekanntes Original, diese Wirtschaft betrieben. Honorige, doch schalkhafte Gäste hatten ihm auf eignen Wunsch diesen Spruch übersetzt.*

Mit der Brücke unterhalb Ettersdorf verlassen wir den Westerwaldkreis und sind im Rhein-Lahn-Kreis. Das Tal hat sich geweitet und bildet einen gut 200 m breiten Wiesengrund. - Schöner Talwanderweg.

- Gackenbach-★ **Kirchähr** (165 m; 25 E.)
  **Jugendheim („Karlsheim") der Diözese Limburg**, das sich aus dem ursprünglichen Pfarrhaus (1680), dem malerischen alten Fachwerkbau an der Gelbachtalstraße, heraus entwickelte und heute einen beachtlichen Gebäudekomplex darstellt. - Das alte ★ **kath. Kirchlein St. Bartholomäus** und Sebastian stammt mit seinem romanischen Turm und dem im Kern noch romanischen Schiff aus dem 12. Jh. Gotischer Chor mit Netzgewölbe und Maßwerkfenster sowie Sakramentsnische. Wandmalereien mit Szenen aus der Leidensgeschichte 13./14. Jh. Türbeschläge und Turmkreuz sind gute spätgotische Schmiedearbeiten. Der aufgelassene ehemalige Pfarrkirchhof umgibt das Kirchlein mit einer der wenigen erhalten gebliebenen Torbogeneinfahrten. Wandermöglichkeiten.
- Gackenbach-**Dies** (150 m; 80 E.)
  Idyllisch gelegenes Dörfchen, südlichstes und tiefstgelegenes im Westerwaldkreis. Nebeneingang zum Wild- und Freizeitpark Westerwald.

Unterhalb Dies führt uns die Straße vorbei an der Bruchhäuser Mühle (Gasthaus) und am Hofgut Eschenau (Campingplatz). Der Gelbach hat sich hier rund 200 m tief in die Hänge eingegraben, die bis zu 50 Grad steil abfallen; zudem schlängelt sich der Bach um einige Umlaufberge. Das Gelände auf der östlichen Talseite ist durchzogen von den Blei- und Zinkerzstollen des einst bedeutenden Holzappeler Bergwerks. Siehe dazu S. 197! Die Schutthalden sind wegen ihres Bleigehalts weitgehend unbewachsen geblieben.

**★★ Gelbachhöhen, Buchfinkenland und Stelzenbachtal**

Kleine, doch sehr reizvolle Landschaften südlich von Montabaur zur Lahn hin. Der etwa 40 $km^2$ große Raum liegt ganz im Einzugsbereich des Gelbachs, dessen westliche Nebentäler seine Oberfläche prägen. Über die Hälfte des Gebietes ist mit Wald bestanden. Im westlichen Drittel zieht sich von Süden nach Nordosten das

Stelzenbachtal dem Gelbachtal entgegen. Von diesem durch den langgestreckten Quarzithöhenrücken des Stelzenbachforstes getrennt, liegen im östlichen Teil idyllisch in den Quellmulden kleinerer Täler die Dörfer der sogenannten „Gelbachhöhen“ und des Buchfinkenlandes. Überall sehr gute Wandermöglichkeiten.

- **Holler** (250 m; 1.170 E.; VG Montabaur)
  - ★ **Kath. Pfarrkirche St. Margaretha**, erbaut 1756 bis 59. Saalbau mit schmalerem Chor. Spiegeldecke mit Gemälden in Stuckrahmen. Vorzügliche barocke Innenausstattung: Hochaltar, Seitenaltäre und Kanzel 1. Hälfte des 18. Jh.
  - **Naturschutzzentrum Westerwald** des Naturschutzbunds Deutschland (Nabu) in der alten, unter Denkmalschutz stehenden Schule. ☎: 0 26 02/39 61 oder 3184.
- **Untershausen** (340 m; 540 E.; VG Montabaur)
  - ★ **Linden** an der Wendelinuskapelle (1885) in Richtung Stahlhofen, die wohl markantesten des ganzen Westerwaldes (ND).
  - **Reiterhof Montabaur** (besonders für Kinder, die reiten lernen wollen; 45 Betten ); gut eingerichteter **Jugendferiendorf und Zeltlagerplatz mit Blockhäusern** in Richtung Oberelbert.
  - ☼ Schöne Wandermöglichkeiten in die Wälder und aussichtsreich westlich über Holler.

Das schöne ★★ **Buchfinkenland** erreichen wir auf den Höhen jenseits des Daubachtals. Sein romantischer Name leitet sich von seiner sangesfrohen Bevölkerung ab. Tief eingeschnittene Täler mit bewaldeten Hängen, herrliche Aussichtspunkte und die stille Abgeschiedenheit inmitten der Wälder laden zum Erholen und Wandern ein.

- **Gackenbach** (300 m; 570 E.; VG Montabaur)
  - ★★ **Wild- und Freizeitpark Westerwald** (85 ha) in einer zum Gelbachtal hin steil abfallenden, hübsch gelegenen Talmulde südlich Gackenbachs. Rothirsche, Damhirsche und Sikahirsche, Wildschweine, Muffel, Wisent, Bären. Von der Höhe zum Tal führt eine 400 m lange Einschienen-Mobilbahn. Aussichtsplätze und Gaststättenterrasse, Spielplatz, Streichelwiese. Ganzjährig geöffnet. Unter 4 Jahre: frei. Von Ostern bis zum 1. November 9.00 Uhr - 18.00 Uhr, in der übrigen Zeit von 10.00 Uhr bis 16.00 Uhr.
- **Hübingen** (335 m; 520 E.; VG Montabaur)
  - **Familienferiendorf Hübingen** sehr hübsch über dem Dorf am Waldrand mit Fernblick, 100 Betten; 36 Ferienhäuser verschiedener Größe, Zentralgebäude mit zahlreichen Gemeinschaftseinrichtungen.

Neben Aubach, Ahrbach und Eisenbach zählt auch der Stelzenbach zu den Quellbächen des Gelbachs. Doch während die ersteren ihren Ursprung im oberen Westerwald haben, strömt der Stelzenbach aus entgegengesetzter Richtung dem Gelbach zu. 2 km unterhalb von Holler mündet er in den Gelbach.

- **Niederelbert** (250 m; 1.800 E.; VG Montabaur)
  Große Talgemeinde, vielfach ausgezeichnet als schönstes Dorf.
  - ★ **Rathaus** (1823) am Dorfplatz in der Ortsmitte, zweigeschossig, turmgekrönt. Es beherbergte einst alle öffentlichen Gebäude des Dorfes unter einem Dach: Kapelle, Gemeindehaus, Schule und „Backes“. Davor **Brunnen** (1990).
  - Schöner Höhenspaziergang ab Rathaus zum Basaltkopf **Hähnchen** (353 m). Naturlehrpfad.

*Blick in eine Tongrube bei Boden*

- **Oberelbert** (300 m; 1.000 E.; VG Montabaur)
  ✤ Zahlreiche schöne Teiche der **Forellenzuchtanstalt** Blaeser im Stelzenbachtal. Unterhalb der Erbenmühle beginnt das Naturschutzgebiet **„Stelzenbachwiesen"**, ein Feuchtgebiet mit zahlreichen gefährdeten Vogelarten.
- **Welschneudorf** (420 m; 1.000 E.; VG Montabaur)
  Höchstgelegene Wohngemeinde des südlichen Westerwaldes, jeweils 9 km von Montabaur, Bad Ems und Nassau entfernt. Fremdenverkehr mit vielfältigem Angebot.
  ★ **Ehemaliges kurtrierisches Jagdzeughaus** aus dem Jahre 1705; einheitlicher langgestreckter Bau mit mächtigem Mansarddach und Haubendachreiter. In der dorfseitigen Hälfte jetzt die **kath. Kirche St. Johannes Baptist** mit Holzsäulen und Einrichtung aus dem 18. Jh. Über dem Mittelportal Wappen des Trierer Erzbischofs Johann Philipp von Walderdorff. Rechte Hälfte jetzt Dorfgemeinschaftshaus „Kurfürstenhalle".

## ÖSTLICH VON MONTABAUR

- **Heiligenroth** (235 m; 1.500 E.; VG Montabaur)
  Große Wohngemeinde an der A 3. Im Winkel zwischen Autobahn und B 255 großes Industrie- und Gewerbegebiet mit zahlreichen Einkaufsmärkten. Himmelberg-Tunnel (2.395 m) und Wahnscheid-Tunnel (735 m) der ICE-Strecke Köln - Frankfurt.
- **Boden** (262 m; 570 E.; VG Montabaur)
  Unweit der hier vierspurigen B 255. Mächtige Tongrube zwischen Boden und Ruppach-Goldhausen, die Richtung Langwiesen einen interessanten Basaltergussanschnitt zeigt. Wertstoff-Sortieranlage.
  Hier beginnt die 36 km lange, ausgeschilderte ★★★ **Kannenbäckerstraße**.

*Die romanische Pfarrkirche von Salz*

- **Großholbach** (280 m; 860 E.; VG Montabaur)
  ★ **Kath. Pfarrkirche Heilige Dreifaltigkeit** (1738) auf einer kleinen Anhöhe des Unterdorfes inmitten des inzwischen aufgelassenen Friedhofs, beschattet von mächtigen Linden- bzw. Kastanienbäumen. Sehr gute Barockausstattung Hadamarer Schule, insbesondere der Hochaltar.
  **Waldlehrpfad Dickheck** und Arboretum im Wald südlich des Ortes, WP an der L 318.
  Unweit im Eisenbachtal die Hotel-Restaurants Freimühle und Studentenmühle. Campingplatz. Wahnscheid-Tunnel (735 m) und Dickhecktunnel (570 m) der IC-Strecke Köln - Frankfurt.
- **Görgeshausen** (280 m; 730 E.; VG Montabaur)
  Lange-Issel-Tunnel (1015 m) und Eichheide (1.750 m) der ICE-Strecke.
  An der Autobahnanschlussstelle großes Möbelhaus mit verschiedenen weiteren Geschäften und Panoramarestaurant.
- ★ **Nomborn** (280 m; 750 E.; VG Montabaur)
  Reizvolles Dorf nordwestlich von Nentershausen in einer Seitenmulde des Eisenbachtals.

*Am südöstlichen Ortsrand von Meudt entspringt im Gangolfsbrunnen die starke Quelle des Eisenbachs. Die Sage erzählt, einst habe der hl. Gangolf den Brunnen aus Frankreich mitgebracht, und hier habe er erneut gesprudelt. Eine Jüdin habe an einem Pfingstmontag darin Wäsche gewaschen, woraufhin die Quelle versiegte und mit lautem Rauschen aus dem Dorf zog. Eine Bittprozession habe die Quelle zu ihrem jetzigen Standort zurückgezwungen. Heute noch wird am Pfingstsamstag der Gangolfusbrunnen von den 20-jährigen Kirmesburschen unter Teilnahme des ganzen Dorfes ausgeschöpft und gereinigt. Am Pfingstmontag zieht eine feierliche Prozession zum Brunnen, dessen Wasser gesegnet wird.*

**Filialkirche St. Kilian**. Uralte, horizontal über Balkengerüste gezogene Linden (ND) führen zum romanisch-frühgotischen Querhaus mit dem wuchtigen Turm, 1950 in Kreuzform erweitert. Barocker Altar und spätgotische Traubenmadonna. - Hübscher Dorfbrunnen am **Backes**.

☼ ★ **Bornkasten** (320 m) im Hang nördlich des Ortes. Reste einer **Ringwallanlage** aus der Zeit der Hunsrück-Eifel-Kultur. Kleine **Gipfelkapelle**. Schöner Blick und gute Wandermöglichkeiten. - Unterhalb Eisenbachtalbrücke (136 m lang, 27 m hoch) der ICE-Strecke Köln - Frankfurt.

- **Meudt** (320 m; 1.850 E.; VG Wallmerod.)

**Fachwerk-Rathaus** von 1596 mit geschweiftem Zwerchhaus.

Das 200 ha große **NSG „Eisenbachwiesen"** zwischen Herschbach, Bilkheim, Berod, Eisen und Meudt ist mit seinen Hochstaudenfluren, Feuchtwiesen und Grünlandflächen sowie für die Vogelwelt besonders schutzwürdig.

- **Salz** (330 m; 920 E.; VG Wallmerod)

★★ **Kath. Pfarrkirche St. Adelphus**, eine romanische Pfeilerbasilika mit spätgotischem Chor, anmutig über dem Salztal gelegen. Eine der ältesten Kirchengründungen im Westerwald. Hochaltar der Hadamarer Barockschule um 1700, Sakramentsnische und Levitenstuhl aus dem 15. Jh., Chorstuhl und Kanzel aus dem 17. Jh., Bildnisgrabsteine und sieben weitere Grabsteine niederadliger Geschlechter. - In einer Talmulde südlich von Salz das ★ **Wasserschlösschen Neuroth** (1664), ein fast quadratischer Bau, eine Ecke turmartig mit 4 Geschossen; Mansardedächer. Das Schlösschen war Witwensitz der Grafen von Walderdorff.

- **Wallmerod** (320 m; 1.300 E.; VG Wallmerod 14.420 E., Westerwaldkreis)

❖ Der zentrale Ort verdankt dem uralten Handelsweg zwischen Köln und Frankfurt, der ehemaligen „Hohen Straße" und heutigen B 8, seine Grün-

*Schloss Molsberg der Grafen von Walderdorff*

dung. Heute besitzt Wallmerod als Sitz der gleichnamigen Verbandsgemeinde zahlreiche Mittelpunktfunktionen.

ⓘ **Tourist-Information Wallmerod**, Gerichtsstraße 1, 56414 Wallmerod, ☎ 0 64 35/5 08-0; Fax 0 64 35/5 08 77

- **Molsberg** (400 m; 460 E.; VG Wallmerod)

★★ **Schloss** (1760) der Reichsgrafen von Walderdorff auf einem wuchtigen Basaltkegel über dem Dorf. Die Walderdorffer stellten verschiedene hohe geistliche Herren, so Fürstbischöfe von Wien, Fulda, Trier und Speyer. Die Grafen von Walderdorff standen in Deutschland stets in hohem Ansehen und zeigten sich auch gegenüber ihren Untertanen in Stiftungen großzügig. - Ihr Schloss wurde von dem Barockarchitekten Johannes Seiz als hufeisenförmige Anlage geplant, doch kamen nur der linke Teil des Mittelbaus und der sich anschließende Seitenbau zur Ausführung (1766), ein schöner zweistöckiger Bau mit Mansarddach. Hauptportal mit zwei Wappenlöwen und schönes Schmiedegitter. - Hübsche **Fachwerkhäuser**, besonders das Schultheißen-Haus aus dem Jahre 1688.

Bei Hundsangen riesiger **Basaltbruch** im westlich gelegenen **Ölberg** (344 m). Sehenswert sind bis zu 40 m hohe Sechskantsäulen. In mehreren Etagen wurde der Berg über 100 m tief in sein Inneres ausgehöhlt.

## WESTLICH VON MONTABAUR

### Die Augst

*Übersichtskarte Seite 69!*

Zwischen Koblenz und dem ausgedehnten Waldgebiet der Montabaurer Höhe liegt die reizvolle Augst. Rund um diese abwechslungsreiche Kleinlandschaft mit ihren Wäldern, den großartigen Aussichtspunkten und kleinen Sehenswürdigkeiten ist ein hervorragendes Wandergebiet.

*Blick vom Römerturm über Arzbach im Kennelbachtal hinweg auf die Montabaurer Höhe. Links in der Ferne Kadenbach in der Augst.*

- **Neuhäusel** (330 m; 2.150 E.; VG Montabaur)
Beginn der 36 km langen **Kannenbäckerstraße** in Richtung Hillscheid - Höhr-Grenzhausen.
  - ★ **Forstarboretum** am Ortsrand rechts der Simmerner Straße. Über 500 Bäume repräsentieren 160 meist exotische Baumarten; beschildert. Rundwanderweg mit Ruhebänken und Pavillon.
  - Nordöstlich von Neuhäusel führen der römische ★★ **Limes** und der Limeswanderweg vorbei. Beschreibung siehe S. 84!
  - ☼ **Flurkapelle „Maria in der Augst"** (1999) über dem benachbarten Kadenbach.
- **Simmern** (290 m; 1.650 E.; VG Montabaur)
Westlich Neuhäusel auf der Hochterrasse des Rheins gelegen.
  - ☼ Auf dem **Berg Sion** eine dem Schönstatt-Kapellchen nachgebaute Anbetungskapelle der Schönstatt-Patres mit Kloster. Auf der Anhöhe davor **„Berg Moriah"** mit Marienheiligtum und Priesterwohnungen.
- **Eitelborn** (280 bis 340 m; 2.800 E.; VG Montabaur)
Große Wohngemeinde südlich Neuhäusel hoch über dem Emsbachtal und dem Binnbachtal.
  - ★ **Sporkenburg**, südlich im Hang des Emsbachtals, versteckt im Wald gelegen. Ihren Namen erhielt sie von dem alten Reichsforst Spurkenwald, der jetzigen Montabaurer Höhe. Die Burg wurde 1310 auf den Trümmern einer älteren Burg zum Schutze des nahen Hofes Denzerheide und der Emser Silbergruben durch Heinrich von Helfenstein erbaut und im Dreißigjährigen Krieg (1635) zerstört. Die Ruine ist 35 m lang und 18 m breit. Der Zugang zur Kernburg führt aus Sicherheitsgründen rings um die Burg herum. Die fünf Ecken der Hauptburg sind nach französischem Vorbild durch Ecktürmchen („Tourellen") verstärkt. Die fünfstöckige Schildmauer über dem Rundbogenturm ersetzt den Bergfried.
  - **Natur- und Entdeckungspfad Binnbachtal** Richtung Arzbach.
- **Arzbach** (200 m; 1.900 E.; VG Bad Ems)
  - Gelegen im tiefen Tal von Kennelbach/Emsbachtal, umschlossen von 250 m höheren Bergen. Die Kirche steht auf dem Boden des römischen **Limeskastells Arzbach-Augst**, das sich mit einer Ausdehnung von 90,5 x 76,4 m bis unter den Friedhof und das Senioren-

*Zahlreiche Wachttürme des Limes wurden nach ihrem ursprünglichen Aussehen rekonstruiert. Dieser steht auf dem Großen Kopf bei Arzbach.*

**Der Limes**

*Mit dem Limes, angelegt unter Kaiser Domitian um 84 n.Chr. und ausgebaut unter Kaiser Hadrian, schufen die Römer ein insgesamt 584 km langes Bollwerk, mit dem sie die römische Rhein-Donau-Grenze gegen Innergermanien verteidigten. Zunächst bestand diese Grenze aus einem Flechtwerkzaun, den Holztürme und Erdkastelle begleiteten. Um die Mitte des 2. Jh. ersetzte man die hölzernen Wachttürme durch 500 bis 700 m voneinander entfernte Spitztürme. Seit dem Beginn des 3. Jh. bestand noch ein Spitzgraben mit einem der Innenseite vorgelagerten Wall. Während die zur Überwachung und Signalisierung dienenden Türme unmittelbar hinter dem Wall errichtet wurden, lagen die der Unterkunft und Versorgung der Truppen dienenden Kastelle weiter zurück. Auf freiem Gelände sind Wall und Graben eingeebnet. In den Wäldern dagegen haben sich Überreste des Limes und Fundamentreste von Türmen und Kastellen erhalten. Der Pfahlgraben beginnt südlich Bad Hönningen, führt über die Randhöhen des Westerwaldes nach Bendorf, dann über Höhr-Grenzhausen durch die Augst nach Bad Ems.*

heim hinzog. Als Besatzung zählte das Kastell etwa 150 Mann Hilfstruppen der 22. Legion, deren Ziegelstempel man hier gefunden hat. Von der Höhe östlich Kadenbach kommend, kreuzt der ★★ **Limes** in Arzbach das Tal und führt östlich der beiden Arzbacher Köpfe zum „Weißen Stein“ (458 m) hoch. Auf dem ★★ **Großen Kopf** (423 m) südlich des Ortes wurde ein Wachtturm **(„Stefansturm“)** ziemlich originalgetreu rekonstruiert. ☼ Herrliche Aussicht über die Augst und die Waldberge der Montabaurer Höhe bis zum Köppel.

## ★★ Im Westerwälder Kannenbäckerland

*Übersichtskarte siehe Seite 69!*

Im südwestlichen Westerwald liegt westlich und nördlich der Wälder der Montabaurer Höhe das „Kannenbäckerland“. Natur und Mensch haben es geschaffen: Die Natur, indem sie den Ton hinterließ; der Mensch, indem er ihn zu nutzen verstand. Ton, das „weiße Gold des Westerwaldes“, ist das Verwitterungsprodukt feldspathaltiger und glimmerreicher Gesteine, das sich in den Becken und Mulden stiller Seen zur Tertiärzeit vor rund 40 Millionen Jahren in einer Mächtigkeit von bis zu 50 m abgelagert hatte. Diese Tonvorkommen bester Qualitäten und der Waldreichtum der Gegend ließen schon früh ein Handwerk entstehen, das im wörtlichen Sinne bodenständig zu nennen ist. Früheste Funde an irdenen Gefäßen weisen in die Zeit der Urnenfelderleute um 800 v.Chr. Später haben Römer und Franken hier Gefäße hergestellt, wobei mit großer Wahrscheinlichkeit heimische Tone verwendet wurden. Schon im 13. und 14. Jh. ist die Entwicklung von der porösen Irdenware zum dichtgebrannten Steinzeug gelungen. Ende des 16. Jh. entstand das graublaue, salzglasierte Steinzeug.

Im 17. Jh. erreichte das Westerwälder Steinzeug eine künstlerische Hochblüte. Im 18. Jh. stieg die Zahl der „Euler“ rasch an, so dass, mitbedingt durch das Aufkommen von Fayence und Porzellan, Stockungen im Absatz und Krisen auftraten. Die Folge war, dass sich das Hauptgeschäft auf die Herstellung von einfachem Hausgeschirr und Sauerwasserkrügen verlagerte.

Bedeutsam war früher auch die Pfeifenbäckerei. Älteste Jahreszahl an Tonpfeifen ist 1685. Allein in Höhr arbeiteten 1822 noch 72 Meister mit Gesellen, die jährlich für 25.000 bis 30.000 Gulden Pfeifen in Holland absetzten. Heute werden nur mehr in Hilgert und Baumbach Tonpfeifen in kleinerer Zahl hergestellt.

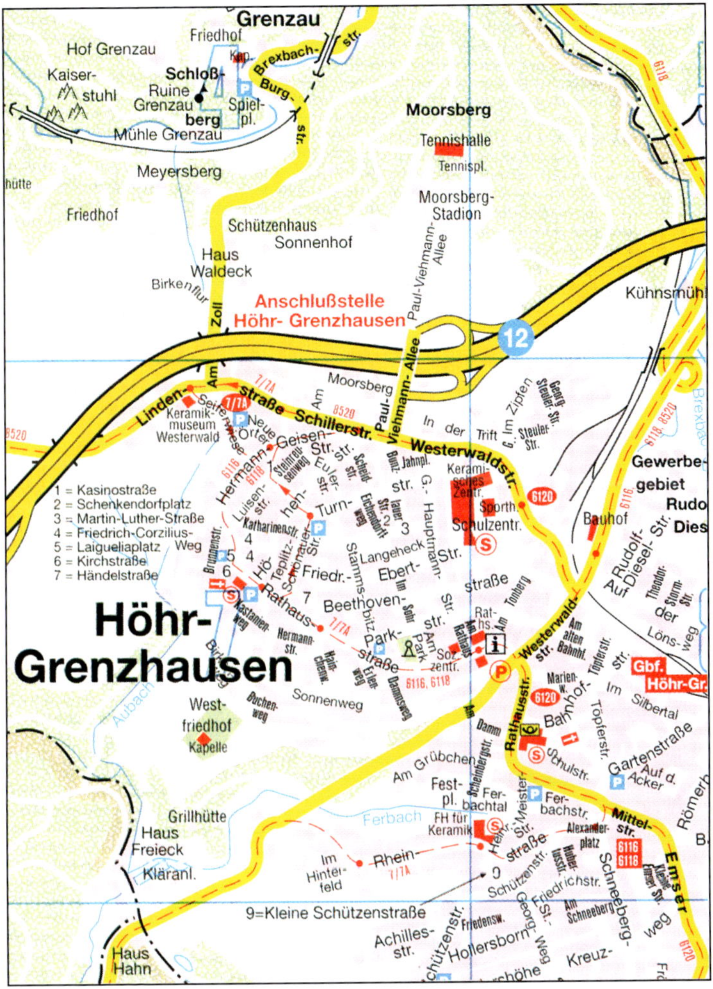


Die außerordentlich umfangreiche Produktion der Krugbäcker kam Ende des 19. Jh. nahezu zum Erliegen, als die Glasflasche den herkömmlichen Sauerwasserkrug verdrängte. Heute hat die maschinelle, vollautomatische Großserienfertigung die Krugbäckereien alten Stils verdrängt.
Seit Mitte des vorigen Jh. entwickelte sich aus der alten Kannenbäckerei eine Keramikindustrie, die nach und nach in immer breiterer Fächerung auftrat: Gefäßkeramik in zahlreichen Varianten steht hier neben feuerfesten und säurefesten Erzeug-

*In vielen Werkstätten können Besucher den Keramikern bei der Arbeit zuschauen.*

nissen, neben Sanitärkeramik, Fußbodenfliesen und anderen Baukeramiken. Insgesamt gibt es im Westerwälder Kannenbäckerland heute etwa 150 Industriebetriebe unterschiedlicher Größe mit rund 8.000 Beschäftigten.

Auch im kunsthandwerklichen Schaffen des Kannenbäckerlandes sind seit einigen Jahrzehnten eine größere Zahl von Werkstätten entstanden, die zum Teil internationalen Ruf genießen. Ein Teil dieser Werkstätten pflegt die Tradition des salzglasierten Steinzeugs weiter. Heute arbeiten rund 30 Werkstätten im Kannenbäckerland, die meisten in Höhr-Grenzhausen und Ransbach-Baumbach.

Für die neuere Entwicklung in Industrie und Kunsthandwerk leistete die 1879 gegründete „Keramische Fachschule“ in Höhr-Grenzhausen einen wesentlichen Beitrag.

Internet: www.kannenbaeckerland.de ; www.westerwald-keramik.de , www.keramik.de

- ★★ **Kannenbäckerstadt Höhr-Grenzhausen** (250 bis 300 m; 9.960 E.; VG Höhr-Grenzhausen 14.400 E.; Westerwaldkreis)

  Am Westrand der Montabaurer Höhe gelegen, 12 km nordöstlich von Koblenz. Im Osten von den bewaldeten Quarzitrücken der Montabaurer Höhe (546 m) überragt. Seit 1936 Stadt, gebildet aus den ehemaligen Gemeinden Höhr, Grenzhausen und Grenzau. Höhr-Grenzhausen ist Europas größtes Ausbildungszentrum für Keramik und beherbergt neben der einzigen deutschen Fachhochschule für Keramik auch das „Keramische Zentrum“; dort sind die Staatliche Fachschule für Keramikgestaltung und Keramiktechnik und die Berufsbildende Schule für das Töpferhandwerk untergebracht, ein Institut für künstlerische Keramik sowie das Forschungsinstitut für anorganische Werkstoffe, Glas/Keramik. Insgesamt studieren bzw. lernen jährlich fast 600 Jugendliche im Fachbereich „Keramik“.

ⓘ **Tourist-Information**, Lindenstraße, 56203 Höhr-Grenzhausen; ☎ 0 26 24/ 1 94 33; Fax 0 26 24/ 95 23 56; Internet: www.hoehr-grenzhausen.de

**Ev. Pfarrkirche in Grenzhausen**. Romanischer, ungegliederter Westturm, Anfang 13. Jh., Schiff und Chor 1878.

★ **Kath. Pfarrkirche St. Peter und Paul in Höhr**. Ab 1885 in vorwiegend neugotischem Stil als dreischiffige Hallenkirche erbaut. Der Chor im Osten ist flach geschlossen, das gesamte Maßwerk bis in den Westturm hinein vielfältig, die Raumwirkung des Innern beeindruckend.

★★★ **Keramikmuseum Westerwald**

(Deutsche Sammlung für historische und zeitgenössische Keramik). Lindenstraße, 56203 Höhr-Grenzhausen, ☎ 0 26 24/94 60 10; Fax 9 46 01 20. Geöffnet täglich außer Mo 10 - 17 Uhr.

Der 1982 bezogene, muschelförmige Museumsbau zeigt bedeutende Sammlungen historischer und zeitgenössischer Keramik, wobei die Erfassung freikünstlerischer, kunsthandwerklicher und vorbildlicher Industriekeramik primäre Aufgabe ist. Das Museum zeigt Meisterstücke des charakteristischen grau-blauen Westerwälder Steinzeugs, dazu Werke aus den Zuwanderergebieten. Neben den salzglasierten Erzeugnissen der „Kannenbäcker" werden auch Produkte der „Krug"-(Mineralwasserkrüge!) und Pfeifenbäcker gezeigt. Abbaumethoden und historische Herstellungsmethoden werden bildlich dokumentiert. Seit 1973 verleiht der Westerwaldkreis hier den „Westerwaldpreis für Keramik", seit 1983 den „Ehrenpreis der deutschen Keramik".

★★ **Töpferei und Museum im Kannenofen**, Eigentümer: Familie Peltner. Kleine Emser Str. 4, 56203 Höhr-Grenzhausen, ☎ 0 26 02/72 51. Von der

*Schauhalle im Keramikmuseum Westerwald*

*Grenzau im Brexbachtal. Darüber die gleichnamige Burg mit dem einzigen dreieckigen Bergfried Deutschlands.*

Ortsmitte Höhr (Schützenplatz) in Richtung Hillscheid. Geöffnet: Mo bis Sa 9 - 12 u. 14 - 17 Uhr, So u. feiertags 13 - 17 Uhr. Eintritt frei.

★ **Museum der Firma Merkelbach Manufaktur GmbH**: Dokumentation der Entwicklung künstlerisch anspruchsvollen Steinzeugs. Brunnenstraße, ☎ 0 26 24/30 21. Geöffnet: Mo - Do 9 - 12 u. 13 - 18 Uhr, Fr + Sa 9 - 12 Uhr.

- Höhr-Grenzhausen- ★★ **Grenzau** (195 m; 150 E.)

Idyllisch gelegener kleiner Talort mit Burgruine und lebhaftem Fremdenverkehr.

Die **Burgruine Grenzau** war im 13. Jh. Sitz der Herren von Isenburg-Grenzau und diente der Sicherung einer alten Handelsstraße. Mehrstöckiger Palas und Wirtschaftsgebäude, geschützt durch hohe Ringmauern, dreigeschossiges Torhaus und 32 m hoher dreieckiger Bergfried, der mit seiner spitzwinkligen Dreieckskante gegen den hinter dem Halsgraben ansteigenden Berg, also gegen die Angriffsseite, gestellt wurde: Vom Berg gegen die Burg geschleuderte Steinkugeln und Brandsätze mussten an den schräg verlaufenden Mauern des mächtigen Bergfrieds abgleiten (einmalig in Deutschland). Noch heute ist die gesamte Befestigungsanlage, auch die Schutzanlagen am Torhaus (Abwurferker, Pechnase, Poterne, Zisterne), innerhalb der von einer geschlossenen Ringmauer umgebenen 27 x 60 m großen Kernburg, der Zwinger und der Vorwerke gut zu erkennen. Heinrich I. gab ihr den Namen Gransioie (grande joie - Große Freude), später im

Sprachgebrauch umgeformt zu „Grenzau". Innerhalb der 3,50 m dicken Mauern führen im Bergfried Steintreppen von dem in 12 m Höhe liegenden Zugang (über dem Vorratskeller) zu den drei engen Turmgeschossen und hinauf zur Wehrplattform. Das Dorf Grenzau wurde von schwedischen Truppen zerstört; die Burg selbst wurde in der Nacht vom 24./25. März 1635 durch eine Hundertschaft französischer Truppen (als Verbündete der Schweden) überrumpelt und in Brand gesteckt. Geöffnet von April - Oktober feiertags, Sa + So 10 - 13 Uhr.

**Gasthaus Burg Grenzau** von 1631. Zweistöckiger Fachwerkbau mit geschweiftem Giebel und breitem Mittelerker; reiche Schnitzerei.

★ **Kath. Kapelle St. Peter und Paul** (1796) mit gestelztem Altarraum und Dachreiter. Marienkrönung (1636) „Immaculata" (18. Jh., Hadamarer Kunstschule), barocker Beichtstuhl, reizvoller kleiner barocker Orgelprospekt unbekannter Herkunft.

Größte freihandgedrehte **Vase** der Kannenbäckerstadt an der Brexbachbrücke. Höhe 1,08 m; Breite 1,05 m. (Siehe im Foto unten links!)

Tischtennis-Freizeitzentrum im Sporthotel Zugspitze. Olympiastützpunkt der Tischtennis-Bundesliga-Mannschaft TTC Grenzau.

Reizvoll ist auch das ★ **Brexbachtal** zwischen dem Bahnhof Grenzau und dem Bahnhof Bendorf-Sayn. Eine Luftlinienstrecke von 6,5 km durchschlängelt der Bach mit 18 „Wasserkilometern" durch steile, dicht bewaldete Hänge der Mündung in den Saynbach entgegen. Eine durchgehende Straße gibt es nicht. Eine derzeit stillgelegte Bahnstrecke schafft die Ab- bzw. Auffahrt mit 9,5 km durch sechs Tunnel an zwei Burgen vorbei über 30 kleine Brücken, die noch zahlreichere Bachwindungen überspannen. Der Wanderer aber kann auf markiertem Weg (3,5 Std.) das Tal durchwandern.

## NÖRDLICH VON HÖHR-GRENZHAUSEN

### Auf der Nauorter Hochfläche

Diese Landschaft ist landschaftlich gesehen eine geschlossene Einheit. Sie findet ihre natürliche Begrenzung nördlich und westlich mit dem Sayntal, südlich mit den Tälern von Masselbach und Brexbach. Am Westrand hat sich das Neuwieder Becken eingesenkt. Das hatte zur Folge, dass sich die wasserreichen Bäche Brex und Sayn tief in die Randzone des Westerwaldes einschnitten und dabei steile und gewundene Kerbtäler mit nur teilweise angeschwemmten Talboden gebildet haben. Die oberen Talhänge brechen in scharfem Knick zu einer teils hügeligen Riedelhochflur ab. Die Höhen bedecken ausgedehnte, wenn auch durch Abtragung zerfranste Löss- und Bimsdecken, die neben dem auf den Höhen bloßgelegten Devongestein aus Tonschiefer und Grauwackensandstein ebenfalls vielfach bewaldet sind.

- **Nauort** (310 m.; 2.340 E.; VG Ransbach-Baumbach)

**Kath. Pfarrkirche St. Johann Baptist.** Romanischer, ungegliederter ehemaliger Wehrturm der ältesten Kirche, die 1321 zuerst erwähnt wird. Im Erdgeschoss mit Kreuzgratgewölbe, verschiefertes Glockengeschoss 19. Jh. Die 1738 angebaute kleinere Saalkirche wurde 1956 durch einen neuen Kirchenbau ersetzt.

*Die „Alte Porz" in Isenburg*

**★ Im Saynta**l

Das Sayntal schließt die Nauorter Hochfläche nach Norden ab. Im Bereich der A 3 liegen in einer breiten Talmulde die Dörfer der **„Haiderbach"**.

- **Breitenau** (240 m; 670 E., VG Ransbach-Baumbach)

  **Kath. Pfarrkirche St. Georg.** Von der ersten Pfarrkirche, um 1220 errichtet, steht heute noch der spätromanische Westturm in der Mitte der Kirchenlängsseite; das heutige Schiff (schlichter klassizistischer Saal) wurde 1809 und der Chor um 1840 angebaut. Der unter Denkmalschutz stehende ungegliederte Turm ist einfach viereckig und hat im Erdgeschoss ein kuppelartiges Kreuzgewölbe.

  Im benachbarten Wittgert in der Brunnenstraße 8 reichhaltig in **Schabkunst** bemaltes Haus

Ohne jedes Haus ist nun der fast 7 km lange Sayntal-Abschnitt bis

- ★ **Isenburg** (185-314 m; 750 E., VG Dierdorf)

  ❖ Gesicherte Ersterwähnung 1103. Die **Herren von Isenburg** gelten als eines der bedeutendsten Geschlechter am Mittelrhein und im Westerwald. Ihr Lebensraum lag zwischen den Städten Trier, Köln und Limburg. Sie waren Stifter und Erbauer zahlreicher Burgen, Schlösser, Kirchen und Abteien. Das Geschlecht brachte bedeutende Heerführer, Verwaltungsleute und hohe kirchliche Würdenträger hervor, u.a. drei Erzbischöfe und Kurfürsten.

Um 1100 bauten Reinbold und Gerlach auf einem Lehen der Abtei Fulda die ★ **Isenburg** als Stammburg des Geschlechts der Herren von Isenburg. Aufgrund der sehr schnell einsetzenden Erbteilungen und dadurch bedingten starken Verzweigungen bauten die Herren von Isenburg wegen herrschender Enge auf der Stammburg in der Umgebung weitere Burgen. 1633 wurde die Isenburg von spanischen Truppen besetzt. In der Folgezeit ist sie dann verfallen. - Mit dem Tod von Graf Ernst zu Isenburg erlosch 1664 die Grafschaft Nieder-Isenburg. Es folgte bis zum Jahre 1806 eine Gemeinherrschaft, bestehend aus den Freiherren bzw. Grafen von Walderdorff und den Grafen bzw. Fürsten zu Wied. Bereits Anfang des 14. Jh. wurde der Burgflecken Isenburg, der zu dieser Zeit stadtähnliche Rechte und Freiheiten genoss, befestigt. Die Befestigung bestand aus 4 Toren und einer Ummauerung. Erhalten ist das historische **Torhaus „Alte Porz"** in der Dorfmitte, direkt an der B 413. Es wurde als äußeres Schutztor am Burgaufgang erstellt. Das angebaute Fachwerkhaus diente wahrscheinlich als Wohnung der Wachleute. Ebenso erhalten ist die Schlosspforte oberhalb des Friedhofs.

**Kath. Pfarrkirche St. Katharina** (Ersterwähnung 1235). Im 14. Jh. Anbau des gotischen Chores. 1862 Neubau des Kirchenschiffes. Innenausstattung: Barockhoch- und -seitenaltar, Hausenborner Vesperbild aus dem 15. Jh., im Chor gotisches Sakramentshaus aus der Erbauungszeit.

★ **Wallfahrtskapelle Hausenborn** hoch in den Sayntalbergen gelegen. Heute Kirchenruine. 1441 als Stiftung der Herren von Isenburg erbaut. 1788 aufgegeben. 1934 Einrichtung einer Marienkapelle in der ehemaligen Sakristei. Die Sanierungsarbeiten wurden 1999 weitgehend abgeschlossen. 1990 Einsegnung der Pieta als Duplikat des historischen Vesperbildes. Hausenborn hat noch heute überörtliche Bedeutung als Marienverehrungsstätte. - Talblick.

## SÜDLICH VON HÖHR-GRENZHAUSEN

- ★ **Hillscheid** (330 m; 2.710 E.; VG Höhr-Grenzhausen)

Vier Kilometer südlich von Höhr-Grenzhausen, am Fuße der Montabaurer Höhe, deren Wald den Ort östlich unmittelbar umrahmt. Nach Westen führen tief eingeschnittene Waldtäler zum nahe gelegenen Rheintal.

Nordöstlich des Ortes der römische **Limes**. Er kreuzte, heute nicht mehr erkennbar, die Straße Hillscheid - Höhr-Grenzhausen und führte dann, noch heute als Wall erkennbar, nordöstlich um den Ort herum in Richtung Arzbach. Auf Initiative des Hillscheider WWV wurde 1995 ein 15 m hoher **Limesturm** nachgebaut. Siehe auch Seite 84!

**Heimatmuseum**, Emser Straße 20. ☎ 0 26 24/51 59. Geöffnet: 01.04. - 01.10. So 15 - 17 Uhr und nach Vereinbarung.

## IM MITTLEREN UND ÖSTLICHEN KANNENBÄCKERLAND

*(Karte siehe Seite 69!)*

- ★★ **Ransbach-Baumbach** (330 bis 370 m; 7.150 E.; VG Ransbach-Baumbach 14.300 E.; Westerwaldkreis)

❖ Im Herzen des Kannenbäckerlandes, eingebettet zwischen ausgedehnten Laub- und Nadelwäldern, die bis an den Ortsrand herantreten; der Ortsteil

Ransbach in der Talmulde des Masselbachs gelegen, der Ortsteil Baumbach am aufsteigenden Nordhang der Montabaurer Höhe, welche das gesamte Landschaftsbild überragt (540 m). Ransbach-Baumbach ist seit 1975 Stadt, gebildet aus den 1969 zusammengeschlossenen ehemaligen Gemeinden Ransbach und Baumbach.

ⓘ **Tourist-Information Ransbach-Baumbach**, Stadthalle, Rheinstraße 103, Ransbach-Baumbach; ☎ 0 26 23/9 88 00; Fax 0 26 03/98 80 20; Internet: www.ransbach-baumbach.de.

❖ **Zentrum der Keramik**: Auf Grund der reichen und ausgedehnten Tonvorkommen in unmittelbarer Umgebung von Ransbach-Baumbach stand das Töpfergewerbe hier seit Jahrhunderten in hoher Blüte. Durch den Zuzug von berühmten Töpfermeistern aus Raeren und Siegburg um 1600 wurde das heimische Töpferhandwerk befruchtet. 1660 verarbeiteten 18 Krug- und Kannenbäcker in Ransbach-Baumbach das „weiße Gold". 1723 waren es bereits 99. Im 18. und 19. Jh. waren bis zu 2/3 der Einwohner von Ransbach-Baumbach vom Frühjahr bis Martini als sogenannte „Landgänger" unterwegs nach Süddeutschland, nach Holland und andern Ländern, um die heimischen Töpferwaren zu verkaufen.

Aufgrund der günstigen Standortbedingungen entstanden in Ransbach-Baumbach seit der Mitte des 19. Jh. zahlreiche keramische Industriebetriebe mit maschineller Serienfertigung. Daneben haben sich einige wenige Familienbetriebe erhalten, die die überlieferte Tradition des Töpferhandwerks fortführen. Das Herstellungsprogramm der Betriebe umfasst neben der handwerklichen Töpferware im wesentlichen Zier-, Gebrauchs- und Haushaltskeramik, Gartenkeramik und Baukeramik; in geringerem Umfang auch Tonpfeifen und Tonspielwaren.

Lohnend und interessant sind eine Reihe von Betrieben, die eine Besichtigung ihrer Werkstätten anbieten bzw. Werksverkauf vornehmen. - In einigen handwerklichen Betrieben werden besondere Töpferkurse angeboten. Sonderprospekte beim **Westerwald-Gäste-Service**, Kirchstraße 48a, 56410 Montabaur, ☎ 0 26 02/30 01-0; Fax 0 26 02/52 45 oder 30 01-15; Internet: www.westerwald-touristik.de.

***★★★ Die Kannenbäckerstraße***

*Die „Kannenbäckerstraße" verbindet Städte und Dörfer des Kannenbäckerlandes miteinander, soll den Touristen in die Töpfereien und Keramikbetriebe des Westerwaldes führen und gleichzeitig zu einem Besuch der Keramik-Museen und der Landschaft mit ihren Sehenswürdigkeiten einladen. Sie ist 36 km lang, beginnt in Neuhäusel an der B 49, 9 km von Koblenz entfernt, führt durch die Orte Hillscheid, Höhr-Grenzhausen, Hilgert, Ransbach-Baumbach, Mogendorf, Siershahn, Wirges und Moschheim und endet in Boden an der B 255. Die „Kannenbäckerstraße" ist auch in umgekehrter Richtung ausgeschildert. Die Rückfahrt erfolgt dann jeweils über Montabaur. 45 Töpfereien und Keramikbetriebe laden zu einem Besuch ein. Die meisten Betriebe ermöglichen eine Betriebsbesichtigung und günstigen Keramikeinkauf von der Kunstkeramik bis zur industriell gefertigten Ware. Wer die Geschichte des Kannenbäckerlandes kennen lernen will, dem bieten sich dafür drei Museen in Höhr-Grenzhausen an: das Keramikmuseum des Westerwaldkreises sowie die privaten Museen Peltner und die Manufaktur Merkelbach. In Ransbach-Baumbach laden zwei weitere private Museen zum Besuch ein, in Siershahn ist das Tonbergbau-Museum.*

Neben den keramischen Betrieben gibt es aber auch eine ganze Anzahl von Unternehmen anderer Branchen am Ort, die dem Wirtschaftsstandort ebenso ihr Gepräge geben.

Märkte: Alljährlich am 1. Oktober-Wochenende (Sa + So) überregionaler **Töpfermarkt** mit Töpfern aus der ganzen Bundesrepublik.

★ **Töpfermuseen**: **Privates kleines Töpfermuseum „Der Schlondes"**, Letschert, Bergstraße 20, ☎ 0 26 23/22 71; Fax 47 68. Ständige Antiquitätenausstellung auf 2000 m². Geöffnet Mo - Fr 8 - 18, Sa 10 - 13.

**Privates Töpfermuseum der Töpferei Zöller Eulerhof**, mit Kannenofen, Töpferstraße 1, ☎ 0 26 23/23 16

Zahlreiche Keramik-Verkaufsstellen auch im benachbarten Mogendorf.

- **Siershahn** (290 m; 2.720 E.; VG Wirges)

❖ Mit der Eröffnung der Westerwaldbahn 1884 wurde Siershahn aufgrund seiner zentralen Lage zum wichtigsten Verkehrsknotenpunkt der Bahnen im Westerwald. Heute endet hier die von Limburg kommende Bahnstrecke. Der Tonversand von Siershahn nahm einen so bedeutenden Umfang an, dass der Ort einen ungeahnten Aufschwung erlebte und sich nach Ansiedlung namhafter Industriebetriebe rasch zu einem bedeutenden Industrieort entwickelte. Hauptort der Tonförderung mit zahlreichen Tongruben rund um den Ort. Versand zu den zahlreichen tonverarbeitenden Betrieben im Kannenbäckerland sowie nach dem In- und Ausland.

★★★ **Tonbergbau-Museum** in der stillgelegten Schachtanlage „Gute Hoffnung". Geöffnet Sa + So 14 - 17 Uhr. ☎ 0 26 02/95 13 63; Fax 95 13 65. Museumspädagogisches Programm. Daneben Tagebaubetrieb.

- ★ **Wirges** (270 m; 5.200 E.; VG Wirges 18.900 E.; Westerwaldkreis)

Am Nordrand der Montabaurer Senke und östlich der Montabaurer Höhe gelegene Stadt (Stadtrechte seit 1975). Nach Eröffnung der Westerwälder Eisenbahn wurden 1891 - 95 in Wirges umfangreiche Fabrikanlagen erbaut, deren Nachfolgebetriebe heute noch bestehen.

★ **Pfarrkirche St. Bonifatius**, neugotisch, wegen ihrer Größe auch „Westerwälder Dom" genannt, geweiht 1887. **Stationenberg** mit kleiner Marienkapelle auf dem **Steimel** (lokale Wallfahrtsstätte), erbaut 1865.

ⓘ **Tourist-Information Wirges**, Bahnhofstraße, 56422 Wirges; ☎ 0 26 02/68 90; Fax 0 26 02/68 91 77. Internet: www.wirges.de

★★ **Malberg**

In nächster Nähe von Moschheim das Naturschutzgebiet Malberg. Der markante Kegel des Malbergs (422 m) besteht aus Phonolith, der früher als Grundstoff für die Glasherstellung abgebaut wurde.(Phonolith = Klingstein: Lassen Sie einmal zwei Gesteinsbrocken gegeneinander klingen!) - Auf dem Gipfelplateau mächtige Felsblöcke; nach Leuterod hin Felsterrassen mit Resten des Ringwalls einer keltisch-germanischen Fliehburg im Umfang von 1000 m, darin eine Steinkastenmauer. Von den alten Befestigungsanlagen ist nur ein Kranz von Steinblöcken übriggeblieben. 1892 wurde im Hang eine Bergkapelle erbaut. Neben ihr entspringt einer Felsspalte der „Helje Burn", dem man heilkräftige Wirkungen bei Augenkrankheiten nachsagt. - Die Sage erzählt von Wildweibchen, die in den Felsen hausten und des Nachts gute Werke taten.

**Westerwälder Tonbergbau**

*Der Westerwälder Rohstoff Ton war seit jeher die maßgebliche Grundlage für die große Tradition der Westerwälder Keramik. Ton ist der Rohstoff, aus dem die Keramik geformt und gebrannt ist. Heute wird der heimische Ton überall zur Herstellung keramischer, feuerfester und säurefester Erzeugnisse eingesetzt. Seine Verwendungsmöglichkeiten sind breit gestreut und nahezu unbegrenzt. Beispielsweise werden Wand- und Bodenfliesen, Klinker- und Spaltplatten, Steinzeugrohre, Sanitär- und Porzellanartikel sowie Erzeugnisse für die Eisen- und Stahlindustrie und für die Technische Keramik mit diesem bewährten Rohstoff im In- und Ausland produziert.*

*Westerwälder Tone werden auch für den Umweltschutz eingesetzt, etwa zur Abdichtung von Deponien. Die großen Westerwälder Tonbecken bieten eine reiche Palette qualitativ hochwertiger Tone an mit individuellen technologischen Eigenschaften. Dank dieser Vorkommen ist der Westerwald die bekannteste und bedeutendste Tonregion in Deutschland und in der Europäischen Union.*

*Der Tonbergbau geht im Westerwald nachweisbar schon seit dem 13. Jh. um. Heute wird der Ton hier nur noch in Tagebauweise gewonnen. In den letzten Jahren sind moderne und großflächige Tagebaue entstanden. Rohstoffgewinnung und Rohstoffaufbereitung vollziehen sich wegen den erhöhten industriellen Anforderungen an den Rohstoffeinsatz inzwischen voll mechanisiert. Leistungsfähige Abbaugeräte, moderne Rohstoffaufbereitungstechnik, großdimensionierte Lagerhaltung und kontinuierliche Qualitätskontrollsysteme kennzeichnen den strukturellen Wandel, den der Westerwälder Tonbergbau in den letzten Jahrzehnten vollzogen hat.*

*Lag im Jahr 1830 die Tonförderung des Westerwaldes noch bei 7 500 Jahrestonnen, so wurden bereits im Jahr 1930 in 46 Betrieben etwa 520 000 t Ton gefördert. Derzeit werden in etwa 100 Gewinnungsbetrieben ca. 5 Millionen Tonnen pro Jahr hochwertige Tone gewonnen.*

*Die moderne Gewinnungs- und Aufbereitungstechnik trägt zur qualitätskonstanten, sicheren und witterungsunabhängigen Rohstoffversorgung der in- und ausländischen Kunden bei. Für den Westerwald ist die Tongewinnung ein Wirtschaftsfaktor ersten Ranges, basieren auf ihr doch allein schon in dieser Region mehrere Tausend Arbeitsplätze der hier ansässigen und weithin bekannten Gewinnungs- und tonabhängigen Produktionsbetriebe. Die gesamtwirtschaftliche Bedeutung des Westerwälder Tonbergbaus wird auch durch die zahlreichen übrigen tonabhängigen Unternehmen in der Bundesrepublik mit ihren vielen Tausend Beschäftigten unterstrichen.*

*Die Rohstoffvorkommen im Westerwald sind, wie alle Bodenschätze, aus natürlich-geologischen Gründen begrenzt. Zudem sind sie zwangsläufig standortgebunden, weshalb ihrer Verfügbarkeit und Sicherstellung für Gewinnungszwecke eine große volkswirtschaftliche Bedeutung zukommt.*

*Der Abbau des Tons, der - wie jeder Bergbau - zwangsläufig mit Eingriffen in die Erdoberfläche verbunden ist, vollzieht sich unter staatlicher Behördenaufsicht. Bereits vor Abbaubeginn wird die landschaftsgerechte Wiederherstellung des Landschaftsbildes verfahrensmäßig angestrebt und sichergestellt. Genaue und langfristige Betriebspläne, umfassende Genehmigungsverfahren, detaillierte staatliche Bewilligungsbescheide mit exakten Auflagen und die amtlichen Überwachungen bezwecken, solche Eingriffe in die Landschaft - soweit irgend möglich - gering zu halten und entstandene unvermeidbare Beeinträchtigungen durch eine naturnahe Gestaltung (Rekultivierung und Renaturierung) weitgehend auszugleichen. Umfangreiche abgebaute Flächen sind inzwischen wieder rekultiviert worden und fügen sich harmonisch in die Landschaft ein. Moderne Tongewinnung und Wahrung des Umweltschutzes gehen Hand in Hand.*

*Tonvorkommen und Tonbergbau werden auch künftig eine herausragende wirtschaftliche Bedeutung für den Westerwald haben.*

*Gerhard Schlotmann*

# Westlicher Westerwald

**Kleine Dörfchen auf den Höhen des mächtigen Wiedtals**

## Im Raiffeisenland

Raiffeisen war hier zuhause, hier wirkte er. Daher nennt man den südlichen Kreis Altenkirchen auch das „Raiffeisenland". Die Kreisstadt Altenkirchen umgibt sich hier von zahlreichen, meist kleineren Dörfern, erreichbar auf vielen kleinen, winkligen Straßen. Es ist ein intaktes ländliches Gebiet mit vielen oft kleineren Waldgebieten. Keine spektakuläre, aber eine stille, schöne Landschaft, die es zu erkunden lohnt. Landschaftlicher Höhepunkt ist das im Unterlauf tief eingegrabene Wiedtal. Auch ihm folgen wir talwärts und besuchen auch seine Höhen und Seitentäler.

## ALTENKIRCHEN UND UMGEBUNG

- **Altenkirchen** (200 m; 6.500 E., VG Altenkirchen 23.400 E., Kreis AK 138.000 E.) Die Kreisstadt liegt dort, wo das Flüsschen Wied beginnt, sich in den Grundgebirgssockel des Vorderwesterwaldes einzugraben. Infolge ihrer günstigen Verkehrslage im Grenzgebiet von Oberwesterwald und Unterwesterwald bindet sie seit Jahrhunderten ein weites Hinterland an sich. Darauf beruht seine zentralörtliche Bedeutung.

❖ In Altenkirchen treffen sich die B 8 (Köln - Limburg - Frankfurt), die B 414 (Altenkirchen - Hoher Westerwald - Obere Lahn - Mitteldeutschland) und die B 256 (Neuwied - Altenkirchen - Au). Altenkirchen ist Sitz der Kreisverwaltung für den Landkreis Altenkirchen und der Verbandsgemeinde Altenkirchen mit 42 Ortsgemeinden sowie von zahlreichen weiteren Behörden. 1314 verlieh Ludwig der Baier **Altenkirchen** Stadtrechte. Die Grafen von Sayn sicherten den Besitz der Stadt und der zu ihr führenden Straßen durch die Anlage einer Burg, die im Laufe der Zeit zum **Altenkirchener Schloss** ausgebaut wurde. Zu Beginn des 17. Jh. war die mit Mauern und Türmen geschützte Stadt bereits Sitz des Saynischen Amtes.

Bei der Teilung der Grafschaft Sayn im Jahre 1662 wurde Altenkirchen Sitz der Zentralverwaltung für die gesamte Teilgrafschaft Sayn-Altenkirchen und damit **Landeshauptstadt**. Doch vom Glanz fürstlicher Hofhaltung hat die Stadt wenig gespürt. Die Landesherren, bis 1741 die Herzöge von Sachsen Eisenach und anschließend die Markgrafen von Brandenburg-Ansbach, blieben in ihren Stammlanden außerhalb des Westerwaldes; nur gelegentlich kamen sie zu kurzen Besuchen nach Altenkirchen.

Die Stadt kam im Jahre 1791 an Preußen, 1802 an Nassau-Usingen und 1806 zum Herzogtum Nassau. Im Jahre 1815 fielen Stadt und Amt Altenkirchen endgültig an Preußen. Altenkirchen wurde Sitz der Kreisverwaltung für den Landkreis gleichen Namens.

Wer heute in der Kreisstadt nach sichtbaren Zeugen dieser geschichtlichen Vergangenheit sucht, bemüht sich vergebens. Das alte Schloss der Grafen von Sayn wurde wegen Baufälligkeit in den Jahren 1820 und 1862 abgebrochen, die Stadtmauer mit ihren 11 Türmen und zwei Toren dem Erdboden gleichgemacht, alte und sicher erhaltenswerte Gebäude wurden durch Katastrophen vernichtet. Zwei große Brände in den Jahren 1728 und 1893 sowie schwere Bombenangriffe im Frühjahr 1945 haben den Kern der Stadt immer wieder zerstört. 1893 brannte die nach den Plänen von Schinkel erbaute ev. Kirche nieder, den Angriffen von 1945 fielen beide Kirchen, nahezu alle Schulen und auch das barocke Gouvernementgebäude am heutigen Schlossplatz zum Opfer. - Doch der zähe Fleiß und der ungebrochene Lebenswille der Bürger schufen trotz der umfassenden Kriegsschäden des Frühjahres 1945 aus den Trümmern der Vergangenheit ein neues Altenkirchen.

ⓘ **Westerwald-Touristik**, 57610 Altenkirchen, Siegener Straße 20, ☎ 0 26 81/ 8 13 58; Fax 0 26 81/8 14 45. Internet: www.altenkirchen-online.de; www.kreis-altenkirchen.de

**Tourist-Information Altenkirchen**, Rathausstraße 13, ☎ 0 26 81/8 52 53, Fax /71 22

## SÜDLICH VON ALTENKIRCHEN

- **Almersbach** (225 m; 500 E., VG Altenkirchen)

  ★ Ev. Pfarrkirche auf einem vorspringenden Bergsporn über der Wied, von alten Bäumen umgeben, eine spätromanische, flachgedeckte Pfeilerbasilika aus dem 2. Viertel des 13. Jh.; der schwere Westturm mit barocker Haube. Der Chor außen mit lisenengegliederter Apsis, innen Gratgewölbe. Fresken aus dem 13. bis 15. Jh.

**Die „Hohe Straße"**

*Die B 8, die von Altenkirchen aus westlich nach Hennef an die Sieg führt, wird heute noch „Hohe Straße" genannt, weil sie überwiegend aussichtsreich (und damit in historischer Zeit sicherer) über die Gebirgszüge führt. Diese seit dem frühen Mittelalter bedeutende rheinische Kaufmannsstraße verband Frankfurt mit Köln, wurde im Westerwald auch Frankfurter, im Taunus auch Kölner Straße genannt. Sie war die wichtigste Postverbindung zwischen den beiden Städten, die von der Thurn- und Taxis'schen Postverwaltung betrieben wurde. Zahlreiche Poststellen hielten Pferde bereit, die Posthalterei in Weyerbusch zeitweise über 20. Ein Teil der Bevölkerung verdiente sich auch sein Brot beim „Vorspann". Blutige Kämpfe erlebte die Hohe Straße, als in den Revolutionsjahren 1795 - 97 Kaiserliche und Franzosen in einer Feldschlacht bei Altenkirchen und in Gefechten bei Kircheib und Uckerath ihre Kräfte maßen. Der Bau der Autobahn Köln-Frankfurt hat der Straße einen Teil ihrer Bedeutung genommen.*

## WESTLICH VON ALTENKIRCHEN

Westlich von Altenkirchen liegt der nördliche Vorderwesterwald. Er wird begrenzt vom großen Waldrücken der Leuscheid und der B 8 (Hohe Straße) im Norden sowie von den Höhen des Wiedtals im Süden. Im Osten sind dies Teile der Verbandsgemeinden Altenkirchen und Flammersfeld, im Westen die zum Kreis Neuwied gehörende Verbandsgemeinde Asbach. Mitten hindurch zieht sich von Norden nach Süden, der Wied entgegen, das nur langsam sich vertiefende Mehrbachtal.

Viele kleine landwirtschaftlich geprägte Dörfchen prägen das Gesicht der Landschaft. So gehören zur Verbandsgemeinde Asbach 128 kleine Dörfchen und Weiler.

Wer nicht den Trubel um große Sehenswürdigkeiten sucht, aber die stille Ruhe einer offenen Landschaft, dem sei unser Gebiet zum besinnlichen Wandern empfohlen.

- **Birnbach** (295 m; 610 E., VG Altenkirchen)

  ★ Pfeilerbasilika, gut proportionierter, dreischiffiger romanischer Bau aus dem 12./13. Jh. Er wurde 1687 um eine Fachwerk-Vorhalle (sog. Brauthaus) erweitert. 1899/1900 wurde das Langhaus nach Westen vergrößert. Der Turm mit Treppenschnecke und das Kreuzrippengewölbe wurden erneuert.

- **Weyerbusch** (300 m; 1.450 E., VG Altenkirchen)

  Waldreicher Luftkurort auf der Höhe zwischen Sieg und Wied an der Raiffeisenstraße. Aus wenigen Häusern an einem alten Straßenknotenpunkt entstanden. Neben der Kaufmanns- kam später noch eine Stadtpost zwischen beiden Orten auf, welche dann von Thurn und Taxis übernommen wurde.

- **Kircheib** (300 m; 520 E., VG Altenkirchen)

  ☼ ★ **Ev. Pfarrkirche** etwas abseits nördlich der B 8, ehemalige St.-Michaels-Kirche. An einen wuchtigen romanischen Wehrturm schließt sich eine romanische Pfeilerbasilika mit drei querlänglichen Jochen zwischen Westturm und kleinerem Chor an. - Blick bis zum Kölner Dom.

- ★★ **Mehren** (220 m; 500 E., VG Altenkirchen)

  Alter, idyllisch gelegener Kirchspielort im hübschen Mehrbachtal. Mehren ist einer der wenigen Orte, die noch ein fast geschlossenes Bild **alter Fach-**

*Raiffeisen verteilt Brot an bedürftige Kinder. Denkmal vor dem Backhaus in Weyerbusch.*

**werkhäuser** bieten, teilweise sogar mit Stroh gedeckt. Besonders prachtvoll die spätgotische **„alte Schule“** (1966 umgebaut). Im Kaufhaus Kramer mittelalterliches Kellerverlies. Schmuckstück des Dorfes ist die dreischiffige ★ **Pfeilerbasilika** mit schlankem Westturm um 1200. Malerischer Fachwerkbau über dem Chor. Chor kreuzgratgewölbt, Schiff flachgedeckt. Unterhalb **Freilichttheater** griechischen Stils (erbaut 1989) mit 400 Sitzplätzen.

- **Flammersfeld** (270 m; 1.400 E., VG Flammersfeld 11.700 E., Kreis AK)
Ältester anerkannter Luftkurort im Kreis Altenkirchen mit lebhaftem Fremdenverkehr, an der Raiffeisenstraße gelegen: Verbandsgemeinde mit 26 Gemeinden.
★ **Ev. Pfarrkirche**, eine kleine dreischiffige, flachgedeckte Pfeilerbasilika mit wuchtigem Westturm (um 1100). Durch spätere Um- und Anbauten entstand ein Mischstil, dessen Nebeneinander glücklich gelöst wurde. Romanische, spätgotische und Renaissance-Malereien, barockes Gestühl. Im Ort noch einige alte **Fachwerkhäuser**, darunter Haus Engel, ehemaliger Amtssitz Raiffeisens. In der Ortsmitte moderner **Raiffeisenbrunnen**.

***Raiffeisen und die Raiffeisenstraße***

*In Weyerbusch nahm in den Hungerjahren 1846/47 Friedrich Wilhelm Raiffeisen als Bürgermeister seinen Kampf gegen die Not der Landbevölkerung auf: Er gründete den „Weyerbuscher Brodverein“. Das Backhaus in der Raiffeisenstraße ist das bekannteste „Denkmal“ seiner heute weltweiten Idee der ländlichen Selbsthilfe: Das darin gebackene Brot ließ Raiffeisen zu zweierlei Preisen verkaufen: Die Besitzenden zahlten mehr als die Armen. - Im Gästebuch haben sich Besucher aus Afrika, Skandinavien, von den Philippinen, Japan und Amerika eingetragen.*

*Als Raiffeisen 1848 als Bürgermeister nach Flammersfeld versetzt wurde, ließ er die Straße dorthin, die damals nur ein ausgefahrener Schlammweg war, befestigen. Daher wird heute allgemein die Verbindung Hamm - Weyerbusch - Flammersfeld - Willroth - Neuwied als Raiffeisenstraße bezeichnet. In Flammersfeld gründete Raiffeisen 1849 seinen „Hülfsverein für unbemittelte Landwirte“ und schuf damit den Ursprung zur Gründung der späteren Kreditgenossenschaft.*

*Typische Landschaft des Raiffeisenlandes: Adorf bei Mehren*

ⓘ **Tourist-Information 57635 Flammersfeld/ Lahrer Herrlichkeit**, Rheinstr. 17; ☎ 0 26 85/809 1 19, Fax 0 26 85/80 91 00; Internet: www.vg-flammersfeld.de

- Asbach-**Niedermühlen** im Mehrbachtal.

★ **Kath. Wallfahrtskapelle** zur Schmerzhaften Muttergottes. Ein neugotischer, achtseitiger Zentralbau von 1892/93 und Chor von 1861/62. Das Gnadenbild, die Pieta auf dem Altar, stammt der Überlieferung nach aus Flammersfeld, von wo es um 1620 nach Niedermühlen gelangte.

- Asbach-**Krankel** (285 m; 150 E.)

★ **Kapelle St. Florinus**, einsam im Wald 800 m südöstlich von Krankel. Das einschiffige, flachgedeckte Langhaus stammt aus dem 12. Jh., der Chor aus der Zeit um 1500. West- und Südportal sind romanisch; Muttergottes von 1856. Das Wasser der unterhalb im Tal entspringenden Quelle gilt als heilkräftig bei Augenleiden.

- Asbach-**Limbach** (280 m; 400 E.)

**Kath. Kirche „Mariä Rosenkranzkönigin"** in der Ortsmitte. Sie wurde nach starken Kriegsschäden renoviert und mit neuen Einrichtungsgegenständen versehen. Orgel von 1720. Kunstvolle Zeugen moderner Sakralkunst (z.B. Tabernakel). In der Zeit vom 24. 12. bis 02. 02. eines jeden Jahres kann man hier eine **Weihnachtskrippe** bewundern, zu der Folklorefiguren aus der ganzen Welt zusammengetragen wurden.

Flurnamen wie „Wahler Heide" erinnern an die einstige Heidelandschaft, von der heute nur noch Reste vorhanden sind. Nordwestlich von Buchholz der **Lökestein** (ND), ein mächtiger Felsblock aus Devonquarzit. In diesem Raum gedeihen stellenweise noch Reste einer **Flora** mit ausgesprochen subatlantischen Pflanzenarten, wie sie sonst nirgends im Westerwald mehr anzutreffen sind (NSG).

ⓘ **Tourist-Information Asbach**, Rathaus, 53567 Asbach, ☎ 0 26 83/91 21 50; Fax 0 26 83/91 21 34

### NÖRDLICH VON ALTENKIRCHEN

- Seelbach-★★ **Kloster Marienthal** (225 m)

❖ Die Legende erzählt, ein Hirte habe in stiller Andacht oft vor einem selbstgeschnitzten Marienbild gebetet, und für dieses sei um 1460 eine erste Kapelle gebaut worden. Das Marienthaler Mirakelbüchlein (15. Jh.) schildert mehrere Wunderheilungen und Wiedererweckungen vom Tode „durch die Gnade unserer Lieben Frau". Eine starke Wallfahrt setzte ein und 1494 wurde eine neue Kirche erbaut. 1666 wurde ein Franziskanerkloster gegründet. Bruder Cornelius Schmitt baute 1756 die jetzige Barockkirche, die jedoch nach der Säkularisation verkleinert wurde. Von 1892 bis 1973/74 wirkten hier wieder Franziskaner. Sie haben den nicht abgebrochenen Teil des hohen, einschiffigen Kirchenbaues wiederhergestellt, einen Barockaltar eingefügt und Fresken freilegen lassen. Seit 1973 besteht hier eine Außenstelle der kath. Landvolkshochschule des Erzbistums Köln. Zahlreiche Einzelpilger und Prozessionen besuchen den Gnadenort. - ✕ Mehrere gepflegte Hotels, Gasthöfe und Pensionen.

**Marienwanderweg** zur Abtei Marienstatt (24 km)

☼ ★★★ **Aussichtsturm Beulskopf:** Eine ganz hervorragende Fernsicht genießt man von diesem 388 m hohen Basaltkegel über dem Dorf Beul. Dort wurde 1990 ein 34 m hoher Holzturm mit 170 Stufen errichtet. An klaren Tagen schaut man über den Westerwald bis zum Siebengebirge, ins Bergische Land, zum Rothaargebirge und sogar bis zum Ebbegebirge.

## Im Wiedtal abwärts

Die Wied, der größte Bach des Westerwaldes, entspringt oberhalb des Dreifelder Weihers und strebt in einer noch wenig eingetieften, breiten Talmulde nordwestlich auf Altenkirchen zu. Nun fließt sie in vielen Windungen mit der Hauptrichtung Südwest auf Neustadt zu. - Während Altenkirchen noch in einer weiten Hochmulde liegt, gräbt sich die Wied unterhalb zusehends ein und hat sich bei Neustadt

*Kloster Marienthal zwischen Altenkirchen und der Sieg*

bereits ein rund 100 m tiefes, mächtiges Tal geschaffen. Im Bereich der durch das Wiedtal führenden B 256 westlich Altenkirchen finden Gewerbe und kleinere Industriebetriebe noch Platz. Dann erst entwickelt es zunehmend seine landschaftlichen Reize und ist dann ab Döttesfeld und im Bereich der Lahrer Herrlichkeit ein ausgesprochenes Fremdenverkehrsgebiet.

*Im Wiedtal bei Peterslahr*

- **Oberlahr** (280 m; 800 E., VG Flammersfeld)
  - ❖ Der Ort in der romantischen „Lahrer Herrlichkeit" (s.u.) war Zentrum eines regen **Erzbergbaus** im Wieder Bergrevier, einem Ausläufer des Siegerländer Eisenspatgebietes. Noch bis 1941 förderte man in der modern eingerichteten **Grube Silberwiese** (nördlich in einem Seitental) Kupfer- und Eisenerze in großen Mengen.
  - ✗ Hotel „Westerwald-Treff" mit 650 Betten; Hotels und Gasthöfe mit Betten; in allen Mittagstisch. Ferienwohnungen, Campingplatz, Wochenendhausgebiet.
- **Burglahr** (170 m; 485 E., VG Flammersfeld)
  - ❖ ★ **Burg** auf einem einstigen Umlaufberg der Wied, erbaut durch die Grafen von Isenburg vor 1276 . Sie war der Mittelpunkt ihrer Herrschaft, zu der die Orte

*Ruine Burglahr in der Lahrer Herrlichkeit*

*Kloster Ehrenstein, ein romantischer Ort im Wiedtal*

Oberlahr, Burglahr und Heckerfeld gehörten. Graf Salentin von Isenburg verpfändete die Lahrer Herrschaft 1325 an Kurköln. Unter kurkölnischer Hoheit wurde die Lahrer Herrlichkeit, wie sie fortan genannt wurde, von dem Amtmann von Altenwied verwaltet. (Der Name **„Lahrer Herrlichkeit"** hat also nichts mit der herrlichen Wiedlandschaft zu tun. Heute meint man damit das gesamte Wiedgebiet zwischen Bruch und Peterslahr.) Die Burg war um 1700 noch bewohnbar; später überließ man sie ihrem Schicksal und benutzte sie als Steinbruch. Erhalten blieb der „Große Turm", ursprünglich fünfgeschossig. Er hat einen Durchmesser von 9 m.

**„Alvensleben-Stollen".** Mundloch am Wanderweg des alten Bahndamms. Führungen: Verbandsgemeindeverwaltung Flammersfeld, ☎ 0 26 85/80 90.

• **★★ Kloster und Burgruine Ehrenstein**

In einem Talkessel rund 500 m einwärts. Kirche, Kloster und Burgruine Ehrenstein sind ein „Kleinod des Wiedtals" und passen sich malerisch der Landschaft an. Die mittelalterlichen Bauten und die wenigen Fachwerkhäuschen liegen auf einem Bergsporn und einer vom Mehrbach umflossenen Landzunge.

*In der spätgotischen Kirche des Klosters Ehrenstein*

**Burg Ehrenstein**, 1333 erstmals erwähnt. Sie gelangte später an den Ritter Bertram von Nesselrode, Erbmarschall des Landes vom Berge. Er erwirkte im Jahre 1477 die Erhebung der Schlosskirche zu einer Pfarrkirche. Einige Jahre darauf stiftete er ein **Kloster** für **Kreuzherren**. Im Dreißigjährigen Krieg wurde die Burg durch die Schweden zerstört. Erhalten ist noch der behelmte Bergfried, während die übrigen Mauern weitgehend zerfallen sind.

★★ **Kath. Dreifaltigkeitskirche:** Einheitlich spätgotisch (1477), der Chor mit Netzgewölbe von 1486. Ganz vorzüglich sind die figürlich gemalten Glasfenster im Schiff und im Chor von einem Kölner Künstler (um 1480; 1896 und 1962 restauriert). Im Schiff gute Vedutenmalereien. Priorenstuhl und Chorgestühl tragen künstlerisches Schnitzwerk von 1700 bzw. 1752. Taufbecken von 1500. Glocken von 1475 und 1537. Messgewänder vom Ende des 15. Jh. Spätgotische Figuren. Prächtige Barockkanzel.

**Klostergebäude**. Im Kern gleichfalls spätgotisch. Es wurde 1974 gründlich restauriert und teilweise neu errichtet. 1812 wurde das Kreuzherrenkloster aufgehoben. 1893 zogen hier Franziskanerpatres vom hl. Kreuz ein, mussten aber die Stätte wegen Nachwuchsmangel 1953 verlassen. Es folgten wieder Kreuzherrenpatres, die mit vierjähriger Unterbrechung auch heute hier wirken und das Kloster seit 1975 zu einer allen Menschen offenstehenden Stätte der Einkehr, der Besinnung und des Dialogs hergerichtet haben. Es finden regelmäßig Klosterkonzerte statt.

- **Neustadt/Wied** (150 m; 1370 E. ohne Ortsteile; mit Ortsteilen 6.380 E., VG Asbach 22.610 E.)

*Drei parallele Brücken überspannen das Wiedtal: Die alte Bogenbrücke der Autobahn (1939/1954), direkt daneben die Spannbetonbrücke zur Autobahn-Verbreiterung (1974) und die Brücke der ICE-Strecke (2000).*

Zentraler Schulort an der mittleren Wied. Ein sauberes, freundliches Dorf mit vielen Geschäften, das nie „Stadt" gewesen ist. Im Oberdorf Fachwerkhaus mit Dauerausstellung **„Bi et fröher wor"**. ☎ 0 26 83/58 50.

ⓘ **Tourist-Information Wiedtal**, Neuwieder Straße 61, 56588 Waldbreitbach, ☎ 0 26 38/40 17; Fax 0 26 38/66 88. Internet: www.neustadt-wied.com.

Bisher haben wir das obere Wiedtal zwischen der Westerwälder Seenplatte und Altenkirchen und das mittlere zwischen Altenkirchen und Neustadt kennen gelernt, so wollen wir das Tal nun auf seinem schönsten Abschnitt im rund 30 km langen Unterlauf der Wied durchfahren. Die Wied hat sich hier etwa 250 bis 300 m in die sie beidseitig einfassenden Hochflächen eingegraben und fließt nach Süden dem Rhein zu. Zwischen Burg Altenwied und Roßbach und auch noch zwischen Datzeroth

und Altwied ist das Tal kerbförmig eingeengt; die devonischen Schiefer- und Grauwackenschichten sind häufig in den Talhängen angeschnitten. Im Raum Waldbreitbach hat sich eine breitere Talaue gebildet, die mehreren Orten Platz lässt und hangwärts in gestaffelten Flussterrassen hochsteigt. Eine Bummelfahrt durch diesen reizvollen Talabschnitt mit vielen kleinen Abstechern zu den aussichtsreichen Randhöhen ist ein Genuss.
Unterhalb Neustadt (Wied) umspannen in 52 m Höhe und mit einer Länge von 424 m die quaderverkleidete Bogenbrücke (1939/1954) und die moderne Betonbrücke (1974) der Autobahn Köln - Frankfurt sowie die neue Brücke der ICE-Strecke das Wiedtal.

## WESTLICH VON NEUSTADT: AUF DER LINZER HÖHE

Die Linzer Höhe liegt zwischen dem Rhein- und dem Wiedtal. Im Westen ist dieser etwa 200 bis 350 m hohe Teil der Rheinischen Schiefergebirgsplatte begrenzt durch die steilen Abhänge zum Rheintal bzw. zu den dazugehörigen tief einschneidenden Seitentälern, während im Osten Wied, Pfaffenbach und Germscheider Bach durch Erosion für entsprechende Taleinschnitte als Begrenzung sorgten. Im Norden, zwischen dem Asberg und dem Himberg, endet die Linzer Höhe oder Asberghochfläche und zugleich das Land Rheinland-Pfalz an der Stelle, wo sich der Bergrücken zum Siebengebirge und zum Asbacher Land hin gabelt. Das Siebengebirge ist Wasserscheide zwischen Rhein und Sieg, während der nordostwärts verlaufende Bergrücken Sieg und Wied scheidet und in dieser Richtung die Landesgrenze fortführt. Im Süden endet die Linzer Höhe an der Einkerbung bei Weißenfeld und dem Staierbachtal zwischen Bad Hönningen und Waldbreitbach. Zugleich befindet sich hier die Grenze der rheinfränkischen gegenüber der moselfränkischen Mundart.
Überragt wird die schiefrige Hochfläche an zahlreichen Punkten durch vulkanische Basaltkuppen, so dass sich ein vielgestaltiges, reizvolles Landschaftsbild mit den sanften Hügeln der Hochfläche, den sie überragenden steilen Bergkegeln und den Kerben der Täler ergibt, zumal Talhänge, Berge und ein Teil der Talsohlen und Hochflächen mit Mischwald bestanden sind, wozu die Inseln landwirtschaftlicher Nutzung mit den dazugehörigen Dörfern und Einzelhöfen einen lebhaften Kontrast bilden. So gehört die Linzer Höhe mit Recht zum Naturpark Rhein-Westerwald.
Seit dem Mittelalter bis in die jüngste Vergangenheit waren die zahlreichen Basaltbrüche für die Bevölkerung der Linzer Höhe die wichtigste örtliche Erwerbsquelle. Für den Ausflügler ist die Besichtigung eines Basaltsteinbruches, auch eines stillgelegten, mit dem Einblick in den Aufbau des vulkanischen Berges empfehlenswert. Doch sollte man dabei die Bergrutschgefahr bedenken und Klettereien sowie das Betreten verbotenen Geländes unterlassen. Die Kehrseite des weiterschreitenden Steinabbaus ist die Zerstörung des gewohnten Landschaftsbildes, des Standortes seltener Pflanzen und von beachtenswerten Kulturdenkmälern, z.B. den Resten keltischer, befestigter Wohnanlagen.

★ **Burg Altenwied** (230 m) sehen wir schon vom Wiedtal aus auf einem von drei Seiten umflossenen Bergsporn. Im Jahre 1187 wurde Burg Altenwied kurkölnisch und kam dann an die aus Thüringen stammende Gräfin Mechthild von Sayn, deren Name mit der Geschichte der hiesigen Gegend eng verknüpft ist. 1262 wurde die Burg endgültig an den Kölner Kurfürsten verkauft. Heute gehört sie zum Besitz der Fürsten zu Wied. Unter der Wölbung des Eingangstors das Wappen der wiedischen Herrschaft. Der Burghof ist ringsum von einer Mauer eingefasst. In ihm steht ein mächtiger, 13 m hoher und im Umfang 46 m messender fünfeckiger Bergfried aus mächtigen Basaltblöcken. Die Eingänge sind neu.

- **Vettelschoß** (ab 280 m; 3.370 E. mit Ortsteilen, VG Linz a. Rh.)

**Burgruine Rennenberg** ist ein lohnendes Ausflugsziel zu Fuß von Notscheid aus. Nach einem kurzen Stück auf der L 254 in Richtung Kretzhaus zweigt in westlicher Richtung ein Fußweg ab, der in einer Viertelstunde zum Ziel führt. Am „Ommessen Hüwel“ (= Ameisen-Hügel) wandert man an zwei stillgelegten Steinbrüchen vorbei, die man aber nicht erkennen kann, ohne den Weg zu verlassen. (Bei Besichtigung Vorsicht!) Den 354 m hohen Basaltgipfel des Rennenberges krönt die Burgruine. Neben Resten einer Kapelle aus dem 13. Jh. finden wir den aus älterer Zeit stammenden, noch relativ gut erhaltenen Turm und die Grundmauern anderer Burgteile.

## WEITER IM WIEDTAL ABWÄRTS

- ★ **Roßbach** (118 m; 1.520 E., VG Waldbreitbach)

Staatlich anerkannter Luftkurort in einem Talkessel mit lebhaftem Fremdenverkehr.

☼ **Basalt-Lehrpfad** mit Hinweistafeln zum Basaltabbau. Kernstück ist die Basaltsäulenwand an der höchsten Erhebung, dem **Häubchen**. Von oben wunderschöner Blick bis in die Eifel und zum Siebengebirge. - Im Roßbacher Bereich finden wir ca. 30 km ausgebaute Spazier- und Wanderwege mit rund 200 Ruhebänken und mehreren Schutzhütten. - 700 m langer Wied-Promenadenweg.

*Wiedweiher in Waldbreitbach*

- ★ **Waldbreitbach** (107 m; 2.100 E. mit 10 Ortsteilen, VG Waldbreitbach 9.000 E., Kreis Neuwied)
Beliebter Luftkurort in geschützter Lage auf dem Schwemmkegel eines Seitenbaches der Wied.

**Kath. Heilig-Kreuz-Kapelle** (im Türbogen die Zahl 1694) 1 km unterhalb in Richtung Hausen. Sie diente zeitweise als Wohnstatt den Gründern des Franziskanerordens, Anton Weber aus Roßbach und Peter Wirth (später Bruder Jakobus) aus Niederbreitbach, sowie der Margarethe Flesch, der späteren „Mutter Rosa", der Gründein des Ordens der Franziskanerinnen. Seit 1925 ist sie im Besitz der Hausener Franziskanerbrüder.

★ **Ölmühle** mit kleinem Museum, älteste Mühle dieser Art im Rheinland (um 1700). Bis 1948 wurde hier aus Leinsamen, Bucheckern und Raps Öl geschlagen. 1976 restauriert und zur Besichtigung freigegeben. Gegenüber die **Scheidsmühle**, kurfürstliche Bannmühle aus dem 17./18. Jh.

★ **Handwerks- und Gewerbemuseum** neben der Scheidsmühle gegenüber der Ölmühle, entsteht im 300 Jahre alten Fachwerkhaus „Krölls Häuschen" aus Bremscheid, was dort zerlegt und hier wieder fachkundig aufgebaut wird.

★ **Alte Dorfschmiede,** restauriert vom Verein „Bräpe Jonge" (ehemalige Junggesellen), mit Geräten aus früherer Zeit. Zu besichtigen: ☎ 0 26 38/42 46 (Karl Hofmann)

★ **Größte Naturwurzelkrippe der Welt** in der Weihnachtszeit in der Pfarrkirche zu Waldbreitbach.

❖ ★ **„Klostergekrönte Höhen"**. Sie liegen auf der linken Talseite, unterhalb der Ortschaft Glockscheid. Hier steht das Mutterhaus der Franziskaner-Schwestern, das seinen Ursprung in der Kreuzkapelle im Tal hatte. Hier begann das Werk einiger Frauen, darunter Margarethe Flesch, die spätere **„Mutter Rosa"** (1826 - 1906). Sie widmeten sich der Pflege von Kranken und Waisen, erstanden mit der Unterstützung gutgesinnter Gönner ein mit dichtem Dornengestrüpp bewachsenes Felsgelände. Die Überlieferung erzählt, dass die rührigen Frauen das Baumaterial, wie Holz, Steine und weiteres mit eigener Körperkraft den hohen beschwerlichen Berg hinauf trugen und so nach hartem Opfer im Jahre 1861 in ihrem errichteten Bau mit 7 Zimmern Einzug hielten. Bereits 1863 legten die ersten drei Jungfrauen ihr Gelübde ab und gründeten die Genossenschaft. Sie besitzt heute 50 Niederlassungen in Deutschland und 12 im Ausland. In den letzten Jahren wurde von den jetzigen Schwestern der in der Nähe des Klosters gelegene Friedhof und die Gedenkkapelle in würdigen Zustand versetzt. Der Sarkophag der Ordensgründerin wurde 1987 in der Mutterkirche beigesetzt. Ihr Seligsprechungsprozess ist eingeleitet.
Gemeinsam mit dem Orden der Armen Dienstmägde Jesu Christi in Dernbach (ADJC) bilden die Waldbreitbacher Franziskanerinnen (BMVA) die St.-Elisabeth-Kranken- und Pflege GmbH, in der zahlreiche soziale Einrichtungen von Kinderheimen über Krankenhäuser bis zum Alten- und Pflegeheim zentral verwaltet werden.
Unterhalb **St.-Antonius-Krankenhaus**, gegründet 1891, modernes Fachkrankenhaus der Psychiatrie. Neubauten von 1986 und 1995.

„Kram- und Trödelmarkt" zu Pfingsten; 3. Wochenende im August: Kirmes und Großfeuerwerk „Wied in Flammen", Christkindchensmarkt mit Krippenausstellung am 3. Adventssonntag.
Waldbreitbach ist seit Jahrzehnten ein beliebter **Luftkurort**, in dem zahlreiche Freizeiteinrichtungen vorhanden sind und zahlreiche Aktivitäten angeboten werden.

ⓘ **Touristik-Verband Mittleres Wiedtal e.V.**, 56588 Waldbreitbach, ☎ 0 26 39/40 17, Fax 66 88. Ortsprospekte mit Unterkunftsverzeichnis, Wanderkarten und -führer, Urlaubszeitung. Internet: www.waldbreitbach.de

- **Hausen (Wied)** (120 m; 1.740 E., VG Waldbreitbach)

Der dritte Luftkurort im Feriengebiet „Mittleres Wiedtal" mit 17 Ortsteilen.

Das **Kloster der Franziskanerbrüder** in Hausen nahm seinen Anfang in der Kreuzkapelle. Um 1860 wurde den späteren Gründern, Peter Wirth aus Niederbreitbach (Bruder Jakobus) und Anton Weber aus Roßbach, die Kreuzkapelle überlassen, da sie sich ebenfalls dem großen Werk der Caritas verschrieben hatten. In Anerkennung ihrer Aufgabe schenkte man ihnen im Jahre 1863 in Hausen ein anderes Haus, in welchem die ersten Brüder, deren Anzahl bereits gestiegen war, unter ihrem ersten Vorsteher Bruder Jakobus wohnten: das St.-Josefshaus. 1880 erbaute man eine Kapelle und 1905 die Klosterkirche.

**St.-Josefshaus**, ein Pflegeheim für bedürftige erwachsene Männer und Frauen. Träger sind die Franziskanerbrüder vom Hl. Kreuz e.V.

**Franziskushaus**. Träger: Franziskanerbrüder vom Hl. Kreuz e.V.. Wohn- und Pflegeheim für geistig behinderte erwachsene Männer und Frauen.

**Margarethe-Flesch-Institut:** Altenheim der Waldbreitbacher Franziskanerinnen mit 45 Heimplätzen.

**Westerwaldklinik** auf der westlichen Höhe, Schwerpunktklinik für Neurologie und Psychosomatik mit 174 Betten.

Modernes **„Wiedtalbad"** (1972). Kombiniertes Hallen- und Freibad. Di und Do Warmbadetage (30°). Angeln, Reiten auf dem Ponyhof.

ⓘ **Touristik-Verband Mittleres Wiedtal e.V.**, 56588 Waldbreitbach, ☎ 0 26 38/40 17, Fax 55 88.

**Basaltlehrpfad** Malbergskopf: interessante Basaltwände, See, Panoramablick.

- **Niederbreitbach** (105 m; 1.540 E. mit 9 Ortsteilen, VG Waldbreitbach)

Der letzte Luftkurort in der Breitbacher Talweitung ist an der Einmündung des Fockenbachtals. Auf dem Schwemmkegel des Fockenbachs gelegen, wächst der Ort immer mehr in das Fockenbachtal hinein.

**Ruine Neuerburg** über dem Fockenbachtal. Die Burg wurde vermutlich im 12. Jh. erbaut; eine Besichtigung ist nicht möglich.

★ **Dorfmuseum** in der Herrenhofstr. 2a, seit 1988 von einem Förderkreis betreut. Typisches kleines Bauerngehöft mit alten Arbeitsgeräten und kunstgeschichtlichen, volkskunstlichen und naturkundlichen Dokumentationen. Anmeldung zur Besichtigung mit Führung: Verkehrsverein Niederbreitbach e.V. (Büro am Eingang zum Campingplatz) ☎ 0 26 38/42 54

★ **Fockenbachtal**, ein schönes und ruhiges Seitental der Wied mit vielen Wandermöglichkeiten. Dort und in seinen Nebentälern Reste eines artenreichen Eschenschluchtwaldes, der sowohl botanische als auch zoologische Besonderheiten bietet (Silberblatt, Märzenbecher, Aronstab, Fieberklee; Eisvogel, Wasseramsel, Weidenmeise, Feuersalamander; früher zahlreiche Fledermäuse in den Erzabbaustollen etc.).

- Neuwied-**Altwied** *siehe Seite 217!*

**Der Naturpark Rhein-Westerwald**

*Der 1962 gegründete „Naturpark Rhein-Westerwald e.V." ist mit einer Fläche von 446 km² der kleinste in Rheinland-Pfalz. Er umfasst das Rheintal von Neuwied bis zur Landesgrenze nach Nordrhein-Westfalen, die Linz-Erpeler Terrassenstufe, die Linzer Höhe (Asberg-Hochfläche), den Mahlberg-Rücken, das Wiedtal zwischen Neustadt und Neuwied, die Sayn-Wied-Hochfläche, das Asbacher Land und einen Teil der Altenkirchener Hochfläche als Erweiterungsgebiet. Diese Naturräume liegen in den Verbandsgemeinden Asbach, Bad Hönningen, Dierdorf, Linz, Puderbach, Rengsdorf, Unkel und Waldbreitbach.*

*Etwa 53 % der Naturparkfläche sind bewaldet, 46 % Acker- und Wiesengelände und etwa 1 % Weinberge. Man hat in den vergangenen Jahren 32 Wanderparkplätze angelegt, von denen aus 72 markierte Rundwanderwege ausgehen.*

*Geschäftsstelle des Naturparks Rhein-Westerwald e.V.: Postfach 0244, 53557 Bad Hönningen; ☎ 0 26 35/72 12; Touristikgemeinschaft Naturpark Rhein-Westerwald, Wilhelm-Leuscher-Straße 6-9, Postfach 2161, 56562 Neuwied, ☎ 0 26 31/ 80 32 14*

## Die Wiedhöhen mit Dierdorf und Rengsdorf

*Übersichtskarte siehe Seite 101!*

Die **Dierdorfer Senke**, eine flache Einsenkung des Niederwesterwaldes, liegt im Regenschatten der Sayn-Wied-Hochfläche (= „Märker-Wald"-Hochfläche), die im Dernbacher Kopf (427 m) ihre höchste Erhebung erreicht. Dierdorf bildet den Hauptort dieser Senke, die als offene Zone mit weiten Feld- und Wiesenfluren im Landschaftsbild hervortritt. Der Holzbach fließt unterhalb Dierdorf in nordwestlicher Richtung etwa 19 km weit der Wied zu. Mit seinen Seitentälern durchschneidet er eine sanfte Hochebene mit kleinen Anhöhen und herrlichen Laub- und Nadelwäldern.

*Der Eulenturm der Dierdorfer Stadtbefestigung unweit des Holzbachs*

- **Dierdorf** (240 m; 5.700 E., VG Dierdorf 11.000 E., Kreis NR)
  Zentrales Städtchen zu beiden Seiten des Holzbachs. Anerkannter Fremdenverkehrsort.

  ❖ Die Herren von Isenburg-Braunsberg errichteten 1324 zur Sicherung ihres grundherrlichen Besitzes in der Dierdorfer Senke eine Wasserburg. In der Erbfolge kam Dierdorf, das seit 1357 Stadtrechte besitzt, an die Grafen von Wied-Runkel. Diese erbauten an der Stelle der Wasserburg 1701 bis 25 ein Residenzschloss, welches 1902 abgetragen wurde.

  Von der mittelalterlichen ★ **Stadtbefestigung** stehen im wesentlichen nur noch zwei Türme: der Eulenturm (Rundturm an der Parkanlage neben dem Holzbach) und der Uhrturm (Mittelturm in der Stadt, ein kubischer Turm mit der ehemaligen Stadtwächterwohnung von 1776).

  ★ **Mausoleum** unweit von B 413 und Hallenbad, errichtet im ehemaligen Schlossgarten nach 1816. Es enthält bedeutende Grabdenkmäler (z.B. des Kölner Kurfürsten Salentin von Isenburg, † 1610), die aus verschiedenen anderen Grablegen hier zusammengetragen wurden.

  Jenseits der B 413 liegt der mit schönen Spazierwegen erschlossene ehemalige **Schlosspark** mit alten Baumgruppen. Die größte der drei Inseln im Schlossweiher weist die Schlossterrasse auf, auf der einst das Schloss der Fürsten stand. Heute befindet sich dort ein Minigolfplatz.

  ⓘ **Tourist-Information Dierdorf**, Poststraße 5, 56269 Dierdorf;
  ☎ 0 26 89/2 91 81; Fax 0 26 89/2 91 18; Internet: www.dierdorf-vg.de b

## WESTLICH VON DIERDORF

- **Dernbach** (310 m; 1.060 E., VG Puderbach)
  Erholungsort in einer Mulde am Waldrand.

*Mausoleum der Kölner Kurfürsten in Dierdorf*

  ⓘ **Tourist-Information Puderbach**, Postfach 1155, 56301 Puderbach, ☎ 0 26 84/85 80; Fax 0 26 84/8 5 8 19.

- **Urbach** (280 - 300 m; 1.500 E., VG Puderbach)

  **Ev. Pfarrkirche.** An den spätromanischen Westturm wurde 1825 bis 30 von Ferdinand Nebel ein kleiner achteckiger Zentralbau angefügt, der dem Grundriss des Aachener Münsters ähnelt. Im Innern Empore. Orgel von 1976.

- **Raubach** (225 m; 2.000 E., VG Puderbach)

  **Ev. Pfarrkirche St. Kastor** (13. Jh.) mit mächtigem romanischem Ostchorturm. Bruchsteinbau mit Rautendach und eingezogener Apsis.

*Weit ins Westerwälder Land grüßt der Förderturm der Grube Georg auf der Willrother Höhe. Davor ICE-Strecke und Autobahn.*

- ★ **Burgruine Reichenstein**. Die Edlen Ludwig Walpode von der Neuerburg (an der Wied) und Ernst von Virneburg (aus der Eifel) haben die Burg Reichenstein erbaut. Die Ruine Reichenstein hat ein Privatmann gekauft, der an den Bauresten Sicherungsarbeiten zu Erhaltung der Burg durchgeführt hat.
- **Steimel** (330 m; 1.130 E., VG Puderbach).
  Der Ort liegt nordwestlich über dem Holzbachtal. Schon früh entwickelte sich Steimel zu einem Marktort, der urkundlich erstmals 1559 erwähnt wird. Auch heute werden hier noch Märkte abgehalten. Der mit uralten Eichen und Hainbuchen bestandene **Marktplatz** inmitten des Dorfes dient jedoch heute hauptsächlich als Kurpark. - Fremdenverkehr. Haus des Gastes.

## IM WIEDBOGEN

Der Holzbach schlägt mit der Wied einen etwa halbkreisförmigen Bogen und wendet die Fließrichtung von Nordwest nach Süden. Die A3 durchzieht in etwa in Kammlage diese Landschaft, die von kleineren Seitentälern angeschnitten wird.
Hier im Naturpark Rhein-Westerwald finden wir ein gut markiertes Wanderwegenetz mit zahlreichen schönen Ausblicken über diese reizvolle Landschaft und auch hinunter ins Neuwieder Becken. Die beiden Autobahnzubringer Bendorf-Dierdorf und Neuwied-Dierdorf erschließen uns diesen abwechslungsreichen Raum.

- **Willroth** (380 m; 860 E., VG Flammersfeld)
  ★ **Förderturm** der ehemaligen **Grube Georg**. Seit 1965 drehen sich die Räder des 56 m hohen Turmes nicht mehr. Er ist zum Wahrzeichen der Landschaft geworden und wird als technisches Denkmal und als letzter großer Zeuge des einst blühenden Eisenerzbergbaus im Siegerland und im Westerwald der Nachwelt erhalten bleiben. Von der Montabaurer Höhe her ist er ebenso zu sehen wie vom Hohen Westerwald, vom Siebengebirge oder gar von den Bergen der Hohen Eifel. Turmrestaurierung 1995. - Hier wurde Spateisenstein abgebaut, bis in eine Tiefe von 850 m, also noch 500 m tiefer als

der Rheinspiegel. Eine Belegschaft von rund 500 Mann förderte täglich rund 700 Tonnen. Das Eisenerz wurde hier in Röstöfen auf einen Eisengehalt von rund 40 % aufbereitet und dann zu den Hochöfen des Siegerlandes weiterbefördert.

- **Horhausen** (330 m; 1.800 E., VG Flammersfeld)
  Einst ein Hauptort des Erzbergbaus in der Verbandsgemeinde Flammersfeld, heute Mittelpunkt mit Dienstleistungs- und Versorgungsfunktion für die umliegenden Kirchspielgemeinden.
  ❖ Horhausen ist u.a. Geburtsort des Sozialreformers und Begründers der kath. Presse, **Kaplan Georg Friedrich Dasbach** (1846 - 1907) sowie des Kölner Erzbischofs **Josef Kardinal Höffner** (1906 - 1987).
  Sehenswert die große neuromanische **Pfarrkirche**, die wie die Pfarrkirche von Wirges häufig auch **„Westerwälder Dom"** bezeichnet wird. Ihr 50 m hoher, wuchtiger Turm ist weit über die Grenzen des Kirchspiels hinaus zu sehen. Restauriert 1985.
  **Kriegsgräberfriedhof** zwischen Güllesheim und Horhausen. Vom 22. bis 26. 3. 1945 fanden hier schwere Abwehrkämpfe statt.
  **Erz-Wanderweg** Grube Georg - Horhausen - Niedersteinebach - Peterslahr - Burglahr - Oberlahr - Bürdenbach
  ⓘ **Internet:** www.horhausen.de
- **Anhausen** (340 m; 1.300 E., VG Rengsdorf)
  **Burg Braunsberg**, von Bruno von Isenburg um 1200 erbaut, nun längst Ruine, liegt etwa 2 km südwestlich von Anhausen auf einem steil ins Aubachtal abfallenden Felsvorsprung.

  Zwischen Fockenbach im Westen und Aubach im Osten, die, in südlicher Richtung fließend, in die Wied einmünden, steigt vom Neuwieder Becken her bis zur Autobahn Köln-Frankfurt ein Höhenrücken auf 405 m an. Ein alter Völkerweg, größtenteils die jetzige B 256, windet sich auf der Wasserscheide nach Norden durch den Vorderen und Unteren Westerwald. Mit seinen bewaldeten Hängen und landwirtschaftlich genutzten Mulden, in die sich die alten Siedlungen schmiegen, lädt dieses Gebiet, das zur Verbandsgemeinde Rengsdorf gehört, zum rüstigen Wandern und erholsamen Verweilen ein.
- ★ **Rengsdorf** (300 bis 350 m; 2.800 E., VG Rengsdorf 15.800 E., Kreis NR)
  Staatl. anerkannter heilklimatischer Kurort, an der B 256, Kurverwaltung mit Lesesaal. Seine Bedeutung als heilklimatischer Kurort ohne hektische Betriebsamkeit erhält es durch die verkehrsgünstige Lage inmitten des Naturparks Rhein-Westerwald. Der Ort liegt in einer abwechslungsreichen Mittelgebirgslandschaft, gegen die rauen Nordwinde geschützt durch ausgedehnte Buchenhoch- und Mischwälder. Die nach Süden offene Hanglage bringt viel Sonne und ein Mittelgebirgsklima, das für die Behandlung von Herz- und Kreislauferkrankungen, Asthma, Bronchitis und nervösen Erschöpfungszuständen förderlich ist.
  **„Römergraben"**. Bei dem auf mehr als 700 m Länge gut erhaltenen Graben handelt es sich um ein denkmalgeschütztes mittelalterliches Graben-Wall-System, das ehemals mit einem Gebück bewachsen war. Die größte erhaltene Landwehr im Vorderen Westerwald ist nach dem römischen Limes das bedeutendste Bodendenkmal im Kreis Neuwied. Die Entstehung könnte in fränkischer Zeit liegen. Darauf deuten auch Funde aus einem fränkischen

Gräberfeld mit Beigaben des 7. Jh. in der Nähe hin. Ein Abschnitt im Ortsbereich dient heute als Promenadenweg.
Ehem. **Haus Henkel** (1911/12), einst Villa eines Düsseldorfer Fabrikanten, dann Fachhochschule, heute Begegnungsstätte der Firma Lohmann. Im Stil „neuer Sachlichkeit" mit klassizistischen und neubarocken Elementen errichtet.

**Aquadrom „monte mare"**, Hallenwellenbad/Freizeitanlage, beheiztes Freibad in herrlicher Lage. Ski-Loipe, Tennisplätze, Trimmweg, Freischach.

ⓘ **Tourist-Information Rengsdorf**, Westerwaldstraße 34, 56579 Rengsdorf, ☎ 0 26 34/61 11; Fax 0 26 34/61 79

**Markierte Wanderwege für Terrainkuren** ohne und mit leichten oder mäßigen Steigungen: Ab Kurpark Rosenberg, Kuranlage Römergraben, Römergraben, Andréestraße, Friedrich-Ebert-Str. (kath. Kirche), Gebückstraße:, Melsbacher Stock und Straße Rengsdorf-Hardert.

- **Melsbach** (190 m; 2.200 E., VG Rengsdorf)
  Südlich Rengsdorf in Kammlage am Rand des Neuwieder Beckens.
  ★ **„Kreuzkirch"** südlich Melsbach, erbaut wohl 1399. Durch zahlreiche Kriegseinwirkungen wurde sie zerstört, die Ruine 1981 bis 85 wurde restauriert.
- **Ehlscheid** (365 m; 1.230 E., VG Rengsdorf)
  Kleinster heilklimatischer Kurort Deutschlands (seit 1992) von herrlichen, tälerreichen Wäldern umgeben.
  ⓘ **Kur- und Gemeindeverwaltung** 56581 Ehlscheid,☎ 0 26 34/22 07
- **Kurtscheid** (390 m; 970 E., VG Rengsdorf)
  Der am höchsten gelegenen Ort des Kreises Neuwied.
  **Eddes Spielzeugmuseum**. Sa + So 10 - 18 Uhr.
  **ND Hangeley** (devonische Quarzitblöcke) auf dem Weg zur Fockenbachsmühle (Whs.).
- **Hardert** (350 m; 770 E., VG Rengsdorf)
  liegt 3 km nordöstlich von Rengsdorf zwischen Aubachtal und Völkerwiesenbachtal. Der Luftkurort liegt in einer abwechslungsreichen Mittelgebirgslandschaft, umgeben von Hochwäldern mit Wiesentälern.
- **Hümmerich** (360-380 m; 740 E., VG Rengsdorf)
  Kleines **Waagenmuseum**, alte Waagen und Werkzeuge.
- **Straßenhaus** (360 m; 1.920 E., VG Rengsdorf)
  ❖ Luftkurort an der B 256. Die Gemeinde Straßenhaus entstand 1966 durch Zusammenschluss der Orte Jahrsfeld, Niederhonnefeld und Ellingen. Straßenhaus heißt im Volksmund kurz „Die Stroß". Zentraler Ort mit mehreren Hotels und Restaurants. Auf dem höchsten Punkt des Ortes signalisierte von 1833 bis 1852 der **57. optisch-mechanische Telegraph** auf der Nachrichtenlinie Berlin - Koblenz Meldungen zwischen Bertenauer Kopf und Anhausen. Das Stationsgebäude an der Raiffeisenstraße ist nur teilweise erhalten.
  Im September der **„Jahrsfelder Markt"**.
- Breitscheid-**Verscheid** (320 m)
  **Wallfahrtskapelle Zu den Sieben Schmerzen Mariä.** Im 13. Jh. errichtet, spätgotischer Chor mit Sterngewölbe; übriger Bau aus neuerer Zeit. Holzpieta (um 1400). 1980 Restaurierung.

- Neustadt (Wied)-**Fernthal** (250 bis 300 m; 400 E.)
  Fernthal wird im Volksmund **„Dreischläg"** genannt. Die Sage erzählt, im Dreißigjährigen Krieg habe das Glöckchen des früheren Pieta-Kapellchens von alleine drei Glockenschläge getan, wodurch die Bewohner noch rechtzeitig vor den heranrückenden Kriegshorden hätten fliehen können.
  - **Bertenauer Kopf** (352 m) an der Straße von N.-Fernthal nach Neustadt (Wied). Er soll der einzige wirklich aktive Vulkan des Westerwaldes gewesen sein. Ein Krater ist noch erkennbar, leider in früheren Jahren durch Steingewinnung in der ursprünglichen Form zerstört. Ein kleines „Maar" ist noch vorhanden, in frühen Jahren bei der Bevölkerung „Jungfernbad" genannt. Der Berg besteht aus miozänem Feldspat-Basalt.
  - ☼ Von der ★★ **Weißenfelser Ley** hinter dem Dorf Weißenfels überwältigende Aussicht in das windungsreiche Wiedtal.

*Blick von der Weißenfelser Ley ins Wiedtal*

# Dill-Westerwald

**Land der Oranier, des Erzes und der historischen Städtchen**

## Das obere Dilltal und seine Seitentäler

Die Dill ist mit einer Länge von 68 km der größte Nebenfluss der Lahn. Sie bildet nach landläufiger Meinung die Ostgrenze des Westerwaldes. (Unser Führer umfasst

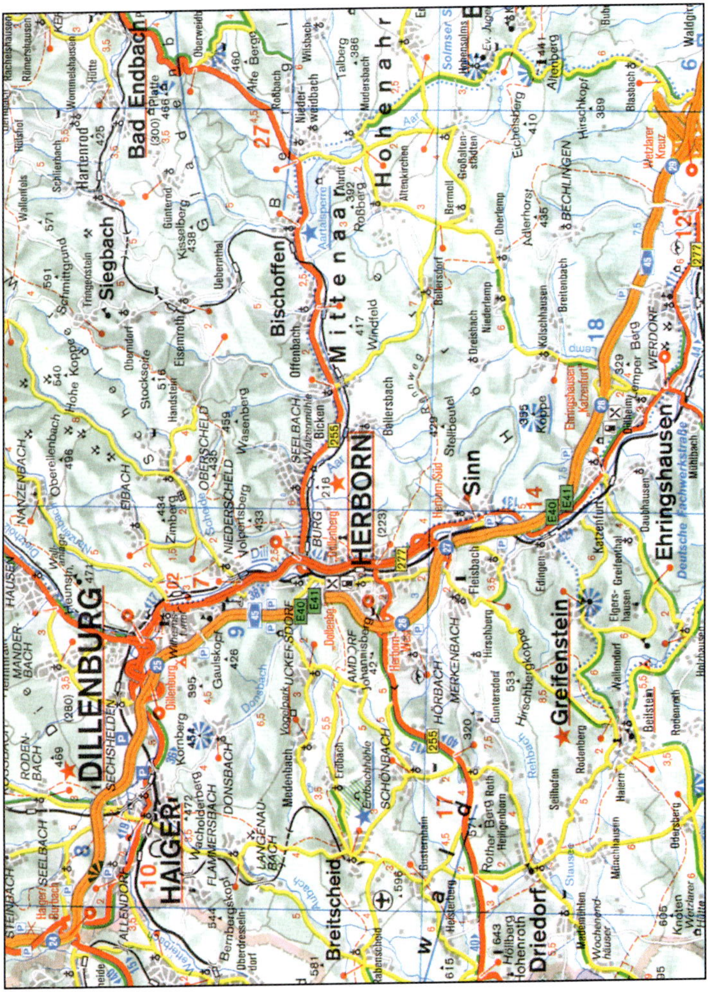

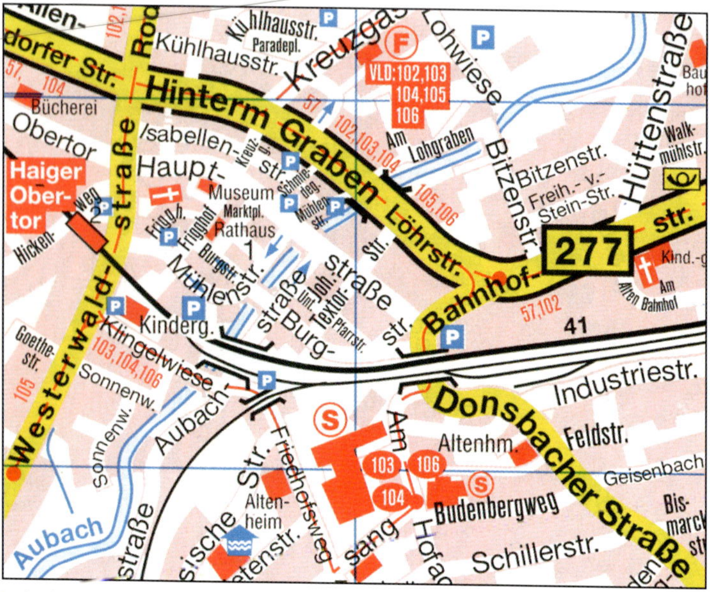


jedoch auch große Teile des östlich gelegenen Berglandes, das von den meisten Geografen auch zum Westerwald gerechnet wird.) Das Tal der Dill ist mit seinen Städten, großen Siedlungen und vielen bedeutenden Industrieunternehmen der unbestrittene Lebensnerv des ganzen Dillgebietes. Bahn und Bundesstraße nutzen die Tallage, während die Autobahn A 45 (Sauerlandlinie) in dem dicht bebauten Talgrund keinen Platz mehr fand und die stark zertalten Randhänge überwinden muss. Die großartigen, meist bewaldeten und oft sehr aussichtsreichen Randberge des Dilltals erschließen sich von den Talsiedlungen her.

## IM DILLTAL ABWÄRTS

Der Haigerer Raum erstreckt sich von den Randhöhen des Westerwaldes im Süden bis zum Rothaargebirge im Norden. Er stellt eine typische Mittelgebirgslandschaft dar, bei der im Süden mehr der Mischwald und im nördlichen Teil mehr der Haubergswald, eine günstige Form des Waldes für die Lohegewinnung im nördlichen Dillkreis und südlichen Siegerland, vorherrscht.

- **Haiger** (280 m; 5.320 E.; gesamte Gemeinde 20.200 E.; Kreis LDK)
  Am Fuße des Westerwaldes und am Zusammenfluss von Dill, Haigerbach und Aubach gelegene alte Stadt des Dillgebietes. Gemeinsam mit Dillenburg ein Mittelzentrum. Zentralort mit großen Industriebetrieben an der Autobahn „Sauerlandlinie", aber auch „Stadt im Grünen".
  - ❖ Haiger wird erstmals 778 als „Haigraha" (= Reiherwasser) erwähnt. In frühmittelalterlicher Zeit wurde der Ort kirchlicher und politischer Mittelpunkt der **Haigerer Mark**, eine Grenzorganisation des fränkischen Königs; als Hai-

gergau umfasste sie bis ins 10. Jh. auch das Gebiet der späteren Herborner Mark. Im 12. Jh. fassten die Grafen von Nassau hier Fuß und gewannen bald nach 1300 die Landeshoheit. Haiger entwickelte sich nun zur Stadt, wurde aber durch die Verlagerung von Straßen und durch verheerende Brände von den benachbarten Schwesterstädten Siegen, Herborn und Dillenburg überflügelt.

Auf einem Felsen über der Stadt erhebt sich die ev. Pfarrkirche zu Haiger.

Regelmäßiges Straßennetz mit typischen Zwerchgiebel-Häusern und rechteckiger Marktplatz.

★★ **Ev. Pfarrkirche**. Origineller spätgotischer Bau auf einem Felsen über der Stadt. Mutterkirche des Dekanats Haiger, in ihren Ursprüngen auf das Jahr 1048 zurückgehend. Dreischiffiges Langhaus mit sehr schmalem Querschiff, in ihrem Chor berühmte Fresken. Zur Zeit der Reformation übertüncht, wurden sie in den Jahren 1908/09 und 1973 freigelegt und restauriert. Orgel des berühmten Orgelbauers Wang, Hadamar, von 1732.

**Heimatmuseum** im Haus Fischbach angrenzend. (U.a. Geologie und Vorgeschichte des östlichen Westerwaldes. Haubergs- und Köhlergeschichte.) Geöffnet Mo. bis Sa. 10 - 12 Uhr, Mo. bis Fr. 15 - 18 Uhr; Eintritt frei. ☎ 0 27 73/8 11-60 oder 36 86.

**Leinenmuseum** im Alten Rathaus Haigerseelbach. Private Spezialsammlung von Jan und Edeltraud Janzweert. Geöffnet an jedem 1. Sonntag im Monat 14 - 18 Uhr und nach Vereinbarung. Eintritt. ☎ 0 27 73/17 89.

ⓘ **Stadtverwaltung 35708 Haiger**, Marktplatz 7, ☎ 0 27 73/8 11-0, Fax 8 11-66. Internet: www.hessennet.de/haiger/

**Ortswanderstrecken in und um Haiger ab Marktplatz**

1. Zur Donsbacher Höhe und zum **Kornberg** (Mkg.: zwei gelbe Punkte nebeneinander; ca. 3 Stunden)

2. Rundwanderweg durch den **südlichen Stadtwald** (Mkg.: gelber Punkt; ca. 2 Stunden)

3. Rundwanderweg zur Blockhütte des Westerwald-Vereins Haiger **(Wacholderberg)** (Mkg.: gelber Kreis; ca. 2 1/2 Stunden)

4. Zum **Bernbergskopf** und zurück über Flammersbach (Mkg.: gelber Kreis mit Punkt; Wanderzeit ca. 3 1/2 Stunden)

5. Rundwanderung Haiger - Allendorf - **Kalteiche** und zurück (Markierung: gelber Kreis mit Querbalken; Anstieg von 270 m auf 460 m; ca. 4 Stunden)

**Waldlehrpfad** ab Steinbruch am Hindenburghügel.

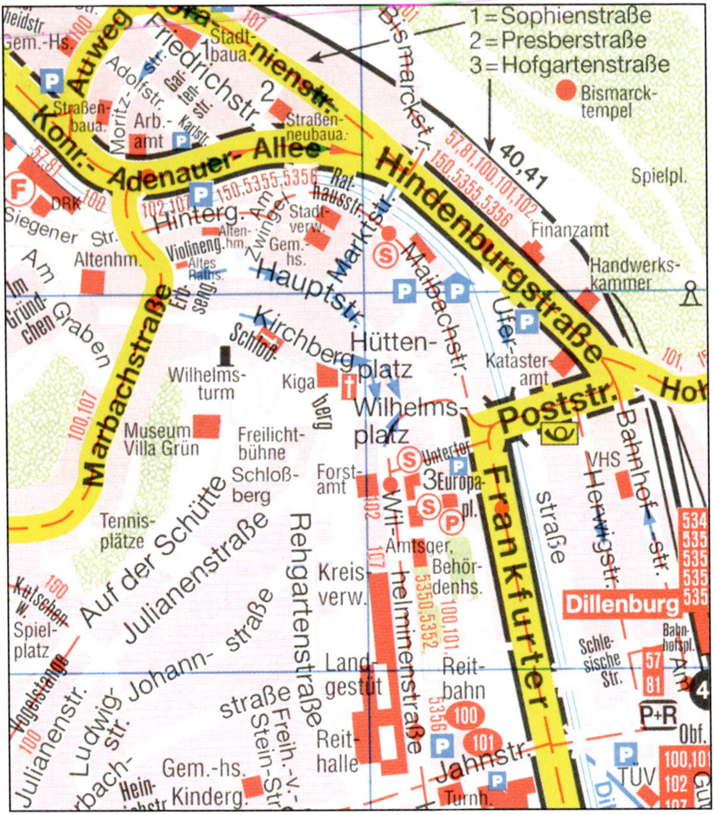


• ★★★ **Dillenburg** (230-590 m; Kernstadt 10.230 E., Gesamtstadt 25.150 E.; Kreis LDK) Bis 31. 12. 1976 Kreisstadt des Dillkreises, seitdem Mittelzentrum im neugebildeten Lahn-Dill-Kreis. - Die Stadt ist landschaftlich schön gelegen im engen Tal der Dill; über die **Altstadt** ragt die **historische Kulisse des Schlossbergs** mit der gotischen Stadtkirche, der hohen Mauer und dem Wilhelmsturm eindrucksvoll heraus. Die Neubaugebiete ziehen sich an den Talhängen entlang und reichen bis in die Seitentäler hinein. Der Hochwald mit alten Buchen- und Eichenbeständen tritt bis dicht an die Stadt heran.

❖ Auf dem beherrschenden Berg über dem Dilltal entstand in der 1. Hälfte des 12. Jh. **die Dillenburg**. Graf Heinrich der Reiche von Nassau baute sie weiter aus. Von der unteren Lahn bis zum Siegerland zeichnete sich durch den Erwerb verschiedener Besitzungen um 1300 eine politische Inanspruchnahme dieses Raumes durch das Geschlecht der Nassauer ab. Im Schutze der Burg siedelten sich die Bürger an. 1344 erhielt Dillenburg Stadtrechte, 1491 wurde die Stadtkirche

*Über den stolzen Dillenburger Fachwerkhäusern erhebt sich gleichsam als Krone der Stadt der Wilhelmsturm.*

geweiht. Unter Wilhelm dem Reichen von Nassau wurde nach 1500 der **Ausbau der Burg** vorangetrieben, die 25 m hohe Mauer entstand und die unterirdischen Befestigungsanlagen (Kasematten) wurden ausgebaut. 1533 wurde **Wilhelm von Nassau**, der spätere Prinz von Oranien, auf der Burg geboren. Dillenburg wurde zum Brennpunkt europäischen Geschehens, als „Wilhelmus von Nassaue" (niederländische Nationalhymne) 1568 die holländische Delegation unter der Wilhelmslinde empfing, von Dillenburg aus die **Niederländischen Freiheitskriege** organisierte und dann in dieses bedrängte Land zur Befreiung von spanischer Willkür auszog (Philipp II., Herzog Alba). Wilhelm trat für die Glaubensfreiheit der Untertanen ein. Seine Brüder unterstützten ihn maßgeblich in diesen Freiheitskriegen. Ludwig, Adolf und Heinrich fielen; Wilhelm, von König Philipp II. geächtet, wurde 1584 in Delft ermordet. Schicksalhaft blieb Nassau-Dillenburg mit den Niederlanden verbunden. Daher ist die **Oranierstadt** Dillenburg 1963 mit den **Partnerstädten** Breda/Niederlande, Orange/Frankreich und Diest/ Belgien eine oranische Städteunion eingegangen.

1760, während des Siebenjährigen Krieges, wurde das gewaltige Schloss, eines der größten Deutschlands, von französischen Truppen in Brand geschossen, die Reste in der nachfolgenden Zeit von den Bürgern der Stadt geschleift und mit den Steinen die Gebäude der Wilhelmstraße, das Archiv und das Gestüt in einem einheitlich klassizistischen Stil erbaut.

**★★★ „Historischer Weg" durch Dillenburg**

☼ **1. ★★★ Wilhelmsturm** (Schlossberg)

In den Jahren 1872 bis 75 wurde der Wilhelmsturm auf dem ehemaligen oberen Schlosshof mit deutsch-niederländischer Unterstützung errichtet. Mit diesem Turm, dem Wahrzeichen der Stadt Dillenburg, wollte man Wilhelm I. von Oranien, der 1533 hier geboren wurde, ein bleibendes Denkmal errichten. In den Innenräumen befindet sich heute das **„Oranien-Nassauische Museum"** mit vielen Ausstellungsstücken und Dokumenten zur Geschichte Wilhelms I. von Oranien. Schöner Blick (☼) auf die Stadt. Geöffnet: Di bis So von 9 - 13 Uhr und von 14 - 17 Uhr. Vom 2. November bis Karfreitag geschlossen. ☎ 0 27 71/8 96-1 75.

**★★★ Kasematten**: Im Gelände unter dem Wilhelmsturm die ehemaligen Schlosskasematten, einstige Verteidigungsanlagen, die 3.000 Soldaten aufnehmen konnten. Löwenbrunnen. Führungsdauer 40 Minuten.

**2. ★ Stockhaus** (Schlossberg)

Als einzig erhaltenes Gebäude der alten Dillenburger Festungsanlage steht heute noch das Stockhaus auf dem Schlossberg. Es war über Jahrhunderte Gefängnis. Im Stockhaus war mit großer Wahrscheinlichkeit auch Jan Rubens, der Vater des berühmten Malers Peter Paul Rubens inhaftiert. Er hatte mit Anna von Sachsen, der zweiten Gemahlin des Prinzen von Oranien, ein Kind gezeugt.

**3. ★★★ Villa Grün** (Schlossberg 3)

In der 1914/15 im neoklassizistischen Stil erbauten „Villa Grün" befindet sich seit 1983 das **Wirtschaftsgeschichtliche Museum**. Unter dem Motto „Vom Eisenerz bis zur Flugzeugküche" dokumentiert das Museum mit reichhaltigen Beständen die Wirtschaft des Dillkreises in Vergangenheit und Gegenwart. Geöffnet 1. 4. bis 31. 10 Di bis So, 9 - 12 Uhr und 13 - 17 Uhr. Eintrittsgeld. ☎ 0 27 71/2 66-1 60; Fax 2 66-1 63.

**4. Wilhelmslinde** (Schlossberg)

Besonders von den vielen niederländischen Gästen der Oranierstadt wird der Baum aufgesucht: Unter dieser Linde, die einst vor dem Hauptportal des alten Schlosses stand, soll Wilhelm I. von Oranien am 14. April 1568 eine niederländische Gesandtschaft empfangen haben, die ihn bat, sich zur Rettung ihrer Angelegenheiten an die Spitze des Volkes zu stellen. Der heutige mächtige Baum ist allerdings ein „Zögling" der alten Linde.

**5. Feldbach-Ruine** (Kirchenruine 2 km südlich, Hof-Feldbach-Siedlung, Rolfesstraße)

Errichtet um 1250 als kleiner Rechteckbau mit quadratischem Chor. Bis 1491 war sie Pfarrkirche für Dillenburg. Die erhaltenen Reste des Chores stammen aus der Mitte des 15. Jh. Seit 1862 ist sie Ruine (Blitzschlag).

**6. ★ Reithalle und Marstall** (Wilhelmstraße 26)

Nach der Zerstörung des Dillenburger Schlosses 1760 im Siebenjährigen Krieg mussten für dessen ehemalige Bewohner, die oranien-nassauischen Regierungsbeamten und ihre Familien, dringend neue Wohnungen geschaffen werden. Mit den Steinen der alten Festungsanlage baute man deshalb ab 1769 die heutige Wilhelmstraße. Auch der Marstall, der zuvor im alten Schloss untergebracht war, entstand 1771 in dieser Straße neu. Er gehört mit dem Reithaus (1789/90) zum Kernstück der heutigen Gestütsanlage. Das Hessische Landgestüt, das 1869 wiedergegründet wurde, geht in seinem Ursprung auf den in Dillenburg geborenen Prinzen Moritz von Oranien († 1625). Die Reithalle besitzt ein rundbogig geschlossenes Portal mit einer schön geschnitzten zweiflügeligen Tür. Den sieben Achsen der Reithalle entspricht die gleiche Aufteilung des benachbarten eingeschossigen Marstalles (für 48 Pferde gebaut).

7. **Prinzenhaus** (Wilhelmstraße 24)

Das im spätgotischen Stil 1772 errichtete Haus wurde 1803 an den Prinzen Wilhelm V. von Oranien verkauft und erhielt so im Volksmund den Namen „Prinzenhaus". Immer wenn der jeweilige oranische oder der spätere nassauische Landesherr nach Dillenburg kam, nahm er sein Quartier in diesem Haus.

8. ★ **Orangerie** (am Hofgarten)

Das alte Orangerie-Gebäude wurde 1719 durch Fürst Wilhelm dem Guten von Nassau-Dillenburg errichtet und diente ursprünglich als Gewächshaus für exotische Pflanzen. Seit 1970 ist darin das **Kutschenmuseum**. Geöffnet nach Vereinbarung. Eintritt frei. ☎ 0 27 71/60 75.

9. **Hofgarten**

Leider existiert der schon 1489 erstmals erwähnte Hofgarten, in dem früher die edelsten Obstsorten und die seltensten Bäume und Sträucher zu finden waren, heute nur noch dem Namen nach. In seinen einstigen Ausdehnungen beherrschte er das Gebiet zwischen der heutigen Rehgartenstraße, dem Wilhelmsplatz, der Frankfurter Straße und der Mauer längs des noch erhaltenen oberen Orangeriegebäudes (Kutschenmuseum).

**10. Archivgebäude** (Europaplatz)

Mit Steinen des zerstörten Schlosses wurde ab 1763 das alte Archivgebäude am ehemaligen „Paradeplatz" errichtet und 1766 als erstes nassauisches Archiv bezogen. Im napoleonischen Zeitalter (1806 bis 13) wurde das Gebäude völlig umgebaut und als Justizpalast eingerichtet. Heute Kriminalkommissariat.

**11. Untertor-Gebäude mit Torturm** (am Untertor)

Durch das „Obertor" im Norden und das „Untertor" im Süden Dillenburgs wurde wahrscheinlich schon ab der Stadtrechtsverleihung (1344) die alte Fernstraße für den Verkehr zwischen den Messestädten Köln und Frankfurt in das Stadtgebiet ein- und ausgeleitet. 1594 umgebaut, wurde es 1737 nach weiteren Umbauten der Fürstin Isabella als Wohnung bis zu ihrem Tode 1757 zur Verfügung gestellt, daher sog. „Fürstin-Haus", später „Kollegienhaus", da es Sitz mehrerer Behörden und Domänen-Rentamt wurde. Der Bereich um das Untertor war in der 1. Hälfte des 18. Jh. das Wohngebiet für die Angehörigen des gehobenen Bürgertums.

**12. Haus Stremmel** (Hüttenplatz 12)

Das Gebiet zwischen Hüttenplatz und Kirchberg, das schon vor 1200 besiedelt war, war vermutlich die Keimzelle der späteren Stadt Dillenburg. Seinen Namen erhielt der Hüttenplatz von einer früher hier stehenden Eisenhütte. Das dreistöckige Fachwerkgebäude, aus der Zeit um 1650, war einst Gesindehaus mit fünf Scheunen für Heu und gehört zu den bedeutendsten Gebäuden der Stadt aus der Barockzeit.

**13. Gasthaus „Zur Krone"** (Hauptstraße 103)

Wahrscheinlich in der 1. Hälfte des 17. Jh. errichtet, wurde die „Krone" vom großen Stadtbrand 1723 verschont. In dieser ehemaligen „Nobelherberge" stiegen im 18. Jh. sogar Fürsten und Fürstinnen ab.

**14. Dillturm** (im Zwingel, am Rathaus)
Mit dem Graben- und dem Köppelturm gehörte auch dieser Wehrturm zur frühneuzeitlichen Stadtbefestigung. Noch heute sieht man in seiner Umgebung Reste der alten Stadtmauer.

**15. Alter Friedhof** (Frohnhäuser Straße/Rühlstraße)
Der Alte Friedhof wurde schon um die Mitte des 16. Jh. belegt und diente bis 1908 (teilweise noch länger) als Begräbnisstätte.

**16. Altes Rathaus** (Hauptstraße 19)
Anstelle des 1723 abgebrannten, noch älteren Rathauses erbaut. „Zweigeschossiger Steinunterbau und als 3. Stockwerk hölzerner Teil, dessen Einzelheiten die Blicke des Vorübergehenden auf sich ziehen." Heute Sitz der historischen Bücherei, der Stadtbücherei und der Touristeninformation der Stadt Dillenburg.

**17. Haus Hartig** (Marbachstraße 18)
Wahrscheinlich kurz nach dem großen Stadtbrand (1723) entstand dieser Fachwerkbau, die sogenannte „Hartig'sche Forstschule". Zweigeschossig, von einem mächtigen Mansardendach mit einem Zwerchhaus zur Straße und einem von zwei Säulen gestützten Vorbau zum Hof hin begleitet. Zweiflügelige Haustür mit drei übereinandergeordneten, kräftig profilierten Füllungen. In diesem Hause leitete Landforstmeister G. L. Hartig (1764 bis 1837) eine der ersten deutschen Forstschulen 1797 bis 1806, eine Vorläuferin der Forstakademie in Eberswalde (Brandenburg).

**18. Altes Pfarrhaus** (Kirchberg 16)
Neben der Stadtkirche. Errichtet von Graf Wilhelm dem Reichen für den sich zur Reformation bekennenden ersten Stadtpfarrer Heilmann Bruchhausen von Krombach. Mit seinem Bau wurde die in der Verlegungsurkunde der Kirche von Feldbach nach Dillenburg (10. 09. 1490) ausgesprochene Bedingung erfüllt, für eine würdige Unterkunft des Geistlichen zu sorgen.

**19. ★★ Stadtkirche** (Kirchberg)
1491 wurde anstelle einer älteren Marienkapelle die neue Pfarrkirche Johannes dem Täufer geweiht. Die Kirche ist Grablege der Nassau-Dillenburger Grafen- und Fürstenfamilie. „Hier ruhen die Ahnen des preußischen und holländischen Königshauses, Graf Wilhelm der Reiche (*1559), und Juliane von Stolberg (*1580), die Eltern Wilhelms des Schweigers und dessen Bruder Johann VI. (*1606)." Eine 1680 errichtete westliche Seitengruft birgt die Bleisärge von vier bekannten Angehörigen der fürstlichen Familie. 1594 wurden zwei Emporen eingebaut - ein typisches Zeichen der protestantischen Predigtkirchen des 17. Jh., die von der spätgotischen Grundkonzeption weitgehend abweichen. Seit der Reformation ist das Gebäude für die evangelische Gemeinde Stadtpfarrkirche. Umfangreiche Innenrestaurierung 1990. Orgel mit 30 Registern (1991).

**20. Altes Amtshaus** (Kirchberg 24)
Der älteste Teil der Hausgruppe Kirchberg 24, die nach vierjähriger Planungs- und Bauzeit 1989 ihr heutiges Aussehen erhielt, entstand schon 1499. Der mittlere Teil des Wohnhauses wurde 1528 angebaut, während der südöstliche Teil im Jahre 1595 vollendet wurde. Wahrscheinlich hatten in diesem

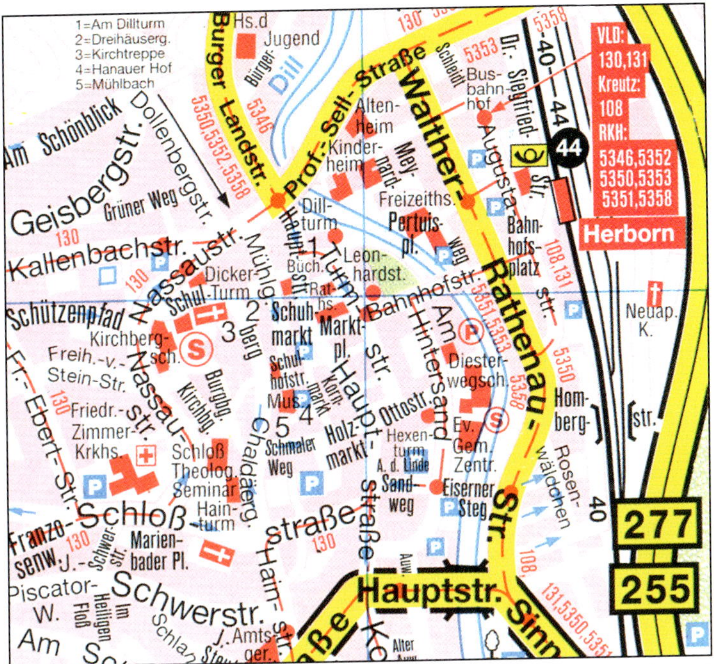


Haus schon von jeher die Bediensteten der Nassau-Dillenburger Grafen und späteren Fürsten ihren Wohnsitz.

**Wanderungen von Dillenburg aus:**

1. Dillenburg - **Neues Haus** (5 km; Mkg.: 1)
2. Dillenburg - **Donsbach** (4,5 km; Mkg.: 2)
3. Dillenburg - **Breitscheid** (11 km; Mkg.: 3)
4. Dillenburg - **Haiger** (6 km; Mkg.: 4)
5. Dillenburg - **Hainchen** (16 km; Mkg.: 5)
6. Dillenburg - Stadtwaldwanderung - Eschenburg - **Hirzenhain** (12 km; Mkg.: 6)
7. Dillenburg - Nikolausstollen (**Scheldetal**) (9 km; Mkg.: 7)
8. Dillenburg - **Bicken** (14 km; Mkg.: 8)
9. Dillwanderung **östlich des Dilltales** (19 km; Mkg.: D, schwarz)
10. Dillwanderung **westlich des Dilltales** (21 km; Mkg.: D, weiß)
11. Wanderung zur **Lahnquelle** (24 km; Mkg.: L)

ⓘ **Stadt Dillenburg, Tourist-Info,** Hauptstraße 19 (Altes Rathaus), ☎ 0 27 71/ 80 21-0; Fax 80 21-21. Internet: www.dillenburg.de.

• ★★★ **Herborn** (208 m; Kernstadt 9.070 E:; Gesamtstadt 21.500 E., Kreis LDK)
Die sehr sehenswerte Stadt Herborn macht mit ihren Mauern, den alten Eck- und Tortürmen, den vielen alten Häusern mit überstehenden Stockwerken, Holzarchitektur und Giebeldächern fast einen mittelalterlichen Eindruck.

❖ Wie in Siegen und Haiger war hier der **Sitz einer Mutterkirche**. Zu Herborn gehörten ursprünglich Marienberg, Neukirch, Emmerichenhain und Driedorf, nach Osten hin reichte der Sprengel der Pfarrei bis nach Hirzenhain und Eisemroth. Parallel dazu bestand ein ursprünglich dem deutschen König gehöriger Herrschaftsbezirk, die Herborner Mark (so auch Haigerer Mark und Siegener Mark).

Die **Grafen von Nassau** konnten die Herborner Mark im 12. Jh. erwerben und ihre Landesherrschaft in der ersten Hälfte des 14. Jh. vollständig durchsetzen. Herborn blieb bis 1866 (mit Unterbrechung durch das napoleonische Zeitalter, 1806 - 1813), nassauisch, war danach preußisch und ist seit 1945 hessisch. Die Grafen Otto und Walram von Nassau erwarben 1251 von König Wilhelm (Graf von Holland), dem Gegenkönig Conrads IV., die **Stadtrechte** für Herborn, die namentlich das Markt- und Befestigungsrecht enthielten. Schon 1252 ist Herborn als nassauische Zollstätte belegt; 1296 war ein „Kaufhaus“ (Markthalle) vorhanden und die Stadtbefestigung wurde vor 1313 fertiggestellt. Wochenmarkt und Wolltuchmacherei waren bereits im 14. Jh. deutlich von überörtlicher Bedeutung. Erst die unglückliche Zollpolitik der nassauischen Landesregierung, durch die die Herborner Wollstrumpfwirker 1818 von ihren Absatzmärkten abgeschnitten wurden, sowie die revolutionären Veränderungen von Produktion und Handel im Industriezeitalter, an denen man erst nach dem Bahnanschluss teilhaben konnte, führten in einer branchenweise z.T. langwierigen Entwicklung zu einer inzwischen seit 100 Jahren von der Metallverarbeitung geprägten Wirtschaftsstruktur.

Herborn ist heute ein **Einzelhandels- und Dienstleistungszentrum** für einen Einzugsbereich von ca. 50.000 Menschen und besitzt neben einigen großen Industriebetrieben einen breiten industriellen und handwerklichen Mittelstand.

*Ein Bummel durch die romantischen Altstadtstraßen von Herborn lohnt. Hinter den verschieferten Giebelseiten der Häuser in der Hauptstraße („Obergasse“) lugt der Rathausturm empor.*

Von 1584 bis 1817 bestand hier - mit kurzzeitigen Unterbrechungen - die **Hohe Schule**, eine universitätsähnliche Akademie, die von dem jüngeren Bruder Wilhelms von Oranien, Johann VI. von Nassau-Katzenelnbogen, gegründet wurde. Die Hohe Schule griff erfolgreich theologische und philosophische Ansätze der westeuropäischen Reformierten (Anhänger Calvins) auf und entwickelte ein Schulmodell, das in reformierten Zentren Europas große Aufmerksamkeit erregte und Nachahmer fand. Aus Mähren stammte der bedeutendste Student der Hohen Schule: Amos Comenius (stud. Herborn 1611 - 1613), der weltberühmte Philosoph und Theologe. Zu ihrer Endzeit hatte die „Johannea" noch einmal einen Studenten, der berühmt werden sollte: Den nachmaligen preußischen Schulreformer F. A. Diesterweg aus Siegen, der hier 1808 studierte. - Als Nachfolgeeinrichtung der Hohen Schule besteht noch heute das Theologische Seminar der ev. Landeskirche von Hessen und Nassau in Herborn.

## ❖ Die wichtigsten Baudenkmäler der ★★★ Herborner Altstadt

**Das Rathaus**

Eine Besichtigung des Herborner Stadtkerns beginnt man am besten am Rathaus. Es hat seine jetzige Gestalt um 1630 erhalten, geht aber auf einen Bau von 1589 zurück. Heute Hauptsitz der Stadtverwaltung, war das Rathaus früher Tagungsort des Gerichts, des Rats, der Zünfte; es diente gleichzeitig als Stadtwaage, Tanzhaus, Weinkeller, Getreidespeicher, Waffenarsenal und Abstellraum für die Feuerlöschgeräte. Das Innere zeichnet sich durch eine großzügige Eingangshalle mit einer frühbarocken Treppe aus. Die hier aufgehängten Bilder sind Geschenke der Fürsten von Nassau-Dillenburg an die Stadt.

Wappenfries am Rathaus: Um 1650 begann man damit, die Brüstung der Außenwand der Ratsstube mit Familienwappen, Zunft- und Handelszeichen der Herborner Bürgermeister und Ratsherren zu schmücken. Dieses kommunalpolitische „Who is Who" wurde 1914 wiederhergestellt und gibt noch heute darüber Auskunft, wer vor 300 Jahren in Herborn das Sagen hatte.

**Doppelhaus Markt 1/2**

Dem Rathaus gegenüber auf dem Marktplatz steht das 1726/28 erbaute Doppelhaus Markt 1/2. Ein barockes Mansardendach verbindet sich mit Ornamenten, die noch einem Übergangsstil zwischen Renaissance und Barock entsprechen.

**Der Marktplatz**

Eine entschieden barocke Note erhielt der Marktplatz 1732 durch die Errichtung des Löwenbrunnens, der gleichzeitig Endpunkt der ersten städtischen Trinkwasserleitung war. Der Brunnen, ein Geschenk des Fürsten Christian (Bild im Rathaus) an die Stadt, befand sich ursprünglich im Jagdschloss Ludwigsbronn im Tiergarten bei Dillenburg. Das Original wurde 1890 beseitigt, die Nachbildung 1914 aufgestellt. (Der Löwe des alten Brunnens steht im städtischen Museum).

**Der Holzmarkt**

Vom Rathaus aus begeht man in südlicher Richtung die „Neugasse" zum Untertor und Holzmarkt. Ein Blick Richtung Rathaus zeigt die hervorragende städte-

bauliche Qualität dieser nach dem großen Stadtbrand von 1626 erbauten frühbarocken Straßenanlage. Sie wurde 1980 zur „Fußgängerzone" umgestaltet.
Seit dem Anfang des vorigen Jahrhunderts gingen immer mehr Hausbesitzer in der „Neugasse" dazu über, die nach Westen gerichtete „Wetterseite" ihres Hauses zu verschiefern.
Dem Holzmarkt gegenüber fällt das Haus Hauptstraße 83 auf (erbaut ca. 1619). Seine Fenster sind durch reich verzierte „Fränkische Erker" hervorgehoben. Unter den Fenstern beleben geschnitzte Brüstungsfelder, die aus massiven Eichenplatten bestehen, die Fassade.

**„Hohe Schule" und „Schulhof"**

Über die Schulhofstraße geht man vom Haus Bast zum Hauptgebäude der „Hohen Schule". Der Steinbau wurde um 1590 erbaut. Der Fachwerkflügel und das westliche Nebengebäude kamen um 1600 dazu, sie stehen auf mittelalterlichen Bauresten. Der „Schulhof" wurde 1968 bis 73 durchgreifend renoviert. Er beherbergt heute das Museum, die Stadtbücherei, das Archiv und ein Restaurant mit kleinem Hotelbetrieb.

**Das Schloss**

Vom Schulhof führt eine enge Gasse über den Burgberg zum Schloss. Die Ansicht der Ostseite zeigt, dass die „Burg" in Herborn im 15. Jh. entstanden ist. Die schmale Südseite, der älteste Teil, bietet die typische Silhouette einer Burg aus dem Zeitalter der Gotik; das Dach des Südturms wird auf 1416 datiert. Das Herborner Schloss ist heute im Besitz der Evangelischen Kirche in Hessen und Nassau und Sitz des Theologischen Seminars.

**Die Stadtkirche**

Fast auf einer Höhe mit dem Schloss liegt die ev. Stadtkirche. Ihre Südfassade wurde 1811 in früher neugotischer Fassung wieder hergestellt, während die Nordseite die ältere Außenfront des Hauptschiffes (um 1200 und 1600) und den gotischen Chor zur Geltung bringt. Im Inneren zeichnet sich die Kirche durch ein aufwendiges Netzgewölbe (um 1490) im Chor und schöne Renaissance-Emporen im Hauptschiff aus. Reste des romanischen Westturms sind noch an der Nordseite des Glockenturms zu sehen.

**Der Bürgerturm**

Westlich der Kirche steht als markanter Rest der Stadtbefestigung der „Bürgerturm". Den Standesunterschieden der Zeit entsprechend wurden die Studenten der „Hohen Schule" im „Karzerturm", die Schwerverbrecher im „Hexenturm" und renitente Bürger im „Bürgerturm" eingesperrt.

**Corvin'sche Druckerei**

Auf dem Rückweg vom Bürgerturm zur Altstadt kommt man am Hof der Corvin'schen Druckerei vorbei. Ursprünglich Sitz eines nassauischen Kleinadelsgeschlechts, das auf dem Schloss Kriegsdienste leistete, beherbergte er zur Zeit der Blüte der „Hohen Schule" ein bedeutendes Druck- und Verlagsunternehmen von europäischer Geltung. Das stille Stadtviertel auf dem Schulberg, das an den Corvin'schen Hof anschließt, hat im Laufe der Jahrhunderte seinen Charakter stark verändert. Der Gartenstreifen gegenüber der ehemaligen Druckerei war im Mittelalter mit kleinen Häusern bebaut. Ganz in der Nähe stand im Schutz der Kirche eine Klause, in der einige Mönche wohnten. Die heutige Gasse unterhalb Corvin führte im Mittelalter zu dem vermutlich ältesten gemauerten Stadttor Herborns, der „Steinernen Pforte" (um 1250).

**Schulberg 8/10**

Das stattliche Anwesen Schulberg 8/10 beherbergte im 17. Jh. für lange Jahre eine vom Schloss Greifenstein gebürtige Gräfinwitwe von Zinzendorf. Sie war es vermutlich, die den Bau des hölzernen Überganges veranlasste, der noch heute das Haus Schulberg 10 mit dem Platz vor der Kirche verbindet. So konnte sie in vornehmem Abstand von dem Treiben der kleinen Gasse den Weg zur Kirche nehmen.

**Mühlgasse und „Breiter Winkel"**

Der Rückweg ins Tal führt über die Stufen der „Kleinen Grede" in die Mühlgasse. Dies ist der alte Standort der Herborner Großgewerbe im Mittelalter und der frühen Neuzeit. Noch um 1800 standen hier zwei Mahl-, eine Säge- und eine Walkmühle, drei Brauhäuser, eine Gerberei und eine Färberei. Der große Steinbau der Bingel'schen Mühle erinnert noch heute an die ehemals große Bedeutung der Wasserkraft für die städtischen Gewerbe.

Durch den „Breiten Winkel", in dem Scheunen an den früheren landwirtschaftlichen Nebenerwerb der Bürger erinnern, gelangt man in die obere Hauptstraße („Obergasse"). Die stattlichen, oft mit reichen Schnitzereien geschmückten Häuser stammen meist aus dem Anfang des 17. Jh. „Haubachs Winkel" weist zwei aus Fachwerk errichtete Übergänge auf.

**Der Dillturm**

Wenn man die „Obergasse" über die obere Turmstraße verlässt, erreicht man, vorbei an drei Häusern, die den Rest der alten Mauergasse „hinter der Mauer" darstellen, den 1906 aus einer Ruine rekonstruierten „Dillturm".

**Neue Pforte**

Hieran grenzt der „Alte Friedhof". Er wurde um 1600 angelegt und im 30-jährigen Krieg mit einer heute lediglich in der Höhe etwas abgetragenen Mauer befestigt. Eine Anzahl zum Teil kulturgeschichtlich interessanter Grabsteine aus dem 17., 18. und 19. Jh. sind noch vorhanden. Die eingemauerten Grabplatten bezeichnen die Stelle, wo bis ins vorige Jh. die „Totenkirche" stand. Daneben befindet sich das letzte vollständig erhaltene Stadttor Herborns, die „Neue Pforte" (im Volksmund „Leonhardsturm"), angelegt 1562.

**Heimatmuseum in der Hohen Schule**. Geöffnet: Di, Sa, So, 14 - 18 Uhr, Eintritt 0,50 - 2,- DM; ☎ 0 27 72/7 08-2 16 bzw. 2 23.

ⓘ **Städtisches Verkehrsamt**, Rathaus, 35727 Herborn, ☎ 0 27 72/7 08-2 23/2 24, Fax 7 08-5 00. Ortsprospekte. Internet: www.herborn.de

**Markierte Wanderwege ab und um Herborn**

**Ab Ecke Westerwaldstraße/Austraße:**

H 1 Wanderung: Herborn - **Greifenstein** - Edingen (ca. 3 1/4 Std. - ca. 13 km)

H 2 Rundwanderung: Herborn - **Hirschbergkoppe** - Herborn (ca. 4 Std. - ca. 16 km)

**Ab Parkplatz Kallenbach:**

H 0 Rundwanderung: **Stadtwald Nord** (ca. 2 Std.- ca. 8 km)

H 3 Wanderung: Herborn - Schönbach - Gusternhain - **Breitscheid** (ca. 3 1/2 Std. - ca. 14 km)

H 4 Rundwanderung: Herborn - Burg - **Uckersdorf** - Herborn( ca. 4 Std. - ca. 16 km)

H 5 Stadtwaldrundwanderung **West/Südwest** (ca. 2 1/4 Std. - ca. 9 km)

**Ab Aufgang Alsbachbrücke:**

H 6 Stadtwaldwanderung **Ost** (ca. 2 Std. - ca. 8 km)

H 7 Herborn - Burg - Grube Falkenstein - **Oberscheld** - Niederscheld (ca. 4 Std. - ca. 16 km)

**Ab Schießplatz:**

H 8 Herborn - Stippbachtal - **Kölschhäuser Koppe** - Edingen - Bahnhof (ca. 4 Std. - ca. 16 km)

H 9 Herborn - Reuterberg - Ballersbacher Weg - **Ballersbach** (ca. 22 Std. - 8 km)

N **Dillhöhenweg** vor Bellersdorf am Waldrand (ca. 2 Std. - ca. 8 km)

- **Sinn** (210 m; 3.910 E.; Großgemeinde 6.620 E.; Kreis LDK)
  - Historisches **Wasserkraftwerk Wilhelmswalze** an der Dill.
  - **Glockengießerei** Gebr. Rincker; seit 1590 wurden über 20.000 Glocken gegossen. ☎ 0 27 72/5 10 11; Eisen- und Metallgießerei Doering, Besichtigungsmöglichkeit: ☎ 0 27 72/30 81.

**WESTLICH DER DILL**

Von der Basaltfläche des Hohen Westerwaldes fließen der Mittleren Dill einige mittellange, doch recht wasserreiche und im Unterlauf auch ziemlich tief eingetalte Bäche zu. Jedes Tal hat seine Eigenarten, seine landschaftlichen Reize; kleinere und größere Talorte sind alle in ihrer Art charakteristisch.

- Haiger-**Langenaubach** (352 m; 2.190 E.)
  - ★ **NSG Wildweiberhausfelsen**, ein großer Kalkfels im Aubachtal oberhalb des Ortes auf der östlichen Talseite. Diese 40 m hohe Felswand steigt ca. 10 m vom Aubach entfernt senkrecht auf und birgt in halber Höhe eine kleine

*Die Steinkammern gehören zum Höhlensystem im Karstgebiet des Erdbachs.*

Höhle. Sie ist durch eine steile Felsentreppe von oben zu erreichen (Vorsicht!). In der nicht zugänglichen Behlenhöhle am Fuße des Felsens wurden einige Knochen, darunter der Unterkiefer eines starken Höhlenbären gefunden.

- Dillenburg-**Donsbach** (454 m; 1.950 E.)

  ★ **Wildpark** mit Rot-, Dam-, Muffel-, Reh- und Schwarzwild. Geöffnet im Sommer 8 - 20 Uhr, im Winter 10 - 16 Uhr. Eintritt. ☎ 0 27 71/3 27 32 und 0 27 72/54 27.

  ☼ Der nördlich **Donsbach** liegende ★ **Kornberg** (453 m) bildet einen markanten Punkt in der Landschaft mit hervorragender Aussicht (auf Haincher Höhe, Hinterland, Dünsberg, Hohensolms, Stoppelberg bei Wetzlar, Greifenstein, Westerwald).

- Herborn-**Uckersdorf** (248 m; 1.170 E.)

  Der ★★ **Vogelpark** ist das Ergebnis der Freizeitarbeit von Vogelliebhabern und Vogelschützern. Über 100 Vogelarten, darunter Kraniche, Flamingos, Störche, sprechende Papageien und viele andere Gefiederte aus aller Welt beleben die gepflegten Anlagen, Volièren und Teiche. Ein Vogelschutzlehrpfad führt durch das Gelände. Geöffnet April - Oktober 9.30 - 18 Uhr. (☎ 0 27 72/4 03 47, 4 25 22 + 24 97.

- Breitscheid-**Erdbach** (309 m; 670 E.)

  Dorf in einem engen Talkessel, wo der Erdbach nach seinem unterirdischen Lauf wieder aus dem Kalkgebirge zutage tritt, von steilen Höhen und Felsgruppen eingerahmt.

  ★★ **Erdbachhöhlensystem**. Noch nicht völlig erforschte Karsterscheinungen im oberdevonischen Riffkalk. Unterhalb Breitscheid verschwindet der Erdbach im Kleingrubenloch in der Erde und formte hier ein verwickeltes Netz von Gängen und Spalten, die mit ca. 100 m die tiefste Höhle Hessens bilden. Das Wasser des Erdbachs tritt im Kalksteinbruch oberhalb Erdbach wieder zutage. Von Erdbach aus Spaziergänge nach Schönbach oder Breitscheid. Ein schöner Weg führt nach Breitscheid durch die tief eingeschnittene ★ **Gassenschlucht** (alter Erdbachlauf) hinauf auf die Höhe. Die Gassenschlucht beherbergt viele seltene Pflanzen (Naturschutzgebiet!).

  **Karstlehrpfad**. Er zeigt die erdgeschichtlichen Besonderheiten auf 15 Stationen.

  ★ **Steinkammern**. Schon 1884 wurde in den beiden vorgeschichtlichen Höhlen im Rollsbachtal gegraben. Dabei wurden in der Großen Steinkammer einige unbedeutende, in der Kleinen Steinkammer jedoch aufsehenerregende Funde gemacht. Hier handelt es sich um die Bestattung mehrerer Personen, darunter eines Kindes, mit Grabbeigaben, darunter der Erdbacher Wendelring. Die Funde befinden sich im Landesmuseum in Wiesbaden. In den letzten Jahren wurden wiederholt Funde in der Umgebung von Erdbach gemacht, die wie die der Kleinen Steinkammer der späten Hallstattzeit 600 bis 500 v.Chr. angehören.

  Im **Kalksteinbruch** stehen Schichten des **oberdevonischen Korallenriffs**. Im Steinbruch am Homberg stehen die fossilienreichen Schiefer des Unterkarbon (Kulm) an. Diese Fundstelle hat sehr viele Funde hergegeben, die der Wissenschaft neu waren. Sie wurde deshalb auch international beachtet und steht unter Naturschutz.

- ★ **Museale Schau im Dorfgemeinschaftshaus Erdbach**. Die paläontologischen und vorgeschichtlichen Funde sind in Vitrinen ausgestellt. Anmeldung zur Besichtigung bei Manfred Thielmann, Auf der Heide 14, 35767 Breitscheid-Erdbach, ☎ 0 27 77/13 12, Fax 1739.
- **Ev. Kapelle**. Kleiner gotischer Rechteckbau mit ursprünglich kreuzgewölbtem Chor. Kunstgeschichtlich bemerkenswert sind die Wandmalereien (Apostel) aus der 1. Hälfte des 16. Jh. Reiche Ausmalungen an Wänden und Emporen, die in Blumengirlanden und Sprüchen bestehen. Schlüssel beim Küster.

Der **Amdorfbach** entspringt unweit der Straßenkreuzung Rennerod - Haiger und Hachenburg - Herborn; er durchfließt den Heisterberger Weiher, um dann als Mühlbach oder Gusternhainer Bach den Steilabstieg von der Basalthochfläche nach Schönbach zu bewältigen. Unterhalb nimmt er in einem Kastental mit durchlaufendem Wiesenboden noch den Erdbach, den Medenbach und den Donsbach auf, um bei Herborn-Burg in die Dill zu münden.

Dort, wo der Gusternhainer Bach den Namen Amdorfbach annimmt, bildet sich eine kesselartige Talausweitung, die **Salzlück** (= Salzlecke für Weidevieh oder Wild), mit zahlreichen seltenen Pflanzenbeständen. Sie zeigt im westlichen Teil ein tief eingeschnittenes Bachbett; es ist die Absprungstelle des Amdorfbachs von der Westerwaldhochfläche mit unzähligen Basaltblöcken.

Mit einer Länge von 28 km ist der **Rehbach** der längste westerwaldseits gelegene Nebenbach der Dill. Sein Wasser füllt unterhalb Rehe die Krombachtalsperre und bei Driedorf einen weiteren Stausee. Unterhalb Driedorf verlässt er dann die Basalthochfläche, weitet sein Tal unterhalb von Herborn-Guntersdorf und mündet unterhalb der Autobahnanschlussstelle Herborn-Süd in die Dill.

Südlich des Dorfes geht über die Bahngleise ein Weg durch die tiefeingeschnittene **Taufenbachschlucht** hinunter nach Guntersdorf. Lohnend nicht nur für landschaftsbegeisterte Wanderer, sondern besonders für Botaniker, da hier reiche Bestände bemerkenswerter Pflanzen stehen.

- Herborn-**Merkenbach** (245 m; 1.700 E.)
  - Das bei Driedorf gestaute Wasser des Rehbachs wird durch mächtige Rohre 5,5 km weit ins Tal geschickt, und aus der so gewonnenen Wasserkraft wird hier in einem vollautomatisch arbeitenden **Kraftwerk** bei **Merkenbach** Strom erzeugt. Bei einer Gesamtlänge von 17 km und einem Gesamthöhenunterschied von 321 m bestehen zwischen der Krombachtalsperre und Merkenbach folgende Wasserkraftanlagen der EAM: Krombach (1983; 145 kW); Driedorf (1934; 160 kW); Heiligenborn (1926; 450 kW); Guntersdorf (1924; 600 kW); Merkenbach (1932; 1600 kW).
  - **EAM-Museum** mit Dia-Schau; Di 9 - 11 Uhr; ☎ 0 27 71/8 73-0.

## ÖSTLICH DER MITTLEREN DILL

Das **Scheldetal** ist von den linken Nebentälern der Dill ohne Zweifel eines der schönsten. Das Tal ist überall von hohen Wäldern umgeben. Bei Niederscheld mündet die Schelde in die Dill.

Die **Eisenerzlager** im Schelderwald gehörten zu den größten in Deutschland. Die Erzgänge stammen aus dem mitteldevonischen Erdaltertum, das hier in diesem Gebiet eine besondere Ausprägung erfahren hat. Der Eisenstein des Schelderwaldes wurde bereits in frühgeschichtlicher Zeit in Rennöfen verhüttet (mit der Holzkohle des nordwestlichen Dillkreises), später im Hochofen in Oberscheld, der wiederum als Energieerzeuger (Überlandzentrale) und Erzeuger von Baustoffen einst große Bedeutung erlangte.

**Bergbauhistorischer Lehrpfad**. Bei der Tourist-Info der Stadt Dillenburg ist ein historischer Grubenwanderführer über den Schelderwald erhältlich.

- Siegbach-★**Tringenstein** (558 m; 560 E.)

Hoch und sehr malerisch gelegenes Burgdorf (Burgberg 558 m).

Von Tringenstein aus ist Gelegenheit zu unzähligen schönen Höhenwanderungen, z.B. nach den ★★ **Wilhelmsteinen**, einer romantischen Felsgruppe aus Eisenkiesel (Devonzeit) mit Schutzhütte und Grillplätzen.

Die **Aar** entspringt in der Nähe von Hohensolms und nimmt unterwegs kleinere Bäche auf. Südlich wird es begrenzt von den flachen Höhen der Hörre, nördlich von den Kuppen des Schelderwaldes.

- Mittenaar-**Ballersbach** (250 m; 1.580 E.)

★ **Ev. Kirche**. Kunstgeschichtlich sehr interessant: spätromanische Chorturmanlage (3. Viertel des 13. Jh.). Die Turmobergeschosse sind abgetragen. Die Kirche (ursprünglich einschiffig) wurde erweitert (1914 - 1916). Dabei wurden herrliche Wandmalereien freigelegt. Die Wandmalereien zeigen viele interessante Züge mittelalterlichen Volkslebens.

- **Bischoffen** (261 m; 3.300 E.; Kreis LDK)

★★ **Aartalsperre** (270 m; ca. 76 ha). In der Talenge oberhalb von Bischoffen wird das Wasser der Aar und ihrer oberen Zuflüsse durch einen 14,5 Meter hohen und 235 m langen Damm zur Aartalsperre aufgestaut, der zweitgrößten in Hessen. Das Vor- und Hauptbecken dieser 1990 als Hochwasser-Rückhaltebecken fertiggestellten Talsperre bedeckt im Sommer eine Fläche von ca. 76 ha, im Winter von 68 ha; die aufgestaute Wassermenge

*Erst seit 1990 existiert der Aartalstausee; er ist nun ein Anziehungspunkt für Natur- und Wasserfreunde.*

*Auf einem Bergkegel im Westerwälder Hinterland erhebt sich Burg Hohensolms, heute eine evangelische Jugendburg.*

beträgt ca. 4 Mill. $m^3$. Die Anliegerorte Ahrdt und Mudersbach mussten eingedeicht werden. Im Umkreis nisten über 50 Vogelarten. Rundwanderweg um den See. Freizeitgelände, Wanderwege, Baden, Segeln, Surfen, Angeln, Bootsverleih, naturkundl. Führungen, Camping.

ⓘ **Freizeitinfostelle Bischoffen**, Schulstraße 23, 35649 Bischoffen; ☎ 0 64 44/ 92 31-0; Fax 8 44 81

- Bischoffen-**Niederweidbach** (285 m; 1.200 E., Bischoffen 3.350 E.)

★★ **Ev. Pfarrkirche** (ehemals Wallfahrtskirche St. Maria), wahrscheinlich 13. Jh., mit mächtigem Chorturm mit Kreuzgewölbe und spitzen Chorbogen (14. Jh.). Zweischiffige symmetrische Halle mit Kreuzrippengewölbe. Westgiebel mit Schießscharten wehrhaft ausgebaut. Emporen (1608) mit Brüstungsmalereien, spätgotisches Wandtabernakel, Kanzel (1568). Wertvoller Schnitzaltar um 1510 bis 20, der Mittelschrein dreigeteilt mit Figuren der Muttergottes, Jakobus d.Ä. und Nikolaus, auf den Flügeln Gemälde, innen hl. Familie und Himmelfahrt Mariens, außen Heimsuchung und Tempelgang, von Hans Döring unter Einwirkung der Kunst A. Dürers.

- Hohenahr-**Hohensolms** (440 m; 1.400 E.; Großgemeinde 5.140 E.)

★★ **Burg Hohensolms**. Um das Jahr 1323 erbaut durch die Grafen Solms-Burgsolms-Braunfels auf dem Altenberg, an einem Knotenpunkt wichtiger Handelsstraßen. Sie wurde 1328 von dem Landgrafen Heinrich II. von Hessen zerstört, dann wieder aufgebaut und 1349 endgültig vernichtet. 1351 wurde die Burg an dem jetzigen Platz, 2 km nördlich, errichtet, mehrfach zerstört, doch immer wieder aufgebaut. Sie wurde dann zum Schloss erweitert, in dem die Grafen von Solms-Hohensolms von Anfang des 15. Jh. bis Anfang des 18. Jh. ihre Residenz hatten. Heute ist sie im Besitz der Ev. Kirche Hessen-Nassau und wird als „Jugendburg" hauptsächlich für Freizeiten genutzt.

Im Dill-Westerwald gibt es **Wanderheime des Westerwald-Vereins** mit Übernachtungsmöglichkeit in Aßlar, Beilstein, Blasbach und Gusternhain.

# Mittlerer Westerwald

**Wo es viel zu entdecken gibt**

## Greifenstein und das Ulmtal

*Übersichtskarte siehe Seiten 115 und 152!*

Westlich der Dill zieht sich von der Lahn zum Hohen Westerwald ein mächtiger Waldrücken hin: ein reizvolles, beliebtes Wandergebiet mit geschichtsträchtigen Wanderzielen und schönen Aussichtspunkten. Im Norden dieses Raumes erhebt sich als das bekannteste Wahrzeichen des östlichen Westerwaldes Burg Greifenstein über den Höhen.

Gegen Westen wird dieses ausgedehnte Waldwandergebiet vom Ulmtal begrenzt. Die Ulm entspringt an der Nordseite des Knotens, fließt zunächst nach Osten durch Münchhausen, an Seilhofen und Rodenberg vorbei, und wendet sich bei Beilstein, wo die Ruine der Burg Beilstein in das Tal schaut, nach Süden.

Das Ulmtal, das von bewaldeten Höhen eingerahmt wird, zählt zu den schönsten Tälern im heimischen Raum. Viele Feriengäste finden hier Erholung. Die großen Wälder, die bis Wetzlar und Herborn und nach Westen bis Weilburg reichen, und ein markiertes Wanderwegenetz laden zum Wandern ein.

- ★★ **Greifenstein** (430 m; 750 E., Großgemeinde 7.530 E.; Kreis LDK)
  Höchstgelegenes Dorf im Dill- und Lahn-Westerwald, bekannt durch seine großartige Burgruine.

  ★★★ **Burg Greifenstein**. Ihre Anfänge gehen vermutlich bis auf die Zeit um 1000 zurück. Im 12. und 13. Jh. war sie von dem mächtigen Geschlecht der Dynasten von Greifenstein bewohnt. 1280 wurde die Burg von zwei feindlichen Nachbarn, den Grafen von Solms-Burgsolms und denen von Nassau-Dillenburg zerstört, in kurzer Zeit wieder aufgebaut, aber 1298 wiederum zerstört. Erst nach 1384 baute sie der seines Wohnsitzes beraubte

*Die mächtige und interessante Anlage von Burg Greifenstein schaut weit in den Dill-Westerwald hinein.*

Graf von Burg-Solms wieder auf, und zwar in Gemeinschaft mit Ruprecht dem Streitbaren von Nassau-Sonnenberg (daher wahrscheinlich der Name „Nassauer Turm“). 1602, bei einer Teilung des Solms-Braunfelser Gebietes, kam Greifenstein in den Besitz des Grafen Wilhelm, der es zu einer Feste ersten Ranges ausbaute. Ihre Widerstandskraft bewährte sich seitdem glänzend, besonders auch im zweiten französischen Raubkrieg gegen den Marschall Turenne. Als dann 1693 die Residenz des Grafenhauses nach Braunfels verlegt wurde, geriet die Burg allmählich in Verfall. - In den vergangenen 30 Jahren hat der rührige Greifenstein-Verein e.V. als neuer Besitzer die Burg mit erheblichem Aufwand vor einem weiteren Verfall bewahrt, den Baubestand konserviert und der Öffentlichkeit wieder zugänglich gemacht.

Wer vom Dorf hoch wandert, kommt zunächst zur ★ **Rossmühle** (links), dem größten Bollwerk der Burg. Sie diente zur Verteidigung der Ostfront und konnte in Belagerungszeiten als eine von Pferden betriebene Mühle genutzt werden. In ihr fand das Deutsche Glockenmuseum seinen Platz (s.u.).

Vor uns nun die ★★ **Schlosskirche**. Sie wurde in den Jahren 1683 bis 1702 erbaut; der vom Blitz beschädigte Turm musste 1830 niedergelegt werden, die Glocken kamen in den Bruderturm. Ursprünglich befand sich an derselben Stelle eine der hl. Katharina geweihte Kapelle. Diese wurde 1602 zu einer Kirche mit Grafengruft umgebaut und darüber später die jetzige Kirche errichtet. Wir haben also hier zwei Kirchen übereinander. Die verschüttete gotische Unterkirche wurde erst 1969 freigelegt. In der barocken Oberkirche sind vor allem die vorzüglichen barocken Stuckarbeiten sehenswert. An der Orgelbühne zwei Wappenschilder, von Greifen gehalten. - Beide Kirchen können besichtigt werden.

Die umfangreichen inneren Burganlagen können besichtigt werden. Wahrzeichen der Burg sind die beiden Bergfriede. Rundbehelmt der 1384 errichtete **Nassauer Turm**. Mit ihm durch einen Zwischenbau verbunden der 1390 erbaute spitzbehelmte **Bruder-Turm**, der die alte Turmuhr enthält und die Glocken von Greifenstein birgt. Der Greif auf seiner Turmspitze erinnert an die Dynasten von Greifenstein. Im **Bollwerk Kuchen** kann man sich Gedenkmünzen selbst prägen. Raiffeisen-Gedenkstätte.

★★ **Deutsches Glockenmuseum** in der Rossmühle; mit über 40 historisch sehr wertvollen Glocken aus 9 Jahrhunderten. Sie sind in mehreren Ebenen des gewaltigen Rundhauses der Zeitfolge nach angeordnet. Geöffnet: April bis Oktober täglich 10 - 18 Uhr. November bis März So + Feiertage 14 - 17 Uhr. ☎ 0 64 49/64 60, Fax 60 73

**Burg- und Ortsmuseum** mit wechselnden Kunstausstellungen, Öffnungszeiten zu erfragen unter ☎ 0 64 49/67 36

***Nüchtern hinein . . .***
*Heute noch ist in der Bevölkerung eine Sage lebendig, die sich im Jahre 1673 zugetragen haben soll, als der französische Marschall Turenne vergeblich versuchte, die starke Festung einzunehmen. Graf Wilhelm lud ihn zu einem Besuch ein und bot ihm in einer Wette die Übergabe der Burg an, wenn er an jedem Tor einen Pokal mit Wein leere. Doch 20 Tore hatte die wehrhafte Burg, und das hielt auch der trinkfeste Turenne nicht aus. Und so geht heute noch der Spruch: „O Greifenstein, du edles Haus: nüchtern hinein, betrunken heraus.“*

**Burgen-Wanderweg** Greifenstein - Beilstein - Lichtenstein - Greifenstein; 11 km
**Historischer Hugenotten-Wanderweg** Greifenstein - Greifenthal; 12 km

ⓘ **Greifenstein-Verein e.V.**, Talstraße 19, 35753 Greifenstein; ☎ 0 64 49/64 60; Fax 6073
**Rathaus-Adresse:** Herborner Str. 8, 35753 Greifenstein, ☎ 0 27 79/91 24-0; Fax: 91 24 40. Internet: www.greifenstein.de

- ★★ Greifenstein-**Beilstein** (361 m; 1.730 E.)

Durch seine gleichnamige Burg bekannter Ort.

❖ Ersterwähnung 1129. Der Hauptsitz der Herren von Beilstein wurde auf einem ins Tal reichenden Basaltfelsen erbaut. Nach 1230 kam Beilstein unter nassauische Herrschaft, erhielt 1321 Stadtrechte und wurde zwischen 1341 und 1561 **Residenz der Grafen von Nassau-Beilstein,** welche auch den Hohen Westerwald beherrschten. Ihr Erbe trat Johann VI. von Nassau-Dillenburg an. 1572 hielt die nassauische Grafenfamilie Anna von Sachsen, Gemahlin Wilhelms von Oranien, wegen Ehebruchs im Beilsteiner Schloss für mehrere Jahre fest. Zwischen 1606 und 1620 lebte die Grafschaft Beilstein unter seinem Sohn Georg wieder auf. Umfangreiche Bauvorhaben gaben der **spätmittelalterlichen Burganlage** die Qualität einer Residenz der Renaissance. Der Palas mit angrenzendem Doppelturm wurde erweitert, ein Torhaus und die Schlosskirche erbaute man neu. Bis Ende des 18. Jh. blieb der Ort **Amts- und Gerichtsort der Herrschaft zum Westerwald** und für die alte Unterherrschaft Beilstein. 1812 wurde das Schloss auf Abbruch verkauft; nur Zehntscheune und das Torhaus blieben erhalten; sie sind heute restauriert und in Privatbesitz. Palas und Turmgebäude gehören dem Land Hessen und sind zugänglich. - Neben der Schlossruine entstand eine Parkanlage in der Bachaue, die den alten Judenfriedhof einbezieht.

*Burg Beilstein. Links die Ruine des Palas mit Ecktourellen.*

Die **ev. Schlosskirche**, aus Basalt erbaut, weist im Innern die Stilmerkmale der Spätrenaissance auf, die durch eine Restaurierung 1978 wieder ergänzt wurden. Die farbige Gestaltung des Holzwerks ist erst im 20. Jh. entstanden. Das Pflaster im Kirchenschiff ist aus Flusskiesel im Fischgrätenmuster verlegt.

**Steinbruch Schmalburg**. Geologisch durch bedeutende **Säulenbasalte** bekannt. Beilsteiner Säulenbasalt wurden beim Abschlussdeich des Ijsselmeeres in Holland verwendet; einige Säulen findet der Besucher am Eingang des Senckenberg-Museums in Frankfurt.

★★ **Ulmtalsperre** unterhalb von Wallendorf, um 1967 angelegt, ein Hochwasser-Rückhaltebecken. Bade- und Angelmöglichkeit, Campingplatz. Bootsverleih, Gaststätte.

**Forstlehrpfad** ab Ulmbach-Stausee hoch in Richtung Greifenstein. An ihm die Ruine Lichtenstein; interessant der **„Grüne See"** in einem stillgelegten Quarzitbruch.

- Greifenstein-**Allendorf** (205 m; 1.420 E.)

**Freizeit- und Märchenwald „Ulmtal"** unterhalb an der Talstraße. Dazu gehört ein kleiner Tierpark. Gastwirtschaft und Café. Öffnungszeiten etwa Ostern bis Oktober täglich ab 13 Uhr. ☎ 0 64 73/6 74.

★ **Dianaburg** auf dem 412 m hohen Kesselberg, dem Bergzug zwischen den Tälern der Ulm und der Dill. Von Allendorf aus zu erreichen. Sie wurde 1842/43 durch den großen „Jägerfürsten" Fürst Ferdinand von Solms-Braunfels nach dem Vorbild eines Prager Brückenturmes errichtet. Von der Plattform des Turmes hat man einen unbeschreiblich schönen Rundblick auf das Wäldermeer zwischen Lahn, Dill und Ulm bis hinüber in den Taunus. Im Turm ist eine kleine Gastwirtschaft, die an bestimmten Wandertagen geöffnet ist. Wanderzeit ab Allendorf 2 Stunden. Näheres: Friedhelm Müller, Zum Wingert 1, 35753 Greifenstein-Ulm, ☎ 0 64 78/21 70.

*Die Ulmtalsperre zwischen Beilstein und Greifenstein*

Über den Waldkamm, vorbei an der Dianaburg, führte einst die **Hohe Straße** von Wetzlar zum Hohen Westerwald. Als „Lebensader des Solmser Landes" verband sie das Maingebiet mit dem Niederrhein.

Der 13 km lange **Kallenbach** entspringt in einem kleinen Hochmoor an der Südseite des Knotens oberhalb von Arborn in einer Höhenlage von 480 m und fließt dann zwischen hohen, bewaldeten Bergen in wechselnder Breite südöstlich der Lahn entgegen.

- Greifenstein-**Arborn** (410 m; 650 E.)

  Schön am Südhang des Westerwaldes am Knoten (605 m) gelegenes Dorf in geschützter Lage.

  Der ★★ **Knoten** (605 m) ist der letzte Vorposten des Hohen Westerwaldes nach dem Lahntal zu. Er ist am besten von Arborn in kurzer Zeit zu erreichen. Unweit verläuft die Landesgrenze Rheinland-Pfalz/Hessen. - Der Berg bildet einen wirklichen Knoten, da er im Schnittpunkt verschiedener Längs- und Querwellungen liegt. Außerdem befinden sich auf ihm die Wasserscheiden zwischen Ulm, Kallenbach, Faulbach und Lasterbach. Im Knotengebiet liegen die Dörfer Rehe, Mademühlen, Driedorf, Arborn, Mengerskirchen und Westernohe (Siehe auch dort!). Mitten in der Wacholderheide auf dem Knoten steht der vom Westerwald-Verein dem Bauerndichter (und Schöpfer des Westerwaldrufes „Hui! Wäller?" - „Allemol!") **Adolf Weiß** errichtete **Gedenkstein**. Schutzhütte.

  ☼ Vom Knoten an klaren Tagen großartige Fernsicht nach Osten und Süden (Dünsberg nördlich Gießen, Stoppelberg bei Wetzlar, Hausberg bei Butzbach, Großer Feldberg im Taunus).

  Östlich der „Klipp" steht eine 600-jährige Linde, und neben ihr die überwachsenen Fundamente der sog. **„Heiligkreuzkirche"**. Die Kapelle wird 1481 erwähnt und war vermutlich der erste Kirchenbau der Zent sowie Ausgangspunkt der regionalen Christianisierung. An der Heiligkreuzkirche vorbei führt ein alter Weg (der Heiligkreuzweg) von Arborn nach Mengerskirchen.

  Rundwanderweg zum **Wacholderschutzgebiet Hahrehausen** auf dem Knoten (6 km); Waldrand-Rundweg um den Knoten und zur **„Knotenquelle"**. Über die „Alte Rheinstraße" und den Knoten zur Krombachtalsperre bei Mademühlen (6 km).

## Rund um Merenberg

- **Merenberg** (314 m; 1.600 E., Großgemeinde 3.700 E.; Kreis LM)

  Als „Tor zum Westerwald" liegt Merenberg an der B 49. Seit 1971 eine 23 $km^2$ große Mittelpunktgemeinde mit den Ortsteilen Merenberg, Allendorf, Barig-Selbenhausen, Reichenborn und Rückershausen. Markantes Wahrzeichen: die Burgruine.

  ★ **Burg Merenberg** war der Stammsitz eines mächtigen Dynastengeschlechts, der Herren von Merenberg, deren erster 1129 in Urkunden erscheint und die Burg zu Lehen trägt. 1290 bzw. 1331 Stadtrechte. Die Burg war im 17. Jh. noch bewohnt; 1634 brannte sie mit einem großen Teil des Ortes ab und wurde nicht wieder aufgebaut. Eigentliche Stadtrechte erhielt der Ort 1331 von Ludwig dem Baier. Die **Burgruine** steht weithin sichtbar auf

dem Gipfel eines markanten Basaltkegels. Wer die 107 Stufen des 22 m hohen, runden Bergfrieds hochsteigt, dem bietet sich ein prächtiger Rundblick

Ein Torturm gibt Zeugnis von der Stadtbefestigung des 14. Jh. - Zahlreiche sehr schöne **Fachwerkhäuser**, u.a. mit fränkischem Erker und Schnitzereien. - Im **Westtor** eine Wohnung.

Auf dem Friedhof Richtung Vöhler Weiher die schlichte romanische **„Appenkirche“** (Jakobskirche).

ⓘ Internet: www.merenberg-online.de

*Merenberg: Berg, Gemeinde und Burg tragen den gleichen Namen. Nordwestlich von Weilburg gelegen, ist der Bergfried ein Wahrzeichen der dortigen Westerwaldlandschaft.*

## NÖRDLICH VON MERENBERG

### Vier Sauerbrunnen im Kallenbach- und Faulbachtal

Für Wanderungen ist der Talgrund zwischen Arborn und der unterhalb Nenderoth gelegenen **Sauerbornsmühle** der schönste Teil des Kallenbachtals. Bei der Mühle ist das Tal am engsten, der Wald tritt bis an den Bach heran. Hier quillt ein kohlensäurehaltiger ★ **Sauerbrunnen**, daneben steht eine tausendjährige Eiche. Oberhalb des Dorfes **Obershausen** liegt im Talgrund ein ★ **Sauerbrunnen**, in dem zu Beginn des 20. Jh. als „Prinz-Heinrich-Quelle" ein Mineralwasser abgefüllt wurde, doch jetzt stillgelegt ist.

Nördlich von **Dillhausen** liegt in einer reizvollen Talaue der ★ **Mineralbrunnen „Waldborn"** mit Schutzhütte, Grillplatz und anderen Freizeiteinrichtungen. Die Quelle wurde als eisenhaltiger Calcium-Magnesium-Hydrogencarbonat-Säuer-

*Das Lahntal östlich und der Westerwald nördlich von Weilburg sind reich an Mineralbrunnen. Hier der Sauerbrunnen von Probbach.*

ling und als Mineralwasser im Sinne der gesetzlichen Tafelwasserverordnung bestätigt. Er zeichnet sich u.a. durch hohen Kohlensäure- und Eisengehalt aus. Der ★ **Sauerbrunnen** bei **Probbach** wurde durch die Gemeinde nach historischem Vorbild ausgebaut und ist mit einer Allee zum Dorf verbunden; eine Freizeitanlage mit Parkplätzen, Schutzhütte und Grillplatz ist angelegt. Das Mineralwasser hat nach wissenschaftlichen Untersuchungen seine Heilwirkung als Tafelwasser und eisenhaltigem Calcium-Magnesium-Hydrogenkarbonat-Säuerling unverändert behalten.

**Waldsee im Faulbachtal** westlich von Probbach, 1,5 ha, Angelsportmöglichkeiten, Badesee.

- Mengerskirchen-**Waldernbach** (350 m; 1.740 E.)
Staatl. anerkannter Luftkurort in schöner Lage.

★★ **Seeweiher** zwischen Waldernbach und Mengerskirchen (aufgestaut 1452) 13 ha, diente als Talsperre für die Wasserversorgung mehrerer Mühlen. Zweistöckiger Fachwerkbau der Seemühle. Sandbadestrand, der auch Kindern gefahrloses Baden erlaubt. Ayurvedazentrum Westerwald, Kneippanlage, Rudern, Angeln, Campingplatz, Feriendorf, Jugendheim „Hildegardishof". Westerwaldhalle mit Gastwirtschaft. - Am oberen Seeweiher hervorragendes Feuchtgebiet mit reichlichem Wasserwild.

**Natur- und Waldlehrpfad.**

**Radwanderweg um den Knoten** (ausgeschildert; ca. 30 km)

- **Mengerskirchen** (420 m, 1.930 E.; Großgemeinde 6.010 E.; Kreis LM)
Sitz der aus Mengerskirchen, Waldernbach, Winkels, Probbach und Dillhausen bestehenden Großgemeinde.

❖ Ersterwähnung 1279. Nassau-Dillenburg erwirkte 1321 **Stadtrechte**, errichte-

*Sommertreiben am Seeweiher bei Waldernbach*

te die Burg und umgab die Siedlung mit einer turmbewehrten Mauer. Auch die nachfolgenden Grafen von Nassau-Beilstein, Landesherren von 1341 bis 1561, suchten die Stadtgründung zu stärken. 1481 wurde das Marktrecht bestätigt und 1816 der Ort in die Vielzahl der nassauischen **Marktflecken** eingereiht. Den Titel „Marktflecken" trägt sie offiziell wieder seit 1995.

★ **Schloss Mengerskirchen**, errichtet zwischen 1321 und 1342 zunächst als Burgsitz. Im Spätmittelalter verändert, im 17. Jh. Ausbau zur Jagdresidenz durch Nassau-Hadamar. In den 80er Jahren renoviert und erweitert, ist es heute Verwaltung, Museum und Bürgerhaus. Als ältester Teil gilt der rechteckige, fünfstöckige Wohnturm am ehem. Graben. Rechtwinklig nach Westen und an der Hofseite zwei weitere ähnliche Anbauten. Der Turm am Hof hat einen spätgotischen, gegliederten Wehrgang mit Dacherkertürmchen, auf dem das barocke Walmdach aufsitzt. Die Turmgruppe ist durch eine gemeinsame Wendeltreppe erschlossen. Im Wohnturm wurde eine bedeutsame Rankenmalerei in einer ehemaligen Kemenate - vermutlich aus der Zeit der Renaissance - restauriert. In diesem Turm ist ein **Heimatmuseum**, das im Sommer sonntags von 15 - 17 Uhr geöffnet ist. - **Museumsscheune** an der Hauptstraße, geöffnet wie das Heimatmuseum.

★ **Kath. Pfarrkirche St. Maria Magdalena**, nebenan stehend; sie wurde 1848/49 anstelle einer 1313 erstmals genannten Kirche als neuromanischer Saalbau mit größerem Dachreiter aus Bruchsteinen hochgezogen; Altäre und Deckengemälde wurden 1941 - 1943 neu gestaltet. 1957 riss man die viel zu kleine Kirche ab und erbaute sie unter Verwendung des Chorraumes der Vorgängerkirche (jetziges Seitenschiff) neu.

**Maienburg**, eigentlich **Burgruine Eigenberg** genannt; sie steht auf einer Basaltkuppe zwischen Mengerskirchen und Winkels. Sie wurde 1303/07 von

*Schloss Mengerskirchen. Darin die Gemeindeverwaltung und ein Heimatmuseum.*

Graf Johann von Nassau mit künstlichem Wall und Graben erbaut und war später im Besitz der Ritter von Mudersbach. Nach deren Aussterben verfiel die Burg zusehends. 1632 stürzte der Bergfried ein, dessen Stumpf mit dem tonnengewölbten Verließ erhalten ist. Auf der anderen Seite der mit Schießscharten besetzten Ringmauer steht der ebenso hohe Rest des Südwestturms. Ein Fußweg führt in den ehemaligen Innenhof der Burg.

In Mengerskirchen beginnt der 31 km lange **Kerkerbach-Rad/Wanderweg**, der auf der Trasse der ehemaligen Kerkerbachbahn zur Lahn führt. Ein Plan ist in den Anliegergemeinden erhältlich.

ⓘ Internet: www.mengerskirchen.de

## Im Elbtalgebiet und auf seinen Höhen

### RUND UM DEN BESELICHER KOPF

Noch zum Limburger Becken gehört die fruchtbare und daher waldarme Ebene nordöstlich von Limburg zwischen den Tälern von Lahn, Elbbach und Kerkerbach. Markanter Mittelpunkt ist der bewaldete Beselicher Kopf (295 m), der sich jedoch nur wenig über die Feldfluren mit einer Durchschnittshöhe von 220 m erhebt. Durchschnitten wird dieser Raum von der **„Langen Meil"**, einer alten Handelsstraße, die bis Ahlbach vierspurig ausgebaut ist und als B 49 von Limburg in Richtung Weilburg und Wetzlar führt. Wer in den Raum um Beselich will, muss zwangsläufig diese Straße benutzen. Den Namen „Lange Meil" gab man ihr, weil sie praktisch kurvenlos eine preußische Landmeile lang (ca. 7,5 km) von Limburg bis (Beselich-) Obertiefenbach führt.

- Beselich-**Obertiefenbach** (224 m; 2.100 E.; Großgemeinde Beselich 5.680 E., Kreis LM)

☼ ★★ **Beselicher Kopf** (295 m) mit Hof und Kirche südlich der B 49. Der Name „Beselich" leitet sich ab von „Basilika". Auf dem Beselicher Kopf stehen die noch heute vorhandenen Teile eines zwischen 1140 und 1160 von einem Priester namens Gottfried von Beselich erbauten **Prämonstratenserinnenklosters**. Es wurde im Jahre 1162 durch Erzbischof Hillin von Trier eingeweiht. Das Kloster stand im 13. und 14. Jh. in hohem Ansehen. Durch häufigen Besitzerwechsel in der Reformationszeit geriet das Kloster in Zerfall. 1568 zogen die letzten Schwestern des Konvents aus; 1632 stürzten große Teile des Klostergebäudes ein, darunter auch die Decke der Pfeilerbasilika. - Die Überreste der Basilika hat ein „Verein zur Erhaltung der Klosterruine Beselich" umfangreich saniert.

★★ **Wallfahrtskirche** in unmittelbarer Nähe der Klosterruine. Sie verdankt ihren Ursprung der Initiative eines Franziskaner-Eremiten Georg Niederstraßen, des „Bruders Leonhard" (1709 - 1782). Die Kirche wurde 1767 auf den Titel „Maria Hilf" und zu Ehren der 14 Nothelfer geweiht. Reiche Innenausstattung, u.a. mit barocken Holzfiguren der 14 Nothelfer. Beachtenswert auch eine Arbeit des Bildschnitzers Konrad Juppe (16. Jh.): Der heilige Georg tötet den Drachen.

Der ★ **Beselicher Kopf** selbst ist heute ein beliebtes Ausflugsziel und von allen Orten aus auf größtenteils markierten Wanderwegen zu erreichen. Von

*Die gut restaurierte Burgruine Ellar*

hier aus hat man einen herrlichen Ausblick (☼) in das Kerkerbachtal, auf die Burg Merenberg, den Großen Feldberg und in das Limburger Becken.

## NÖRDLICH VON BESELICH

☼ ★★ **Heidenhäuschen** (398 m), ein markanter Berg zwischen Steinbach und Ellar. Von Steinbach her führt ein Waldlehrpfad hoch. Mit seinen wild-zerklüfteten, ausgedehnten Basaltfelspartien steht er unter Naturschutz. Der Sage nach sollen hier die letzten göttertreuen Bewohner der Umgebung, die Heiden, ihre heimlichen Opferfeiern abgehalten haben. Deutlich erkennbar sind noch rings um den Gipfel Reste eines keltischen Ringwalls. - ☼ Sehr schöner Blick ins Elbtal und ins Limburger Becken.

- Waldbrunn-**Ellar** (280 m; 1.350 E.; Großgemeinde Waldbrunn 6.250 E.)

★ **Burgruine Ellar**. Sie entstand wahrscheinlich im 12. Jh. als Straßenfestung zum Schutze von zwei vorbeiführenden Fernverkehrswegen (Reichsstraßen). Sie wurde von den Grafen von Diez als Landesburg vermutlich im Auftrag des Deutschen Reiches erbaut und ist nach 1550 allmählich zur Ruine geworden. Renoviert 1955 bis 57, 1969 und besonders ab 1974.

**Ludwig-Bös-Haus** (Alte Schule, Hintermeilinger Straße): Historisches Heimatmuseum. Geöffnet im Sommerhalbjahr sonntags 14 - 16 Uhr. **Alte Schmiede**, museal eingerichtet.

ⓘ Internet: www.waldbrunn-info.de

- Waldbrunn-**Lahr** (250 m; 1.450 E.)
  Staatlich anerkannter Luftkurort.
  ★ **Kath. Pfarrkirche St. Johannes d. T.**, spätgotische Pfeilerbasilika vom Anfang des 13. Jh. ist außen wie innen relativ schmucklos. Dreischiffige, dreijochige, kreuzgratgewölbte Basilika mit fast quadratischem Chor mit zwei tonnengewölbten Geschossen und Zeltdach. Neugotischer Altar (1890er Jahre), Barockfiguren aus der Hadamarer Schule. Spätromanischer Taufstein. Ausmalung im Jugendstil. Reste vom alten Kirchspielsfriedhof um die Kirche. Da diese Kirche nicht erweitert werden konnte, entwarf der Dombaumeister von Würzburg, Hans Schädel, in unmittelbarer Nachbarschaft unterhalb der alten Kirche einen eigenen Kirchenraum in Form eines Achtecks als **Zelt Gottes**. Die alte Kirche sollte jedoch weiterhin das Dorfbild prägen, so durfte der Neubau äußerlich nicht sehr hervortreten. Der Innenraum ist konsequent als **Zentralraum** gestaltet.

**IM UNTEREN ELBTAL**

Die von Limburg zum Hohen Westerwald führende Bundesstraße 49/54 führt östlich an den großen Dörfern dieser breiten Tallandschaft vorbei. Im südlichen Teil ist es ein waldarmes, fruchtbares Gebiet.

- Dornburg-**Wilsenroth** (280 - 360 m; 1.450 E.)
  **Dorfmuseum** in der alten Schule, Bahnhofstr. 2. In zehn Räumen werden Landschaftsmodelle der Dornburg und des Blasiusbergs, ein Funktionsmodell des Ewigen Eises, Werkstätten alten Handwerks und zahlreiche Urkunden zur Dorfgeschichte gezeigt. Geöffnet April - Okt. Sa + So. 14 - 16 Uhr und nach Vereinbarung. ☎ 0 64 36/23 08 oder 27 65.
  ❖ ☼ ★★ **Dornburg, Hildegardisfelsen und Ewiges Eis**
  Zwischen Frickhofen und Wilsenroth erhebt sich das Basaltplateau der **Dornburg** (396 m), eine Fläche von 800 x 500 m. Hier befand sich die größte keltische Stadtanlage unserer näheren Heimat. Gegen die steilabfallenden Nord-, Süd- und Ostseiten war sie von einem Wall umgeben und gegen den Sattel, der die Hochfläche mit dem Gebirgsmassiv verbindet, durch einen hohen Steinwall geschützt (3 - 5 m breit, 2 - 5 m hoch, im Volksmund Rödchesmauer genannt). Im Abstand von ca. 80 m ist ihr ein zweiter Wall vorgelegt, der sich in Südrichtung im „Felsmeer" verliert. Der äußere Wall stammt aus der Zeit 400 v. Chr., die Rödchesmauer aus der Zeit des 1. Jh. v. Chr.
  Scherben, Holzkohlenfunde usw. weisen auf die Latènezeit, eine wesentlich keltisch bestimmte Epoche hin. Die Dornburg gilt als typisches Beispiel ihrer Bauwerke. Auf die Anwesenheit von Familien deuten Spinnwirteln, Tontöpfe, Mühlsteine, Handwerks- und Ackergerätschaften hin. Die Dornburg gab der Großgemeinde mit ihren um die Dornburg gelagerten Ortsteilen den Namen.
  **Rundgang über die Dornburg** (ca. 1 Stunde): Auf der Straße nach Frickhofen bis auf den Kamm zur ersten Wegeabzweigung nach links. - Bis vor den mit Bäumen bewachsenen Wall (**„Rödches-Mauer"**). Hier befinden sich die Grabungsstellen, an denen das Landesamt für kulturgeschichtliche Bodenaltertümer die Ringmauer, die einst die keltische Bergstadt umgeben hatte, unter-

suchte. Blick in den stillgelegten Steinbruch, in dessen Tiefgang ein kleiner See entstanden ist (unterirdische Quelle, 25 m tief, als Fischweiher verpachtet). - Auf Wiesenwegen über das Dornburgplateau zum Rand des mächtigen Basaltbruches am Osthang (Gefährlicher Steilhang. Vorsicht !) Herrliche Aussicht (☼) über das Limburger Becken, das Elbbachtal und auf die Höhen des Westerwaldes.

☼ ★ **Hildegardisfelsen** am Südrand der Dornburg. Die Sage erzählt, von diesem Felsen habe sich die Tochter des Bürgermeisters Arnulf der keltischen Dornburg-Stadt zu Tode gestürzt. Der Blick schweift über die zahlreichen Dörfer des Elbbachtals, über die Städte Hadamar und Limburg, und wird in der Ferne begrenzt durch den Zug des Taunusgebirges. Nach Osten sieht man Merenberg, nach Nordwesten das malerische Elbtal.

♣ ★★ **„Ewiges Eis"** am Südfuß des Dornburg-Plateaus in Richtung Frickhofen. Einmalig im ganzen Westerwald. Bei Grabungen im September 1839 fand man in 2 m Tiefe zwischen lockerem Basaltgeröll festes Eis. In einer Tiefe von 5 - 6 m waren sogar noch Eiszapfen und vereiste Steine vorhanden. Geologisch handelt es sich um Eruptivgestein in gerichteter Formation und in zertrümmerten Basaltblöcken von etwa 25 bis 30 cm Durchmesser (Basaltrosseln). Die Vereisung beider Stollen im Hochsommer könnte sich wohl niemals halten, wenn der dahinter liegende Berg nicht selbst vereist wäre. Phy-

*Schattig unter hohen Bäumen: Die St.-Blasius-Wallfahrtskirche auf dem Kleesberg*

sikalisch erklärt man sich die Eisbildung so: Die an vielen Stellen im Berg eingesaugte Luft kühlt sich durch Verdunstung ab, wobei die Kühlgrenze den tiefst erreichbaren Wert darstellt. Hierbei nimmt die Luft Wasserdampf auf, der durch diese kalte Luftströmung auf etwas niedrigerer Temperatur gehalten wird. Diese eisfreie Geröllschicht dient als Isoliermantel und schützt das darunter liegende Eis vor direkter Wärmeaufnahme. Die eingesaugte Luft kühlt sich bei Erreichen der Eisgrenze erheblich ab, wird schwerer und drückt sich an der tiefsten Stelle der Eisstollen aus dem Berg heraus. - Im Winter dagegen wird hier Luft angesaugt, erwärmt sich, tritt in halber Hanghöhe der Basaltrosseln aus und führt zu einer Schneeschmelze.

**❖ ★★ St.-Blasius-Wallfahrtskirche auf dem Kleesberg**

Auf dem 388 m hohen Kleesberg steht die in ihrem Ursprung zu den ältesten des Westerwaldes gehörende Kirche. Bis 1734 war sie Pfarrkirche des Kirchspiels Blesberg (Frickhofen). Von dem alten, einschiffigen Bau, welcher 1868, durch den Blitz entzündet, niederbrannte, ist nur noch der Chor erhalten (Anfang 13. Jh.). Hochaltar (Hadamarer Kunstschule, 18. Jh.). Seitenaltar mit Gnadenbild (2. Hälfte des 17. Jh.). Großer, aus einem Basaltlavablock herausgehauener, uralter Taufstein. - Das Volk hatte von jeher für die Kirche eine besondere Verehrung. Auch heute werden noch zu den verschiedenen Zeiten Bittgänge zur Kapelle gemacht; so werden am St. Blasiustag (3. Februar),

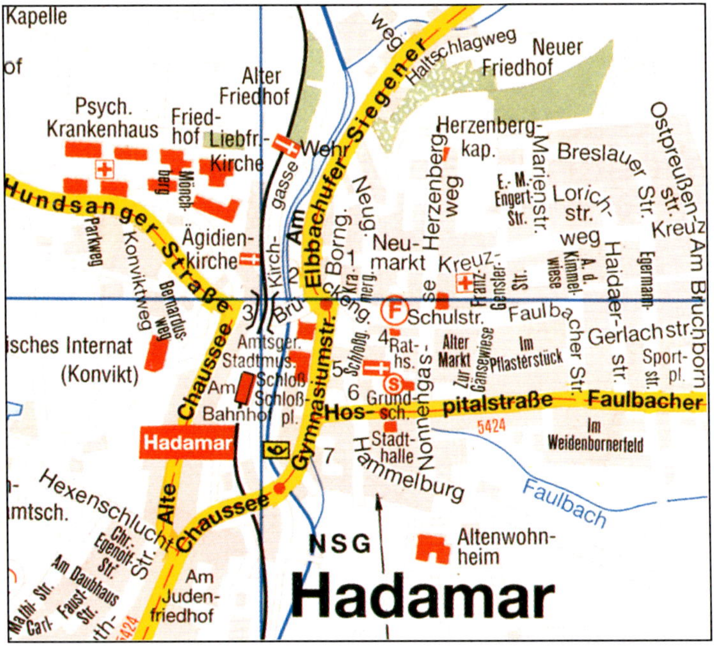

am Himmelfahrtstag und am St. Laurentiustag Gottesdienste im Freien gehalten. Auf dem Plateau vor der Kirche befand sich der alte Kirchhof des Kirchspiels.

- Hadamar-**Oberzeuzheim** (210 m; 1.400 E.)

**Wallfahrtsstätte Sieben Schmerzen - Sieben Freuden** am Fuße des Heidenhäuschens 1 km östlich von Oberzeuzheim. Der aus dem Ort stammende Priester Ferdinand Heep fand dort 1879 eine gestohlene Madonnenstatue wieder. Nach seinem Tode ließ man dann aus seinem Vermögen 1885 die sieben Bildstöcke errichten. 1969/81 wurden die Stationen in einer der alten Sgraffitoart ähnlichen Technik mit plastischen Kunstharz-Dispersionen neu gestaltet. Ein lohnenswerter Spaziergang.

- ★★★ **Hadamar** (120 - 390 m; Kernstadt 3.600 E.; Großgemeinde 12.800 E., Kreis LM)

Hadamar, die alte Fürstenstadt im Westerwald, besteht seit 1972 aus der Kernstadt mit Niederhadamar und den Gemeinden Nieder- und Oberzeuzheim, Steinbach, Ober- und Niederweyer.

Die Stadt liegt in einer Talweitung des Elbbaches am Schnittpunkt der B 54 und der alten Straßenverbindung von Koblenz-Montabaur nach Wetzlar-Gießen. Gesamtschule mit Gymnasium, musisches Internat (Limburger Domsingknaben) im ehemaligen Konvikt (1900 im Windsor-Stil errichtet), staatliche Glasfachschule mit glastechnischer Versuchsanstalt und Bundesfachschule des deutschen Glaserhandwerkes. Psychiatrisches Krankenhaus mit Suchtklinik, Krankenhaus, Stadthalle.

❖ Die Stadt hat ihren Namen von einer Furt erhalten, über welche hier die West-Ost-Straße die Elb an einer günstigen Stelle überschreitet. Erste Nennung des Ortes im Jahre 832. Hadamar entwickelte sich zu beiden Seiten der Elb und wurde vor allem durch ein **Musterhofgut der Zisterzienser** in Eberbach (Rheingau) gefördert (1190 bis 1320). Dann erwarb **Graf Emich I. von Nassau** dieses reiche Hofgut, baute sich hier eine **Wasserburg als Residenz**, förderte die umliegende Siedlung und erwarb für sie 1324 die Rechte der Stadt Frankfurt. Die Stadt wurde 1324 bis 94 **Residenzstadt der Grafen von Nassau-Hadamar**. 1607 erhielt bei einer der nassauischen Erbteilungen Graf Johann Ludwig von Nassau die alte Grafschaft, eine der Kornkammern Nassaus; er erneuerte die Wasserburg und baute sie im Renaissancestil zu einem großen Residenzschloss aus. 1607 bis 1743 war Hadamar nun wieder Residenzstadt der Grafen (ab 1650 Fürsten) von Nassau-Hadamar. Die alte Stadt fiel fast ganz dem **Schlossbau** zum Opfer. Es entstand jetzt eine großzügig um drei Marktplätze angelegte **barocke Neustadt**, von der noch viele Zeugnisse erhalten sind. **Fürst Johann Ludwig** machte sich einen bedeutenden Namen durch die Tatsache, dass er von 1638 bis 48 im Namen und als Vertreter des Kaisers in Wien am europäischen Friedensschluss des Dreißigjährigen Krieges leitend und führend mitarbeitete und diesen dann auch für den Kaiser unterzeichnete. Dafür wurde er als erster nassauischer Graf - neben anderen Ehrungen - in den Fürstenstand erhoben.

Nach dem Aussterben dieser Fürstenlinie blieb Hadamar Amtsstadt und Verwaltungsmittelpunkt des Fürstentums Nassau-Hadamar, auch kurz

*Die Außenseite des hufeisenförmigen Hadamarer Renaissanceschlosses*

**Hadamarer Land** genannt, bis 1885. Nachdem die Stadt mit Nassau 1866 preußisch geworden war, wurde sie 1885 eine der drei Städte des Landkreises Limburg/Lahn im Regierungsbezirk Wiesbaden der preußischen Provinz Hessen-Nassau. Das Westerwälder Fürstentum Nassau-Hadamar hatte von der Lahn bis zur Nister, von Dehrn bis vor die Tore Hachenburgs gereicht. Als der Calvinist Johann Ludwig von Nassau-Hadamar 1630 wieder katholisch geworden war, folgte das ganze Land nach damaligem Recht seinem Glaubenswechsel, genauso wie das Land um 1535 mit dem Herrscherhaus lutherisch geworden war. Noch heute lebt in der Bevölkerung des ehemaligen Fürstentums das Gefühl der Zusammengehörigkeit im Hadamarer Land.

Die **Kunstschule „Hadamarer Schule"** wurde Ende des 17. Jh. durch mainfränkische Bildhauer und Maler begründet. Diese Meister, wie Johann Neudecker d. Ä., Joh. Theodor und Nikolaus Thüringer, Martin Volck u.a., arbeiteten in erster Linie für die Ausstattung von Kirchen-, Kloster- und Schlossbauten im rechtsrheinischen Raum von Ehrenbreitstein bis Fulda, vom Sauerland bis zum Taunus. In Hadamar zeugen davon außer der Liebfrauenkirche die Ausstattung der ehemaligen Jesuiten-, jetzt Pfarrkirche (1752 bis 55), die Herzenbergkapelle (1675), die Justitia- und Nepomukfigur und Schnitzereien an Bürgerhäusern.

**★★ Schloss**. Die ältesten Teile im nördlichen und östlichen Flügel des Hauptbaues gehen auf die gotischen Anfänge von 1320 zurück. Die alte Burg war ein hufeisenförmiger vieltürmiger Bau, den Graf Johann Ludwig (1590 - 1653) in anderthalb Jahrzehnten (1612 - 1627) modernisierte und vergrößerte. Der erste und zweite Stock des Südflügels enthalten heute noch Stuckdecken und Malereien aus der Zeit um 1700. Im Süden, wo früher schon Schlosshofbauten gestanden hatten, erweiterte er diese nun zu zwei großen Wirtschaftshöfen, deren Bauten z.T. heute noch stehen. Im Norden des Mittelschlosses errichtete sein Sohn Franz Bernhard 1790 - 1794 ein Verwaltungsgebäude, von dem noch zwei Flügel vorhanden sind, in denen das Amtsgericht untergebracht ist. Das Mittelschloss beherbergte von 1823 - 1971 das weit über die Grenzen Nassaus hinaus bekannte und geschätzte humanistische Gymnasium, welches seine Anfänge in einer Lateinschule des 15. Jh. hatte. Heute ist es ein Bestandteil der Gesamtschule. Da für die Erweiterung des Schlosses und seiner Gärten ein großer Teil des bebauten Stadtgebietes vom Bauherrn aufgekauft worden war, wurde in der Folgezeit eine barocke Neustadt mit rechteckigen Straßenführungen von dem Landesherrn begünstigt aufgebaut. Umfangreiche Restaurierungen in den 80er bis Anfang der 90er Jahren.

**★★ Kath. Liebfrauenkirche**. (Totenkirche) Vor den Toren und Mauern der mittelalterlichen Stadt entstand ein Halbstift an der im 14. Jh. begonnenen und im 15. Jh. erweiterten dreischiffigen spätgotischen Kirche an der Elb. Besonders der gotische Deckenschmuck und die barocke Ausstattung durch die Hadamarer Kunstschule sind sehenswert. (Führungsblatt. Geöffnet April - Oktober, So 15 bis 16 Uhr). Jeweils an den 1. Sonntagen der Monate Juni bis September um 16.30 Uhr **Liebfrauenkonzerte**.

**★★ Barocke Stadtpfarrkirche Hadamar** aus dem 18. Jh. Ehemalige Klosterkirche der Jesuiten, seit 1818 Pfarrkirche von Hadamar. Die Spiegeldecke des durch Pilaster gegliederten Saalbaues wird von Schmuckkartuschen gesäumt und trägt zwei große Deckengemälde, die das Martyrium und die Verherrlichung (Gloriole) des Kirchenpatrons Johannes Nepomuk darstellen. Drei Altäre, Kanzel, Beichtstühle und Orgelgehäuse (mit neuer „Klais-Orgel") stammen aus der Bauzeit (Hadamarer Barock). Geöffnet: tägl. von 9 - 16 Uhr. **Krippenausstellung** (Dez./Jan.) im Gewölbekeller des angrenzenden Franziskanerklosters mit über 300 Krippen aus aller Welt.

**★★ Fachwerkhäuser** des 17. und 18. Jh. stellen eine besondere Zierde der Stadt dar. Besonders das ★ **Rathaus** (1639) und das benachbarte **Duchscherersche Haus** (1676) zeichnen sich durch gut erhaltenes reiches Schnitzwerk aus. Aber auch Fachwerkhäuser der **Borngasse**, des Neumarktes und der Schulstraße sind beachtenswert.

**Franziskanerkloster**. Als Hadamar 1629 katholisch geworden war und es an Geistlichen fehlte, begründete der Fürst 1630 eine Jesuiten-Niederlassung (Bauten sind in der Schlossgasse noch vorhanden) und 1637 ein Franziskanerkloster, dessen Kirche an der Stelle der ehemaligen Pfarrkirche St. Ägidius auf der jetzt Mönchberg genannten Anhöhe steht; in ihrer Fürstengruft ruhen die Gebeine der ehemaligen Fürsten von Nassau-Hadamar und ihrer Verwandtschaft. Diese Klostergebäude sind jetzt mit der ehemaligen Kirche Bestandteil des Psychiatrischen Krankenhauses und der Suchtklinik.

★ **Ehem. Synagoge** (erbaut 1841) in der Nonnengasse mit einer Dokumentation über die ehem. jüdische Gemeinde. Restauriertes Thorafragment erhalten.

★★★ **Gedenkstätte Mönchberg** im Psychiatrischen Krankenhaus. Gedenkstätte für die etwa 15.000 hier im Rahmen der NS-Euthanasie-Verbrechen Ermordeten. Dokumentarische Ausstellung, ehemalige Gaskammer, Krematoriumsstandort, ehem. Sezierraum. Gedenkstele. ☎ 0 64 33/91 70. Geöffnet Di - Do von 9 - 16 Uhr, erster So im Monat 11- 16 Uhr.

★ **Stadtmuseum Hadamar** im ehemaligen Marstall des Renaissanceschlosses. Sammlung von Scherenschnitten, Zeichnungen, Aquarellen und persönlichen Gegenständen des Künstlers Ernst Moritz Engert. Silhouettenfries des Malers Karl Wilhelm Diefenbach auf 32 großen Bildern. Gemälde, Stiche und Urkunden aus der Residenzzeit Hadamars. ☎ 0 64 33-89-0. Geöffnet Mo bis Fr. 14 - 16 Uhr; jeden 1. So im Monat 14 -17 Uhr; Juli bis Sept. So 14 - 17 Uhr.

★ **Wallfahrtskapelle auf dem Herzenberg** am nordöstlichen Stadtrand von 1675 mit barockem Gnadenbild und Hochaltar. Vier Marmorgrabmale mit den Herzen der Fürsten. Marienbrunnen und Ziergarten. Geöffnet täglich 9 - 16 Uhr. **Rosengarten** (3 ha) mit 1.800 Stöcken in 160 verschiedenen Sorten.

**Hohenholzkapelle** (1699) in der Nähe des Schnepfenhäuser Hofes. Unweit ein Steinkreuz, wo 1813 an Typhus verstorbene preußische Soldaten bestattet wurden.

★ **Galgenberg**, welcher bis 1815 den Galgen und die Richtstätte trug. Von beiden Höhen hat man einen weiten Blick zum Süden über das Limburger Becken hinweg bis zum Feldberg im Taunus und zur Schaumburg bei Balduinstein a. d. Lahn. Im Westen zieht sich die Montabaurer Höhe am Horizont hin und im Norden blickt man weit in den Westerwald hinein.

**135 km langes Rundwanderwegenetz**. Wanderkarte erhältlich.

Im Westen der Stadt führt ein schöner Weg zwischen den Felswänden der romantischen **Hexenschlucht** hindurch am Schwimmbad vorbei in den großen Hochwald, durch den man E.-Malmeneich in 1 Stunde erreichen kann.

ⓘ **Fremdenverkehrsamt Hadamar**, Untermarkt 1, 65589 Hadamar;
☎ 0 64 33/8 91 57 oder 89-0; Fax 0 64 33/8 91 35. Internet: www.hadamar.de

- **Elz** (120 m; 7.500 E., Kreis LM)

Größte Landgemeinde Hessens.

Die Neugestaltung der Ortsmitte wurde mit dem Rathausneubau 1993, der Sanierung des historischen **Rathauses** (Baujahr 1561) und der Sanierung des **Stricksinehauses** (17. Jh.) abgerundet; es beherbergt eine Bücherei mit Seniorenräumen. Im historischen **„Haus Loer"** (Fachwerkbau des 17. Jh. mit Hausmarken und Grenzsteinen) in der Pfortenstraße wurde ein **Heimatmuseum** eingerichtet (☎ 0 64 31/5 25 45).

Ein Kreuz in der **Mordschau** nahe Malmeneich erinnert der Sage nach daran, dass hier im 30-jährigen Krieg sich versteckende Elzer von schwedischen Soldaten aufgespürt und ermordet wurden.

# Lahn-Westerwald

**Betriebsam und teilweise romantisch im Tal, einsam auf den Höhen**

## Der Großraum Wetzlar

Durch das Lahntal führt bis Limburg die B 49, die bei Löhnberg die Lahn zum Westerwald hin verlässt und bei Limburg wieder das Tal erreicht. Von der Quelle bis zur Mündung ist die 300 km lange **Lahn-Ferienstraße** ausgeschildert.

### DIE ALTE REICHSSTADT WETZLAR

- ★★★ **Wetzlar** (150 bis 300 m; 52.800 E.; Kernstadt 31.400 E.; Kreis LDK 264.000 E., Reg.-Bez. GI)

  An der Einmündung der Dill in die Lahn gelegen, landschaftlich und architektonisch reizvolle Stadt mit noch sehr einheitlich erhaltener schöner Altstadt. Gepflegte Anlagen, die wie ein Grüngürtel die Altstadt umschließen. Zentrale Lage, günstige Verkehrsverbindungen (Anschluss an die Autobahn Frankfurt - Kassel (A 5) und Dortmund - Hanau (A 45; Sauerlandlinie), reizvolle Umgebung. Alte Reichsstadt, Goethestadt, weltbekannte Erzeugnisse der optischen und eisenschaffenden Industrie.

  ❖ Lange Zeiten hindurch, von den Tagen des großen Hohenstaufenkaisers Friedrich Barbarossa (1180) bis in die Napoleonszeit (1803), war Wetzlar eine **Reichsstadt**, also seit dem Mittelalter bis weit in die Neuzeit hinein. Diese Zeitepoche ist noch heute in Wetzlar unvergessen und man begegnet ihren Zeugen und Denkmälern auf Schritt und Tritt im Stadtbild.

  Sie gehörte zu den bedeutenderen Städten des Reiches; ihre Bürger, meist Kaufleute und Handwerker, genossen weithin Ansehen und Achtung; die deutschen Kaiser verliehen und sicherten ihnen wesentliche Rechte und Freiheiten, und über Märkte und Straßen der Stadt wogte das Getriebe der wichtigen Fernhandelsstraße Köln - Frankfurt. Die Stadt war nur dem Reiche und seinem Herrscher zu Treue und Gehorsam verpflichtet; sie bildete einen kleinen Stadtstaat inmitten fremder Herrschaftsgebiete benachbarter Grafen, die allerdings zu immer größerer Macht kamen. Solange Kaiser und Reich stark waren, konnte die Reichsstadt Wetzlar blühen und gedeihen; sie stand in Handelsbeziehungen mit den wichtigsten Orten des Reiches und im engeren Bündnis mit den nahegelegenen wetterauischen Reichsstädten Frankfurt, Friedberg und Gelnhausen. Als jedoch gegen Ende des Mittelalters die alte Herrlichkeit und Macht des Reiches dahinsank, geriet auch Wetzlar in immer größere Schwierigkeiten; man musste die Stadt mit kostspieligen Verteidigungsanlagen umgeben, sich an verlustreichen und zeitraubenden Unternehmungen auf der Seite der Bündnispartner beteiligen, Söldner unterhalten und die eigentlichen bürgerlichen Tätigkeiten des Handwerks und des Handels arg vernachlässigen. Die Folge war eine Verschuldung ohnegleichen, die um 1370 zu einem völligen Stadtbankrott führte, nachdem in stürmisch verlaufenen inneren Unruhen die alten Patriziergeschlechter gestürzt waren und die Zünfte die Herrschaft angetreten hatten.

  Die Stadt durchlebte freudlose und armselige Zeiten, bis sie im letzten Jh. ihrer Epoche als Reichsstadt noch einmal einen vorübergehenden wirt-

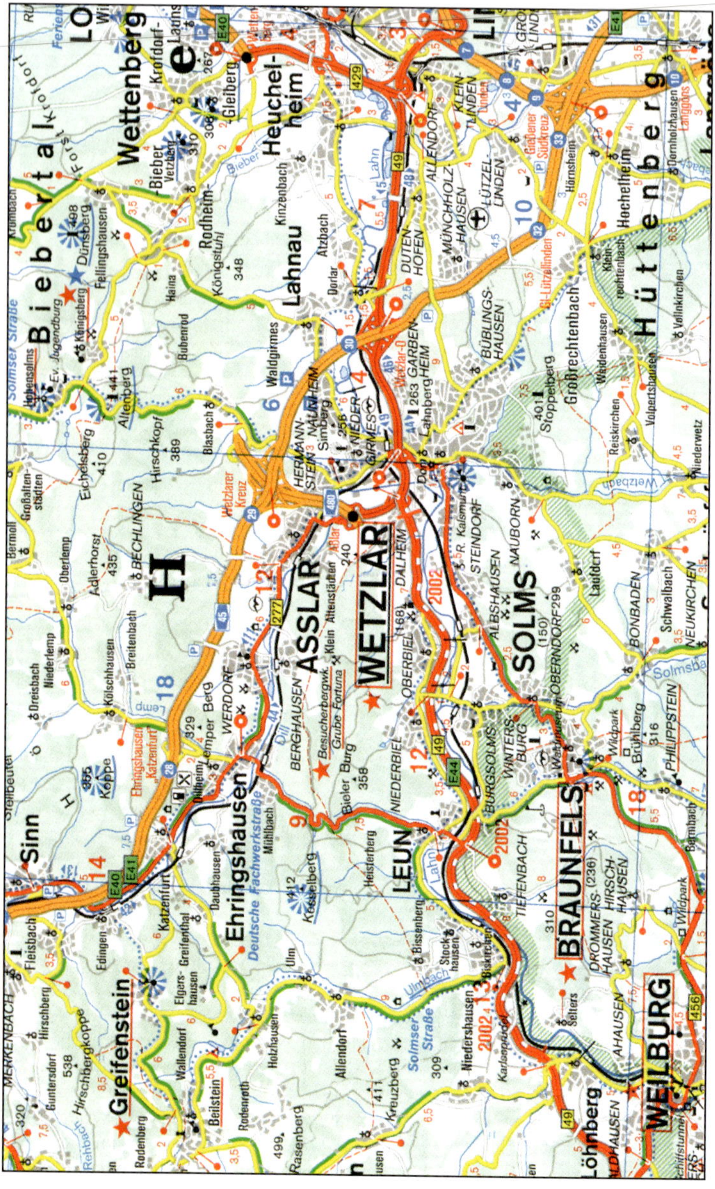
Wettenberg
Heuchelheim
Biebertal
Lahnau
Waldgirmes
Naunheim
Hermannstein
Wetzlarer Kreuz
ASSLAR
WETZLAR
Dalheim
Oberbiel
Niederbiel
Steindorf
Nauborn
SOLMS
Albshausen
Oberndorf
Burgsolms
LEUN
BRAUNFELS
Ehringshausen
Deutsche Fachwerkstraße
Greifenstein
Sinn
Werdorf
Berghausen
Besucherbergwerk Grube Fortuna
Dutenhofen
Garbenheim
Allendorf
Lützellinden
Hochelheim
Hüttenberg
Großrechtenbach
Bonbaden
Schwalbach
Neukirchen
Philippstein
Tiefenbach
Drommershausen
Hirschhausen
Ahausen
WEILBURG
Löhnberg
Solmser Straße
Lahn
Dill
Kölschhausen
Breitenbach
Bechlingen
Oberlemp
Niederlemp
Dreisbach
Katzenfurt
Edingen
Beilstein
Rodenberg
Ulm
Stockhausen
Bissenberg
Biskirchen
Niedershausen
Kreuzberg
Allendorf
Holzhausen
Wallendorf
Mühlbach
Dillheim
Kinzenbach
Atzbach
Dorlar
Rodheim-Bieber
Fellingshausen
Krofdorf-Gleiberg
Dünsberg
Königsberg
Hohensolms
Altenberg
Blasbach
Hirschkopf
Bubenrod
Laufdorf
Stoppelberg
Büblingshausen
Münchholzhausen
Kleinlinden
Gießener Südkreuz
Dornholzhausen
Vollnkirchen
Volpertshausen
Weidenhausen
Reiskirchen
Niederwetz
Kraftsolms
Großaltenstädten
Bermoll
Adlerhorst
Eichelsberg
Fleisbach
Hirschberg
Guntersdorf
Merkenbach
Rasenberg
Rodenroth
Heisterberg
Kosselberg
Selters
Karlsmunt
Bieler Burg
Grube Fortuna
Wildpark
Brühlberg
Oberndorf
Wetzlar-O
Lahnberg
Simberg
Nieder Girmes
Dorf
Leun

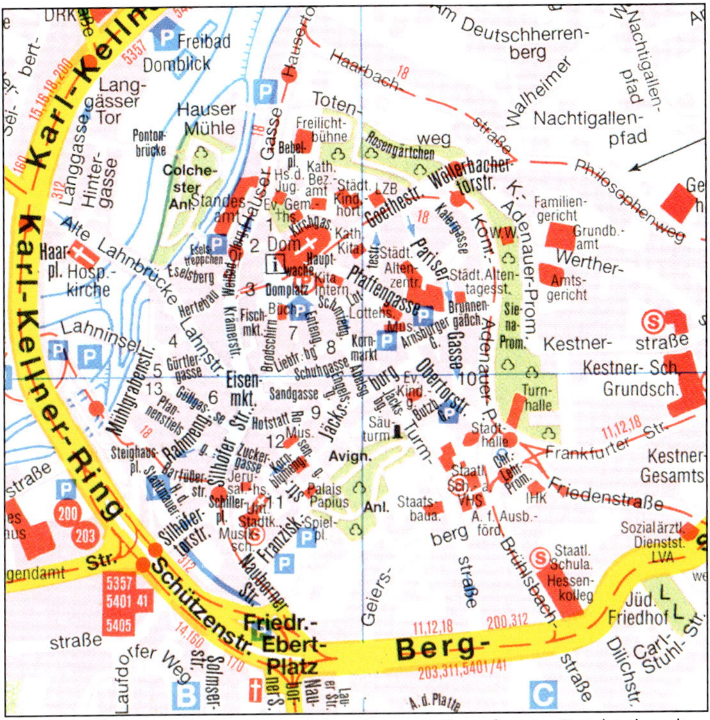


schaftlichen Aufschwung erreichen konnte: Das oberste Gericht des alten Reiches, das **Reichskammergericht**, wurde gegen Ende des 17. Jh. aus dem durch Ludwig XIV. bedrohten Speyer nach Wetzlar verlegt. Die Stadt erwachte wie aus einem Dornröschenschlaf; denn fast 1000 Menschen mit ganz anderen Wohn- und Lebensansprüchen kamen nun plötzlich in ihre Mauern. Es wurde viel gebaut, neue Zünfte entstanden, viele Fremde suchten das Gericht und damit die Stadt auf - sie kam wieder in aller Munde und wurde erneut im ganzen Reiche bekannt.

Der Anwesenheit des hohen Gerichtes verdankt Wetzlar darüber hinaus einen kurzen, aber durchaus bedeutsamen **Aufenthalt des jungen Goethe**, der hier als Rechtspraktikant den Gang eines Prozesses am obersten Reichsgericht kennen lernen sollte. Das war im Sommer 1772; zwei Jahre später erschien auf dem deutschen Büchermarkt Goethes Jugendroman von den „Leiden des jungen Werthers", und damit hatte die Stadt Eingang gefunden in die Weltliteratur.

Die Stadt verlor im Zuge des Reichsdeputationshauptschlusses (1803) wie fast alle Reichsstädte ihre Reichsunmittelbarkeit. Drei Jahre danach war auch das Ende des Reichskammergerichtes gekommen. Nach dem Wiener Kongress (1815) wurde Wetzlar dem Königreich Preußen einverleibt. Damit fand sie nach Jahr-

*Über der alten Lahnbrücke erhebt sich die schiefergraue Wetzlarer Altstadt, gekrönt von ihrem Dom.*

hunderten der Vereinsamung Anschluss an ein großes, geordnetes Staatswesen. In der zweiten Hälfte des 19. Jh. setzte die Entwicklung zur **Industrialisierung** ein. Voraussetzung dazu waren eine erste Schiffbarmachung der Lahn bis fast nach Gießen und die Bahnbauten der Strecke Gießen - Köln und Gießen - Koblenz. Als erste wird in Wetzlar um die Jahrhundertmitte, aus kleinsten Anfängen erwachsend, die optisch-mechanische Industrie sesshaft; zwei Jahrzehnte später wird der erste Hochofen angestochen. Beide Industriezweige haben sich seitdem in mehreren Unternehmungen sehr weiterentwickelt. - Die **eisenschaffende Industrie**, die als erste hier die Formen eines Großbetriebes entwickelte, war im Wetzlarer Raum dank der seit altersher bekannten Eisenerzvorkommen von vornherein heimisch, während die **optisch-mechanische Industrie** ihre Entstehung (1849) auf den genialen Karl Kellner zurückführt und noch lange die Form spezialisierter Kleinbetriebe beibehielt.

Trotz der erheblichen Vergrößerung der Stadt blieb das alte Stadtbild mit Dom, Altstadt und Lahnbrücke als Sinnbild der mittelalterlichen Reichsstadt wohlerhalten und ungestört von den modernen Bauten und Anlagen der Industrie, die sich weitflächig im Lahntal ausbreitete.

In den neueren westlichen und nördlichen Stadtteilen bedeutende, weltweite Industrie mit Schwerpunkten Optik z.B. Optische Werke Leitz (Leica-Kamera), Eisenverarbeitung, Elektrotechnik und Elektronik sowie weitere Klein- bis Mittelbetriebe verschiedener Branchen. Die Buderus-Werke produzierten hier jährlich 75.000 t Gusseisen und 600.000 t Zement.

**Ein Rundgang durch Wetzlar** (ca. 2 Stunden)

★★★ **Domplatz** oder **Buttermarkt**, seit jeher Wetzlars wichtigster und zentraler Markt- und Versammlungsplatz. Der **Dom**, ehemalige Stifts- und Pfarr-

kirche St. Maria, wurde 897 erstmals geweiht. Über den beiden ersten Kirchen, von denen heute nichts mehr sichtbar ist, wurden zwei weitere Bauwerke errichtet. Die älteste Anlage ist spätkarolingisch, sie wurde in salischer Zeit (11. Jh.) erweitert. Im letzten Viertel des 12. Jh. romanischer Neubau, dann 1235 bis 1240 Beginn des gotischen Neubaues, in den das romanische Westwerk mit einbezogen wurde (Heidenturm und Heidenportal), und der bis heute noch nicht abgeschlossen ist. - Leider ist nur noch die westliche Häuserseite des Buttermarktes in ihrer schönen Geschlossenheit aus dem 18. Jh. erhalten, - in sie eingefügt, gegenüber der Westfront des Domes Wetzlars altes Rathaus von 1790, das heute das Verkehrsamt beherbergt.
Von hier aus erreichen wir über die abschüssige Baugasse hinab das ehemalige ★ **Rathaus**, das einst als Archivgebäude für das Reichskammergericht errichtet und benutzt wurde, sowie die **Post** in der Hausergasse. Über die steile Domtreppe hinauf kann man wieder den Domplatz gewinnen, der sich im Südwesten zum ★ **Fischmarkt** erweitert. Hier steht ein noch älteres Rathaus, das aber seit 1693 dem ★★ **Reichskammergericht** als Sitzungsgebäude diente und deshalb an seiner Stirnseite den doppelköpfigen schwarzen Reichsadler auf goldenem Grunde trägt.
Heute steht an der Stelle des einst repräsentativen Hotels „Herzogliches Haus", das auch jahrzehntelang Kammergerichtsgebäude war, das sogenannte „Stadthaus am Dom". Es beherbergt neben der Stadtbibliothek ständige Kunstausstellungen und Versammlungsräume. Oberhalb ist das ehemalige Gasthaus „Zum Kronprinzen", in dem der junge Goethe im Kreise seiner hiesigen Freunde fröhliche Stunden verlebte.
Durch die enge Schmiedgasse kommen wir hinauf zum ★★ **Kornmarkt**, Wetzlars zweitem mittelalterlichen Marktplatz; wahrhaft idyllisch ist seine Westseite mit dem Blick über den reichsstädtischen Brunnen auf die beiden Fachwerkhäuser aus dem 17. Jh. in die Gewands- und Schuhgasse. Auf der Südseite erkennen wir Wetzlars führendes Gasthaus während der Kammergerichtszeit, das Haus „Zum Römischen Kaiser" am farbenfrohen Standbild eines Kaisers aus dem 18. Jh. Das Gebäude selbst war 1776 als Theater, Ball- und Gasthaus erbaut worden und wurde 1977 neu errichtet. Der Durchgang des „Römischen Kaiser" lässt uns zum **Säuturm** gelangen, dem letzten noch erhaltenen Turm in der mittelalterlichen Stadtmauer. Er war ursprünglich ein Bollwerk in der **Stadtmauer** und hatte weder selbst einen Durchlass noch seitlich ein Tor. Erst viel später, als die Stadtbefestigung ihre Bedeutung als Schutz für die Stadtbevölkerung fast völlig verloren hatte, entstand hier eine Pforte durch die Mauer, um den Verkehr in die davor gelegene Feldmark zu ermöglichen. Unter- wie oberhalb dieses alten Stadtturmes sehen wir noch bedeutende Strecken der Ringmauer, die hier einst die Stadt nach Süden begrenzte und beschützte. Die vorgelagerten Gräben und Wälle sind zur Avignonanlage mit einem Ehrenmal für die Toten der beiden Weltkriege umgestaltet worden. Reizvoll ist der Blick (☼) über Stadtmauer und Anlagen hinüber zum Kalsmunt und über die untere Stadt ins Lahntal.
Vom Säuturm aus sind es nur ein paar Schritte hinauf zum **Goldfischteich** mit seinen gepflegten Blumenbeeten und Ruhebänken, flankiert von der Wetz-

larer Stadthalle und der Turnhalle des Turnvereins. Nach einem kurzen Blick durch die enge Obertorstraße mit ihren beiden schieferbedeckten Zollhäuschen hinunter zum Domturm spazieren wir über die mit prächtigen Bäumen bestandene Promenade, biegen aber schon nach einigen Schritten links durch das Brunnengässchen ab zum **Deutschordenshof**, wo wir uns in weltabgeschiedener Stille unter hohen Kastanienbäumen zum Besuch in ★★ **Lottehaus** und **Museum** vorbereiten.

Durch die Lottestraße gehen wir wieder zurück zur Promenade, die sich auch über die Wöllbachertorstraße hinweg an der Stadtmauer entlang ausdehnt und hier den **Alten Friedhof** beherbergt. Unter den alten Grabmalen entdecken wir den Stein für Karl Kellner, den Begründer der Wetzlarer optischen Industrie, einen Gedenkstein für den unglücklichen Jerusalem und ein Erinnerungsmal für die hier bestatteten Angehörigen der Lotte-Familie Buff. Weiter unten im Rosengärtchen stoßen wir auf die herrlich gelegene **Freilichtbühne**, die jeden Sommer Tausende von Theater- und Opernfreunden zu den Wetzlarer Festspielen anlockt. Durch das Grün der Bäume grüßt aus nächster Nähe wieder der Dom. Von der Freilichtbühne aus wenden wir uns zum Rosengärtchen, um von da aus dem romantischen **Goethebrunnen** noch einen Besuch abzustatten. Ganz versteckt in einer kleinen Anlage plätschert er tief unten in einem uralten Gemäuer.

Die Haarbachstraße bringt uns hinunter zur Hausertorstraße mit einem Kriegerehrenmal und dann links über die eiserne Lahnbrücke zum **Buderusplatz** Von der Lahnbrücke aus haben wir nach Westen geblickt und über das breite Wehr in das inmitten der Stadt und doch unbehelligt vom Getriebe der Stadt gelegene Freibad **„Domblick"** und die **Colchester-Anlage** auf einer Lahninsel entdeckt. Wir konnten auch den Turm der evangelischen **Hospitalkirche** erkennen, die im Barockstil erbaut ist.

*Fachwerkhäuser am Wetzlarer Schillerplatz*

Vom Buderusplatz gelangt man rechts zum Bahnhof und in den Stadtteil Niedergirmes, geradeaus zu den Anlagen der Schwerindustrie und links über den **Karl-Kellner-Ring** auf die neue Lahnbrücke. Von hier aus genießen wir den bekannten Blick über die Lahn mit ihrem Wehr auf die historische steinerne Lahnbrücke mit ihren formschönen Bögen und auf die schiefergraue Altstadt mit dem Dom als Bekrönung.

Rechts der Straße liegt hier das **Stadion**; vor uns am Fuße des Kalsmunt erheben sich die Hochbauten der Firma Leica und gegenüber, im ehemaligen Leitz-Verwaltungsgebäude, das neue Rathaus. Hinter dem Leitz-Platz biegen wir noch einmal kurz nach rechts ab, um nach wenigen Schritten vor Wetzlars einzigem noch erhaltenen Stadttor, dem Kalsmunttor, zu stehen.

Wir wenden uns wieder zurück zum Leitz-Platz und von da durch die schmale Silhöfertorstraße zum **Schillerplatz**. In seiner Häuserfront steht das hübsche Fachwerkhaus mit dem **Jerusalemzimmer**, dessen Besichtigung sich der Freund und Liebhaber von Goethe's „Werther" nicht entgehen lassen wird. Auf der anderen Seite des Schillerplatzes erhebt sich das Gebäude des ehemaligen **Franziskanerklosters**, dessen Chor als Untere Stadtkirche der Evangelischen Kirchengemeinde als Gotteshaus dient. Dahinter steht am **Ludwig-Erk-Platz** das Geburtshaus des bekannten deutschen Liedersammlers und -komponisten.

Wir steigen noch ein paar Schritte die Kornblumengasse hinauf, um auf der rechten Seite das **Palais Papius** mit seiner kostbaren **Sammlung Europäischer Wohnkultur** und auf der linken Seite das ebenfalls aus der Kammergerichtszeit stammende Avemann'sche Haus zu besichtigen; das letztere beherbergt das **Reichskammergerichtsmuseum**. Man sollte von hier aus auch die neugeschaffene Umgebung des ehemaligen Franziskanerklosters in Augenschein nehmen, die „Zehntscheune" mit Straßenübergang und den Klostergarten.

Nun wenden wir uns zurück zum Schillerplatz, um nach einem Gang durch die eng gewundene Silhöfer Straße Wetzlars kleinsten ehemaligen Marktplatz, den **★★ Eisenmarkt** zu besichtigen; ihn zieren zwei der anmutigsten Fachwerkhäuser, an der einen Seite die „Alte Münz" und schräg gegenüber die ehemalige Löwen-Apotheke. Durch Wetzlars belebteste und älteste Geschäftsstraße, die **Krämerstraße**, gelangen wir vom Eisenmarkt zurück zum Buttermarkt und zum Dom.

**Besichtigungszeiten**:

**Dom:** (täglich geöffnet), Führungen nach Vereinbarung über die Tourist-Information.

**Lottehaus/ Stadt- und Industriemuseum**, Lottestraße 8 - 10: Im Lottehaus Erinnerungen an Goethe und Charlotte Buff („Die Leiden des jungen Werthers"). Sammlung von Werther-Ausgaben; Möbel, Bilder, Briefe aus der Goethezeit. Im Stadt- und Industriemuseum Gemäldesammlung, Sammlungen zur Stadt- und Industriegeschichte mit Exponaten aus den Bereichen Bergbau, Eisenverarbeitung, Optik, Feinmechanik, Elektronik. Geöffnet: Di bis So 10 - 13 und 14 - 17 Uhr. Tel. 0 64 41/99-2 21; Fax 99-5 92.

**Jerusalemhaus**, Schillerplatz 5: Erinnerungen an den Legationssekretär K.W. Jerusalem, der sich hier im Oktober 1772 das Leben nahm. In der Gestalt von Goethes „Werther" wurde er unsterblich. Geöffnet: Di bis So 14 - 17 Uhr.

**Reichskammergerichts-Museum** Hofstatt 19. Sammlung zur Geschichte des Reichskammergerichts. Geöffnet: Di bis So 10 - 13 und 14 - 17 Uhr.

**Sammlung Dr. I. von Lemmers-Danforth (Palais Papius)**, Kornblumengasse 1: Europäische Wohnkultur aus Renaissance und Barock in einem ehem. Palais aus der Reichskammergerichtszeit. Geöffnet: Di bis So 10 - 13 u. 14 - 17 Uhr.

**Sammlung historischer Mikroskope der Leica Industrieverwaltung GmbH**, Ernst-Leitz-Str. 30 (Neues Rathaus). Geöffnet: Mo bis Fr 8 - 17 Uhr. ☎ 06441/292343.

**Naturschutzzentrum Hessen e.V.**, Friedenstraße 38, 35573 Wetzlar, ☎ 0 64 41/2 40 25-27,. mit Naturlehrgebiet und Naturerlebnispfad. Natur-Spur Helgebach: An 22 Stationen Natur erkunden (Länge 3 km).

ⓘ **Tourist-Information der Stadt Wetzlar**, Domplatz 8, 35573 Wetzlar, ☎ 06441/99-338, Fax: 99-339. Internet: www.wetzlar.de

## AN DER UNTEREN DILL

Während westlich der Dill ein einigermaßen geschlossener Höhenrücken etwa parallel zur unteren Dill verläuft, bietet die Landschaft ostwärts der unteren Dill keine geschlossene Einheit. Mehrere parallel zueinander verlaufende Täler bringen der Dill Zuflüsse und zerteilen die Landschaft in ost- und nordostwärts verlaufende Höhenzüge. Durch das Dilltal führt die Bundesstraße B 277 von Siegen über Herborn nach Wetzlar, und an den links der Dill gelegenen Hängen verläuft die Trasse der Autobahn „Sauerlandlinie".

- Aßlar-**Werdorf** (172 m; 3.200 E.)

  ★ **Ev. Kirche** (1254 erneut urkundlich erwähnt). Spätromanischer Chorturm, der zwei Wehrgeschosse besitzt, Fresken aus dem 15. Jh., Schiff von 1772.

  Das **Schloss** der Fürsten von Solms-Braunfels ist heute in städtischem Besitz. Dreigeschossiger Rechteckbau. Ecktürme. Über der Fronttreppe laubenartiger Vorbau. Darin das **Heimatmuseum** der Stadt Aßlar: Landwirtschaftliche Geräte, Bergbau, alte Wohnungseinrichtungen. Betreuer: Verein für Heimatgeschichte Werdorf. Geöffnet jeden 2. und 4. Sonntag sonntags 14 - 18 Uhr. Eintritt frei. ☎ 0 64 41/8 03 16.

- **Aßlar** (Kernstadt Aßlar 185 m; 7000 E.; gesamte Stadt 14.000 E.; Kreis LDK)

  **Thermalsolebad** Laguna Aßlar

  70 km ausgeschilderte Rad- und Wanderwege

  ⓘ Internet: www.asslar.de

- Wetzlar-**Hermannstein** (156 m; 3.600 E.)

  Landgraf Hermann II. von Hessen errichtete eine Burg gegen die Solmser, 1377 bereits Hermannstein genannt. ★ **Burg Hermannstein** fällt durch die beiden hochragenden Kamine auf. Wir unterscheiden eine Oberburg und eine Unterburg. Das Erdgeschoss des oberen Baues liegt gleichhoch mit dem

**Deutsche Fachwerkstraße**

*Die Regionalstrecke West- und Mittelhessen der Deutschen Fachwerkstraße verbindet die schönsten hessischen Fachwerkstätten miteinander. Im Westerwald nimmt sie folgenden Verlauf: Marburg - Herborn - Wetzlar - Braunfels - Weilburg - Hadamar - Limburg an der Lahn.*

zweiten Obergeschoss der Unterburg, die 1483 in spätgotischem Stil hinzugefügt wurde. Die Oberburg zählt zu den besten Beispielen einer gotischen Wohnturmanlage mit französischem Einfluss: Abgerundete Ecken und Kreuzgratgewölbe über einem Mittelpfeiler. Privatbesitz.

**Ev. Kirche**, einheitlicher spätgotischer Bau von 1491 - 92; sehr gute Inneneinrichtung.

## NÖRDLICH DER LAHN UND ÖSTLICH DER DILL

✤ Die ★ **Hörre**, ein Gebirgszug, zwischen der Aar und der Lemp, steigt aus dem Dilltal steil empor, verläuft in ungefähr östlicher Richtung und senkt sich im Osten in das Tal der hier nordwärts fließenden Aar. Ein geschlossener, abwechslungsreicher Mischwald bedeckt die Hänge und den Höhenrücken der Hörre, ab und zu von kleinen Wacholderheiden unterbrochen. Stille Täler und befestigte Wege, die zum Teil sogar asphaltiert oder betoniert sind und die Hörre nach allen Richtungen hin durchziehen, laden zu ausgedehnten Wanderungen ein. Zu empfehlen sind Wanderungen durch das schöne Stippachtal bei Sinn oder das reizvolle Roßbachtal bei Niederlemp.

Über den Höhenrücken der Hörre zieht sich eine im Mittelalter wichtige Handelsstraße, der **„Rennweg"**, der heute als Wanderweg nördlich von Dreisbach an dem Gipfel der **„Alteburg"**, mit 445 m höchste Erhebung der Hörre, vorbeiführt. - Stille, wildreiche Mischwälder, Täler, klare Bäche und reine Luft, etwas für den ruhesuchenden Wanderer, der dem Lärm entfliehen will.

☼ Die **Koppe** bei Kölschhausen ist 354 m hoch und bietet von ihrem Gipfel einen schönen Rundblick in die harmonische und schöne Landschaft. In ihrem Naturschutzgebiet finden sich außer Wacholder und seltenen Pflanzen auch ein sehr ebenmäßiger Säulenbasalt.

Südlich vom Aartal verläuft das **Tal der Lemp**, die nach dem Zusammenfluss der drei Quellbäche zunächst nach Westen, dann ab der Grundmühle bei Kölschhausen nach Süden fließt und bei Ehringshausen in die Dill mündet. In dem landschaftlich reizvollen Tal liegen die Orte Oberlemp, Niederlemp und Kölschhausen. An den Zuflüssen der Lemp liegt im Osten Bermoll am Hange des Buchenberges (391 m), und an einem von Norden kommenden weiteren Zufluss liegt Dreisbach in einer Talmulde an der Hörre. Eine Landstraße mit Autobahn-Anschluss, Abfahrt Ehringshausen, führt durch das Lemptal nordwärts.

- Ehringshausen-**Dreisbach** (245 m; 330 E.)

  Idyllischer Ort, der nur auf einer an der Grundmühle von der Lemptalstraße abzweigenden Straße zu erreichen und 5 km von Ehringshausen entfernt ist. **Guter Ausgangspunkt für Wanderungen in der Hörre.**

Südlich der Lemp und zu ihr ungefähr parallel verläuft das gewundene, nicht so weit nach Osten ausbiegende **Tal des Bechlingerbaches**. Der Bach entspringt bei Bechlingen am Fuße des Adlerhorstes (435 m) und windet sich durch das hübsche Tal hinab nach Aßlar, wo er in die Dill mündet. Kurz vor Aßlar wird das Tal von der architektonisch interessanten Bechlingertalbrücke der Autobahn „Sauerlandlinie" überspannt.

Das letzte von Nordosten in das Dilltal einmündende Tal ist das **Blasbachtal**, das sich von Hermannstein nach Norden, bis in die Hohensolmser Hochfläche,

*Burg Gleiberg über Krofdorf-Gleiberg, ein Wahrzeichen des Wettenberger Landes*

erstreckt. Der Blasbach entspringt am Fuße des Altenberges (442 m), durchfließt ein liebliches Wiesental und den Ort Blasbach, nimmt unterhalb des Ortes den aus einem sehr schönen und langen Tal kommenden Mehlbach auf und mündet bei Hermannstein in die Dill. In einer hübschen Umgebung bieten sich gute Wandermöglichkeiten durch Wälder, über Höhen und durch reizvolle Täler. Südlich von Blasbach, in dem Dreieck zwischen Lahn, Dill und Blasbach, erhebt sich nördlich von Wetzlar der aus Kalk bestehende **Simberg** (256 m) mit dem **Rasthaus „Schauinsland"**, von dem sich eine schöne Aussicht (☼) nach Süden bietet.

• Wettenberg-**Krofdorf-Gleiberg** (215-308 m; 5.020 E., Kreis GI)

**Wettenberg** mit den Ortsteilen Krofdorf-Gleiberg, Launsbach und Wißmar liegt als „Tor" zum Lahn-Dill-Bergland des Westerwaldes 5 km nördlich von Gießen.

**Krofdorfer Forst**. Zusammen mit dem Wißmarer Wald ein riesiges Waldgebiet, in dem das Rotwild heimisch ist. Er erstreckt sich zwischen Lahn, Salzböde, Vers und Bieber und ist landschaftlich besonders reizvoll. Die Wald- und Wiesentäler von Wißmarbach, Chattenbach (im unteren Laufe Gleibach), und Fohnbach, die alle in die Lahn münden, bieten Ruhe und lockern die Landschaft auf.

Sagenumwoben ist dieser herrliche Wald. An den Dreiherrensteinen, dem Frauenkreuz und den Fundamenten des „Alten Schlosses" an der Salzböde, das in karolingischer Zeit gebaut wurde, raunt die Vergangenheit. In der Gaststube der Wirtschaft **Schmelzmühle**, deren alte Gebäude außer der Mühle im Mittelalter auch eine Eisenschmelze beherbergten, dreht sich noch das Mühlrad.

☼ ★★ **Burg Gleiberg**. Vom besteigbaren, 30 m hohen Bergfried aus dem 12. Jh. großartiger Blick ins Gleiberger Land und in die Lahnebene mit Gießen und Wetzlar. Im erhalten gebliebenen Albertusbau und Nassauer Bau befindet sich ein Restaurationsbetrieb. Sehenswert der Rittersaal mit schönen Glasfenstern. Die Ruinen der Oberburg mit Resten von Palas und Burgkapelle können besichtigt werden.

**Ev. Burgkapelle** mit kleinem gotischem Chor zum Tal hin und sich nördlich anschließendem Langschiff. Zweigeschossige Emporen mit Brüstungsmale-

*Blick von Burg Gleiberg nordwestlich auf den Vetzberg mit seiner Burg und die markante Kuppe des Dünsbergs (rechts).*

reien. Im Chor freigelegte Wandmalereien aus dem 15. Jh. Sehr schöne Kanzel von 1643.

★★ **Ev. Pfarrkirche in Krofdorf**, das bedeutendste Beispiel einer spätgotischen Holzpfeilerkirche in Hessen. 1271 erstmals erwähnt. Langer Saalbau mit steilem Satteldach und kleinerem Rechteckchor. Kanzel ähnlich der der Gleiberger Burgkapelle.

★★ **Dünsberg** (498 m). Gewaltig erhebt sich über dem Biebertal die mächtige Kuppe des Dünsbergs. Obwohl der Dünsberg seiner Kegelform nach vulkanischen Ursprunges sein könnte, besteht er nicht aus Basalt, sondern aus Kalkstein und Kieselschiefer. Auf dem Dünsberg gewaltige Ringwallanlage mit drei konzentrischen Ringen, die zusammen 12 km lang und heute noch stellenweise 10 m hoch sind. Ursprünglich von den Kelten erbaut, wurde die Anlage dann von den Germanen (Chatten) weiter ausgebaut. Wahrscheinlich ständig besiedelt, also ein „Oppidum". Reichhaltige Funde aus der Latènezeit (500 - Chr. Geb.) und dem 4. Jh. Zerbrochene Schwerter und andere Waffen aus dem 5. Jh. weisen auf kriegerische Auseinandersetzungen auf dem Dünsberg zu jener Zeit hin. Archäologischer Wanderweg mit Erläuterungstafeln um den Dünsberg. - Aussichtsturm.

★ **Burgruine Vetzberg** (12. Jh.), weithin sichtbare Gipfelburg auf einem Basaltkegel, gegenüber der Burgruine Gleiberg. Prächtige Aussicht (☼) vom runden Bergfried.

## IM LAHNTAL VON WETZLAR NACH LÖHNBERG

• ❖ ★★ **Kloster Altenberg und ★★★ Besucherbergwerk Grube Fortuna in Oberbiel**

**Kloster Altenberg** wurde 1167 gegründet und 1179 fertiggestellt. Die zweite Meisterin des Klosters war Christina von Biel, die mit ihrem Vermögen in das Kloster eintrat, damit die bis dahin herrschende finanzielle Notlage beende-

*Hinter den Bäumen des Wetzlarer Lahntals verbirgt sich die langgestreckte Gebäudereihe von Kloster Altenberg.*

te und den Grundstock für den späteren Reichtum legte. Ihre Nachfolgerin Gertrudis war die Tochter der hl. Elisabeth, Landgräfin von Hessen. Das Kloster war nun nur für adelige Fräuleins, die ihre Mitgift in das Kloster einbrachten und damit zu seinem Reichtum beitrugen. Im 13. Jh. konnte der Ausbau des Klosters vollendet und die gotische Kirche errichtet werden. 1802 wurde das Kloster aufgelöst und fiel dem Hause Solms zu. Heute dient es dem Diakonissenmutterhaus aus Königsberg/Preußen als Ausbildungsstätte und Altersruhesitz. Obwohl viele Kunstschätze des Klosters entfernt wurden, lohnt sich eine Besichtigung, vor allem der Kirche, noch immer. Anfragen für eine Besichtigung: ☎ 0 64 41/2 30 14.

Der weite Innenhof eines alten Gutshofes führt zur **Klosterkirche St. Maria** in edler Frühgotik in den Formen der Marburger Bauhütten-Nachfolge; nach der Ordensregel einfach und streng, doch wohlproportioniert und in erstklassiger Steinmetzearbeit gestaltet (Maßwerk, Fensterböden, Dienste und Gewölbe). Nonnenempore mit Totenkapelle, fürstlicher Gruftkapelle und ehemaligem Kapitalsaal. Ausmalung der Kirche 1949/50 und 1975/76 restauriert. An der südlichen Vierungswand Fresko der Krönung Mariens und die 12 Apostel. An der Chornordwand: Ordensschwestern überbringen der Muttergottes die Kirche. An der Südwand überlebensgroßer Christophorus. Prachtvoller Prospekt der Barockorgel. Hervorragende Innenausstattung und mehrere Grabdenkmäler sowie die Tumba der Äbtissin Gertrud (um 1334). ☎ 0 64 41/55 36.

★★★ **Besucherbergwerk „Grube Fortuna“** mit Schachteinfahrt auf die 150-Metersohle und Vorführung der Bergbautechnik vor Ort. Bergbau- und Grubenbahnmuseum in einer 1983 stillgelegten Erzgrube mit Zechenhaus. Angeschlossen ein Feld- und Grubenbahnmuseum mit über 30 historischen Loks. **Bergbaukundlicher Lehrpfad** (ca. 1 Stunde). Museumspädagogische Angebote. Geöffnet: März bis November Sa/So 10 - 18 Uhr, Di bis Fr 9 - 16 Uhr, letzte Führung 17 Uhr. Dez. bis Feb. geschlossen. ☎ 0 64 43/82 46-0; Fax 2043. Internet: www.grube-fortuna.de

Die ausgeschilderte **Solmser Straße** verbindet die wichtigsten Orte der ehem. Grafschaften und Fürstentümer des Hauses Solms miteinander. In ihrem Westerwald-Abschnitt führt sie von Solms über Kloster Altenberg und Leun nach Greifenstein und Herborn.

- ★★ **Mineralquellen an der Lahn**
An der Mündung des Ulmbachs in die Lahn liegt der gepflegte Ort **Biskirchen**. Der kohlensäurehaltige **Gertrudisbrunnen** wird als Gemeindeborn bereits 1650 urkundlich erwähnt. Daneben 800 Jahre alte **Eiche**. Unterirdischer Brunnentempel der **Friedrich-Christian-Heilquelle**, Besichtigung nach Vereinbarung. Weitere Mineralquellen mit anerkannter Heilwirkung sind der Karlsprudel und die Friedrich-Christian-Heilquelle. Im Löhnberger Becken beiderseits der Lahn weitere hochwertige **Mineralquellen** - Selters Mineralquelle Augusta Victoria GmbH und Neuselters Mineralquelle Blaue Quellen Mineral- und Heilbrunnen AG.

## Im Lahntal von Löhnberg nach Limburg

*Übersichtskarte siehe Seite 138!*

- **Löhnberg** (163 m; 2.600 E.; Großgemeinde 5.000 E.; Kreis LM)
★ **Laneburg**: Zweiflügel-Bau; zeitweise Residenz der Grafen von Nassau-Dillenburg, war oft Tausch- und Pfandobjekt. Wegen der jahrhundertelangen Grenzlage blieben Burg und Ort städtische Entwicklung versagt. Zuletzt als Zehntscheune genutzt. 1900 durch Brand völlig zerstört. Umfangreiche Restaurierungen und Sanierungsarbeiten.
★ **Ev. Pfarrkirche**, ehemals Hof- und Schlosskirche (1738). Wohlproportionierter, siebenstufiger, schlanker Turm. Gotischer Chor, Schiff von 1738; vorzügliche Decken- und Brüstungsmalereien.
**Grubensteg** (1917) über die Lahn zur stillgelegten Eisenerzgrube „Buchwald" (restauriert 1994), jetzt Verbindung zum OT Selters, als Wander- und Radweg. Industriedenkmal.
- ★★ **Weilburg** (130-250 m; 5.700 E., Gesamtstadt 13.550 E.; Kreis LM)
Viel Sehenswertes bietet Weilburgs reizvolle Altstadt.
❖ Die einzigartige Lage des von der Lahn umflossenen Bergkegels in der Nähe einer uralten Fernstraße regte im ausgehenden karolingischen Reich (9. Jh.) das Grafengeschlecht der Konradiner zur Anlage eines befestigten Gutshofs auf dem Felsabsturz über dem Fluss an, **Wilinaburg** genannt. Konrad der Ältere, das Oberhaupt des Geschlechts, fiel im Kampf um die Herrschaft im Herzogtum Franken und wurde 906 auf der Weilburg, vermutlich in der bereits bestehenden Martinskirche bestattet (erste Erwähnung des Ortes). Seinen Sohn wählten die deutschen Herzöge nach dem Tod des letzten karolingischen Herrschers, Ludwig des Kindes, zum König **Konrad I. (911 bis 918)**. Er gilt als Begründer des Deutschen Reiches. 939 fiel Weilburg an das sächsische Haus und kam durch Schenkung an das Bistum Worms.
Die als Vögte eingesetzten **Grafen von Nassau** gewannen die Herrschaft Weilburg zunächst als Pfand, und Graf Adolf aus der walramischen Linie, von den deutschen Kurfürsten zum König gewählt (1291 bis 98), kaufte sie. Er ver-

lieh Weilburg 1295 **Stadtrechte**. Graf Johann umgab im 14. Jh. die Stadt mit einer Basaltmauer; einer ihrer sechs hohen Türme steht heute noch. Graf Philipp III. führte 1526 die **Reformation** ein und gründete nach der Säkularisierung des Walpurgisstifts 1555 eine Lateinschule, aus der das heutige Gymnasium Philippinum hervorgegangen ist. Die Konradinerburg ließ er abreißen und erbaute das jetzige vierflügelige **Hochschloss**.

Graf Johann Ernst (1675 - 1719) beauftragte den Architekten Julius Ludwig Rothweil mit einer großzügigen Erweiterung des Schlosses im Barockstil. Im Zusammenklang von Kunst und Natur bietet das Schloss heute das Bild einer fürstlichen Hofhaltung des 18. und 19. Jh. Auch die Stadt und die Landschaft gestaltete er mit Marktplatz, ganzen Häuserfronten und breiten, über die umliegenden Berge reichenden Lindenalleen im Stil des Barock.

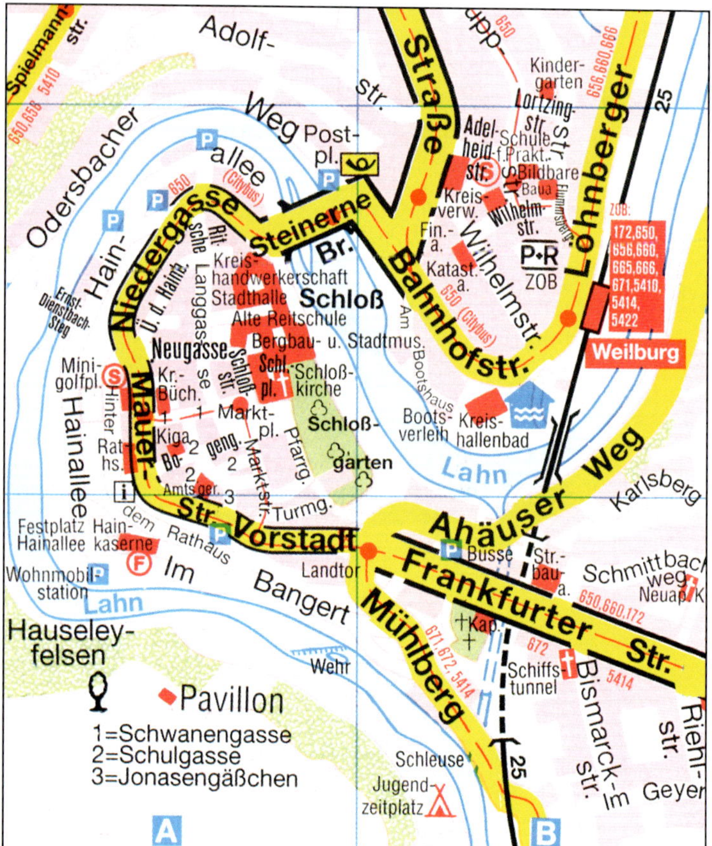

Nach dem Aussterben der anderen nassauischen Linien wurde Weilburg Hauptstadt des stark erweiterten Herzogtums Nassau, doch 1816 wurden Regierung und Residenz nach Wiesbaden verlegt. Im Krieg 1866 schloss sich Herzog Adolf an Österreich an und verlor dadurch sein Land, das Preußen einverleibt wurde, behielt aber sein Weilburger Schloss. Als er 1890 nach einem alten Erbfolgegesetz Großherzog von Luxemburg wurde, war das Weilburger Schloss luxemburgischer Besitz, bis es der preußische Staat 1934 durch Kauf erwarb. Seit 1945 gehört es dem Land Hessen.

★★★ **Hochschloss**, Stil nordische Renaissance, erbaut 1535 bis 75 auf einem Felsen hoch über der Lahn. Vier Flügel mit malerischem Innenhof. Im Ostflügel „Alte Hofstube" mit gotischen Bauteilen, vorgelagert der Uhrturm mit zwei Aufgängen, die zum Mittelstock mit den herzoglichen Wohnräumen führen; von hier prächtiger Blick auf die über ein Wehr strömende Lahn und den Westerwaldteil der Stadt. Im Nordflügel über Rundbogenarkaden die Prunk- und Gesellschaftsräume, darunter Marmorbad und Gerichtssaal. Im Westflügel die große Hofküche und Schlosswache, darüber Wohnräume, vorgelagert der Schlossturm mit der Stadtpfeiferwohnung. Im Obergeschoss des Südflügels Thron- und Speisesaal. Die Inneneinrichtung des 18. und 19. Jh. ist geblieben. (Öffnungszeiten: 1. 3. bis 31. 10. Di. bis So. 10 - 16 Uhr; 1. 11. bis 28. 2., Di. bis So. 10 - 15 Uhr. Eintritt. ☎ 0 64 71/22 36.

Ringsum angeschlossen großzügige Barockbauten des Grafen Johann Ernst: im Norden, tiefer als das Hochschloss, der **„Viehhof"**, umgeben von Prinzessenbau, Marstall und Reithalle, als Bürgerhaus ausgebaut, 1974 abgebrannt, jetzt wieder aufgebaut und als Stadthalle „Alte Reitschule" und „Schlosshotel Weilburg" eingerichtet.

★★ **Schlossgarten** im englischen und französischen Stil mit der ★★ **Unteren Orangerie** (im Sommer Café und Restaurant), nach dem Vorbild von Versailles' Trianon.

*Einzigartig die Lage von Schloss Weilburg und seiner Altstadt über einer Lahnschleife*

*Innenhof des Weilburger Schlosses mit den Rundbogenarkaden des Nordflügels*

Neben dem Schlossgarten die ★★ **Schlosskirche** (Hallenkirche mit Gemälden des Hofmalers Seekatz, Fürstenloge, Stuckarbeiten und der (nicht zugänglichen) Gruft der nassauischen Fürsten und Großherzöge von Luxemburg); aufwendige Sanierungsarbeiten bis 1995.

Angebaut das **Alte Rathaus** der Stadt; die Verbindung mit dem Schloss bildet die halbrunde **Obere Orangerie**, ausgestattet mit 1.400 kachelförmigen Bildchen, gemalt von Seekatz, und einem Mittelsaal mit versteckter Musikloge (in die Schlossführung einbegriffen).

★★ **Marktplatz**, von ehemals einheitlichen Wohnhäusern umstanden, vor dem Rathaus ein **Laufbrunnen** mit Standbild des Meergottes Neptun.

★ **Landtor** am östlichen Ausgang der Altstadt, 1759 im Stil eines römischen Triumphbogens erbaut.

★★ **Heilig-Grab-Kapelle** mit Altem Friedhof an der Frankfurter Straße oberhalb des Landtors. Im romanisierenden Stil 1505 erbaut. Sie ist genau 31 m von einem **Kalvarienberg** entfernt und gibt so den genauen Abstand von Grab und Golgatha in der Grabeskirche in Jerusalem wieder, beides Zeugnisse der Leiden-Christi-Verehrung zu Beginn der Neuzeit. Über dem Friedhof die neu errichtete kath. **Heilig-Kreuz-Kirche**, tief darunter der (in Deutschland einzige) ★ **Schiffstunnel**, 1847 erbaut, 182 m lang, an der Ausfahrt gekuppelte Doppelkammerschleuse, eine Attraktion für Paddler und Wasserwanderer.

★★ **Piseebauten**. Beim Piseebau (franz. Pisé = Stampfbau) wird die Lehmerde zwischen zwei Schalbretter eingefüllt und festgestampft. Merkmale: Verwendung von Erde (evtl. mit Zusatzstoffen) als Baumaterial, Einbringen der Erde in Schalungen, Feststampfen der Erde, Lastabtrag des Bauwerks über die aus Erde aufgeführten Mauern. Wie kaum anderswo stehen in Weilburg noch zahlreiche aus Lehm gestampfte Häuser, überwiegend aus dem 18. Jahrhun-

*Die Orangerie mit dem Schlossgarten*

dert: Bahnhofstraße 5,7,9,11,13,15; Limburger Straße 4,6,12; Wilhelmstraße 2; Goethestraße 1 (Karlsberg), Postplatz 7, Hainallee 1, Spielmannstraße 8.

★★ **Bergbau- und Stadtmuseum am Schlossplatz**, eines der besten in Hessen, mit Schaustollenanlage und vielen wechselnden Sonderausstellungen. Öffnungszeiten: 1. 4. bis 30. 10.: Di bis So 10 - 12 und 14 - 17 Uhr. 1. 11. bis 31. 3.: Mo bis Fr 10 - 12 und 14 - 17 Uhr. ☎ 0 64 71/37 94 47.

☼ **Ausblick** auf die tiefer gelegene Stadt von den jenseitigen Höhen (Hauseley) und „Kanapee" aus, Zugang über Limburger Straße, Spielmannstraße, ferner über den Ernst-Dienstbach-Steg (früher als Kettenbrüche Träger der fürstlichen Wasserleitung) und eine Fähre (Rollschiff).

**Ballonfestival** am 2. August-Wochenende. Alljährlich im Juni/Juli, **Weilburger Schlosskonzerte** sowie viele weitere Veranstaltungstage.

★★ **Kubacher Kristallhöhle** im Stadtteil Weilburg-Kubach, 3 km östlich der Kernstadt (Wanderweg). Einzige Kristallhöhle Deutschlands und höchste

***Das „Rollschiff"***

*Die Personenfähre „Rollschiff" besteht seit 1691. Die Fähre setzt dicht oberhalb des zweiten Weilburger Wehres von der Anlegestelle „Im Bangert" auf die Lahnseite unterhalb der Hauseley über. Die Bezeichnung „Rollschiff" rührt von der Führung des Schiffes mittels eines Drahtseiles her, das über Rollen geführt wird. Der Fährmann zieht das Schiff von Hand an dem Drahtseil über die Lahn. Das Rollschiff diente nur dem Personen- und Tiertransport. Fuhrwerke querten die Lahn durch eine Furt, etwa dort, wo sich heute der Schleusenausgang befindet. Vor Bestehen des Rollschiffs befand sich eine Fährverbindung ein Stück weiter lahnabwärts, dort wo der Reuschenbach in die Lahn einmündet. Das Rollschiff verkehrt nur in den Monaten Mai bis September. Die Betriebszeiten werden von der Stadt Weilburg wie folgt angegeben: Dienstag - Freitag 14.00 Uhr bis 17.00 Uhr, Samstag, Sonn- und Feiertag 09.30 - 12.00 Uhr und 14.00 Uhr - 18.00 Uhr. Montag: Kein Fährbetrieb.* *Rudolf Müller*

Halle aller deutschen Schauhöhlen, mit **Freilicht-Steinmuseum**. Öffnungszeiten: 1. 4. bis 31. 10.: Werktags 14 - 16 Uhr, samstags, sonn- u. feiertags 10 - 17 Uhr, ☎ 0 64 71/9 40 00.

★ **Wildpark „Tiergarten"** mit **„Hessenhaus"** im Stadtteil Hirschhausen. Wechselnde Ausstellungen zu Natur- und Landschaftsschutz. Vielzahl ehemals heimischer Tiere in großzügigen Freigehegen. Geöffnet: 9 - 19 Uhr. ☎ 0 64 71/84 55.

**Geologischer Lehrpfad** gegenüber Ahausen.

**Tourist Information**, Mauerstr. 6, 35781 Weilburg, ☎ 0 64 71/76 71 und 31467, Fax 7675. Internet: www.weilburg.de; home.t.online.de/home/Rudolf.Mueller/index.htm. - E-Mail: kvv@weilburg.de.

- Weilburg-**Gaudernbach** (200 m: 900 E.)

★ **Deutsches Baumaschinen-Modellmuseum in Gaudernbach** (5 km südlich von Merenberg) mit etwa 1.000 Spielzeugmodellen, Originalen und Panoramen. Hermann-Stoll-Straße 1. Geöffnet Mi 14 - 18 u. So 9.30 - 12 Uhr. ☎ 0 64 71/50 20

Das Lahntal ist von Weilburg bis Dehrn (4 km östlich von Limburg) tief in das Rheinische Schiefergebirge eingeschnitten und teilweise sehr eng, so dass die Bahn auf diesem Abschnitt durch sieben Tunnel fährt. Da kein Platz für eine Straße ist, verlässt die B 49 das Lahntal und erreicht es unter Umgehung der Orte Allendorf, Heckholzhausen, Obertiefenbach und Ahlbach erst wieder in Limburg.

- **Villmar** (130 m; 3.200 E.; Großgemeinde 7.400 E.)

★ **Kath. Pfarrkirche St. Peter und Paul.** Erbaut 1746, nach Brand 1886 erneuert, 1956 restauriert und erweitert. 1988 erneut restauriert. Mächtiger Saalbau; weithin sichtbarer Helmturm von 1886. Der dreiteilige barocke Hochaltar aus der Hadamarer Bildhauerschule erstreckt sich von Kirchenwand zu Kirchenwand; reiche, einheitliche barocke Innenausstattung. - Auf dem Kirchhof etwa 80 m marmorne Grabkreuze aus dem 18. Jh.

*Unica-Marmorbruch in Villmar*

***Lahnmarmor:*** *Zur Entstehungsgeschichte: Der Meeresboden der Mitteldevonzeit hatte sich durch Vulkanismus stellenweise bis dicht unter die Meeresoberfläche gehoben; dort konnten sich Korallen ansiedeln und, wie heute noch in der Südsee, mächtige Korallenriffe aufbauen. In ihnen lebten kleine Seetiere: Muscheln, Seesterne, Schnecken, Seeigel. Die Überreste der Riffe verkitteten zu Massenkalk. Ist dieser schleifbar, bezeichnet man ihn als Marmor. Über einzelne Korallenriffe, so über das zwischen Schupbach und Gaudernbach, ist im Oberdevon Lava geflossen. Eisenhaltige vulkanische Dämpfe sind in den Kalk gedrungen und gaben ihm eine schöne Rotfärbung, die ihn heute noch begehrt macht. - Ein stillgelegter, doch aufschlussreicher Marmorbruch befindet sich auch östlich Schupbach über dem Kerkerbachtal.*

Von der **Ortsbefestigung** finden wir am kath. Pfarrhaus noch Reste von zwei Rundtürmen und Mauern sowie einen quadratischen Turmstumpf am „Mattheiser Eck".

★ **Lahnbrücke** (1896) aus Villmarer Lahnmarmor. Zwei Flusspfeiler; Spannweiten 21,50 m.

★★ **Lahnmarmor**. Im Bereich der Lahnmulde zwischen Villmar und Diez finden wir neben zahlreichen Kalkvorkommen auch Marmor. Der Lahnmarmor, der von in der Farbskala leuchtendem Rot bis Tiefschwarz reicht, ist in der Innenarchitektur sehr geschätzt. Die Marmorbrüche wurden seit dem Jahre 1605 genutzt, sind aber inzwischen alle stillgelegt. Gegenüber vom Bahnhof Naturdenkmal ★★ **Unica-Marmorbruch**, ein devonisches Stromatoporenriff. Er kann auf eigene Gefahr jederzeit besichtigt werden. Freiluftausstellung über die Marmorverarbeitung am Lahnufer. **Lahn-Marmor-Rundweg** ab Villmar (Informationsbroschüre im Rathaus erhältlich).

Die **Karlsteine** am rechten Lahnufer sind die einzigen noch intakten Kalkklippen des Lahntals.

**Bodensteiner Lay** etwa 1 km lahnabwärts an der Straße nach Runkel mit ★ **Denkmal König Konrads I**. aus dem Jahre 1894. Die stattliche Gestalt ist von einem Mantel umhüllt, die Rechte stützt sich auf ein mächtiges Schwert, während die Linke die Krone hält. Die Inschrift lautet: „Conrad I., 911 - 918. Deutscher König und Graf des Lahngaues, übertrug in treuer Sorge für des Reiches Sicherheit und Macht sterbend Heinrich von Sachsen Krone und Herrschaft." Vom Denkmalfelsen hat man einen wunderschönen Blick (☼) aufwärts nach Villmar und abwärts nach Runkel.

**Landwirtschaftlicher Lehrpfad** unterhalb des Galgenbergs.

ⓘ Rathaus, Peter-Paul-Str. 30, 65606 Villmar, ☎ 0 64 82/9 12 10; Fax 57 82. Internet: www.villmar.de.

• ★ **Runkel** (120 m; 1.800 E. mit Schadeck 2.500 E.; Großgemeinde 9.930 E.; Kreis LM)
Malerische alte Stadt mit wuchtiger Burgruine. 1159 wird Runkel zum ersten Mal erwähnt.

★★ **Burg Runkel,** eine dreitürmige, wuchtige Wehranlage auf steilem Fels, thront eindrucksvoll über dem Lahntal. Eine hohe Ringmauer auf unübersteigbarem Felsen umschließt die höher gelegene Kernberg mit Palasruinen und Wehrtürmen. In der Mitte steht der besteigbare Bergfried. Die Burg weist mit ihren viereckigen Bergfrieden noch romanischen Baustil auf und war wohl wie Limburg Stützpunkt der staufischen Reichspolitik. Nachdem Runkel und Westerburg zunächst gemeinsamer Besitz waren, trennten sich die Linien durch Teilung und führten langwierige Kämpfe miteinander, in denen die Westerburger die Runkel gegenüberliegende **Burg Schadeck** erbauten, um von hier aus Runkel zu „schaden". Heute gehört die Burg Runkel mit allen Ländereien und weiten Wäldern dem Fürsten von Wied. Burg Runkel besteht aus einer Kernburg und einer Unterburg. Durch ein mittelalterliches Doppelturmtor und über den Halsgraben gelangt man in die Unterburg. Sie hat guterhaltene Wohngebäude aus dem 14. bis 18. Jh. mit zwei Innenhöfen. In ihr sind Privatwohnungen und ein kleines Museum untergebracht Ganzjährige Ausstellung zum Thema Lahnmarmor. Führungen: 10 - 16 Uhr. ☎ 0 64 82/ 42 22 oder 94 14 72.

*Malerisch: Die trutzige Burg Runkel mit der Lahnbrücke aus dem 15. Jahrhundert.*

**Trutzburg Schadeck**. Es steht noch ein langgestrecktes, dreigeschossiges Wohngebäude mit Miet- und Eigentumswohnungen. **Ev. Kirche** in Schadeck (1691) mit Altar aus Schupbacher Marmor.

Die wuchtige, doch schmale **Lahnbrücke** mit ihren vier runden Steinbögen stammt aus der Zeit um 1440, Neubau lahnabwärts von 1978. Von der **Stadtbefestigung** ist noch der fünfeckige Schalenturm erhalten, der jetzt als Glockenturm der Kirche dient. Nach zwei Seiten schließen sich an den Turm Teile der alten Stadtmauer an. Die **Fachwerkhäuser** zeugen von einer gelungenen Stadterneuerung. **Ev. Kirche** (1641) mit wertvoller Renaissanceorgel und klassizistischen Emporen.

ⓘ **Städt. Fremdenverkehrsamt,** Burgstraße 4, 65594 Runkel, ☎ 06482/91610; Fax 1650. Internet: www.runkel-lahn.de

- Runkel-**Dehrn** (115-145 m; 2000 E.)

❖ Die alte ★ **Burg Dehrn** und die Freien von Dehrn kommen schon 1190 vor. Die Burg gehörte den Grafen von Diez, die sie 1317 zum Teil an Runkel verpfändeten. 1844 erwarb sie Freiherr von Dungern und ließ das neue Schloss erbauen, den schönen Park anlegen und eine große Landwirtschaft errichten. Das **Schloss** erhebt sich steil über dem Dorf. Markant der runde Bergfried (34 m hoch) mit achteckigem Zinnengeschoss. Südlich davon ist ein im Kern gotischer Wohnbau; die Gebäudegruppe westlich ist neugotisch. Heute Sitz eines Unternehmens der IT-Branche. Derzeit Restaurierungen.

- Limburg-**Dietkirchen** (140 m; 760 E.)

❖ Dietkirchen war Sitz eines Archidiakonats, das während des ganzen Mittelalters als kirchlicher Mittelpunkt die Aufsicht über alle Dekanate des Erzbischofs Trier auf der rechten Rheinseite führte. Das Stift wurde 1803 aufgehoben.

★★★ **Stiftskirche Dietkirchen**, die jetzige **kath. Pfarrkirche St. Lubentius und Juliana**. Markantes Wahrzeichen des Ortes ist die auf steilem Lahnfelsen

*Auf einem Kalkfelsen über der Lahn erhebt sich die romanische Lubentiuskirche.*

thronende **Lubentiuskirche**. Sie ist die Keimzelle des schon im 6. Jh. von Trier hierher vordringenden Christentums und die Mutterkirche für den gesamten Lahngau. Es ist eines der bedeutendsten früh- und hochromanischen Bauwerke des Lahntals, großartig in seiner Wirkung über dem rechten Lahntal bei einer Länge von nur 39 m. Der heutige Bau, eine dreischiffige, doppeltürmige Emporenbasilika, ist das Ergebnis mehrfacher Um- und Neubauten des 8. bis 13. Jh. Grabungen ergaben, dass sich an gleicher Stelle bereits eine urnenfelderzeitliche Siedlung, eine karolingische Saalkirche und ein ottonische Neubau des 10. Jh. befanden. Die Kirche wurde 1956 - 1958 umfassend restauriert. Dabei wurde die ursprüngliche romanische Ausmalung freigelegt und wiederhergestellt. Von der Ausstattung ist besonders das Büstenreliquiar des hl. Lubentius bemerkenswert, eine vorzügliche mittelrheinische Goldschmiedearbeit (Haupt um 1270, Brustteil 1477), und die hölzernen Figuren, Hl. Maria und Johannes der Evangelist, die von dem Hadamarer Bildhauer Johann Valentin Neudecker d.Ä. 1699 für das eiserne Chorgitter geschaffen wurden.

☼ Von der **Terrasse hinter der Kirche** mit einem kleinen Friedhof prächtiger Blick auf die tief darunter fließende Lahn.

Hölzerne **Schrägseilbrücke** (1989), eine der größten Deutschlands, über die Lahn.

***Der heilige Lubentius***

*Der Legende nach soll der heilige Lubentius, ein in Kobern an der Mosel wirkender Priester, als Apostel der unteren Lahn im 4. Jh. missioniert und auf dem hohen Kalksteinfelsen unweit des in Richtung Offheim liegenden Reckenforstes, einer germanischen Gerichts- und Kultstätte, ein Kirchlein errichtet haben. Sein Leichnam soll der Legende zufolge in einem unbemannten Schiff von Kobern nach Dietkirchen getrieben sein. Höchstwahrscheinlich hat Erzbischof Hetti (814 bis 847) von Trier die Reliquien des Bekenners vor dem 13. Mai 841, der Ersterwähnung des Stifts, übertragen.*

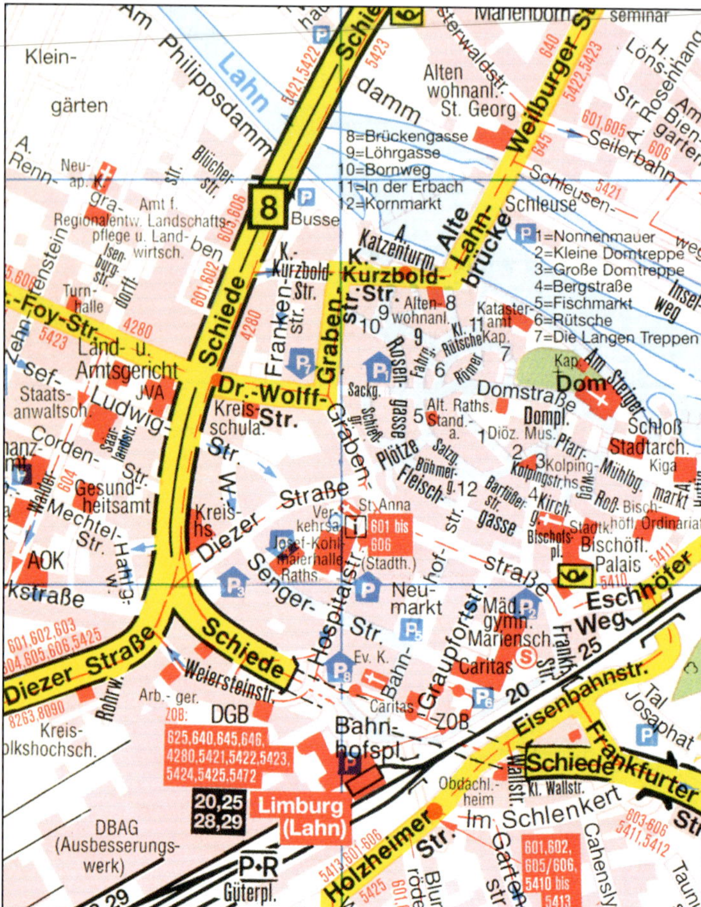


- **★★★ Limburg/Lahn** (110 m; Kernstadt 17.900 E.; mit Stadtteilen 35.500 E.; Kreis LM 171.000 E.; Reg.-Bez. Gießen). *Übersichtskarte Seite 178!*

Im Schnittpunkt wichtiger Straßen hat sich mit Limburg ein wirtschaftlich und kulturell bedeutendes Zentrum gebildet. Die Stadt bietet Arbeitsplätze für ca. 22.000 Beschäftigte, von denen mehr als 10.000 pendeln. Nicht zu übersehen ist, dass Limburg als Kreisstadt des Landkreises Limburg-Weilburg ein wichtiges Verwaltungszentrum mit zahlreichen Behörden darstellt.

❖ Bei Limburg öffnet sich das Lahntal zu einem weiten Becken, und dieses zieht die Straßen, die von Nord und Süd kommen, an sich. Ein wichtiger Lahnübergang hat sich daher schon im frühen Mittelalter hier entwickelt und

seine Bedeutung durch die Jahrhunderte erhalten. So konnte sich Limburg als Handels- und Verkehrsmetropole zu bedeutender Blüte entfalten. Die Rolle als Wirtschaftszentrum hat das Gepräge der Stadt weithin bestimmt. Die Kaufleute des Mittelalters erwarben sich z. T. erhebliche Vermögen und vermochten es, eine dem Adel gleichwertige Stellung zu erringen.
Mit der Gründung des Kollegiatstifts auf dem Domberg zu Beginn des 10. Jh. tritt der Name Limburg erstmals auf, das Stift gibt den Mittelpunkt ab für das Wachsen der Stadt und bestimmt weithin Geist und Haltung der Bürgerschaft. Die Stiftskirche - der heutige Dom - ist nicht nur ein Glanzpunkt der Architektur, sondern auch der Mittelpunkt des religiösen Lebens der Stadt. Und auch nach der Säkularisation (1803) wird diese Linie fortgesetzt durch das neugegründete Bistum Limburg, das die einstige Stiftskirche als Kathedralkirche zugewiesen bekommt.
Schon vor der Gründung des **Stifts** auf dem Kalkfelsen über der Lahn trug dieser Fels die Burg der Grafen des Niederlahngaues, die in merowingischer Zeit zurückreichen dürfte. Erst im 11. Jh. hat sich vor dem westlichen Tor des Stiftsbereichs der Kern der späteren Stadt entwickelt. Um 1130 muss diese Stadt ihre erste Ummauerung erfahren haben, doch wird schon 100 Jahre später eine neue, weitergreifende Mauer längs der heutigen Grabenstraße angelegt. Damals besaßen die Isenburger die Herrschaft über die Stadt und die Vogtei über das Stift. Zu ihrer Zeit siedelten sich die Franziskaner in Limburg an, schufen die Mönche des Klosters Eberbach ihre Niederlassung in Limburg, wuchs vor allem der wunderbare Bau der Stiftskirche, des heutigen **Domes**, heran, Beispiele für die überquellende Lebenskraft dieses Zeitalters. Bis etwa 1350 hielt diese Blüte an. Am Ende dieser Epoche standen der Bau des Wilhelmitenklosters mit dem Bau der Wilhelmitenkirche 1400 (heute Annakirche), der steinernen Lahnbrücke (1315) und des städtischen Hospitals. Vorstädte entstanden, und eine neue, abermals weiterreichende Stadtsicherung, der Schiedegraben, wurde angelegt (1343). Aber dieser Bering wurde nicht mehr ausgefüllt, denn um die Mitte des 14. Jh. endete der kraftvolle Aufschwung, den die Stadt in den letzten zwei Jahrhunderten erfahren hatte.
Kurz nach 1400 ging Limburg ganz in die Hände **Kurtriers** über, doch die jahrhundertelangen Verpfändungen von Teilen der Stadt verhinderten, dass sie zu politischer Geltung kam. Im Dreißigjährigen Krieg mehrfach heimgesucht, zeigte Limburg in der Folge nur einen schwachen Abglanz der einstigen Herrlichkeit. Und als 1803 der geistliche Besitz säkularisiert wurde - das Stift und die Klöster wurden aufgelöst -, da schien die Stadt einen wichtigen geistigen Integrationsfaktor verloren zu haben. Die langsame Aufwärtsentwicklung im 19. Jh. konnte diesen Eindruck zunächst nicht verwischen. Erst als 1827 das Bistum Limburg geschaffen wurde und der katholische Volksteil Nassaus einen religiösen Mittelpunkt erhielt, trat eine allmähliche Änderung ein. Zu dieser Zeit wurden auch mehr und mehr Verwaltungsbehörden in der Stadt angesiedelt, und mit dem Bau der Lahnbahn (1862) und etlicher Zubringerstrecken wurde Limburg zum **Bahnknotenpunkt** ausgebaut. Bis zur Jahrhundertwende reichten die Wohnviertel nur an wenigen Stellen über den Schiedegraben hinaus, dann erst griff die Besiedlung in weitere Bereiche über,

*Die prächtige spätromanische Westfront des Limburger Doms*

besonders kräftig in den letzten Jahrzehnten, in denen die Bebauung bis an die Grenzen der Gemarkung vordrang. Erst durch die Vereinigung mit den neuen Stadtteilen Ahlbach, Dietkirchen, Eschhofen, Lindenholzhausen, Linter, Offheim und Staffel konnte sich die Stadt im Zuge der Gebietsreform auch territorial wieder mehr Bewegungs- und Siedlungsraum schaffen. In der Zeit nach dem Zweiten Weltkrieg setzte auch ein neuer Abschnitt der Industrialisierung ein, die vor allem zahlreiche Betriebe der glasverarbeitenden Industrie in Limburg ansässig werden ließ, Betriebe, deren Export den Namen der Stadt weit in die Welt hinausträgt. Erwähnen wir noch, dass mit dem Provinzialat der Pallottiner und dem Mutterhaus der Pallottinerinnen sich wieder große Ordensgemeinschaften in Limburg niedergelassen haben, dann spüren wir, wie viel Verwandtes die mittelalterliche und die gegenwärtige Stadt miteinander verbindet.

**Rundgang durch die Limburger Altstadt**

**Ausgangspunkt:** am Rathaus

**Werner-Senger-Straße** (Rathaus; Werner-Sänger-Brunnen von 1986) über **Neumarkt**, Bahnhofstraße, rechts durch die Fleischgasse zur **★★ Kath. Stadtkirche und ehem. Franziskanerkirche St. Sebastian**. Dreischiffige Basilika aus dem Anfang des 14. Jh., schlichter Bau mit zahlreichen Grabdenkmälern, u.a. des Herrn Johann von Limburg († 1312). Gotisches Kruzifix über dem Zelebrationsaltar. Barocke Decke. In den ehemaligen Klostergebäuden Amtsräume des bischöflichen Ordinariats. Nach Austritt aus der Stadtkirche rechts weiter über die Stiege der großen Domtreppe in kurzem Aufstieg zum **★★ Domplatz**. Links die reizvollen Erker des alten Domküsterhauses, halbrechts von uns die imposante Westfront vom **★★★ Limburger Dom**. Auf

*Über die Fachwerkhäuser an der Limburger Plötze lugen die Türme des Domes empor.*

*In der Barfüßergasse haben Flohmarkthändler ihre Ware ausgebreitet.*

einemsenkrecht neben der Lahn emporragenden Kalkfelsen ist dieses Gotteshaus gestellt, unmittelbar an der Kante des Felsens steigen seine Mauern hinauf und scheinen so den Fels fortzusetzen. Siebentürmiger Prachtbau, erbaut im Übergangsstil auf spätromanischem Grundriss, im Äußeren wesentlich romanische, im Innern schon frühgotische Bauformen. Erbaut Anfang 13. Jh., konsekriert 1235, zunächst Stiftskirche des Limburger St. Georgsstiftes, ab 1827 Kathedralkirche des Bistums Limburg. Im Querschiff Gruft der Bischöfe von Limburg. Seit der 1973 abgeschlossenen Fassadenrestaurierung trägt der Dom wieder einen Außenputz. Besonders wertvoll ist die Ausmalung, die noch aus der Entstehungszeit des Domes stammt und in einem Umfang erhalten ist, wie er bei Kirchen dieser Größenordnung in Deutschland kaum vorkommt. Von den Figurenmalereien sind besonders die Darstellungen im südlichen Querhaus (Samson, Johannes der Täufer, Kruzifixus) und in der Vierung (Pantakrator) bemerkenswert. Einige großartige Werke der Steinmetzkunst stehen im Dom: der Taufstein und das Grabdenkmal des Stiftgründers Konrad Kurzbold. Nicht sonderlich groß ist die Kirche auf dem Fels, aber ihre Geschlossenheit, ihre innere Harmonie, ihre herausragende Lage machen sie zu einem der schönsten Bauwerke Deutschlands. Geöffnet: 1. 4. bis 30. 9. von 8 - 19 Uhr, 1. 10. bis 31. 3. 9 - 17 Uhr. Führungen: Mo bis Fr 11.00 + 15.00 Uhr, Sa 11.00 Uhr, So 11.45 Uhr sowie nach Vereinbarung mit dem Bischöfl. Ordinariat. ☎ 0 64 31/ 29 53 32.

Beim Austritt aus dem Dom rechts zum alten ★ **Friedhof** mit ehemaliger Totenkapelle St. Michael. Vom Friedhof schöner Blick über die Lahn, lahnaufwärts Autobahnbrücke (erbaut 1965; 450 m lang), lahnabwärts über Staffel und Elz zum Westerwald. Auf dem Gegenufer das langgestreckte Gebäude des Priesterseminars. Nach Verlassen des Friedhofs links um den Dom zum ★ **Schloss**. Vor uns Wohnturm und Kapelle (13. Jh.), rechts großer Saal (14. Jh.), links Renaissancebau (16. Jh.): Schöner Blick auf Dom und Lahn. Rückweg links über Mühlberg, Huttig, zur Lahn, dort links zum Steiger am Fuß des Domfelsens. Großartiger Blick nach oben zum Chor des Domes und zur alten ★★ **Lahnbrücke**, 1315 erbaut, 1948 wiederhergestellt und verbreitert. Sechs Bögen. Nepomukfigur (1714). Brückenturm (1543). Seit dem Mittelalter hat diese Brücke den gesamten aus Koblenz, Köln, Siegen und Wetzlar kommenden Nord-Süd-Verkehr über die Lahn getragen, und wurde erst 1968 durch eine zweite Stadtbrücke, die 300 Meter unterhalb in die Schiede einmündet, entlastet. Um diesen kostbaren Kern, den Dom und die ihm zugehörigen Schätze, legt sich eine Schale, die nicht minder kostbar ist. Eine ★★★ **Altstadt**, deren Flair und Architektur dazu beitragen, den Menschen einzustimmen auf das Erlebnis des Domes oder das Erlebte nachklingen zu lassen. In dieser Altstadt verbinden sich aufs engste reizvolle Bürgerhäuser mit alten Adelsbauten, mit Kirchen und Kapellen, so dass sich ein mittelalterliches Stadtbild von erstaunlicher Geschlossenheit ergibt. Dass das flutende Gegenwartsleben in diese Altstadt hineindringt und sie belebt, fördert eher ihren Reiz, als dass es ihn mindert.

Wir gehen vom Domplatz rechts die Treppe hinab zum

★★ **Römer 1.** Eines der ältesten deutschen Fachwerkhäuser aus dem Jahre 1296.

★★ **Römer 2-4-6:** Gotischer Fachwerkhallenbau aus dem Jahre 1289, Umbau 1583. Die Restaurierung, 1989 abgeschlossen, kostete 3,3 Millionen Mark. Unterhalb links durch die Erbach zum

★ **Walderdorffer Hof**, malerischer Renaissancebau (1665) mit reizvollem Hof. Oberhalb

**Fahrgasse**, engste Stelle des mittelalterlichen Handelsweges Köln-Frankfurt, zum unteren

**Fischmarkt**. Links altes Rathaus mit Stadtwappen, rechts Blick in die Plötze mit schönen Bürgerhäusern. Durch die

**Salzgasse** (schöne Fachwerkbauten) zum

★ **Kornmarkt** (schöne Fachwerkhäuser). Halbrechts durch die Böhmergasse zur

★ **Plötze**. Denkmal an den trinkfesten Stadthauptmann Friedrich von Hattstein. Weiter zur Grabenstraße und der

★ **Annakirche** des ehemaligen Wilhelmitenklosters, 1329 erbaut. Glasmalereien im östlichen Chorfenster aus der Zeit um 1350/60, Kanzel und Orgelprospekt im Stil des Hadamarer Barocks. Anna Selbdritt (16. Jh.). Davor Denkmal „Für den Frieden unter den Völkern“ (1970/71), „Puste-Blume“-Brunnen, zurück zum Rathaus.

Museen in Limburg:

★ **Kunstsammlung der Stadt Limburg** im historischen Rathaus (1250), Am Fischmarkt 21. Geöffnet täglich 8.30 - 12 und 14 - 16 Uhr, Mi bis 18 Uhr, Sa, So u. Feiertag 10 - 12 u. 14 - 16 Uhr. 06431/212912

★★★ **Diözesanmuseum mit Domschatz**: Domstraße 12. Das kostbarste Werk, die Staurothek, ist über 1000 Jahre alt. Um das Jahr 960 ließen die oströmischen Kaiser Konstantinos und Romanus diese Lade anfertigen, in der Reliquien des Kreuzes Christi eine überaus kostbare Fassung fanden. ☎ 06431/235327. Geöffnet vom 15. 3 bis 15. 11. Di bis Sa 10 - 13 u. 14 - 17 Uhr, So 11 - 17 Uhr. Vom 16. 11. bis 14. 3. nur nach vorheriger Vereinbarung.

**Missionsmuseum der Pallottiner:** Wiesbadener Straße 1, ☎ 0 64 31/40 11. Geöffnet täglich 8 - 12 und 14 - 18 Uhr.

**Lahnschifffahrt**. ☎ 0 64 31/39 84

ⓘ **Verkehrs- und Verschönerungsverein Limburg e.V.**, Hospitalstraße 2, ☎ 0 64 31/2 03-2 22 und 6166. Internet: www.limburg.de. E-Mail: vvv-limburg@t-online.de.

## Im unteren Lahntal und auf seinen Höhen

- **Diez an der Lahn** (119-190 m; 10.500 E.; VG Diez; Kreis Rhein-Lahn (EMS))
  Am Westrand des Limburger Beckens und an der Grenze zu Hessen gelegen.

❖ Ersterwähnung 790. Die Grafen von Diez standen unter den Saliern und unter den Staufern in besonderer Gunst zum Kaiserhaus. Immer mächtiger wurden die Grafen von Diez, und ihren großen Besitz nannte man die „Güldene Grafschaft". Der niedere Adel des Lahngaues errichtete seine Wohnsitze um die Burg von Diez und legte somit den Grund zur späteren Stadt. Von Ludwig dem Baier erhielt Diez 1329 Stadtrechte, es wurde Landesstadt und mit einer Stadtmauer und fünf Toren umgeben. Sitz der Grafen und ihrer Nachfolger blieb die Diezer Burg.

1386 fielen Stadt und Grafschaft Diez im Wege der Erbfolge dem Hause Dillenburg zu. Erst 1564 beendete der Diezer Vertrag die langjährigen Gemeinherrschaften der Grafschaft. Im gleichen Jahr wurde durch Graf Johann VI. von Dillenburg die Reformation eingeführt, dessen Sohn Ernst Casimir 1606 die neue Linie Nassau-Diez gegründet.

Als Stadthalter residierten die Grafen und Fürsten von Nassau-Diez-Oranien in den Niederlanden und überließen die Verwaltung des Fürstentums Diez ihren Gemahlinnen. So schützte und verteidigte die heldenhafte Gräfin Sophie-Hedwig in den Wirren des Dreißigjährigen Krieges die oft hart von schwedischen und kaiserlichen Einheiten bedrohte Stadt. Ihr Sohn Wilhelm Friedrich, 1656 in den Reichsfürstenstand erhoben, wurde Gemahl von Prinzessin Albertine Agnes von Oranien, der Enkelin Wilhelmus von Nassauen. Diese Oranienprinzessin erbaute von 1672 bis 1684 auf den Grundmauern des ehemaligen Benediktinerinnenklosters Dierstein bei Diez Schloss Oranienstein, das erst nach 1697 von ihrer Schwiegertochter, der Fürstin-Regentin Henriette Amalie von Anhalt-Dessau, zum Barockschloss umgebaut wurde.

*Das Diezer Grafenschloss über den Fachwerkhäusern am Alten Markt*

Unter Fürstin Albertine begann der Bau der sogenannten **Neustadt**, der von Amalie fortgeführt und nach 1700 abgeschlossen wurde.

Diez hatte sich im 18. Jh. bedeutend vergrößert und zu einer **blühenden Handelsstadt** entwickelt. Lahnschiffe brachten Waren aus den Niederlanden und hauptsächlich Getreide. Der Diezer Getreidemarkt war berühmt und bestimmend. - Erst nach Errichtung des Herzogtums Nassau wurde die Stadt zu Beginn des 19. Jh. **Garnisonsitz für nassauisches Militär**. Dieses wurde im ehemaligen Fruchthaus, der sogenannten alten Kaserne, untergebracht.

In Diez lassen sich drei Bauabschnitte unterscheiden:

1. die **Altstadt** mit ihren winkligen Gassen um den Fuß des Schlossberges herum;
2. die breit angelegte barocke **Neustadt** (Marktplatz, Rosenstraße, Schaumburger Straße, Wilhelmstraße);
3. das **moderne Diez**: die vielen neuen Häuser an den Berghängen und auf der Höhe vor dem Hain, nach Oranienstein hin, sowie die großen Neubaugebiete Schläfer und Hohe Straße und das Industriegebiet bei Freiendiez.

Das Stadtbild spiegelt damit auch die drei großen Abschnitte der Diezer Geschichte wider: die Grafenstadt, die wohlhabende Residenz- und Kaufmannsstadt und die freie Bürger- und Garnisonstadt.

Das ★★ **Diezer Grafenschloss** auf steilem Porphyrfelsen beherrscht das Bild der Innenstadt. Erbaut im 11. Jh.; romanischer Bergfried mit gotischem Helmdach und vier Ecktürmchen. Über dem Felsabhang der Palas aus dem 14. Jh. **(Heimatmuseum)**. ☎ 0 64 32/26 61 bzw. 4961. Zur Vorburg hin Jugendherberge. Vor dem Torbau **Friso-Brunnen** mit wappenhaltendem Löwen.

★ **Ev. Stiftskirche** unterhalb des Schlosses, erbaut 1289, dreischiffige gotische Hallenkirche mit einer Anzahl sehenswerter Grabdenkmäler, von denen besonders das der Gräfin Walburga und der riesige Marmorsarkophag der Fürstin Amalie erwähnenswert sind.

★ **Ev. Pfarrkirche St. Peter** auf der Höhe am westlichen Lahnufer. 1269 erstmals erwähnt, jetziger Neubau unter Nutzung älterer Teile von 1830. 1978 restauriert.

**Lahnbrücke** von 1352, zerstört 1634 durch die Schweden; noch einige Pfeiler erhalten.

**Weltzeit-Sonnenuhr** nahebei an der Aarmündung.

★★★ **Barockschloss Oranienstein** an der Stelle des ehemaligen Benediktinerinnenklosters Dierstein. Das „Barockjuwel an der Lahn" wurde von berühmten Baumeistern aus Holland, Künstlern aus Italien und deutschen Gartenbaumeistern gestaltet. Der Mittelbau, der älteste und schönste Teil des Schlosses, wurde 1676 von der Fürstin Albertine von Nassau-Diez errichtet und von der Fürstin Amalie, die auch die Diezer Neustadt angelegt hat, im Innern prunkvoll ausgestattet. Die Glanzzeit des Schlosses waren die Jahre 1801 - 1806, als Fürst Wilhelm V. daselbst residierte. Da Wilhelm VI. sich weigerte, dem Rheinbund beizutreten, wurde er von Napoleon I. abgesetzt, die kostbare Einrichtung von Oranienstein wurde versteigert. Später diente das Schloss den Herzögen von Nassau als Jagdschloss. Im Jahre 1866 wurde das Schloss in eine preußische Kadettenanstalt umgewandelt, die mit dem Ende des 1. Weltkrieges aufgehoben werden musste. Heute liegt das Schloss inmitten eines großen Bundeswehrdistrikts und ist Sitz eines Stabes.

Die schönsten Räume des Schlosses beherbergen das sogenannte **Nassau-Oranien-Museum** mit wertvollen Stiftungen des niederländischen Königshauses. Initiator und Träger dieses Museums ist die Niederländisch-Deutsche Gesellschaft „Je maintiendrai Nassau". Königin Juliane der Niederlande und ihr Gemahl gaben 1971 aus Anlass eines Staatsbesuches in der Bundesrepublik Deutschland dort einen Empfang.

Besonders prachtvoll ist die mit wertvollen Stuckarbeiten versehene Schlosskapelle, in der noch regelmäßig Gottesdienste stattfinden. Von der sogenannten Punta hat man einen herrlichen Blick (☼) auf die nahe gelegene Domstadt Limburg und die umliegenden Ortschaften in den Westerwaldbergen. Führungen April - Okt. Di - Fr 9.00/ 10.30/14.00/15.00 Uhr; So u. Feiertage: 10.30/14.00/15.00 Uhr. Nov. - März Di - Fr. 9.00/10.30/14.00/15.30 Uhr. Sa u. nach Vereinbarung bis 16 Uhr. ☎ 0 64 32/26 61 und 49 61 oder 0 64 32/9 40-16 66.

**Personen-Lahnschifffahrt** flussabwärts in Richtung Balduinstein und flussabwärts in Richtung Limburg. ☎ 0 64 31/38 44

ⓘ **Tourist-Information**, Wilhelmstraße 63, 65582 Diez, ☎ 0 64 32/5 01-2 70; Fax 5136; Internet: www.vgdiez.de und www.diez-stadt.de.

☼ **Aussichtspunkte: Forstley** am Fachinger Weg: Diez und Lahntal. Aussichtstempel **Am Geisenberg**, Nähe Schaumburger Straße: Diez und Freiendiez. **Reithalle** Am Kirschenberg, südlich der Stadt: Diez und Limburg. **Schloss Diez:** Stadt und Lahntal. **Ehrenfriedhof - Aussichtstempel:** Lahntal. **Schloss Oranienstein:** Blick ins Limburger Becken, Aull. **Teufelskanzel:** Limburg-Blick. **St.-Peter-Kirche:** Diez, Lahntal und in den Westerwald.

1. Vom Alten Markt durch die Pfaffengasse zum **Schlossberg** hoch. Herrlicher Ausblick auf die Stadt mit der alten und der neuen Lahnbrücke, auf den gegenüberliegenden Geisenberg, auf die St.-Peter-Kirche und die kath. Herz-Jesu-Kirche. In der Ferne Schloss Schaumburg und links Ruine Aardeck.

2. In den Diezer Stadtwald **Hain** zwischen Diez und Oranienstein. Der Park wurde um 1800 von dem Gartenkünstler Friedrich Ludwig von Skell angelegt. Die Wegemarkierung O führt zum Schloss Oranienstein.

*Ein hübscher Lahntal-Ferienort: Balduinstein mit seiner Burgruine*

3. Eine „Rund um Diez“ bezeichnete Wanderung mit dem Kennzeichen D berührt all diese Aussichtspunkte. Dauer der Spaziergänge: 1 bis 2 Stunden. Zwischen Altendiez und der Lahn wurde die landschaftliche Schönheit durch ehemalige Kalksteinbrüche stark beeinträchtigt. Im ausgebeuteten Steinbruch hat sich in Höhe des Lahnspiegels ein 35 ha großer **See** gebildet, der nun als Freizeitgelände genutzt wird.

❖ Der **Mineralbrunnen „Staatlich Fachingen“** hat den kleinen Ort Fachingen unterhalb von Diez weitbekannt gemacht. Die Fachinger Mineralquelle wurde 1749 als Heilwasser erkannt und von der fürstlich-nassauischen Regierung gefasst. Die Quellfassungen wurden mehrfach verbessert und erweitert, damit sie höchsten hygienischen Anforderungen genügen.

Ab Fachingen und Altendiez verengt sich das Lahntal. Es beginnt der schönste und burgenreichste Teil des Tales. Der Fluss windet sich in großen Kehren zwischen den Hochflächen von Westerwald und Taunus hindurch. Steile Hänge ziehen sich bis zu 200 m hinauf. Keine Straße, nur die romantische Bahnstrecke nutzt in vielen Tunneln das Tal.

- ★★ **Balduinstein a. d. Lahn** (107 m; 580 E., VG Diez)

Recht malerischer Fremdenverkehrsort in einer Lahnkrümmung, als sogenanntes Winkelhakendorf (entlang des Lahnufers und im Seitental) angelegt.

❖ Der alte Ort verdankt seine Entstehung einem Streit zwischen dem Erzbischof Balduin von Trier und den Grafen von Leiningen-Westerburg. Auf einem Felsen in einem Seitentälchen der Lahn baute er hier 1320 eine Trutzburg gegen die Schaumburg. In ihrem Schutz entstand eine Siedlung, die vom Kaiser Ludwig dem Baier 1320 **Stadtrechte** erhielt und 1429 durch eine

***Der Naturpark Nassau***
*Der Naturpark Nassau erschließt und schützt eine der schönsten deutschen Mittelgebirgslandschaften. Das tief zwischen dem unteren Westerwald und dem westlichen Hintertaunus eingeschnittene, vielfach gewundene Tal der Lahn ist das Kernstück des Naturparks, das zwischen dem Limburger Becken bei Diez und dem Rhein bei Ober- und Niederlahnstein liegt. Die schroff aus dem Tal aufsteigenden Berge gehören im Norden zum Westerwald, im Süden zum Taunus, und beide Teile bilden etwa je zur Hälfte den 580 km² großen Naturpark, der zum Westerwaldkreis und zum Rhein-Lahn-Kreis in Rheinland-Pfalz gehört. Seine Grenzen im Westerwaldbereich sind im Westen von Niederlahnstein bis Simmern (Ww.) die Westerwaldkreisgrenze. Von hier folgt die Grenze den Straßen über Hillscheid nach Höhr-Grenzhausen, von wo an die Autobahn über Dernbacher Kreuz bis kurz vor der Abfahrt nach Diez die Grenze nach Norden und Nordosten ist. Das ganze Gebiet ist landschaftlich überaus reizvoll; mit Höhen von 65 bis 546 Meter ü. NN ist es typisches Mittelgebirge. Tiefe Täler haben von beiden Seiten die der Lahn zustrebenden stark verschlungenen Bäche in Westerwald und Taunus eingeschnitten. Weit über die Hälfte des Naturparks - 280 km² - ist Wald, von dem wieder etwa zwei Drittel Laubwald ist, der sich in großen zusammenhängenden Forsten über das ganze Gebiet erstreckt. Nur am Westrand und am Nordrand existiert am Rhein und bei Höhr-Grenzhausen und Montabaur bedeutendere Industrie, die jedoch den Naturpark selbst kaum berührt. Dagegen ist das untere Lahntal um Bad Ems und Nassau altes Fremdenverkehrsgebiet. Orte der Erholung und des Fremdenverkehrs haben sich um Holzappel, im Buchfinkenland und im Gelbachtal gebildet.*

Stadtmauer befestigt wurde. Die enge Tallage gestattete jedoch keine Entwicklung der Stadt. Bis 1803 blieb Balduinstein **kurtrierische Exklave**. Die Bevölkerung ist daher heute noch, im Gegensatz zu der der umliegenden Orte, überwiegend katholisch.

In einem erhaltenen Wohnbau der **Burgruine** befindet sich heute ein Bildungszentrum der Bündischen Jugend.

**Kath. Pfarrkirche St. Bartholomäus** von 1776. Im Hauptportal gute Rokokotür, im Schiff sehr schöne Spiegeldecke.

Der **Port-Turm** unweit der Bahnunterführung wurde im Zuge der Stadtmauer 1429 errichtet.

**Hübsche Figuren** eines einheimischen Steinmetzbetriebes schmücken das Ortsbild.

Gepflegte Lahnanlagen. Bootsverleih.

☼ **Franzosenley** mit Schutzhütte am Lahnhöhenweg: Blick auf Fachingen. - **Schwalbenstein** hinter dem Sportplatz: Schaumburg-Blick. - Schutzhütte, zu erreichen auf Fußweg ab Kirche über **Felsengrab** und Nepomukfigur: Lahntal-Blick. - Schutzhütte auf der **Lahnhöhe** unweit der Straße Balduinstein - Langenscheid: Balduinstein-Blick.

**Links der Lahn:**

1. Zur **Schaumburg**: Hinter dem Wasserbrückchen (Wasserüberführung) an der Burgruine „Am Kreuz" links ab und auf steilem Fußweg aufwärts.

2. Zum Ortsteil **Hausen** und zum Haus **Schwalbenstein** ab Bahnhof an einer Dachschieferhalde vorbei aufwärts. Am Sportplatz oberhalb die Schwalbensteinsley.

3. Vom Ortsteil Hausen über den **Sangertberg** (260 m) in Richtung Diez und dann auf dem **Lahnhöhenweg** ab Kohlberg mit schönen Ausblicken (☼) und mehreren Schutzhütten zurück.

*Obernhof. Einziger Weinort an der Lahn. Prächtig ist der Blick oben vom Goethepunkt.*

4. Über die Cramberger Straße oder ab Talhof Schaumburg über den Lahnhöhenweg zur **Cramberger Lahnschlinge**. Die Lahn umfließt hier in einer etwa 7 km langen Schleife die Gemarkung des Dorfes Cramberg (= Krampenberg). An der engsten Stelle sind die beiden Lahntäler nur 700 m voneinander entfernt. Im Jahre 1930 hat man einen Teil des Wassers von der oberhalb gelegene Schleuse Cramberg durch einen 772 m langen Tunnel abgeleitet und unterhalb ein Elektrizitätswerk errichtet. Bei einer Fallhöhe des Wassers von 8 m erzeugt es jährlich rund 26 Millionen Kilowattstunden elektrischen Strom.

☼★★ **Gabelstein**. In der Schleife der Straße von Cramberg zum Taunus können wir flussabwärts abbiegen zu einem der schönsten nur 300 m entfernten Aussichtspunkte an der Lahn. Von der Schutzhütte über den gegabelten Felsen fällt der Lahnhang mehr als 100 m fast senkrecht in Richtung Kraftwerk zum Höllloch ab - ein großartiger Blick. Durch das Lahntal unter uns führt keine Fahrstraße, nur die Bahnstrecke. Die Felsen aus mitteldevonischem Schalstein sind reich an seltenen Pflanzen. Hier nisten Wander- und Turmfalke. Das Gebiet steht seit 1981 unter Naturschutz.

• ❖ ★★ **Schloss Schaumburg** bei Balduinstein erhebt sich auf einem Basaltkegel, der über die Hochterrasse des Lahntals hinausragt. Die dadurch bedingte prachtvolle Aussicht (☼) gab ihr den Namen, der von Schouwenburch (= Schauenburg ) herrührt. Die 1194 erstmals erwähnte Burganlage befand sich zunächst im Besitz der Grafen von Leiningen, ging dann an die Grafen von Leiningen-Westerburg über und wurde 1656 von der Witwe des Reichsgrafen Melander von Holzappel erworben. Durch Heirat ging sie 1812 an das Haus Habsburg-Lothringen über. Erzherzog Stephan von Österreich, der 1848 im Zuge der Revolution seine Heimat Ungarn verlassen musste, erhob die Schaumburg zu seinem Wohnsitz und baute die Schlossanlage 1850 im Stile englischer Neugotik aus. - Der langgestreckte Hauptflügel wird von schlanken, achteckigen Türmen flankiert, die aus unverputzten Basaltsteinen gefügt sind. Vom 42 m hohen Hauptturm prachtvolle Aussicht (☼) über die Lahnberge bis hinüber zum Limburger Becken. Am Turm zum in Schachbrettform gepflasterten Innenhof Sandsteinstatue des Reichsgrafen Peter Melander von Holzappel, General im Dreißigjährigen Krieg. Das Hauptportal im Innenhof führt zum Ostflügel mit der Schlosskapelle. Der Südflügel ist ein außen mit Holzrinde verkleideter Fachwerkbau.

- **Geilnau** (98 m; 370 E., VG Diez)

  **Waldecksches Jagdschlösschen**, gleich am Ortseingang rechts, dort wo das romantische Kerbtal des Schwarbachs einmündet; erbaut 1797, mit breiter Treppe zum ersten Obergeschoss. In der Achse dieses Schlösschens führt zum Lahnufer ein Kastanienweg zu einem ★ **Mineralbrunnen** in einem offenen, 9 m tiefen, runden Schacht. Das Ausflussrohr liegt etwa 1,5 m unter dem Wasserspiegel der Lahn. Nebeneinander entspringen zwei Mineralquellen. Die linke ist eine Schwefelquelle, die rechte ein eisenhaltiger Säuerling, sehr reich an freier Kohlensäure. Im vergangenen Jh. gelangten jährlich bis zu 200 000 Krüge zum Versand. Heute ist die gewerbsmäßige Quellabfüllung völlig eingestellt. - Der Schlüssel ist im Hause neben dem Schlösschen erhältlich.

- ★ **Laurenburg** (96 m; 360 E., VG Diez)

  ❖ Die ★ **Laurenburg** über dem gleichnamigen Lahnort. Sie war schon 1093 Stammhaus jener Grafen, die sich seit 1159 nach ihrem jüngeren Sitz, der von ihnen erbauten Burg, Grafen von Nassau nannten. Sie ist damit auch die Stammburg der niederländischen und luxemburger Herrscherhäuser. Als Peter Melander Graf von Holzappel 1643 die Laurenburg mit der Esterau um Holzappel erwarb, war die Burg bereits verfallen. Als Ruine erhalten blieb der fünfeckige Hauptturm mit der Spitze gegen die östliche Angriffsseite. Ein Privatmann erwarb 1985 Burg und Burgberg, sicherte die Anlage und baute den Bergfried aus. In ihr ein privates Waffenmuseum. Rastmöglichkeit, Getränke. Die Burg ist ganzjährig täglich (außer dienstags) von 10 bis 18 Uhr geöffnet. Tel. 0 64 39/66 01.

  ☼ Über Bremberg erreichen wir von hier die steil über der Lahn stehende **Kirchenruine Brunnenburg**, einst ein Prämonstratenserinnenkloster, bereits 1197 im Besitz der Abtei Arnstein; von hier sehr schöne Lahntalblicke.

- ★★ **Obernhof** (95 m; 480 E., VG Nassau)

  Hübscher Ort mit lebhaftem Fremdenverkehr und zahlreichen schönen Wandermöglichkeiten. Vom nahen Weinähr im Gelbachtal abgesehen, ist Obernhof die einzige **Weinbau-Gemeinde** an der Lahn.

  Obernhof ist Ausgangspunkt für viele schöne Wanderungen ins Lahntal, auf die Lahnhöhen sowie in die Täler des Gelbachs und des Jammertals. In einem Kessel des nahen Gelbachtal liegt hübsch der Fremdenverkehrsort **Weinähr** mit etwas Weinbau.

  **Ab Straßenbrücke Obernhof sind markiert:**

  O 4 Esterweg - Goethepunkt - Alte Straße - Obernhof. (5 km) Der Aufstieg über den Esterweg durch die Weinberge zum ★★★ **Goethepunkt** ist etwas

beschwerlich. Dafür belohnt uns aber unweit des Fernsehumsetzers eine Plattform mit dem sicherlich schönsten Lahnblick (☼). Auch Goethe, der nach einer Besichtigung der Holzappeler Blei- und Silberbergwerke die hierher verlaufende alte Poststraße befahren hatte, soll begeistert gewesen sein.
5. Kanzel - Kloster Arnstein - Kleine Kanzel - Schutzhütte - Kanzel - Obernhof. (Wanderzeit: ca. 2 Stunden). Die ★★ **Kanzel** (☼) liegt gegenüber der Gelbachmündung und bietet einen sehr schönen Ausblick auf das Wasserschloss Langenau, auf Kloster Arnstein, auf Obernhof und den Goethepunkt.
★★★ **Kloster Arnstein** (120 m) auf hohem Felsabsturz über der Lahn. Graf Ludwig von Arnstein stiftete 1139 an der Stelle einer schon 1052 bezeugten Burg eine Prämonstratenserabtei, in die er selbst als Mönch eintrat. Die bald nach 1359 vollendete Kirche ist eine dreischiffige Basilika: ein romanischer Westbau mit runder Apsis und zwei seitlichen Türmen, ein gotischer Ostbau mit niedrigem Querschiff, mit gestaffelten Nebenchören, schlankem Hauptchor und zwei achteckigen Türmen über den mittleren Seitenchören. Die Kirche betritt man durch eine romanische Vorhalle neben der Westapsis. Festlicher Hochaltaraufsatz von 1760, reicher Levitensitz (um 1360), mehrere mittelalterliche und barocke Grabdenkmäler, darunter der Familie Marioth aus Lüttich, Begründer des Lahn- und Westerwald-Bergbaues. Der Konventsbau südlich der Kirche stammt noch aus der romanischen Zeit und ist möglicherweise der Rittersaal der ehemaligen Burg. - Seit 1919 wirkt hier die Genossenschaft der heiligsten Herzen Jesu und Mariä. Seitdem ist Arnstein auch eine gut besuchte Wallfahrtsstätte.
**Margarethenkirche**. Romanische Ruine am Fuße des Klosterberges neben dem Friedhof. Ursprünglich Eigenkirche der Arnsteiner Grafen, war sie trotz

*Kloster Arnstein über der Lahn*

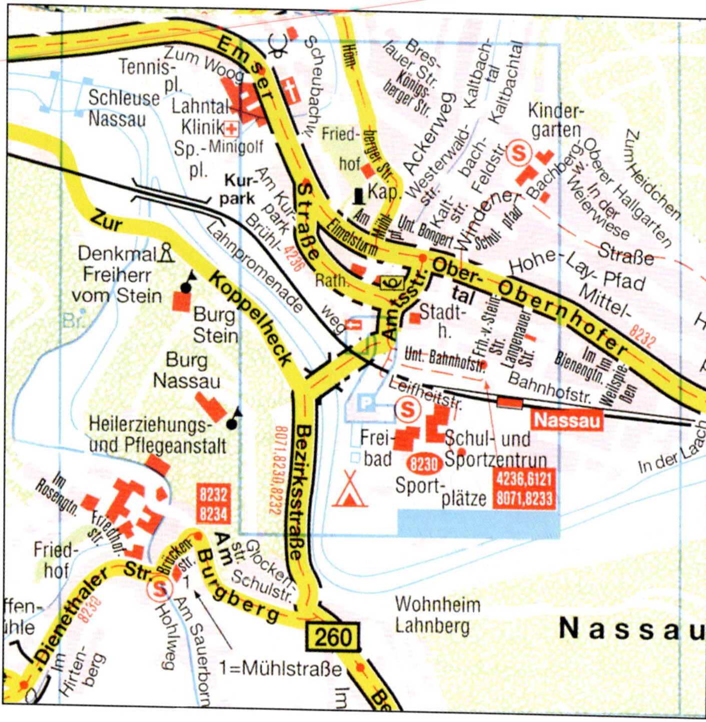


ihrer Unscheinbarkeit Mutterkirche von 72 anderen Kirchen und Kapellen der Umgebung; nach der Gründung des Klosters diesem eingegliedert. Gegenüber freikirchliches Heim **„Bibelschule Klostermühle"** des überkonfessionellen Fackelträger-Bundes.

★ **Burg Langenau** (95 m) liegt unterhalb von Obernhof an der Mündung des Gelbachs, 1243 erstmals genannt. Die einzige Tal- und Wasserburg an der Lahn nutzt geschickt eine niedrige Felsplatte über dem Talboden des einmündenden Gelbachs aus. Die Anlage hat Trapezform. Die Schmalseiten wurden durch tiefe Gräben gesichert, in die bei Gefahr Gelbachwasser einströmte. Auf der Ostseite war die Burg durch eine noch weitgehend erhaltene, mächtige gotische Schildmauer mit Wehrgang und Ecktürmen geschützt. Nach Aussterben der Ritter von Langenau (1613) gehörte die Burg von 1696 bis 1847 der aus Lüttich stammenden Industriellenfamilie von Marioth, den Bahnbrechern des Eisenerzbergbaues und Gründern zahlreicher Hütten im Lahngebiet. Sie errichteten 1698 den Schlossbau am Hauptturm (13. Jh.).

• ★★ **Nassau an der Lahn** (90 bis 140 m; 5.370 E., VG Nassau 12.850 E., Kreis EMS) Nassau ist bekannt durch die Stammburg der Grafen und Herzöge von Nassau, sowie als Geburtsort des Reichsfreiherrn Karl vom und zum Stein.

❖ Nassau wurde erstmals 915 als fränkischer Königshof **Nassova** erwähnt. Er verdankt seine Entstehung einer Lahnfurt, die von einem der vorgeschichtlichen Nord-Süd-Landwege benutzt wurde, der heutigen Bäderstraße. Der Ortsname Nassau wurde auf Burg, Grafen, Herzöge und Herzogtum übertragen. Die **Nassauer Burggrafen** machten Nassau weithin bekannt, auch in der fernen Welt. „Wilhelmus van Nassawe" (1533 bis 1584) erwarb für sich und sein Haus im niederländischen Freiheitskampfe europäische Bedeutung. Wilhelm III. von Oranien-Nassau starb 1702 als König von England; die Herzöge von Nassau regierten von 1806 bis 1866 das Herzogtum Nassau; weibliche Nachkommen sind noch heute Regenten im Königreich der Niederlande und im Großherzogtum Luxemburg. Der Ort Nassau bekam **1348 Stadtrechte** und erhielt bereits 1323 die Erlaubnis zur Befestigung. Ringmauer, sieben Tortürme und etliche feste Türme sicherten diesen Rast- und Einquartierungsort in zahlreichen Kriegsfehden. Letzte Befestigungsreste haben sich erhalten im Grauen- oder Hexenturme (nahe am Bahnhof) und im Eimelsturm (seit 1959 Kriegerehrenmal am Friedhof).
Die Stadt war über 600 Jahre **Amtsstadt** (1355 bis 1883), dazu **Kirchspiel-, Gerichts- und Marktort** (1446), Übersetzort der Heer- und Marktstraße in den Taunus und Brückenort. Berühmt und oft kopiert wurde die 1828/30 erbaute Kettenbrücke, eine der ersten eisernen Brückenbauten Deutschlands. (Heutige Nachfolgerin Hängebrücke von 1926.) Seit 100 Jahren also geglückte Synthese von Industrie- und Kurstadt. 1945 durch Bomben zu 71 % zerstört, verbinden sich im Stadtbild Altbauten mit Modernem in schöner Harmonie.

Vielseitig sind die Anlagen für den **Fremdenverkehr**: Campingplatz an der Lahn, anliegendes, beheiztes Freischwimmbad (22°), Bootsfahrten, gepflegte Lahnuferwege, Rundwanderweg, Kurpark mit Pavillon und Kleingolf, Sport- und Tennisplätze, Wassertretbecken, Schachspiele. Höhepunkt der Saison ist der seit 1912 jährlich Ende September stattfindende Michelsmarkt.

Das ★★ **Steinsche Schloss** (Graf von Kanitz), erbaut um 1621, Geburtshaus des **Reichsfreiherrn Heinrich Friedrich Karl vom und zum Stein** (geb. am 25. 10. 1757). Hier arbeitete er 1807 an seiner „Nassauer Denkschrift", der Grundlage für die Bauernbefreiung und Städteordnung. - Das Schloss wurde 1755 erweitert und 1790 innen ausgebaut. Der zweistöckige Steinbau hat seitlich zwei gleich weit vortretende Querflugel, im linken die Schlossrentei. An dem mittleren Hauptkörper des Schlosses, der einen kleinen, renaissanceartigen Ziergiebel trägt, befindet sich neben dem viereckigen Schlossturm ein zwar kleines, aber sehr schönes, von schlanken Säulen flankiertes **Renaissanceportal** mit der Jahreszahl 1621, einem Alliancewappen und dem berühmten Türklopfer. Der sagenumwobene Klopfer hat die Gestalt eines Eselskopfes mit herausgestreckter Zunge, in Erinnerung an das Langohr, das einst einen Ahnherrn des Freiherrn während eines Kriegszuges aus schwerer Bedrängnis über die Alpen heimgetragen hat.
An den Südgiebel des Schlosses lehnt sich der monumentale achteckige **Erinnerungsturm** in neugotischen Bauformen an, errichtet von Stein zum Gedenken an die Freiheitskriege gegen Napoleon von 1812 - 1815. Der Turm enthält

in drei Stockwerken die Stein-Erinnerungsräume des Schlosses; das Mittelgeschoss birgt Steins Arbeitszimmer mit dem Schreibtisch, dem Sessel und einer Kolossalbüste Steins. Auf dem Schreibtisch liegt ein Brief an den Grafen Münster vom 1. Dezember 1812 mit dem berühmten Satz: „ . . . ich habe nur ein Vaterland, das heißt Deutschland." Den **Schlosshof** betritt man durch ein dreiteiliges, wappengeschmücktes Renaissanceportal. Hinter dem Schloss der reizvolle **Schlosspark**, auch Englischer- oder Botanischer Garten genannt; er enthält neben einheimischen Baumriesen eine Menge ausländischer Gewächse.

**★★ Adelsheimer Hof** (dem Schloss gegenüber). Ursprünglich ein Landedelsitz der Steinschen Nebenlinie. 1607/09 erbaut, kam er 1701 nach dem Aussterben dieser Linie durch Einheirat an die von Adelsheim. Der prächtige, dreistöckige Fachwerkbau zeigt an Eckbalken und Erkern ein ungewöhnlich schönes, reichverziertes Schnitzwerk. Seit 1912/16 Rathaus der Stadt Nassau, seit 1972 der Verbandsgemeinde, ist es heute eines der schönsten Rathäuser Deutschlands.

Die mittelalterliche **★ Stadtkirche**, Johanniskirche genannt (ev.), nahe der Lahn, wurde 1198 erwähnt. Vom Turm (vermutlich 11. Jh.) ruft seit 1480 die Mariengiocke die Gemeinde. Der älteste Kirchteil hat spätromanische Formen. Nach großen Bränden, 1372, 1465, 1945, immer wieder neu aufgebaut. Sehenswert sind die 10 an den Innenwänden aufgestellten sehr schönen Bildgrabsteine.

Der bewaldete **★ Burgberg** (210 m, 130 m über der Lahn), jenseits der Hängebrücke trägt zwei Burgen: Burg Nassau und Burgruine Stein.

**★ Burg Nassau**, das weithin sichtbare Wahrzeichen der Stadt, errichtet zur Sicherung des Uferwechsels der alten Heerstraße in den Taunus, erbauten die Grafen von Laurenburg (vor 1124). Nach langem, erfolglosen Streit mit

*Der Adelsheimer Hof in Nassau, eines der schönsten Fachwerkrathäuser Deutschlands*

dem Bergbesitzer, dem Hochstift Worms, vertauschte dieses Nassau 1159 an das Erzstift Trier, von dem die Laurenburger im gleichen Jahre Burg nebst Anhang zu Lehen nahmen. Seitdem nannten sie sich Grafen von Nassau. Bis zur Landesteilung 1255 haben sie auf der Burg residiert. Danach entstanden weitab, in Weilburg, Idstein, Saarbrücken, Wiesbaden, Usingen, Hadamar, Dillenburg, Herborn und Siegen neue Residenzen der Teillinien. Bis 1530 von beiden Hauptlinien mit Sorgfalt unterhalten, setzte danach der Verfall ein, seit 1630 Ruine.

Drei Bauelemente blieben erhalten: Die 1978 abgeschlossene Renovierung setzte dem Bergfried eine 8,25 m hohe Dachhaube auf, dazu an den Turmecken und dem Treppenturm kleine Türmchen mit 5 Nebenhauben (je 4,80 m), so dass der Turm jetzt insgesamt eine Höhe von 33 m erreicht. Er enthält bis zur Wehrplatte drei Turmgeschosse, verbunden mit einer Wendeltreppe, und in der Erde versenkt das zweigeschossige Burgverlies. Im Palas ist heute eine Burggaststätte.

Die **Burgruine Stein** (1234 erwähnt) wurde von einem nassauischen Burgmannengeschlecht 70 m unterhalb der Hauptburg auf einem steilen, durch eine künstliche Schlucht abgetrennten Felssporn errichtet, dem sogenannten „Stein", nach dem es sich nannte. Diese Burg blieb länger bewohnbar; (1637) teilweise, danach selten bewohnt, wurde sie 1639 zerstört.

**Das Steindenkmal**, nahe der Burg Stein auf felsigem Bergvorsprung, ist zu Ehren des großen Staatsmannes, Freiherrn vom Stein, erbaut. An Stelle des 1872 enthüllten und 1945 durch Bomben zerstörten Nationaldenkmals wurde es 1953 völlig neu gestaltet.

Hinter dem Burgberg **Scheuern** mit den **Heilerziehungs- und Pflegeheimen Scheuern**, in denen ein weitgespannter Dienst im Sinne der Inneren Mission an bildungsfähigen Geistesschwachen getan wird.

♣ Nassaus reizvolle Umgebung, die waldreichen Lahnhänge und aussichtsreichen Randberge von Westerwald und Taunus, die Täler des Mühlbachs und des Kaltbachs bieten eine ideale Wanderlandschaft. Eine Wanderwegetafel steht am Fuße des Burgberges unweit der Kettenbrücke.

ⓘ **Touristik im Nassauer Land e.V.**, Schlossstraße 6, 56377 Nassau; ☎ 02604/ 9702-30; Fax 9702-24; Internet: www.stadt-nassau.de; www.vgnassau.de.

- ★★ **Dausenau** (100 m, 1.400 E., VG Bad Ems)

❖ Malerischer, staatlich anerkannter Erholungsort. Ortskern keilförmig rechts der Lahn. Dausenau wird 1247 erstmals erwähnt und erhielt 1348 Stadtrechte, die jedoch nur zeitweise ausgeübt wurden. Früher war der Weinbau von Bedeutung.

Der Ort bietet besonders von der Lahnseite her mit seinen alten Häusern, der Pfarrkirche, mit Stadtmauer, Türmen und dem spätgotischen Fachwerkrathaus ein recht malerisches Bild.

★ **Ev. Pfarrkirche St. Kastor**. Sie liegt ähnlich wie in vielen Winzerorten der Mosel über dem Ort. Errichtet in der 1. Hälfte des 14. Jh. als eine dreischiffige Emporenhallenkirche. Der romanische Westturm stammt noch von einer Vorgängerkirche. Im Innern Reste der ursprünglichen Ausmalung und Fresken.

*Das historische Dausenau mit der Stadtmauer an der Lahn*

★ **Spätgotisches Fachwerk-Rathaus**, zweitältestes Deutschlands und einer der ältesten und bedeutendsten Fachwerkbauten an der Lahn und im Westerwald. Das Untergeschoss im Zuge der Ringmauer aus Bruchstein mit Blendarkaden zur Lahn hin; Obergeschoss Fachwerk in Ständerbau mit Walmdach. Heute Tagungsraum der Verbandsgemeinde.

Die ★ **Stadtbefestigung** ist in Dreiecksform längs der Lahn und im Seitental noch weitgehend erhalten. Nach Ems hin steht das Untertor, durch das die B 260 führt. Als **Schiefer Turm** bekannt ist der Oberturm in Richtung Nassau. Da er 2,46 m aus der Lotrechten abwich, musste er 1951 um 6,50 m abgetragen werden.

♣ **Tor- oder Femeeiche** (Alter 1100 Jahre, Umfang 13 m) neben der Brücke.

• ★★★ **Bad Ems** (85 m; 9.700 E., VG Bad Ems; Kreis EMS 128.000 E.)

Das Heilbad liegt in einer Talweitung der Lahn und wird von den Hängen des Taunus und des Westerwaldes begrenzt. - Kreisstadt des Rhein-Lahn-Kreises, Statistisches Landesamt Rheinland-Pfalz, Staatliches Quellenamt, Staatsbad, Kurkliniken, zwei Krankenhäuser, Sanatorien und Kliniken.

❖ Römische und fränkische Funde, ein **Kastell** im Bereich der heutigen ev. Martinskirche (Marktstraße) und ein kleineres zwischen Bahnhofs- und Badhausstraße zum Schutz der Limesüberquerung über die Lahn; rekonstruierte Wachttürme auf dem Wintersberg und dem Großen Kopf bei Arzbach; Reste des Limes im Stadtwald.

Ems geht auf eine fränkische Siedlung aus dem 6. Jh. zurück. 880 erstmals als **„aumenzu"** erwähnt, woraus sich der heutige Name ableitet. Vom Mittelalter bis 1802 gehörte die Vogtei Ems den Grafen von Nassau und denen von Katzenelnbogen, ab 1479 den Landgrafen von Hessen gemeinsam. 1158

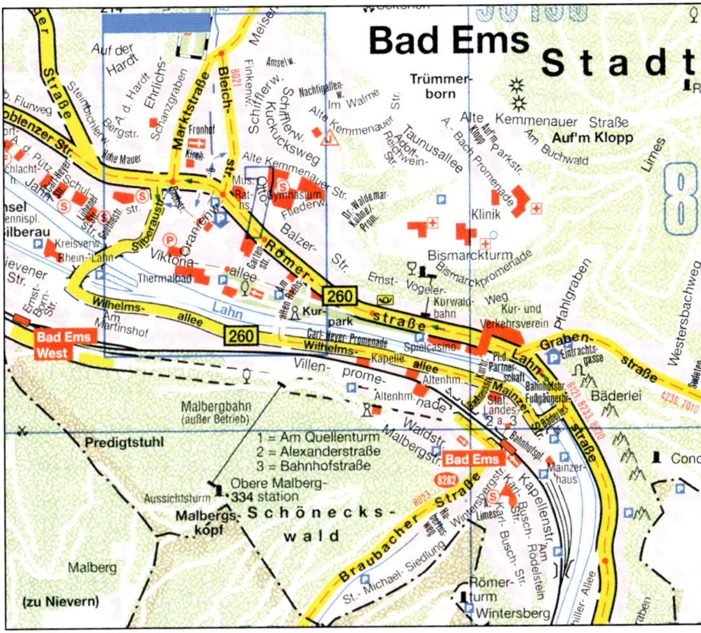


erste Erwähnung des Blei- und Silberbergbaus (bis 1945). **1324 Stadtrechte.** Bad Ems ist **eines der ältesten Heilbäder Deutschlands**. Im 14. Jh. erste Badhäuser, ab 15. Jh. Badereisen von Grafen, Rittern und Erzbischöfen. 1534 erste Badeschrift des Arztes Joh. Dryander. 1720 erste Erwähnung der **Spielbank**; 1774 Besuch Goethes. Im 19. Jh. Aufstieg zum **Weltbad**; Kuraufenthalte Kaiser Wilhelms I., Zar Alexanders II. von Russland, Richard Wagners, Fjodor M. Dostojewskis und vieler anderer Persönlichkeiten; Begründung des Kurtheaters durch **Jacques Offenbach**, der hier 1858 bis 70 wirkte. Internationales Kurpublikum, außer Deutschen vor allem Franzosen, Russen und Engländer. 13. Juli 1870: Die Begegnung zwischen König Wilhelm I. von Preußen und dem französischen Botschafter Benedetti auf der Bad Emser Kurpromenade führt durch Bismarcks redigierte **„Emser Depesche"** zum Ausbruch des deutsch-französischen Krieges von 1870/71 (Gedenkstein). 1872 Schließung der deutschen Spielbanken. In der 1. Hälfte des 20. Jh. Niedergang des Kurbetriebs infolge der Weltkriege und der Besatzung. In der 2. Hälfte des 20 Jh. wurde Bad Ems zu einem modernen Heilbad mit neuen Kurzentren und zu einem touristischen Reiseziel.

**★★★ Staatliches Kurhaus:** Seit dem 14. Jh. gab es erste Badegebäude über den Thermalquellen, 1382 einen Badturm. Ab 1696 Neubau des hessischen Bades. 1712/15 Neubau des Badehauses der Fürsten von Nassau-Oranien als barockes Schloss. Es ist der östliche Teil des heutigen Kurhauses (mit heutigem Eingang Gästezentrum und Kurverwaltung), während der westliche Teil (heute Kurhotel) 1912/13 auf den Grundmauern des alten Badehauses der Landgrafen von Hessen errichtet wurde. Kernstücke des Kurhauses sind die Brunnenhalle mit den ältesten und bekanntesten Thermalquellen (Kränchen-Brunnnen, Kessel-Brunnen) und das Kurhotel. Der östliche Seitenflügel wird „Kaiser-Flügel" genannt, weil hier im 1. Stock Kaiser Wilhelm während seiner Kuraufenthalte wohnte. Zu den Gästen des Hauses gehörten auch Goethe und Zar Nikolaus I. von Russland.

★★ **Quellentempel des „Robert-Kampe-Sprudels"** dahinter am Eingang der Grabenstraße. Die bis zu 7 m hochschießende Quellfontäne spendet je Minute 600 Liter Mineralwasser und 400 Liter Kohlensäuregas.

★ **Benedetti-Stein** unweit der Schiffsanlegestelle. Dort war vor Ausbruch des Deutsch-Französischen Krieges 1870/71 König Wilhelm I. vom französischen Botschafter Graf Benedetti angesprochen worden.

**Wasserturm** in der Wilhelmsallee (Taunusseite), 40 m hoch. In ihm Speicher- und Pumpanlagen für das Emser Wasser.

★ **Mainzer Haus:** 1696 als Logierbau auf Mainzer Gebiet erbaut. Bekannt durch die „Emser Punktation" 1786 (ergebnisloser Versuch der drei geistlichen Kurfürsten und des Erzbischofs von Salzburg gegen die Übergriffe der römischen Nuntiaturen vorzugehen).

**Steinerne Badewanne** gegenüber dem Mainzer Haus.

**Haus zu den vier Türmen:** Mächtiger, schlossartiger barocker Rechteckbau mit vier Ecktürmchen und Laternenaufsatz. Ab 1696 von Feldmarschall von Thüngen auf Trierer Gebiet gebaut.

*Blick vom Concordiaturm auf das Bad Emser Kurviertel*

**Alte Thurn- und Taxis'sche Post** gegenüber der Bahnhofsbrücke. Dreistöckiger Fachwerkbau, 1694 erbaut, mit großen Stallungen für die Postpferde.

★ **Künstlerhaus Schloss Balmoral:** Villa aus dem Jahre 1876 in den Formen italienischer Frührenaissance mit neugotischen Einflüssen, ehemals Nobelhotel, heute Einrichtung der „Stiftung Rheinland-Pfalz für Kultur“ zur Förderung internationaler, nationaler wie auch regionaler bildender Kunst der Gegenwart.

**Ev. St. Martinskirche** über dem römischen Kastell: Romanische Emporenkirche aus dem 12. Jh. Nach schwerem Brande stark verändert.

★ **Russische orthodoxe Kirche:** 1874/76 für die zahlreichen russischen Kurgäste zu Ehren der hl. Alexandra mit Beihilfe der Kurgäste und des Deutschen Kaisers erbaut. In Gegenwart des Zaren Alexander II. eingeweiht. Kreuzkuppelkirche mit 5 Kuppeln. Reiche Ikonostase, kostbare Ausstattung. Regelmäßiger Gottesdienst für russisch- und griechisch-orthodoxe Gläubige. Während der Hauptkurzeit täglich geöffnet.

★ **Barockkapelle Maria Königin** in der Kapellenstraße. 1661 als katholische Pfarrkirche erbaut.

★ **Kurwaldbahn** zwischen Römerstraße und Hufeland-Klinik. 220 m lang, 74 v.H. Steigung. Höhenunterschied 132 m; Fahrtdauer 76 Sekunden. fertiggestellt 1979. Verkehrt von 6.15 bis 22.15 Uhr.

**Heinzelmannshöhlen** in der **Bäderlei** am Fuß zum Concordiaturm (Aufgang Grabenstraße). Höhlenbildung im Schiefer durch Auswaschung weicheren Gesteins, vermutlich Kalk. Es geht die Sage, dass hier vor vielen hundert Jahren „Heinzelmännchen“ wohnten, die nachts den Emser Bürgern alle Arbeiten verrichteten.

*Das prächtige Staatliche Kurhaus ähnelt einem Barockschloss.*

**Kur- und Stadtmuseum**, Römerstraße 97: Es lädt ein zu einer Reise in das mittelalterliche Emser Bad, in das Weltbad des 19. Jh. mit seinen Gästen und Grand-Hotels, dem „Emser Kränchen" und dem Kurleben zu Kaisers Zeiten, aber auch zu den Spuren der Römer und der jahrhundertealten Industriegeschichte des Lahntales. Geöffnet 14 - 17 Uhr, April - September, Di - Fr u. So, Oktober - März: nur Mi u. Fr. ☎ 02603/3572.

**Emser Bergbaumuseum „Steigerhaus":** Ausstellung über das Leben und Arbeiten der Bergleute mit bergbaulichen Geräten und großer Mineraliensammlung. Tel. 0 26 03/1 46 65. Geöffnet So 14 - 17 Uhr u. nach Vereinbarung.

**★★★ Die Bad Emser Thermalquellen**

Der hohe Kohlensäuregehalt und die ständig gleichbleibende Temperatur zwischen 20 und 57 Grad Celsius charakterisieren die Emser Thermen als eine ausklingende vulkanische Erscheinung. - 17 Quellen sind gefasst. Von diesen werden zur Zeit 11 zum Baden, Trinken, Inhalieren und Gurgeln, zur Herstellung der bekannten Emser Pastillen und des Emser Salzes benutzt, unter ihnen als bekannteste Heilquelle das **„Emser Kränchen"**. Ihrer Zusammensetzung nach werden sie als Natrium-Hydrogenkarbonat-Chlorid-Säuerlinge bezeichnet. Die Emser Thermen schicken in jeder Minute 1.300 Liter Wasser an die Oberfläche. Täglich fördern die Quellen 5,5 Tonnen feste Bestandteile und über 4 Tonnen Kohlensäure in Gasform an die Erdoberfläche.

Quellen und Klima prägen gemeinsam ein **Heilbad** zur Behandlung von Erkrankungen der Atemwege, Asthma, von Herz- und Kreislaufleiden und Allergien.

★ **Emser Therme:** Herzstück des neuen Gesundheitszentrums Bad Ems mit weitläufigen Innen- und Außenbecken, großzügiger Saunalandschaft und einladender Gastronomie. Thermalwasser 32° C.

Kursaal mit Lese- und Schreibzimmer, Vortragsräume, Fernsehräume, Kurkonzerte, abwechslungsreiches Veranstaltungsprogramm. Wanderungen für Kurgäste. Kurpark täglich geöffnet. Wanderspaß mit Wanderpass des Kur- und Verkehrsvereins. Golf (18-Löcher-Platz) auf der Denzerheide. Ausgabe von Angelscheinen, Kleingolf, Reitsport, Tennis, Hallen-Tennis.

**Bartholomäusmarkt** am letzten August-Wochenende mit **Blumenkorso**.
**Jacques-Offenbach-Festival** im Mai/Juni.
**Personenschifffahrt** an der Römerquelle, ☎ 0 26 03/43 76

ⓘ **Kur- und Erholungslandschaft Bad Ems**, Römerstraße 1, 56130 Bad Ems. ☎ 0 26 03/94 15-0, Fax 44 88; Internet: www.rhein-lahn-info.de.

**Ausflugslokale mit Café und Restaurant:**

- **Westerwaldseite**:
  **Bismarckturm** an der Bergstation der tagsüber verkehrenden Kurwaldbahn.
  **Concordiaturm** über der Bäderlei. ★★★ Bester Aussichtsplatz. (☼)
  **Höhenhaus** an der Straße nach Kemmenau.
  **Schöne Aussicht** im Wald oberhalb von Kemmenau.
- **Taunusseite**:
  **Schützenhaus** lahnauf oberhalb der Bahnstrecke.

**Schweizerhaus** am Mahlberghang.
**Wintersberg** mit rekonstruiertem Limesturm, Zufahrt ab Braubacher Straße. (☼)

- ☼**Aussichtspunkte auf der Westerwaldseite von Ost nach West:**
**Hasenberg** und Schmidsgraben: Blick Richtung Dausenau.
**Höhenhaus** und Repselskopf nahebei: Lahntalblick in Richtung Dausenau.
**Concordiaturm** (265 m), steil über der Bäderlei. Beeindruckender Panoramablick auf Bad Ems.
**Ernst-Vogler-Promenade**. Hangweg oberhalb der Römerstraße.
**Bergstation** der Kurwaldbahn und Bismarckturm (213 m); Talblick auf Bad Ems.
**Emser Buchwaldhütte** südlich der Schönen Aussicht: Umfassender Blick über die Landschaft der Augst, zur Montabaurer Höhe, ins Koblenz-Neuwieder Becken, zum Siebengebirge und in die Eifel.
**Katzenlei** auf dem Ehrlich (213 m): Blick auf Dorf und Bad Ems.
**Grisselberg**, (274 m), Straßenkehre der B 261: Blick über die Lahnberge.
**Weinbergshaus** Richtung Fachbach: Blick auf Lahninsel Silberau und Dorf Ems.
- ☼**Aussichtspunkte auf der Taunusseite von Ost nach West:**
**Kirschheimersborn** (348 m) in Kammlage zum Taunus östlich des Lahnsteiner Forsthauses: Lahnberge rings um Bad Ems.
**Wintersberg** (214 m) mit nachgebautem Limesturm: Blick auf Bad Ems und das Lahntal.
**Schweizerhaus:** Blick über das Kurbad.
**Adolphtempel** im Hang unweit der Malbergbahn: Blick auf Dorf Ems.
**Halde Rottmannshöhe** in Richtung Nievern: Blick auf die Lahninsel Silberau und Dorf Ems.
**Kur- und Wanderwege in den Hängen.**

Weiter lahnab. Unterhalb des Orts **Nievern** auf der Insel Oberau das Industriedenkmal der ★ **Nieverner Hütte**, ein um 1716 errichtetes Eisenhüttenwerk mit Hochöfen, Eisengießerei und Emaillierwerk. Das Nieverner Wehr steht mit seinen Feuchtgebieten unter Naturschutz.

- **Miellen** (75 m; 490 E., VG Bad Ems)

☼ **Gefallenen-Gedächtniskapelle** auf dem Martinikopf zwischen Lahntal und Schweizertal, wurde von dankbaren Heimkehrern nach dem 2. Weltkrieg errichtet.

Auf der Höhe des Schweizertals liegt in ländlicher, ruhiger Umgebung das 600 E. zählende Dorf **Frücht** mit der **Gruft des Freiherrn vom und zum Stein**, einem der bedeutendsten Bauwerke der frühen klassizistischen Neugotik im Rheinland.

Eine Wanderung durch das wildromantische ★★ **Schweizertal** mit seinen klammartigen Felsspalten zählt zu den schönsten an der Lahn.

Die Lahntalstraße, die von Lahnstein über Bad Schwalbach bis zum Rheingau auch die Bäderstraße genannt wird, führt nun am Fuß des Lahnsteiner Mehrsberges vorbei und erreicht hinter dem Campingplatz und der Schleuse Auf Ahl den Eingang zur Ruppertsklamm. Dann führt sie aufwärts auf die 1977 fertiggestellte Lahnsteiner Umgehungsstraße oder darunter hindurch nach **Lahnstein**.

## WESTERWALDHÖHEN NÖRDLICH DER UNTEREN LAHN

Zwischen Lahn, Gelbach und dem westlich von Altendiez zur Lahn fließenden Daubach, im Norden von dem waldbedeckten Quarzitrücken des **Höchst** (443 m) begrenzt, liegt die reizvolle Landschaft der **Esterau** mit zahlreichen schönen Aussichtspunkten und guten Wandermöglichkeiten. Ihr Name leitet sich ab von dem Ort Esten (heute „Holzappel").

- **Holzappel** (280 bis 350 m; 1.200 E., VG Diez)
  Der Ort liegt im Mittelpunkt der Hochfläche der Esterau, von Lahn und Gelbach jeweils nur 3 km entfernt, liegt an der hier über die Höhe führenden **Lahn-Ferien-Straße** (B 417).
  - ❖ Bereits 959 war Esten, wie Holzappel ursprünglich hieß, Mittelpunkt einer die Esterau umfassenden Grundherrschaft und eines ausgedehnten Kirchspiels. Nach wechselnder Zugehörigkeit zu verschiedenen Herrscherhäusern (Nassau, Diez, Katzenelnbogen) wurde sie 1643 an den legendären **Feldmarschall Peter Melander** (1589 bis 1648) verkauft, der als Heerführer im Dreißigjährigen Krieg zu Ehren und Geld gekommen war. Der Kaiser hatte den aus Niederhadamar stammenden einfachen Landreitersohn zum Reichsgrafen von Holzappel erhoben. Seine Witwe kaufte 1656 Schloss und Herrschaft Schaumburg. Die Grafschaft erbte die Tochter Elisabeth Charlotte, die mit dem Fürsten Adolf von Nassau-Dillenburg vermählt war. Sie erwirkte für den Flecken 1688 Stadtrechte, nannte ihn Holzappel und befreite die Einwohner aus der Leibeigenschaft. Ihre Tochter Charlotte heiratete den Fürsten von Anhalt-Bernburg, wodurch der anhaltinische Bär ins Holzappeler Wappen kam und 1734 seinen Platz auf dem steinernen Brunnen am Marktplatz einnahm. Holzappel fiel 1806 an Nassau.

*Marktplatz in Holzappel mit dem Bärenbrunnen und dem Goethehaus*

> ***Ein Westerwälder = zwei Deutsche***
> *Melander von Holzappel war einer der bedeutendsten Männer unserer Heimat und einer der größten Feldherrn des Dreißigjährigen Krieges. Er soll einmal den Ausspruch getan haben: „Ich bin ein Deutscher und dazu ein Westerwälder, was soviel heißt wie: zwei Deutsche!"*

★ **Ev. Pfarrkirche St. Johannes** am Marktplatz, klassizistischer Saalbau von 1824 bis 25. In ihr Gruft des Reichsgrafen Peter Melander von Holzappel; er war 1648 in einer Schlacht bei Zusmarshausen (nahe Augsburg) gefallen (s.o.). Spiegeldecke, dreiseitig herumgeführte Emporen. Großes holzgeschnitztes Grabmal für Melander von Holzappel.

Hinter dem **Bärenbrunnen** (1878; 1913 neu aufgerichtet) das Goethehaus, in dem Goethe bei seiner Lahnreise 1815 einkehrte und geologische Fachgespräche mit dem Leiter des Holzappeler Bergwerks führte (Erinnerungstafel am Gebäude).

**Heimatmuseum Esterau** im Rathaus neben der Kirche. ☎ (privat): 0 64 39/75 42 od. 4 08 od. 73 90 od. 78 79 (priv.) 20. Geöffnet: 1. 3. bis 31. 10. So 15 - 17 Uhr (sowie nach Vereinbarung auch mit Führung).

❖ Seit der 2. Hälfte des 18. Jh. erreichte die Esterau eine hohe Blüte, als die reichen **Erzvorkommen** des Holzappeler Bergwerks abgebaut wurden. Seit dem Mittelalter schon waren Stollen vom Gelbachtal aus vorgetrieben worden, jetzt baute man senkrechte Schächte, die mit der sogenannten „Rosskunst" (Pferdegöpel) betrieben wurden. Eine Zerkleinerungsanlage (Pochwerk), eine Erzwäsche und vier Schmelzöfen entstanden. 1785 zählte man 643 Beschäftigte, die aus den Ortschaften der näheren Umgebung kamen. 1815 besuchte der Dichter Johann Wolfgang von Goethe das Bergwerk. Immer tiefere Schächte und Stollen wurden angelegt, schließlich hatte man mit der 25. Sohle eine Tiefe von 1067 m erreicht. Wegen mangelnder Fündigkeit musste der Abbau 1952 eingestellt werden. Bis dahin waren 36 Stollen mit einer Gesamtlänge von 44 km vorgetrieben worden. 17 Tages- und 8 Blindschächte mit 4,4 km Länge waren abgeteuft worden. Gefördert wurden insgesamt 180.000 t Blei, 360.000 t Zink und 130.000 kg Silber. - Heute zeugen nur noch zahlreiche rekultivierte Halden und mehrere Weiher, darunter der Herthasee, von der Holzappeler Grube.

Über das ehem. Grubengelände führt ein informativer **Lehrpfad** (Ausgangspunkt: B 417 oberhalb Dörnberg-Hütte).

★ **Herthasee**. Hauptanziehungspunkt der Esterau nördlich oberhalb von Holzappel gelegen. 6 ha groß, ursprünglich „Wackerhannes" genannt und für den Holzappeler Grubenbetrieb angelegt. Schwimmen, Rudern, Angeln, Minigolf, Tennis. Internet: www.holzappel-herthasee.de

- **Charlottenberg** (330 m, 180 E., VG Diez)

❖ Fürstin Elisabeth Charlotte von Nassau-Schaumburg gewährte wegen ihres Glaubens aus Savoyen vertriebenen Waldensern in der Esterau Asyl, ließ für sie 1699 Wald roden und dort zehn kleine Häuschen (Waldenserhäuser) errichten, in die 80 Flüchtlinge einziehen konnten. Aus Dankbarkeit gaben die Waldenser dem Dorf den Namen Charlottenberg. Auf dem **Waldenserdenkmal** am südlichen Ortsausgang sind heute noch die Namen der ersten Bewohner zu lesen.

*Blick von der Marienhöhe auf Laurenburg*

- **Dörnberg** (290 m; 600 E., VG Diez) Hoch über der Lahn als südlichster Ort der Esterau zwischen einer Lahnschleife. Zu Dörnberg gehört auch die Siedlung Kalkofen an der Lahn, bekannt durch ihre täglichen Lahnpegelstandsmeldungen.

  ☼ Herrliche Lahntalblicke von den **Felskanzeln ★★ Wolfslei** und **★ Marienhöhe** (hinter dem Sportplatz).

  Auf verhältnismäßig kleinen Hochflächen und Riedeln finden wir zwischen dem Gelbachtal und dem Emsbachtal die Rodungszonen von vier Gemeinden: Winden, Hömberg, Zimmerschied und Kemmenau. Alle haben gemeinsam ihre Zugehörigkeit zum Rhein-Lahn-Kreis, eine herrliche Landschaft, von steilen Kerbtälern eingeschnürt, sehr viel Wald, herrliche Aussichtspunkte und natürlich auch lebhafter Fremdenverkehr.

☼ **Beeindruckende Aussichtspunkte**

Westlich von **Horhausen ★★ Maria Ruh, ★ Feierhanslei** und **★★ Groblei:** verschiedene beeindruckende Aussichtspunkte in das Gelbachtal.

- **Winden** (420 m; 740 E., VG Nassau)

  ☼ Von zahlreichen Gemarkungspunkten schöne Aussicht über das Lahntal bis zum Feldberg im Taunus, so vom **„Liehwäldchen“** (422 m), von der **Michaelskapelle** und vom **★ Katzenstein** über dem Gelbachtal. Zwischen Winden und Nassau steil über der Schleuse Hollerich die **★★ Hohelei**.

- **Hömberg** (380 m; 320 E., VG Nassau)

  ☼ **★ Gickelsturm:** Umfassende Aussicht auf Nassau. **★ Herrenlei:** Schöner Blick auf Dausenau. Schutzhütte am **★ Kreuzstein:** Lahnhöhenblick. Von den südlichen Gemarkungswegen Ausblicke über die Lahnhöhen.

- **Kemmenau** (380 m; 480 E.; VG Bad Ems)

  ☼ Der Blick vom Turm **Schöne Aussicht** (459 m; Waldrestaurant) ist völlig zugewachsen. Unterhalb jedoch **★ Emser Buchwaldhütte** mit umfassender Fernsicht über die Landschaft der Augst bis zum Siebengebirge und zur Hohen Eifel. - Lange, gut erhaltene **Limesstrecke** oberhalb des Dorfes im Wald.

- **Zimmerschied** (380 m, 100 E., VG Nassau)

  🏛 **Puppenstuben-Museum** Hildegard Sonntag, Hauptstr. 2. 60 Puppenstuben mit rund 1000 Puppen. Geöffnet Sa, So u. feiertags 14 - 17 Uhr und nach Vereinbarung. ☎ 0 26 43/ 7 02 30.

# Rheintal (Westerwaldseite) und Siebengebirge

**Romantik pur: Der Rhein, seine alten Städte und aussichtsreichen Höhen**

## Das Neuwieder Becken (rechtsrheinisch) von Lahnstein bis Neuwied

Von der Montabaurer Höhe und dem Kannenbäckerland fällt der Westerwald nach Westen und Südwesten zur Koblenz-Neuwieder Rheintalweitung hinab, allgemein **Neuwieder Becken** genannt. Dichte Besiedelung, gut entwickelte Industrie und ein engmaschiges Verkehrsnetz mit allein sieben Rheinbrücken, den einzigen zwischen Mainz und Bonn, bedingen sich hier gegenseitig.

**Lahnstein** (65 bis 400 m; 18.900 E.)

Beiderseits der Mündung der Lahn in den Rhein gelegene Stadt, 1971 aus Oberlahnstein (südlich der Lahn) und Niederlahnstein (nördlich der Lahn) entstanden. Dank ihrer zahlreichen der Kultur, der Freizeitgestaltung und der Erholung dienenden Einrichtungen und aufgrund ihres regen Wirtschaftslebens nimmt die Stadt eine bedeutende Stellung im Mittelrheingebiet ein.

*Blick von Burg Lahneck ins Lahntal. Links der Allerheiligenberg, dahinter versteckt sich die Ruppertsklamm.*

❖ ★★ **Oberlahnstein** gehörte vom frühen Mittelalter bis zum Ende des 18. Jh. zum Kurfürstentum Mainz, **Niederlahnstein** zu Kurtrier. Das Stadtwappen (Mainzer Rad und Trierer Kreuz) erinnert an diese geschichtliche Epoche. - **Oberlahnstein** war als nördlicher Vorposten des Mainzer Territoriums vom 13. Jh. an durch zwei Burgen (Lahneck auf der Höhe, das Martinsschloss am Rheinufer) gesichert und erhielt nach der Verleihung der Stadtrechte (1324) eine mächtige Stadtbefestigung. **Niederlahnstein** hatte für Trier wegen der nahegelegenen befestigten Plätze Koblenz, Ehrenbreitstein und Stolzenfels weniger Bedeutung. Daher blieb die Stadtrechtsverleihung von 1332 ohne Folgen. Während die Bürger Oberlahnsteins vorwiegend Bauern und Winzer waren, spielten in Niederlahnstein auch die Schiffer und Fischer eine wesentliche Rolle. - Durch die Belebung der Lahnschifffahrt, den Bahnbau und die Industrialisierung erlebte Lahnstein im 19. Jh. einen großen Aufschwung. In den 30er Jahren unseres Jahrhunderts brachte Kasernenbau, in den 50er und 60er Jahren der Zuzug von Heimatvertriebenen die Ausdehnung der Stadt auf die höher gelegenen Flächen. Zusammenschluss der beiden Städte 1971.

**Rundgänge durch die Stadt:**

In **Oberlahnstein** beginnt der ca. 2 km lange Weg am ★ **Salhofplatz**. Dort bilden die **Stadthalle**, der **Hexenturm** mit Teilen der **Stadtmauer** und der **Salhof** (in seinen ältesten Teilen aus dem 12. Jh. stammend) ein reizvolles Beieinander von neu und alt. Von hier aus führt die Hochstraße nach Süden in die Altstadt. Rechts nach 100 m die ★ **Pfarrkirche St. Martin** (Türme aus dem 12. Jh., Chor aus dem 14. Jh., das Hauptschiff ein Saal aus dem 18. Jh., Seitenschiffe neugotisch; wertvolle Orgel von 1742). 200 m weiter das **alte Rat-**

**haus**, ein schöner Fachwerkbau aus dem Beginn des 16. Jh. mit Laubengang. Im weiteren Verlauf der Hochstraße verschiedene bemerkenswerte Fachwerkhäuser. Weiter nach rechts durch die Zollgasse und die Bahnunterführung an den Rhein. Hier die ★ **Martinsburg** (alte Zollburg, ehemals Südostecke der Stadtbefestigung, älteste Teile aus dem 13./14. Jh., weitere Bauten bis ins 18. Jh.). Durch schöne Anlagen dann rheinabwärts und später rechts wieder zur Pfarrkirche und zum Salhofplatz. - Östlich über Oberlahnstein auf der äußersten Kante der nach Norden und Osten zur Lahn und nach Westen zum Rhein hin steil abfallenden Hochfläche des Taunus ★★ **Burg Lahneck**, um 1240 als kurmainzisches Bollwerk erbaut, seit dem 17. Jh. zerfallen, um 1860 im Stil der Neugotik restauriert. An der auf die Höhe führenden Straße die **Heiliggeistkirche**, seit 1342 bezeugt.

Der durch ★ **Alt-Niederlahnstein** führende Rundgang (Länge des Weges etwa 2 km) beginnt an der Lahnmündung nahe der ★★ **Johanniskirche.** Das Gotteshaus, die alte Pfarrkirche von Niederlahnstein, ist eine Pfeilerbasilika mit Seitenschiffemporen aus dem 12. Jh., das älteste Bauwerk dieses Typs am Mittelrhein. Nach schweren Kriegsschäden (1794 Vernichtung der wertvollen alten Inneneinrichtung, Einsturz des 2. Turmes am Ostende des linken Seitenschiffs 1844), Wiederaufbau um 1860. Bei der Kirche umfangreiche moderne Bauten eines kirchlichen Gymnasiums mit Schülerheim und ein Klosterbau von 1900. An den Mauern rings um die Kirche schöne Grabkreuze vom alten Friedhof der Niederlahnsteiner, der sich jahrhundertelang hier befand.

Wendet man sich von der Johanniskirche nach Osten, so sieht man auf der Höhe in ca. 1,5 km Entfernung rechts Burg Lahneck und links die ★ **Allerheiligenbergkapelle**, 1900 bei einer zerfallenen Einsiedelei des 17. Jh. im Stil der mittelrheinischen Spätgotik erbaut. Der Weg durch die Johannisstraße führt an einigen bemerkenswerten Gebäuden vorbei: links hinter der Bahnunterführung der **„Nassauer Hof“**, ein Bau aus dem 16. Jh. mit achteckigem Treppenturm; Haus Nr. 20 ist das ehemalige **Niederlahnsteiner Rathaus** mit dem alten Ankerwappen (Hinweis auf die frühere Bedeutung der Schifffahrt für den Ort), Haus Nr. 7 der **kurfürstliche Zehnthof** aus der Zeit des Trierer Kurfürsten Johann Hugo von Orsbeck (1676 bis 1711, sein Wappen am hinteren Hofeingang).

Nach Überquerung der Brückenstraße findet man in der Lahnstraße rechts das **„Wirtshaus an der Lahn“**, einen Fachwerkbau aus dem 17. Jh. mit einer Hinweistafel auf einen Besuch Goethes im Jahre 1774. An der Rückseite, der Lahn zugewandt, das **„Rondell“** (1741), der alte Lahnzoll. 300 m lahnaufwärts das **Heimbachhaus**, ein Bau aus dem 12. Jh. mit romanischen Giebelfenstern. Hier umkehrend, kann man unter der Straßen- und der Bahnbrücke hindurch an der Lahn entlang zur Johanniskirche zurückkehren.

Die im Zuge der Stadtumgehung (B 42) 1979 fertiggestellte **Straßenbrücke** überspannt in 46 m Höhe das Lahntal.

**Schiffsverbindungen** im Sommerhalbjahr bis Köln und Mainz - Lokalboote nach Koblenz, Braubach, Stolzenfels, Rhens.

**Kurtherme Dorimare** mit Thermalhallenbad und Freibad.

ⓘ **Lahnsteiner Touristinformation**, Stadthallenpassage, 56112 Lahnstein, ☎ 0 26 21/9 14-1 71, -1 72; Fax 9 14-3 40. Internet: www.lahnstein.de

☼ **Aussichtspunkte in Oberlahnstein:**

★★ **Sechsseenblick-Turm**: 17 m hohe Holzkonstruktion mit Blick auf sechs verschiedene Abschnitte des Rheintals.

**Burg Lahneck:** Blick auf Lahnstein von der Westterrasse, Blick ins Lahntal vom Erker der Burg

**Weg unterhalb des Kurzentrums:** Blick auf die Lahnschleife bei Ahl.

**Aussichtspunkte in Niederlahnstein:**

★★ **Aussichtsturm Lichterkopf** (32 m hoch): Blick über das Koblenz-Neuwieder Becken

★★ **Allerheiligenberg:** Blick auf Lahnstein und die linke Rheinseite

- Koblenz-**Asterstein**
  Höhensiedlung über Pfaffendorf. Benannt nach dem Erbauer der Festung Ehrenbreitstein, General von Aster (1778 bis 1855).Das **Fort (Kernwerk) Asterstein** war ein Teil der Festung Ehrenbreitstein zu den großen, um 1820 errichteten preußischen Befestigungsanlagen. Vom Kolonnenweg an der oberen Hangkante Blick über das ganze Koblenzer Stadt- und Landschaftspanorama. Ein Sandsteinobelisk erinnert an den preußisch-österreichischen Krieg von 1866.
- Koblenz-**Ehrenbreitstein** (66 m; 2.200 E.)
  liegt gegenüber dem Koblenzer Stadtkern unterhalb des Forts Asterstein und der Festung Ehrenbreitstein im Mündungsgebiet des Mühlentals. Bis 1937 war Ehrenbreitstein eine selbstständige Stadt. Von der einstigen Bedeutung der Stadtteile als kurtrierische Residenz im 17 und 18. Jh. zeugen noch heute neben vielen alten ★ **Bürgerhäusern**, besonders in der Hofstraße, der früheren Haupt-

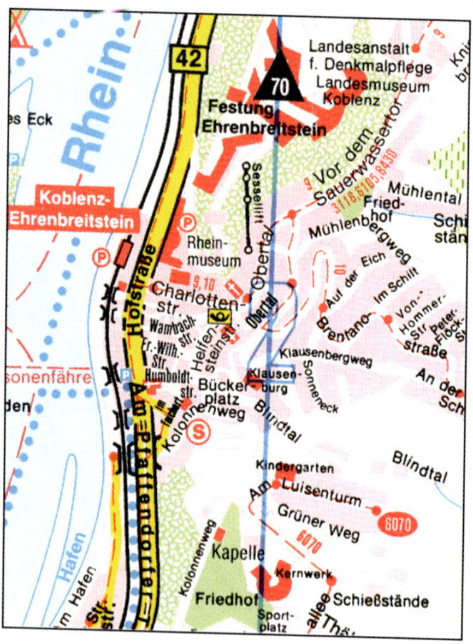


***Lahnstein***

*★★★ **Ruppertsklamm**. Östlich an der B 260 (Bäderstraße), ein enges, tief eingeschnittenes Seitental der Lahn mit Felspartien, Bachlauf und kleinen Wasserfällen. Weg C 1 (3 km; 20 % Steigung) In der wildromantischen Ruppertsklamm aufwärts. Über den Bugerweg zur Schutzhütte Michelbach. Abwärts in Serpentinen auf dem Eselspfad. In der Ruppertsklamm stürzt der Bach auf nur 1 km 150 m abwärts und hat sich dabei tief in das devonische Grundgebirge eingegraben. Der Schluchtwanderweg ist eine abenteuerliche Partie an Felswänden entlang, über Brückchen und mit Seilen gesichert. Über die Hohenrheiner Brücke (Fußgängersteg) Anschluss an das Wegenetz auf der südlichen Lahnseite. Von dort Rückkehr auch möglich über die Brücke Ahl/Friedrichssegen (ca. 2 km weiter lahnaufwärts).*

*Die Festung Ehrenbreitstein ist eine der stärksten nach 1815 errichteten europäischen Festungsanlagen.*

durchgangsstraße im Zuge der B 42, die ★ **Kapuzinerkirche** von 1656 mit guter Rokokoausstattung und die ★ **Heilig-Kreuz-Kirche** am Klausenbergweg, Ersatzbau von 1964 für eine im 2. Weltkrieg zerstörte Barockkirche, in dessen Gruft drei Trierer Kurfürstbischöfe des 18. Jh. begraben liegen.

Gegenüber dem Bahnhof mehrere Gebäude, die einst zur kurfürstlichen Residenz gehörten: rechts der ehemalige ★ **Marstall**, erbaut 1762 von Johannes Seiz, nun Sitz des Landesmedienzentrums Rheinland-Pfalz, anschließend der **Krummstall**. Links, unmittelbar an der B 42, erhebt sich das ★★ **Dikasterialgebäude**, in dem die kurfürstliche Verwaltung ihren Sitz hatte. Dieser künstlerisch wertvollste Barockbau von Koblenz wurde 1739 bis 49 von Balthasar Neumann errichtet. Weiter rheinabwärts der **Festungspfortenbau** (v. Sebastiani 1690/92).

★★ **Rheinmuseum**, Charlottenstraße 53a, das älteste Strommuseum der Welt. Ständige Ausstellung zur Kulturgeschichte des Rheins und seiner Nebenflüsse. Geöffnet täglich 10 - 17 Uhr. ☎ 02 61/70 34 50.

★ **Geburtshaus der Mutter Beethovens**, Wambachstraße, mit Beethoven-Gedächtnisstätte. Geöffnet: 15. April bis 14. Oktober Di - Sa 11 - 16 Uhr, So 12 - 16 Uhr. ☎ 02 61/1 29/25 02.

**Sesselbahn zur Festung Ehrenbreitstein.** Karfreitag - 1. November; ☎ 02 61/ 7 51 90

❖ ★★★ **Festung Ehrenbreitstein**. Sie erhebt sich 118 m über dem Ort. Schwer zugänglich, bot das Plateau seit jeher gute Möglichkeiten zur Bewachung der Moselmündung. Zunächst stand auf dem schroffen Schieferfelsen eine Burg, die im 11. Jh. an Kurtrier kam. Im Laufe der Zeit wurde sie, jeweils den Fortschritten der Befestigungskunst entsprechend, zu einem uneinnehmbaren Boll-

werk ausgebaut, das nur zweimal im Laufe der Geschichte bezwungen wurde, und zwar durch Hunger: 1637 musste sich eine französische Besatzung den Kaiserlichen ergeben, 1799 waren kurkölnische und kurtrierische Truppen gezwungen, vor den Franzosen zu kapitulieren. Diese schleiften die Festung 1801, doch baute sie Preußen im ersten Drittel des 19. Jh. für die damals ungeheure Summe von 24 Mill. Goldgulden zur stärksten Festung des damaligen Europas aus. In den beiden Weltkriegen spielten die Anlagen keine Rolle mehr. Sie sind heute ohne strategischen Wert, jedoch bedeutsam als Denkmal.
**Öffnungszeiten** der Festung Ehrenbreitstein: Mitte März bis Mitte November täglich von 9 bis 12.30 Uhr und 13 bis 17 Uhr. Besucherdienst 02 61/7 19 87. Führungen von Karfreitag bis 1. November. Eintrittsgeld.
Sonderführungen über die **Wasserversorgung der Festung Ehrenbreitstein**. Dauer etwa 1 1/2 Stunden. Anmeldung wie oben.
Mittelpunkt der Festung ist der **Schlosshof** mit seiner prachtvollen Aussicht (☼) ins Rheintal mit Koblenz und der Moselmündung sowie über das Koblenz-Neuwieder Becken hinüber zum Hunsrück mit dem Fernmeldeturm auf dem Kühkopf und zur Eifel.
**★★★ Landesmuseum Koblenz - Staatliche Sammlung technischer Altertümer** in der Hohen Ostfront. Geöffnet von Mitte März bis Mitte November täglich von 9 - 12.30 Uhr und von 13 - 17 Uhr. Das Museum dokumentiert die Wirtschafts- und Sozialgeschichte des Landes Rheinland-Pfalz mit regionaltypischen Wirtschaftsformen (wie Weinbau, Bimssteinproduktion, Tabakverarbeitung und zukünftig auch keramische Technologien). Die 1981 begründete Abteilung „Berühmte Konstrukteure aus Rheinland-Pfalz" stellt das Leben und Werk international bedeutender Ingenieure und Techniker (Nikolaus August Otto, Michael Thonet, August Horch, Michael Pfaff und weitere) mit Originalprodukten und Dokumentationen vor. ☎ 02 61/9 70 30.
Nach vorn schließen sich die **Festungskirche** und ein Restaurant mit dem Eingang zur Bergstation der Sesselbahn an. - Zum Bergsporn hin die Niedere Ostfront mit einer 184 Betten zählenden **Jugendherberge**. - Auf einer zum Hochplateau hin gelegenen Bastion hat man 1972 das **Ehrenmal des Deutschen Heeres** errichtet, das an die 5,5 Millionen gefallenen Heeressoldaten der beiden Weltkriege erinnert.
**Die Festung ist zu erreichen**
a) **zu Fuß** auf einer steilen, vier Tore durchquerenden **Felsenstraße**, die etwa 200 m nördlich des Bahnhofs beginnt;
b) **mit dem Auto** über Niederberg (Abfahrt links nach Durchfahren des Ortes);
c) **mit einem Sessellift**, 290 m lang, Höhenunterschied 88 m. Eingang am Hofplatz hinter dem Marstall-Gebäude durch einen langen Tunnel. In Betrieb von Karfreitag bis Ende Oktober von 9 - 18 Uhr. Parkmöglichkeit gegenüber vom Bahnhof.

🍁 ✕ Von der nach Arenberg hochführenden Talstraße zweigt am Ehrenbreitsteiner Friedhof das ★ **Mühlental** ab, dessen Name sich von den früher hier zahlreichen Wassermühlen herleitet. Die einzelnen Höfe des windungsreichen Tälchens sind inzwischen Ausflugsgaststätten geworden. Hier befinden sich neben einem kleinen Wildpark auch die einzigen rechtsrheinischen

Koblenzer Weinberge. Auf 14 ha der Lage „Kreuzberg" werden hier die Rebsorten Riesling und Müller-Thurgau angebaut.

- Koblenz-**Arenberg**, genannt **Roter Hahn** (190 bis 250 m; 2.600 E.)

Bekannt wurde Arenberg durch seine **Parkanlagen** mit plastischen Darstellungen aus der Welt der Bibel und dem kath. Glaubensleben im Stil des 19. Jh., die den Ort bis in die Zeit nach dem 2. Weltkrieg zu einem bedeutenden **Wallfahrtsort** werden ließen. Die Anlagen waren nach 1860 durch den damaligen Arenberger Pfarrer Johann Baptist Kraus angelegt worden, fantasievoll mit verschiedenen Natursteinen gestaltete Grotten und Kapellen. Besonders imposant in dieser Art die 1860-62 erbaute basilikale **Pfarrkirche**, innen ganz mit kleinen Natursteinen, Halbedelsteinen, Muscheln und Kristallen geschmückt. Öffnungszeiten der Anlagen: 9 - 18 Uhr.

- ★ **Vallendar** (68-276 m; 10 600 E., VG Vallendar, Kreis MYK)

❖ 836 Weihe der Pfarrkirche; 1240 Bau der saynischen Burg an der Stelle des Hauses d'Ester (Marienburg) und einer Ortsbefestigung mit 4 Toren; meist unter saynischer Herrschaft, 1767 an Kurtrier, 1802 an Nassau, 1815 an Preußen, 1816 als Stadt bezeichnet; 1856 Stadtrechte nach der preußischen Städteordnung. Wissenschaftliche Hochschule für Unternehmensführung,

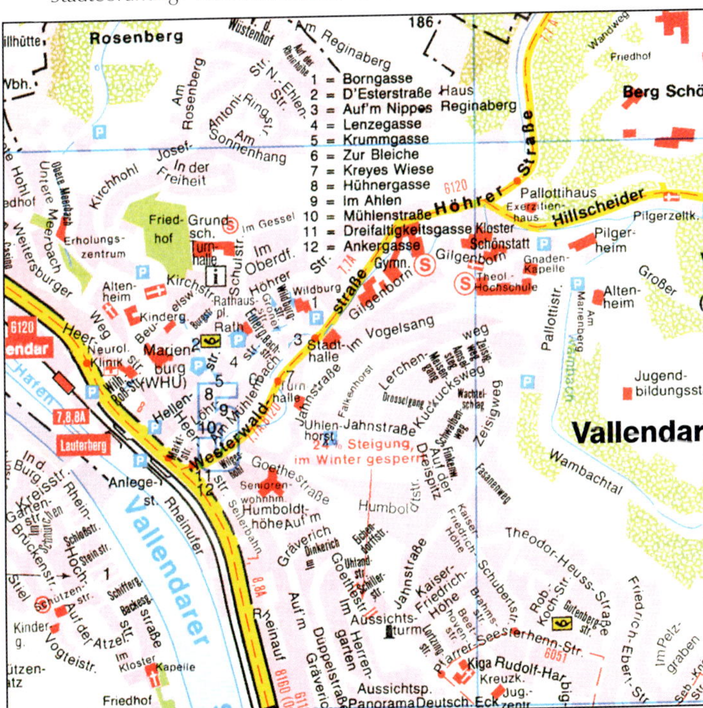

*„Oh, wie ist das kalt!" ruft der Junge auf dem Kneippbrunnen im Kneipp- und Luftkurort Vallendar.*

Theologische Hochschule der Pallottiner, verschiedene Bildungseinrichtungen der Schönstattbewegung und der Pallottiner (s. Übersicht Schönstatt).

★ **Kath. Pfarrkirche St. Marzellinus und Petrus**, 1837 bis 41 v. Joh. Claudius von Lassaulx anstelle einer spätromanischen Kirche in neuromanischen Formen erbaut, spätgotischer Westturm um 1501, größte Hallenkirche am Mittelrhein (Länge des Schiffes 47,20 m, Scheitelhöhe 14,40 m). Wiltberger Hof (**Wildburg** genannt), um 1700 errichtet, mit zwei mächtigen geschweiften Hauben und Laternen sowie Stuckdecken im Innern; **Haus d'Ester**, 1773 von dem Lederfabrikanten Joseph Quirin d'Ester aus Malmedy als Wohnhaus an Stelle der saynischen Burg errichtet, Architekt wahrscheinlich Nikolaus Lauxem, 1888 bis 1986 Marienburg genannt und Hauswirtschaftsschule der Borromäerinnen, seit 1988 Otto-Beisheim-Hochschule, Wissenschaftliche Hochschule für Unternehmensführung (**WHU**) mit ca. 300 Studenten, 1898 neugotischer Kapellenanbau von Josef Kleesattel mit Ausmalung von Notker Becker im sog. Laacher Stil 1926. Im Hauptbau Raum mit stuckierter Wand- und Deckendekoration erhalten, Treppenhaus mit geschnitzter Treppe.

**Personenschifffahrt** Vallendar - Koblenz

ⓘ **Verbandsgemeindeverwaltung** 56179 Vallendar, ☎ 0261/6503-0; Stadt Vallendar, ☎ 0261/6503-91, Internet: www.vg-vallendar.de

**Ortsteil ★★ Schönstatt**: historische Gebäude und Ordenseinrichtungen, Turm der ehemaligen Marienkirche (um 1220) „Altes Haus" mit Kellergewölbe des Ostflügels des alten Klosters (1656 bis 62); ★ **Gnadenkapelle** (Ausgangspunkt der Schönstattbewegung mit etwa 150 originalgetreuen Nachbauten weltweit); Haus Wasserburg (Familien- und Jugendbildungsstätte), **Theologische Hochschule der Pallottiner** (300 Studenten), **Wallfahrtskirche**, Pallottihaus (Bildungs- und Exerzitienstätte) der Pallottiner.

★ **Schönstattbewegung: Im Tal Schönstatt:** 1. Marienschule, Gymnasium und Realschule für Mädchen mit Internat (Haus Wildburg) der Schönstätter Marienschwestern; 2. Josef-Enling-Haus, Zentralhaus des Instituts der Schönstätter Marienbrüder; 3. Mario-Hiriat-Haus, Wohn- und Schulungshaus und Goldschmiede der Marienbrüder; 4. Priesterhaus Marienau der Schönstätter Diözesanpriester; 5. Haus St. Josef, Schönstätter Männerbund; 6. Haus Schönstatt, Wallfahrtsheim; 7. Haus Mariengart, Apostolischer Bund/Frauen;

8. Haus Schönfels und Schönstatt-Verlag, (Schönstätter Marienschwestern); 9. Haus Sonnenau, Jugendbildungsstätte der Schönstätter Mädchenjugend; 10. Haus Marienfried, Paramentik der Schönstätter Marienschwestern; 11. Haus Sonneck, Generalat der Schönstattpatres; 12. Haus Regina: Mutterhaus des Instituts der Frauen von Schönstatt; 13. Altenwohnheim des Instituts der Frauen von Schönstatt; 14. Patris-Verlag, Schönstattpatres; 15. Haus Nazareth, Institut der Schönstatt-Familien

**Auf Berg Schönstatt:** 1. ★★ **Anbetungskirche „Zur Heiligen Dreifaltigkeit"** (1968). Architekt Alexander Frhr. v. Branca aus München (von ihm auch die Neue Pinakothek); 2. bis 6. Mutterhaus, Missionshaus, Schulungsheim, Noviziats-Wohnhaus der Schönstätter Marienschwestern; 7. Bildungsstätte Marienland (zentrales Tagungshaus der Arbeitskreise für Frauen. 8. ★ **Museum Pater-Kentenich-Haus**, Architekt ebenfalls Frhr. v. Branca (1986). Besichtigungszeiten unter ☎ 0 26 20/64 05-4 11.

**Auf Berg Sion:** 1. Haus der deutschen Regio der Schönstattpatres; 2. Anbetungsinstitut der Schönstattpatres. *Siehe auch Seite 83!*

- ★★ **Niederwerth** (60-67,7 m; 1.280 E., VG Vallendar, Kreis MYK)

Einzige Rheininsel mit einem Dorf. Zur Gemarkung gehört auch die unbewohnte Insel Graswerth, auf derem Nord-Ausläufer ein Pfeiler der Autobahnbrücke (Dernbacher Dreieck - Trier) steht. Brückenverbindung (seit 1958) nach Vallendar. Der Siedlungsbereich ist Vallendar zugewendet, während der Schiffsverkehr die andere, Kesselheim und Wallersheim zugewendete Seite der Insel passiert. Wohngemeinde, Landwirtschaft: Intensivkultur von Gemüse und Obst, (besonders Spargel und Erdbeeren).

❖ 1338 Augustiner-Chorherrenstift gegründet; 1474 Weihe der erhaltenen spätgotischen Kirche; 1580 Stift aufgelöst, dann bis 1811 Zisterzienserinnenkloster. ★★ **St. Georg-Kirche**, Filialkirche der kath. Pfarrei Vallendar (1474). 1972 im Zuge der Gesamtrestaurierung Malereien aus der Erbauungszeit ent-

*Blick von der Humboldthöhe auf Niederwerth, die einzige Rheininsel mit eigener Gemeinde*

deckt. Nach Brand 1973 nur noch 1/5 im Original erhalten, der Rest an Hand von Fotos nachgemalt. Hervorragende Bildwerke (um 1500) und Grabsteine, Hochaltar und Darstellung des Lebens Jesu in 13 Holzreliefszenen von Jakob Kern um 1520. Glasmalereien des 15. und des 16. Jh..

- **Bendorf** (62 bis 330 m; 16 840 E., Stadt, Kreis MYK).

8 km nördlich von Koblenz in der Koblenz-Neuwieder bis Talweitung zwischen Koblenzer Bucht und Neuwieder Becken, auf dem rechten Rheinufer, an der Mündung des Saynbaches gelegen. Die Stadtgemeinde Bendorf besteht aus den Stadtteilen Bendorf, Sayn, Mülhofen und Stromberg. Sayn und Mülhofen wurden 1928, Stromberg 1974 eingemeindet.

❖ Bendorf am Limes gelegen, hatte das früheste rechtsrheinische Römerkastell (1912 Rekonstruktion eines römischen Wachturmes). Im Mittelalter waren die Grafen von Sayn Grundherren von Bendorf mit Hochgerichtsbarkeit und Vogtei über Hof der Abtei Maria Laach. Stammburg der Grafen von Sayn, -1633 von Schweden zerstört, als Ruine erhalten. Unter Graf Heinrich III. (1202 bis 46) größte Ausdehnung und Blüte der Grafschaft (Minnesänger Zilies von Seine und Reinmar von Zweter an saynischen Höfen). 1202 ist die Abtei Sayn bestätigt.

Früh Eisenabbau und -verarbeitung. 1743 wurde Bendorf durch Brand zur Hälfte zerstört; großzügiger Wiederaufbau mit einheitlichem Grundriss mit parallel angelegten Straßen.

**Stadtkern Bendorf:**

★ **Ev. Pfarrkirche** (1204, ehemals St. Medardus geweiht) und ★ **Kath. Pfarrkirche St. Medardus** (1864 bis 67) mit **Reichardsmünster** (um 1230) als zusammenhängende Baugruppe mit gemeinsamem Kirchturm, der ein Glockenspiel enthält.

**Ev. Gemeindesaal**, ehemalige reformierte Kirche (1775), daneben Haus Remy (1747).

**★★★ Stadtteil Sayn:**

★★ **Ehemalige Prämonstratenserabtei** (1202 bestätigt), heute Pfarrkirche, Pfarrhaus und Bildungsstätte, spätgotische Wandmalereien im Chorschluss, romanisch ornamentale Außenbemalung, romanischer Kreuzgang mit Brunnenhaus, Reliquienschrein des Apostels Simon und Armreliquiar der hl. Elisabeth von Thüringen (um 1230 bzw. 1240). Grabdenkmäler: Graf Heinrich III. von Sayn (1247, Kopie, Original seit 1920 im Germanischen Nationalmuseum Nürnberg); F. u. S. v. Stein (1422); J. Ph. u. M. v. Reiffenberg (1722); J. G. v. Spangenberg, kurtrierischer Staatsminister († 1779). Teile des gotischen Schmuckfußbodens erhalten. 1990 Tieferlegung des Chors auf altes Niveau und umfassende Restaurierung.

★ **Burgruine Sayn**, um 1152 anstelle einer zerstörten errichtete Stammburg der Grafen von Sayn, 1633 zerstört, 1982 - 1985 teilrestauriert.

**Burgschänke Sankt Hubertus** im ehemaligen Palasbereich, geöffnet: April-Oktober: Mi bis So 11 - 18 Uhr, Veranstaltungen abends nach Vereinbarung möglich, ☎ 0 26 22/72 66. 1985 Ausgrabung der romanischen Doppelkapelle, Dreikonchenchor mit Zierfußboden unter neuer Überdachung.

**Schlosskapelle**, 1861 bis 63 von Hermann Nebel erbaut.

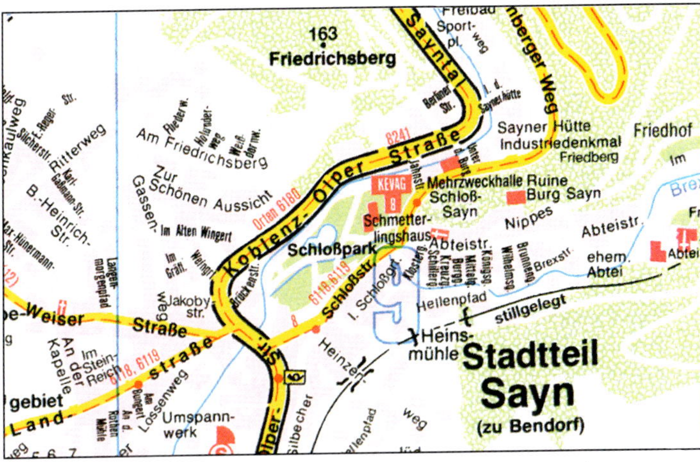


**★★ Schloss Sayn**. Am Fuße des Sayner Burgberges erbauten die Herren von Reiffenberg im 14. Jh. ein Burghaus. Ein daraus entstandenes späteres barockes Herrenhaus kaufte Fürst Ludwig zu Sayn-Wittgenstein-Sayn 1848 und ließ es zum standesgemäßen Schloss umgestalten und vergrößern. Mit dem Umbau wurde der Architekt Girard (1806 bis 1872), der spätere Generalintendant des Louvre, betraut. Girard wählte, dem Zeitgeist und den Wünschen seiner Auftraggeber entsprechend, den neugotischen Stil. Es gelang ihm, ein einheitliches und harmonisches Werk zu schaffen, das die hohen Erwartungen der Zeitgenossen übertraf. Eine Besonderheit war die Verwen-

*Aus einer Kriegsruine wieder auferstanden ist das neugotische Schloss Sayn.*

dung von Architekturelementen aus Eisen, in der benachbarten Sayner Hütte kunstvoll gegossen. Das Schloss wurde 1945, kurz vor Kriegsende, erheblich beschädigt und verfiel. Mit wieder erwachender Wertschätzung der Neugotik erklärte man Schloss Sayn zu einem Baudenkmal von nationaler Bedeutung. Dank intensiver Unterstützung, besonders durch das Land Rheinland-Pfalz, konnte 1995 - 2000 ein Programm zur Restaurierung und Revitalisierung des Schlosses durchgeführt werden. Darin Veranstaltungsräume, Restaurant und

★★ **Rheinisches Eisenkunstguss-Museum** mit einzigartiger Sammlung von Kunstwerken aus Eisenguss der berühmten Sayner Hütte. Das Museum bietet auch einen interessanten Einblick in die Sozialgeschichte des 19. Jh. an Beispielen aus dem täglichen Leben eines Hüttenarbeiters. Daneben erhält man in der Werkstatt eines Formers und Gießers eine anschauliche Darstellung der Arbeitsabläufe. Geöffnet: Frühlingsanfang bis Allerheiligen täglich 10 - 18 Uhr (Öffnungszeiten im Winter auf Anfrage). ☎ 0 26 22/902-913.

**Schlossturm**, in die Schlossanlage einbezogener Torturm der ehemaligen Ortsbefestigung.

★ **Hein's Mühle**, Mühlenmuseum, vollständig funktionstüchtig erhaltene Getreidemühle mit Inneneinrichtung, Mühlgraben, Wehr; geöffnet: April-Ende September: So + feiertags 14 - 17 Uhr sowie nach Vereinbarung. ☎ 02622/703105.

★★ **Sayner Hütte**, 1769 gegr., Gießereihalle 1828 v. C. L. Althans errichtet, älteste Hallenkonstruktion Deutschlands, deren statisch tragende Teile ganz aus Gusseisen hergestellt sind, Geburtsstätte der Kunstgießerei (s. Brunnen Ecke Abtei/Brexstraße und „3 Kanonen" Schlossstraße); heute als Fabrikationsstätte für Regel- und Messanlagen genützt; im ehemaligen Hochofenteil Ausstellung von Kunstguss. Besichtigung nach Voranmeldung, ☎ 02622/122-32.

**Schlosspark**, 1850 als englischer Garten angelegt, seltener Baumbestand, Minigolfplatz, öffentl. zugänglich.

★★ **Garten der Schmetterlinge** im Schlosspark. Lebende exotische und einheimische Schmetterlinge in natürlicher Umgebung in Glashäusern; geöffnet: April bis Oktober: täglich 9 - 18 Uhr.

★ **Fürstliche Salons**, Besichtigung für Gruppen nach Vereinbarung. ☎ 0 26 22/ 90 24-0

ⓘ **Städtische Tourist-Information im Schloss.** ☎ 0 26 22/902-913; Fax: 902-917; E-Mail: touristinfo.sayn@bendorf.de; Internet: www.bendorf.de und www.sayn.de.

• ★★ **Neuwied** (54 bis 357 m; 69.000 E., Kernstadt 24.000 E.; Kreis NR 182.000 E.) Neuwied, große kreisangehörige Stadt; Verwaltungssitz des gleichnamigen Kreises. Gesamtfläche 86,5 km$^2$.Das Stadtgebiet nimmt fast den gesamten rechtsrheinischen Teil des Neuwieder Beckens beiderseits der unteren Wied ein. An den Rhein grenzt Neuwied auf einer Strecke von rund 12 km. Die tiefe Lage der älteren Teile der Innenstadt in Höhe der alluvialen Auenterrasse (58 bis 61 m) führte vor der Eindeichung zu zahlreichen schweren Überschwemmungen.

ⓘ **Tourist-Information Neuwied**, Engerser Landstraße 17, 56454 Neuwied, ☎ 02631/802260; Fax 02631/802801. Internet: www.neuwied.de

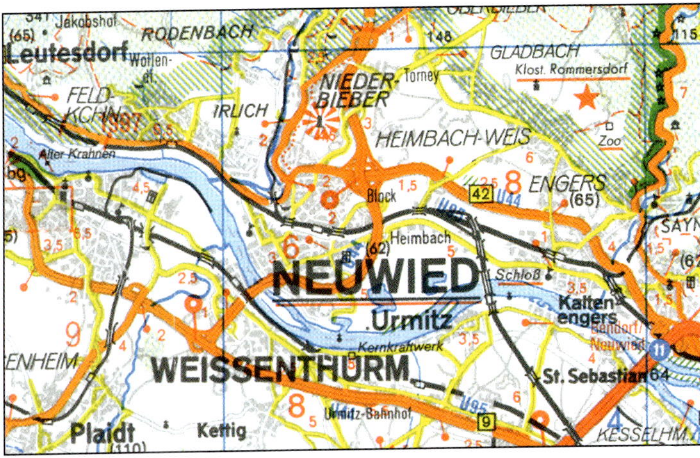


❖ Aus der Eiszeit (12 000 v. Chr.) Siedlungsnachweise in Gönnersdorf und Niederbieber, aus der Latènezeit Funde in zahlreichen Stadtteilen. In römischer Zeit Erdkastelle bei Rockenfeld, Block und auf der Höhe hinter Oberbieber; in Heddesdorf und Niederbieber befestigte Lager (Kastelle) der Römer zur Sicherung des Rheinübergangs (etwa in Höhe des ehem. Kernkraftwerks) und des Limes, der von Rheinbrohl herkommend über Rockenfeld, Rodenbach, Segendorf, Altwied, Oberbieber schließlich durch den Heimbacher Wald führt und dann die Neuwieder Gemarkung verlässt.

Metfried, der letzte Gaugraf des Engersgaues, wird 1129 erstmals „Graf von Wied" genannt. Er ist der erste historisch gesicherte Ahnherr der alten **Grafen von Wied**. Mit Lothar zu Wied starb 1243 das erste wiedische Geschlecht aus. Seinem Nachfolger Wilhelm gelang es 100 Jahre später, die gesamten wiedischen und niederisenburgischen Lande zu vereinigen; er begründete 1340 die **Grafenlinie Wied-Isenburg**, die 1462 erlosch. Die Tochter des letzten Grafen von Wied-Isenburg war mit Dietrich IV., Herr zu Runkel, verheiratet. Beider Sohn, Friedrich I., Graf zu Wied, Herr zu Runkel und Isenburg, wurde der Stammvater der dritten Linie, die sich bis heute erhalten hat.

Graf Friedrich III. zu Wied (1631 - 1698) gründete im Jahre **1653** seine **Residenz „Neuen Wiedt"**. Es war eine offene Stadt (ohne Wehranlage), in der im Laufe der Zeit alle, die wegen ihres Glaubens oder ihrer Überzeugung aus der Heimat vertrieben worden waren, Aufnahme fanden (so u.a. Reformierte, Lutheraner, Katholiken, Juden, Hugenotten, Inspirierte, Herrenhuter). So kommt es, dass heute noch in Neuwied 13 Kirchen- und Glaubensgemeinschaften beheimatet sind.

Charakteristisch für die Neuwieder „Altstadt" ist der **schachbrettartige Grundriss** mit seinen in etwa rechteckigen Häuserkarrees, die in Anlehnung an das Mannheimer Vorbild angelegt wurde. Diese schachbrettartige Stadtplan wurde später von zahlreichen Städten Amerikas, z.B. New York, übernommen.

Das **freiheitliche Stadtrecht von 1662** (Freiheit von Leibeigenschaft und Frondiensten, Recht zur Einsetzung eines Magistrats zur Verwaltung der Stadt, unentgeltliche Überlassung von Bauplätzen, freie Religionsausübung und - erstmals in Deutschland - weitgehende Pressefreiheit) bildete die Grundlage für den Aufschwung der Stadt.
1784 wurden die Grafen zu Wied-Neuwied in den **Reichsfürstenstand** erhoben. Während der Revolutionskriege (1795 - 1797) war Neuwied Schauplatz mehrerer Gefechte zwischen Franzosen und den verbündeten Preußen und Österreichern. Nach kurzer nassauischer Herrschaft (1806 - 1815) wurde Neuwied 1816 Kreisstadt des preußischen Kreises Neuwied. Seit 1946 gehören Stadt und Kreis zum Regierungsbezirk Koblenz des Landes Rheinland-Pfalz. Die Stadt trug bis zur Mitte des 18. Jh. vornehmlich ländlichen und kleinbürgerlichen Charakter. Es folgte eine Zeit des Aufschwungs für Landwirtschaft, Gewerbe, Handel und Verkehr, während die eigentliche Entwicklung zur **Industriestadt** seit 1850 einsetzte. Wesentlich zur Entwicklung Neuwieds trug die günstige Verkehrslage bei.

Der ★★ **Deich**: Infolge verheerender Hochwasser von 1928 - 1931 Bau einer 7,5 km langen Deichanlage entlang des Rheins und der Wied bis zum Werk Rasselstein. Auf der 500 m langen Deichmauer (Verarbeitung von 33 000 to Grauwacke, Basalt- und Lavasteinen; Mauerverkleidung aus Würzburger Muschelkalk) vor der Innenstadt **Pegelturm**, Café „Deichkrone" (markantes Wahrzeichen der Deichstadt) und das Standbild von Robert Krups, Bürgermeister und Initiator des Deichbaus. Bei Hochwasser Schließung der Deichtore. Lenzen des Kanalsystems durch drei Pumpwerke mit einer Gesamtleistung von 13,6 $m^3$ Wasser pro Sekunde verhindert die Überflutung der Innenstadt durch aufsteigendes Wasser. Das größte dieser Pumpwerke steht unmittelbar am schlossseitigen Ende der Deichmauer.

★★ **Raiffeisen-Brücke:** Erbaut 1974 bis 78 , 6-spurig, Wahrzeichen ist ein 105 m hoher Pylon auf dem Weißenthurmer Werth. 11 Drahtseile tragen die Mittelträgerschrägseilbrücke (Spannweite zwischen Neuwied und Insel 212 m, zwischen Insel und Weißenthurm 235 m).

**Luisenplatz:** Im Volksmund „Lappeloch" genannt. Weiträumige Fußgänger- und Begegnungszone im Zuge der Langendorfer Straße. Am Gebäudekomplex Langendorfer Straße / Ecke Luisenstraße Gedenktafel für den Dichter des Deutschlandliedes, Hofmann von Fallersleben (1798 - 1874), der hier 1851 - 1854 lebte. Am Haus Nr. 131 Gedenktafel für den dort geborenen Arzt, Schriftsteller und Dramatiker Friedrich Wolf (1888 - 1953). Als Jude musste er 1933 emigrieren. 1949 - 1951 war er erster Botschafter der DDR in Warschau, Vater des früheren DDR-Spionagechefs Markus Wolf.

★★ **Kreismuseum**: 1928 erbaut; Funde zur Vor- und Frühgeschichte des Neuwieder Beckens, Wohnkultur des 18. Jh. (hier als besondere Kostbarkeiten: Kunstmöbel und Musikinstrumente des Klassizismus und Rokoko aus der Werkstatt der weltberühmt gewordenen Kunstschreiner Abraham Roentgen (1711 - 1793) und David Roentgen (1747 - 1807) sowie Meisterstücke des Uhrmachers Peter Kinzing (1745 - 1816), Volkskunde des Westerwaldes, Eisenkunstgüsse (Schlosserarbeiten des 19. Jh.) sowie eine Präsenzbibliothek; Öffnungszeiten: Mo bis Fr 10 - 13 und 14 - 17 Uhr, So 10.30 - 13 Uhr; ☎ 0 26 31/8 03-3 79.

★★ Neben dem Museum Raiffeisenplatz mit **Denkmal Friedrich Wilhelm Raiffeisens** (1818 - 1888; von 1852 - 1865 Bürgermeister in Heddesdorf), der sein weltumspannendes Sozialwerk (Genossenschaftswesen) in Neuwied begründete und hier (auf dem alten Heddesdorfer Friedhof) seine letzte Ruhestätte fand.

**Schloss**: 1707 - 1712 erbaut durch Friedrich Wilhelm Graf von Wied (Hauptbau) und 1747 - 1757 durch J. F. Alexander zu Wied (Nebenbauten und Torpavillons) im rheinisch-nassauischen Klassizismus. Die Pläne entwarf der rheinisch-hessische Barockarchitekt Julius Ludwig Rothweil nach französischem Vorbild: eine hufeisenförmige, sich stufenweise zum Hauptbau verjüngende Anlage aus insgesamt 5 Gebäudetrakten. Balkon und Säulen des Hauptbaus entstanden 1838, das prachtvolle Gitterportal zwischen den Wachpavillons 1877. Das heute noch von der fürstlichen Familie bewohnte Schloss enthält u.a. Treppenhaus, Vestibül und Festsaal mit Ausstattungsstücken des Barocks, Rokokos und Klassizismus.

Hinter dem Schloss der vom Rhein und von der Straße Am Schlosspark her zugängliche, botanisch interessante ★ **Schlosspark** (mit exotischen Bäumen, die z.T. noch aus der Zeit des bekannten Natur- und Völkerforschers Prinz Maximilian zu Wied stammen; ferner Niederwild, u.a. wilde Kaninchen, Fasanen, Pfaue).; in der Mitte des Parks erinnert ein Obelisk an den Prinzen Victor zu Wied, der 1812 bei San Feliu de Codiñas (Nordspanien) in den Kämpfen gegen Napoleon fiel.

**Schlosstheater** in einem Nebengebäude des Schlosses. Das 1799 erbaute Gebäude, ursprünglich Scheune, wurde durch die Fürstenfamilie 1840 zu einem kleinen Privattheater und 1860 zum Residenztheater umgestaltet. 1977 erfolgte nach jahrzehntelanger Zweckentfremdung der Um- bzw. Neubau zum heutigen Schlosstheater (mit 300 Plätzen).

Vor dem Theater Denkmal für den Natur- und Völkerkundeforscher **Prinz Maximilian zu Wied** (1782 bis 1867), den Maler Carl Bodmer und einen Indianerhäuptling. „Prinz Max“ bereiste mit Bodmer weite Teile der „Neuen Welt“. Seine Forschungsberichte über das Leben der Indianer vor der Besiedlung Amerikas durch die Weißen gelten auch heute als wissenschaftliche Standardwerke. Seine Reiseberichte lieferten auch die Hintergrundinformationen u.a. für Karl Mays Bücher über den „Wilden Westen“ („Winnetou“ u.a.).

**Roentgenhaus:** Erbaut 1774 bis 76; das ansehnliche klassizistische Bürgerhaus in der Pfarrstraße mit sei-

*Eingang zum klassizistischen Schloss der Fürsten von Wied*

*Tor zum kurfürstlich-trierischen Barockschloss von Engers*

nen Nebenpavillons war bis 1794 Wohnhaus und Werkstatt (in den dahinterliegenden Nebengebäuden) des Kunsttischlers und Kabinettmachers David Roentgen (1747 - 1807).

**Rathaus:** In der unteren Pfarrstraße, erbaut 1740 als Armen- und Waisenhaus, später Blechwarenfabrik (Neuwieder „Pfauengeschirr").

★ **Altes Brauhaus:** In der Rheinstraße; eines der ältesten noch erhaltenen Häuser in Neuwied (1694), auch „De Maan" genannt.

★ **Altes Zollamt:** Nahe dem Alten Brauhaus, an der Ecke Rhein- und Mittelstraße, steht der um zwei Jahre jüngere wuchtige Steinbau, der das Neuwieder Zollamt beherbergte. Das 1696 erbaute Haus unterscheidet sich schon äußerlich durch seine hohen, geschwungenen Ziergiebel und seine vielen Doppelfenster, aber auch im Innern durch seine burgähnlich dicken Mauern, schweren Balken, Gewölbe und Wendeltreppe von den durchweg leichter gebauten Fachwerkhäusern der Bürger. Errichtet 1694 von der gräflichen Regierung und als Salzmagazin genutzt. 1827 richtete der preußische Staat darin das Hauptzollamt ein (bis 1969).

★ **Mennonitenkirche:** Ecke Schloss-/Rheinstraße, erbaut 1766 bis 68 im rheinischen Barock; kunstvoll verzierte Eingangspforte (heute Replikat der ursprünglichen Roentgentür); 1985 schwere Schäden durch einen Brand. Wiederaufbau als **Städtische „Galerie Mennonitenkirche"**. Hervorragende Ausstellungen nationaler und internationaler Künstler. Weihnachtskunstausstellung.

★ **Kirche der ev. Brüdergemeinde:** In der Friedrichstraße (im sogenannten „Herrenhuter Viertel"), erbaut 1783 - 1785 im „Herrenhuter Stil" (Spätbarock). Das „Herrenhuter Viertel" (entstanden in den Jahrzehnten nach 1756) umfasst im Kern die Karrees zwischen Langendorfer-, Friedrich-, Pfarr- und Engerser Straße; einige Häuser in der Pfarr- und Friedrichstraße besitzen noch in der Roentgenwerkstatt gefertigte Eingangstüren.

Der **Turm der Marktkirche**, 1944 zerschossen und nur noch in halber Höhe wiedererrichtet, belebt markant das Stadtbild.

**Heimathaus:** Am Ende der Schlossstraße gelegen, 1825 im klassizistischen Stil als Casino erbaut; 1988 zur Festhalle mit angegliedertem Restaurant umgestaltet (Konzerte, Festakte, kulturelle Veranstaltungen, Kongresse, Sitzungen des Stadtrates).

**Moselhaus:** Bau aus dem 18. Jh. an der Ecke Pfarr-/Kirchstraße, heute Gasthaus. Über dem Eingang befindet sich eine Gedenktafel zur Erinnerung an den in Neuwied geborenen Dichter des Moselliedes, Karl Theodor Reck (längere Zeit Pfarrer in Feldkirchen).

**Carmen-Sylva-Garten:** Gepflegte Parkanlage, benannt nach Prinzessin Elisabeth zu Wied (1843 - 1916), die im Jahre 1869 den Prinzen Karl von Hohenzollern (von 1866 - 1914 als Carol I. König von Rumänien) heiratete; bekannt geworden ist Elisabeth vor allem unter ihrem Dichternamen „Carmen Sylva" und durch ihr soziales Engagement.

- Neuwied-**Engers** (63 m; 5.600 E.)

❖ Das Dorf war Mittelpunkt des damaligen „Engersgaues", der nach 1100 in den einzelnen Territorien aufging. 1357 Verleihung der Stadtrechte durch Kaiser Karl IV. (1957 durch die Landesregierung Rheinland-Pfalz erneut verliehen). Seit 1371 von Mauern und Gräben umgeben; drei Türme und Reste der Stadtmauer stehen noch. Im November 1970 ging die Stadt Engers durch die rheinland-pfälzische Verwaltungsreform in der neuen größeren Stadt Neuwied auf.

★★ **Schloss**: Kurfürst Joh. Philipp von Walderdorff, Erzbischof von Trier, ließ 1758 die Reste der mittelalterlichen Anlage niederbrechen und durch Joh. Seiz (Schüler Balthasar Neumanns) ein festliches Lust- und Jagdschloss erbauen (1759 - 1762). Wand- und Deckenfresken sind von dem Maler Januarius Zick, Stukkaturen von Michael Eytel, Bildhauerarbeiten von Ferdinand Diez. 1803 kam das Schloss in nassauischen Besitz und diente der herzoglichen Familie zum gelegentlichen Sommeraufenthalt; von 1863 - 1914 preußische „Kriegsschule". Im 1. Weltkrieg Lazarett. 1928 - 1989 Klinik „Heinrichhaus". Seit 1995 beherbergt es die **Landesstiftung „Villa Musica"** (Akademie für junge Musiker, die hier das Fach Kammermusik studieren. Beachtliche Konzerte im reich verzierten Spiegelsaal und im „Saal der Diana".) Führungen von Palmsonntag bis 3. 10. an allen Samstagen sowie Sonn- und Feiertagen jeweils um 16 Uhr; nach Voranmeldung darüber hinaus Gruppenführungen. ☎ + Fax 02 61/ 719 87. Anschrift: Alte Schlossstraße 2, 56566 Neuwied.

**Rheinbrücke:** Erbaut als „Kronprinzenbrücke" im Zug der Bahnverbindung Neuwied - Koblenz zwischen Engers und St. Sebastian. Lohnender Fußweg mit herrlichem Blick auf Engers und Schloss Engers. Ursprünglich baugleich

*Das Abtsgebäude der Abtei Rommersdorf mit dem Französischen Garten*

mit der „Brücke von Remagen"; Ende des 2. Weltkrieges gesprengt, wurde die alte Bogenbrücke als moderne Kastenbrücke wieder aufgebaut.
**Planetenlehrpfad** am Engerser Rheinufer entlang des Naturschutzgebiets „Urmitzer Werth"; er soll den räumlichen Aufbau des Sonnensystems vermitteln.
ⓘ Internet: www.engers.de

- Neuwied-**Heimbach-Weis** (90 m; 7.550 E.)

❖ ★★★ **Abtei Rommersdorf:** 1117 Erstbegründung, 1135 Neugründung durch den Trierer Erzbischof mit Prämonstratensern aus Floreffe bei Namur in Belgien, die bedeutende Baufachleute schickten. 1698 bis 1792 Erneuerung der baufällig gewordenen Klostergebäude. Westportal und zwei Flügel des Abtsgebäudes entstehen. 1778 Ausbau des barocken Gebäudes nach Plänen des Koblenzer Baudirektors Nepomuk Lauxem (Schüler von Johann Seiz). 1803 Auflösung der Abtei im Zuge der Säkularisierung. 1820 Versteigerung Rommersdorfs; seitdem Verpachtung als landwirtschaftlicher Betrieb. 1975 wurde die durch Blitzschlag zerstörte Turmhaube der Kirche durch einen Zinnenkranz ersetzt. Seit 1972 bemühen sich der „Förderkreis Rommersdorf e.V." und seit 1976 eine daraus entstandene Stiftung „Abtei Rommersdorf" als Eigentümerin um die Erhaltung der kulturell und kunsthistorisch wertvollen Anlage. Sie wurde 1977 hinsichtlich der romanisch-gotischen Teile zum Kulturdenkmal von besonderer nationaler Bedeutung erklärt und erlangte den Status eines „Weltkulturdenkmals".
Erfolge der Aktivitäten der Stiftung sind:
**Die Kreuzgänge** - romanisch etwa um 1220 - und - gotisch etwa um 1300 - wurden saniert und restauriert unter Erhaltung seltener französischer Stilelemente und alter Bemalungen aus der Entstehungszeit. Barocker Westflügel als Ausstellungsraum hergerichtet.
**Abtskapelle:** Zwischen Kapitalsaal und Kirche, aus zwei quadratischen Räumen bestehend. Prunkstück ist die mit Zackenbogen und Kelchknospenkapitellen geschmückte Arkade, kunstgeschichtlich besonders wertvoll und am Mittelrhein einzigartig. Sie wurde in musealem Stil konserviert mit Bemalungen aus der Romanik, Gotik und Barockzeit.
**Kapitelsaal** - um 1220 -: Das Gewölbe der aus drei Schiffen mit je vier Jochen bestehenden Säulenhalle ruht auf Wandkonsolen und sechs Säulen. Gründlich saniert und nach historischen Befunden aus der romanisch-gotischen Übergangszeit um 1400 einheitlich neu ausgemalt. Kostbarer Bodenfliesenbelag aus dem 13. Jh.
**Kirche:** Nach 1912 zunächst verfallen. Ursprünglich eine dreischiffige, flachgedeckte Basilika. Das südliche Querhaus trägt über der inneren quadratischen Kapelle den Turm, seit 1990 wieder mit der auf alten Stichen sichtbaren Haube. Aufwendige Sicherung von Resten romanischer Malerei. In den letzten Jahren wurde das Kirchenschiff wieder überdacht, das Maßwerk der Chorfenster restauriert. Im Inneren finden die Freilichtspiele Rommersdorf und Konzerte bei ungünstiger Witterung ein beeindruckendes Ausweichquartier.
**Jüngere Bauteile: Abtsgebäude** (um 1700) sowie **Französischer und Englischer Garten** vor dem großen Park. Das Abtsgebäude beherbergt seit 1982 eine Außenstelle des Landeshauptarchivs Koblenz und das Archiv der Stadt

Neuwied. Beide Refektorien im Konventsgebäude sind von Grund auf instand gesetzt; äußerst seltene barocke Bandelwerkbemalungen (um 1710). Das Gelände der ehemaligen Abtei und die Innenräume sind zu besichtigen, und zwar von Ostern bis Allerheiligen einschließlich an Sonn- und Feiertagen von 11 bis 12 Uhr und 14 bis 18 Uhr. An anderen Wochentagen Führungen nach rechtzeitiger Voranmeldung. ☎ 0 26 22/8 25 00.

★★ **Zoo Neuwied**. Das ganze Jahr lohnt der Besuch des im Stadtteil Heimbach-Weis, des größten Zoos des Landes Rheinland-Pfalz. 165 Tierarten, rund 1250 Tiere. Täglich geöffnet von 9 bis 18 Uhr. ☎ 0 26 22/8 11 66; Fax 8 11 69.

- Neuwied-Feldkirchen-**Wollendorf** (150 M; Feldkirchen 5850 E.)

★ **Feldkirche:** Im 12./13. Jh. entstand der heute noch im wesentlichen erhaltene romanische Bau mit rundem Chorraum und Turm. 1978 Freilegung und Restaurierung der romanischen Farben. Als künstlerische Besonderheit besitzt die Kirche 17 moderne Glasfenster, die 1947 und in den folgenden Jahren von Professor Georg Meistermann geschaffen wurden.

**Alte Gerichtsstätte** auf dem Platz davor, urkundlich bezeugt seit 1316 als Platz von Rechtsverhandlungen. Unter der mehrhundertjährigen Gerichtslinde steht ein Steintisch, auf drei Seiten von einer steinernen Bank umgeben, zu beiden Seiten je ein Pfeiler, einer davon mit dem wiedischen Wappen. Die Anlage in dieser Form stammt sehr wahrscheinlich aus der Zeit um 1600 bis 1620. Heute noch tritt hier alljährlich im September das **„Märkergericht"** der Waldgenossenschaft Feldkirchen zusammen.

- Neuwied-**Altwied**( 100 m; 750 E.)

★ **Burg Altwied:** Erbaut vor 1129 von Mettfried, Graf von Engersgau, der sich nach ihr benannte. Die Burg steht auf einem schmalen Felsgrat, der auf drei Seiten von der Wied umflossen wird. Eine äußere Verteidigungslinie führte um den ganzen Ort herum. Der starke, wohnturmartig ausgebaute Bergfried stammt als ältester Teil aus dem 12. Jh. und ist in einer Höhe von 15 m erhalten. Ein wieder freigelegter Brunnen befindet sich im Hof der Hauptburg. Von dem im 13. Jh. errichteten und 1677 erweiterten dreigeschossigen Frauenhaus (Nord Ost-Seite) sind die Umfassungsmauern und Geschossgiebel erhalten. Am westlichen Ende der Hauptburg achteckiger Turm. Die früher um den ganzen Ort laufende Befestigung wurde durch mehrere runde und eckige Türme verstärkt. Durch einen vorgeschobenen vierseitigen Turm war der Ortseingang besonders gesichert. Während von diesem Bauwerk nur noch drei Seiten stehen, ist die nach Süden

*Burgruine Altwied im unteren Wiedtal*

anschließende Mauer mit zwei Türmen noch erhalten. Seit Mitte des 17. Jh. (Gründung der neuen Residenz Neuwied 1653) diente die Burg als Alterssitz. Als die Verwaltung der Grafschaft nach Neuwied verlegt wurde, verlor Altwied an Bedeutung und verfiel seit dem 18. Jh.

**Schloss Monrepos:** Nachdem alle Versuche, den Verfall aufzuhalten oder den Bau einem neuen Verwendungszweck zuzuführen, gescheitert waren, ließ der Fürst zu Wied das 1757 bis 62 erbaute Schloss 1969 niederbrennen. Unterhalb des leeren Platzes befinden sich heute noch der von Fürst Wilhelm (1845 bis 1907) errichtete sogenannte Dachsbau und der Marstall mit Remisen.

1909 wurde das Waldheim Monrepos errichtet (Palais der Prinzessinnen). In diesem Bau befindet sich jetzt das ★★★ **„Museum für die Archäologie des Eiszeitalters"**, kurz „Museum Monrepos" genannt. Das Museum ist „Schaufenster" des Forschungsbereiches Altsteinzeit des Römisch-Germanischen Zentralmuseums Mainz: Es präsentiert Funde und Befunde aus 20-jähriger Arbeit im Neuwieder Becken, die Weltgeltung besitzen. Die Ausstellung beinhaltet die menschliche Geschichte vom ersten Auftreten früher Menschen (Homo erectus) im Rheinland vor etwa 1 Mill. Jahre, die bisher einmalige Fundkategorie von Siedlungsplätzen in den Kratermulden der Osteifelvulkane (Neandertaler) und die Siedlungen der Jäger aus dem letzten Teil der letzten Kaltzeit (Gönnersdorf und Andernach) bis zu den letzten Jägern um etwa 5000 v. Chr. Geöffnet vom 1. 4. bis 31. 10. von 9 - 17 Uhr außer montags; in der Zeit vom 1. 11. bis 31. 3. Mi, Sa und So von 10 - 17 Uhr. ☎ 02631/9772-0; Fax 76357.

**Wanderparkplätze:**

Bereich Altwied, WP **„An der Burgruine"**
Bereich Segendorf, WP **„Am Parkwald"**
Bereich Segendorf, WP **„Schloss Monrepos"**
Bereich Heimbach-Weis, WP **„Am Zoo"**
Bereich Heimbach-Weis, WP **„Waldbacher Weg"**
Bereich Heimbach-Weiser - Gladbacher Wald, WP **„Am Heidegraben"**
Bereich Gladbach, WP **„Haus am Pilz"**
Bereich Heimbach-Weiser - Gladbacher Wald, WP **„Bernsmühlchen"**
Bereich Gladbach, WP **„In der Krümmung"** (Dierdorfer Str.)
Bereich Oberbieber, WP **„Hermesplatz"** (B 256, Ortsausgang)
Bereich Oberbieber, WP **„Wingertsberg"**
Bereich Oberbieber, WP **„Am Stausee"**
Bereich Oberbieber, WP **„Luisenplatz"** (Ortsmitte)
Bereich Oberbieber, WP **„Kehrköpfchen"** (B 256)
Bereich Rodenbach, WP **„Buchbachtal"**
Bereich Rodenbach, WP **„Dorfmitte"**
Bereich Feldkirchen, WP **„Hüllenberg"**

Beliebte **Ausflugsgaststätten** sind: **„Haus am Pilz"** (an der Alteck, Stadtteil Gladbach, gelegen), **„Laubachsmühle"** (Stadtteil Altwied, im Wiedbachtal), **„Brombeerschänke"** (von Hüllenberg aus zu erreichen) und das **Zoorestaurant** im Stadtteil Heimbach-Weis, die beiden letzteren mit herrlicher Weitsicht (☼) über das Neuwieder Becken und die Eifel.

## Das rechtsseitige Rheintal von Neuwied bis zum Siebengebirge

Jäh endet mit der sogenannten „Andernacher Pforte" das weite Neuwieder Becken: Wir kommen zum nördlichen Mittelrheintal. Tief hat sich der Rhein in diesen Abschnitt des Rheinischen Schiefergebirges geschnitten. An der Hammersteiner Ley und an der Erpeler Ley reichen mehr als hundert Meter hohe Steilwände aus Basaltsäulen und an der Rheinbrohler Ley aus Grauwackenschiefer bis auf wenige Meter an den Rhein heran, während die übrigen schiefrigen Steilhänge immerhin einen Weinbau oder das Aufkommen von Buschwerk erlauben. Die wenigen Meter bis viele hundert Meter breite Ebene zwischen Ufer und Rhein dient nicht nur dem Obst-, Gemüse- und Acker-

bau, sondern auch seit jeher als Durchgangsstraße in Nord-Süd-Richtung. Heute finden wir hier die Bundesstraße 42 und die rechtsrheinische zweispurige Bahnlinie.

Politisch gehört das rechte Rheinufer bis Rheinbreitbach zu Rheinland-Pfalz, doch geschichtlich vielfältig sind die Beziehungen zu Nordrhein; nicht nur, dass bis Leubsdorf der rheinfränkische Dialekt wie in Köln und Bonn vorherrscht, sondern auch weil bis Kasbach die Diözese Köln reicht und vom Mittelalter bis 1803 diese Gegend bis nach Leubsdorf politisch zu Kurköln gehörte, während sich die Diözese Trier südlich anschließt.

- ★★ **Leutesdorf** (55 m; 2.100 E., VG Bad Hönningen)

❖ Die mittelalterliche Geschichte Leutesdorf weist eine Vielzahl von Klosterhöfen auf; hier hatten Marienstatt, Himmerod, St. Thomas bei Andernach, Maria Laach und Kurtrier Besitz. Auch heute noch ist der Weinbau für den Ort prägend; Leutesdorf ist mit seiner flurbereinigten Gemarkung mit 80 ha der größte Weinbauort am unteren Mittelrhein. Das Winzerfest lockt alljährlich viele Menschen in den schönen Ort am Mittelrhein. **Weinlagen:** Roenberg, Gartenlay und Forstberg (überwiegend Riesling).

★ **Pfarrkirche St. Laurentius** (südlicher Ortsbereich). Ihr Turm stammt aus dem 13. Jh., Kirchenschiff barock. Romanisches Taufbecken und Fresko über dem Eingang zur Sakristei, barocke Seitenaltäre, Stummorgel aus dem Jahre 1735 auf.

★ **Kreuzkirche** (nördlicher Ortsbereich), heute Ordenskirche der von Pater Johannes Haw gegründeten Gemeinschaften. Sie wurde im 17. Jh. von Johannes Rieden begonnen. In ihrer Krypta finden wir die Nachbildung der Jerusalemer Grabeskirche; die Kirche war Wallfahrtskirche, die besonders an den Kreuzfesten aufgesucht wurde. Im gegenüberliegenden Christkönighaus kleines **Museum** über den Ordensgründer Pater Joh. M. Haw.

Leutesdorf erhielt 1346 Stadtrechte und 1501 eine Mauer. Das **Zolltor** (Schiffszoll) ist Zeugnis für die Bedeutung Leutesdorfs in kurtrierischer Zeit. Mit solchen Zollstätten waren der Stapelzwang und reger Handel verbunden. - Die ★★ **Rheinfront** weist eine Reihe schöner alter Fachwerkhäuser auf. Wir sollten uns jedoch nicht von dem Vorhandensein der Rheinwiese täuschen lassen; der Rhein floss einmal unmittelbar am Fuße der Häuser. Auch im Ort selbst befinden sich recht interessante Bauwerke. Es sind dies die **Marienburg**, die um 1750 von dem kurtrierischen Hofrat Sohler erbaut wurde und ein besonders schönes Rokokoportal aufweist. - Der **Fronhof** in der Kirchstraße war der erwähnte Herforder und später Marienstätter Besitz. Die Jahreszahlen 1776 auf seinem Giebel und 1550 auf der Scheune weisen auf das Alter der jetzigen Gebäude hin. Sehenswert ist auch die **August-Bungert-Allee** mit Gedenkstein, Wohnhaus und dem herrlichen Platanenbestand; August Bungert (1845 bis 1915), der in Leutesdorf lebte, war Komponist.

★ **Langenbergskopf**; er steht unter Naturschutz wegen seiner seltenen pontischen Flora (Diptam, Graslilie u.a.). Fast auf dem Gipfel befindet sich die Naturfreundehütte **Edmundshütte**, so benannt nach ihrem Leutesdorfer Erbauer Edmund Breitbach. Sie ist an Wochenenden bewirtschaftet und neben der noch höher gelegenen Brombeerschänke ein beliebtes Ausflugsziel.

**Riesling Wanderweg:** (Markierung: Trauben; 15,8 km)
**Weinlehrpfad:** Auf bequemen Weinbergswegen lässt sich alles Wissenswerte über Wein einmal anschaulich erwandern.

❖ ★ **Ruine Hammerstein.** Unterhalb Leutesdorf erhebt sich steil aus dem Rheintal der Basaltkopf des Hammersteins mit der gleichnamigen Festung (10. Jh.). 1020 hungerte Kaiser Heinrich II. den Grafen Otto dort oben aus, der eine nicht sanktionierte Verwandtenehe eingegangen war. 1105 suchte Kaiser Heinrich IV. mit seinen Kroninsignien vor Heinrich V., seinem Sohn, hier oben Zuflucht. In der Folgezeit war die Festung Aufenthaltsort prominenter Gefangener. Sie konnte nie erstürmt, sondern immer nur ausgehungert werden. 1419 ging sie endgültig und ganz in den Besitz Kurtriers. 1654 wurde sie geschleift, nachdem sich nach dem Dreißigjährigen Krieg hier oben Lothringer festgesetzt hatten. 1893 ging sie an die Freiherren von Hammerstein, in deren Besitz sie sich noch heute befindet.

- **Rheinbrohl** (57 m; 4.100 E., VG Bad Hönningen)

Rheinbrohl liegt auf der rechten Rheinseite am südlichen Ende der Hönninger Talweite und ist staatlich anerkannter Fremdenverkehrsort.

☼★★★ **Rheinbrohler Ley**. Sie setzt sich im Gegensatz zur Hammersteiner Ley aus Grauwackenschiefer zusammen und ragt mit 207 m über NN 150 m über das Rheintal empor. Oben **Gedenkstätte** des Infanterie-Regiments 29, dessen Angehörige aus dem Rheinland stammten. Herrlicher Blick in das Rheintal und zur Vordereifel. Zufahrt ab Ortsmitte in Richtung Annahof.

- ★ **Bad Hönningen** (58 bis 150 m; 5.700 E., VG Bad Hönningen 12.400 E., Kreis NR)

Bad Hönningen liegt in geschützter Lage auf der Sonnenseite des Rheins und ist ein Heilbad für Rheuma, Herz- und Kreislauferkrankungen. Weinbau. Seit 1950 „Bad", seit 1969 Stadtrechte. In mehreren Betrieben wird erbohrte **Kohlensäure** für chemische Zwecke verarbeitet und an die Getränkeindustrie geliefert. Dazu gibt es mehrere Mineralbrunnen-Betriebe.

❖ ★ **Schloss Arenfels**. Das wohl bedeutendste Wahrzeichen der Kurstadt erhebt sich wie ein romantisches Schloss aus der deutschen Sagenwelt etwa 1 km nördlich des Zentrums. - Um 1258/59 ließ Gerlach von Isenburg hier eine Burg erbauen. Die im Kern noch erhaltene mittelalterliche Burg war seit dem 16. Jh. zu einem eindrucksvollen, offenen Renaissanceschloss ausgebaut worden und nach 1848 in romantischem Historismus umgebaut worden. Mit senkrechten Gliederungselementen, mit 12 Türmen, Giebeln und Zinnen sowie 52 Türen und 365 Fenstern, gleichviel wie Tage im Jahr (daher auch „Jahresschloss" genannt), entzückte es seinerzeit und auch bis heute in der Großartigkeit seiner Gesamterscheinung.

**Kureinrichtungen: Rheinpark-Therme,** direkt am Rhein, ganzjähriges Thermalbaden im Heilwasser innen und außen. Zahlreiche Kureinrichtungen.

ⓘ Das Verkehrsamt - Kurverwaltung - bringt jede Woche ein Kurprogramm heraus. Regelmäßige Ausflugsfahrten. **Rhein. Hopfenfest** Mitte Mai; **Weinblütenfest** Anfang Juni. Kirmes Ende Juni. **Sommernachtsfest** Ende Juli. **Federweißenfest** der Gastronomie Anfang November. www.bad-hoenningen.de

- ★ **Leubsdorf** (57 m; 1740 E.; VG Linz a. Rh.)

Malerische **Fachwerkhäuser** begleiten die Bachstraße in das Leubsdorfer Tal hinein. Lebhafter Fremdenverkehr.

*Linz, „die bunte Stadt am Rhein". Hier am Burgplatz.*

- ★★★ **Linz am Rhein** (56 m; 6.130 E., VG Linz am Rhein 17.500 E.; Kreis NR) Die **„bunte Stadt am Rhein"** gegenüber der Ahr-Mündung besitzt eine malerische, vielbesuchte Altstadt mittelalterlicher Prägung.

❖ Erstmals 874 erwähnt. Bis 1250 gehörte Linz zur Herrschaft der Grafen von Sayn und kam dann an das Kurfürstentum Köln. Der Kurfürst von Köln blieb Landesherr bis zur Säkularisation 1803. Um 1320 Stadtrechte. Unter Erzbischof Clemens August blühte Linz vorübergehend auf, barocke Formen im Stadtbild kennzeichnen diese Phase des Friedens. 1803 fiel Linz an die Fürsten von Nassau-Usingen, 1815 im Tausch an das Königreich Preußen. Unter der neuen Herrschaft wurde Linz von 1816 - 1822 Kreisstadt des gleichnamigen Kreises und verzeichnete durch die günstigen Absatzmöglichkeiten des heimischen Weines einen bescheidenen Aufschwung. Dann setzte als Folge der liberalen preußischen Wirtschaftspolitik ein Niedergang ein, dem erst die aufkommende Basaltindustrie, Bahn- und Straßenbau ein Ende setzten. 1870 erhielt Linz Bahnanschluss, Verladeplätze für Basalt reihten sich am Rheinufer von Wallen bis Kasbach. 1880 wurde Linz Hauptsitz der rheinischen Basaltindustrie (BAG). Im 20. Jh. wandelte die Stadt durch Freilegung vieler Fachwerkhäuser und Restaurierung alter Bausubstanz ihr äußeres Bild.

★ **Pfarrkirche St. Martin**, zwischen 1206 und 1214 am höchsten Punkt der mittelalterlichen Stadt errichtet. Dreischiffige Pfeileremporenbasilika. Drei Bauperioden: 1. spätromanisch: das Ostende des Langhauses und Westturm; 2. frühgotisch: spitzbogige Emporenarkaden, dreiteilige Obergadenfenster, hoher polygonaler Chor; 3. spätgotisch (um 1510 - 1512): Sterngewölbe, Veränderungen an den Seitenschiffen und Seitenfenstern, spitzer Turmhelm. - Wandmalerei: spätromanisch, um 1230.

★ **Kurfürstliche Burg**, 1365, Zwing- und Zollburg. Mehrmals umgebaut. Aus der Erbauungszeit nur Fundamente und runder Eckturm. 1985 renoviert, darin heute: Burggastronomie, Diskothek. **Musik-Museum musica mechanica:** geöffnet täglich 11 - 17 Uhr. Folterkammer mit Burgverlies.

**Bürgermeister-Castenholz-Platz** mit ★★ **Rathaus, erbaut 1392**. Das älteste noch benutzte Rathaus in Rheinland-Pfalz. Das ehemals gotische Spitzdach wurde 1707 durch ein barockes Mansardendach mit Dachreiter ersetzt. Im Dachreiter Glockenspiel aus 23 Glocken, das täglich um 12.15 Uhr, 15.15 Uhr und 18.15 Uhr erklingt. Im Untergeschoss früher Verkaufsstände und Pferdestände; heute Sitzungssaal und Verkehrsamt. - Drei der tragenden Holzsäulen noch erhalten.

★ **Neutor**, „Neuporz", östliches Stadttor. Stammt aus der Zeit der ersten großen Stadterweiterung zwischen 1450 und 1520. Damals entstand der Teil zwischen Halborn und Neuporz als Neustadt (= Neustraße).

**Neustraße Nr. 18:** Jüngstes Voll-Fachwerkhaus der Stadt in alter Handwerksmanier, 1983. Seitlich letzte erhaltene Barock-Haustür von Linz.

★ **Rheintor**, zweites noch erhaltenes Stadttor, mit Hochwassermarken. - Auf dem Burgplatz Fachwerkhaus mit Notausstieg im 1. Stock bei Hochwasser.

**Kapuzinerkirche**, erbaut 1636 - 1645 als barocker Saalbau mit Holztonne, später Gymnasialkirche. Seit 1973 Stadthalle mit 450 Plätzen. Über dem Portal Madonna auf der Mondsichel aus der Erbauungszeit. - Neben der Kirche früher Kapuzinerkloster.

**Servitessenkirche**, ursprünglich 1692. Die Servitessen kamen 1623 nach Linz und gründeten eine Mädchenschule. 1802 in der Säkularisation aufgehoben. 1823 durch Ersteigerung von Linzer Bürgern erhalten. 1854 Übernahme durch die Franziskanerinnen von Nonnenwerth als Krankenhaus. 1872 Kirche gotisiert. 1979 Aussiedlung des Krankenhauses zum „Ronig", ca. 4 km vor der Stadt. - Seit 1983 Stadtarchiv.

**Evangelisches Gemeindehaus und ev. Kirche**. Früher „Katharinenhof", Stadthaus der Abtei St. Katharinen bis 1803. Seit 1840 im Besitz der ev. Gemeinde als Betsaal. Schule, Pfarrer- und Lehrerwohnung. Kirche erbaut 1864/65 an Stelle des Grabentores (Grevenporz).

**Donatuskapelle auf dem Kaiserberg**. Grundsteinlegung 1860 durch Franziskaner-Monoriten aus Würzburg, bis 1875 Wallfahrtskapelle. Renovierte kleine Krypta. (☼) Blick in die Goldene Meile und auf die Eifelberge, Ahrtal, Siebengebirge, Burgen und Kirchen von Breisig bis Remagen.

**Marienkirche**, 1967 eingeweiht. Ovaler Innenraum in Sichtbeton. - An der Ostwand dreiflügeliger ★★★ **„Marienaltar"**, von dem Linzer Kanoniker, Rechtsgelehrten und Diplomaten Tilman Joel für die Ratskapelle gestiftet und dort 1463 aufgestellt. Bedeutendstes Werk der Kölnischen Malerei des 15. Jh. nach der Epoche Stefan Lochners.

ⓘ Städt. Verkehrsamt, 5460 Linz/Rhein, Rathaus, ☎ 0 26 44/25 26 und 56 01-61 und -62. Internet: www.linz-rhein.de

• ★ **Erpel** (55 m; 2.520 E., VG Unkel)

❖ Die „Alte Herrlichkeit" am Fuße der Erpeler Ley wurde um 1130 zuerst erwähnt und blieb bis zur Säkularisation 1803 in der Hand des Kölner Domkapitels. Im 14. Jh. wurde Erpels landseitiger Graben mit einer Ringmauer

*Die Erpeler Ley, ein wuchtiger Basaltklotz. Prächtig der Blick von oben. Rechts unten ein Turm der berühmten Remagener Rheinbrücke.*

geschützt. Erhalten ist von der **Stadtbefestigung** nur das stattliche spätmittelalterliche Neutor mit hohem Satteldach und spitzbogiger Durchfahrt. Besonders an der Rheinfront, aber auch in den kleinen Straßenzügen hat Erpel sein altes **Ortsbild** noch weitgehend unverfälscht erhalten. Charakteristisch sind die alten **Fachwerkhäuser** (z.B. Nr. 29 und Nr. 35) mit der Giebelseite zur Straße hin, deren Hof von einem seitlich sich anschließenden überbauten Rundbogentor verschlossen wird. Malerischer **Marktplatz**.

**Kath. Pfarrkirche St. Severinus** mit einem Untergeschoss des Turmes aus dem 11. oder fruhen 12. Jh., eine dreischiffige Emporenbasilika im Stil der Romanik und Gotik. Davor das **Rathaus**, ein feiner schmaler Barockbau von 1780.

☼ ★★★ **Erpeler Ley** ( 1/2 Std.): Unmittelbar am Ort steigt der 203 m hohe Basaltfels der Erpeler Ley 150 m steil hoch. Von seinem Hochplateau prächtiger Blick über das Rheintal. Naturschutzgebiet mit seltenen Steppenpflanzen. Am Südhangrand ein 80 Zentner schwerer Trachytblock zur Erinnerung an die erste Fahrt eines lenkbaren Zeppelins über den Rhein im Jahre 1909.

- **Bruchhausen** (200 m; 960 E., VG Unkel)

Dorf auf der Hochebene zwischen dem Rheintal bei Unkel und dem Kasbachtal in einer sanft geschwungenen Talsenke des Hähnerbachtals.

★★ **Kath. Pfarrkirche Johann Baptist**, gleichzeitig eine **Marien-Wallfahrtskirche**. Um das Jahr 1230 wurde eine dreischiffige, flachgedeckte Pfeilerbasilika erbaut, von der heute noch der Westturm sowie Teile der Langwände erhalten sind. Um 1500 erhielt die Kirche einen spätgotischen Chor, Mittel- und Seitenschiffe, Netzgewölbe und vergrößerte Fenster. Reicher Figurenschmuck: Auf den rechten Seitenaltar stehende Madonna von höchster künstlerischer Qualität. Durch ein Wunder trat sie in den Mittelpunkt der Marienverehrung und Wallfahrtstätigkeit bis in die Gegenwart. Die Arme dieser Skulptur wurden abgetrennt, um der bei Gnadenbildern üblichen textilen Bekleidung einen glatteren Fall zu geben. - Auf dem linken Seitenaltar stehende Madonna (15. Jh.) aus Kalkstein mit polychromer Fassung, die dem Meister der Karmeliter-Madonna in Mainz zugesprochen wird. - Eine dritte Mariendarstellung auf dem 2. linken Pfeiler zwischen Haupt- und nördlichem Seitenschiff. - Sehr eindrucksvolles Votivbild (1636) in Öltechnik auf

Leinwand: Die schmerzhafte Muttergottes mit 7 Schwertern in der Brust. An der Südwand, gleich neben dem Eingang Ölbild mit der Darstellung eines Totentanzes (17. Jh.). Das Bild gilt als der einzige im Rheinland vorkommende **Totentanz** und ist kunstgeschichtlich gesehen das bedeutendste Werk der Kirche.

• ★★ **Unkel** (56 m; 5.030 E., VG Unkel 12.480 E., Kreis NR)
Schöner alter Wein- und Luftkurort, Heimat des begehrten Rotweins „Unkeler Funkeler". Der alte Ortskern mit Kirche liegt auf einer kleinen Anhöhe am Ufer, die einst ein Werth inmitten des Stromes gebildet hatte.

Von der ehemaligen **Stadtbefestigung** hat sich noch ein Rundturm (Gefängnisturm) mit einem Mauerstück erhalten. Im Gefängnisturm soll Beethoven nach einer durchzechten Nacht seinen Rausch ausgeschlafen haben.

★★ **Kath. Pfarrkirche St. Pantaleon**, eine dreischiffige und dreijochige Hallenkirche mit kunstvollem Gewölbe. Von der reichen und teilweise hochwertigen Ausstattung mögen aufgeführt sein: Ein schmiedeeiserner Hängeleuchter aus dem Jahre 1527. Dem späteren Mittelalter gehören ein Ecce homo, eine Mutter Anna und ein hl. Pantaleon an. Aus der Renaissancezeit stammt der Annenaltar mit vielen Heiligenfiguren sowie Wappen und Darstellungen der Stifterfamilie von Herrestorff. Barocker Hochaltar von 1705. Hölzerner Reliquienschrein mit schön geschnitzten Maßwerkfeldern. Auf einer Schmalseite des Schreins erkennt man in der Mitte den Arzt St. Pantaleon und seitlich von ihm die Ärzte St. Cosmas und St. Damian. Auch der romanische Taufstein und die Vierzehn-Nothelfer-Kapelle lohnen eine Besichtigung. Der die Kirche umgebende Friedhof zählt mit zu den schönsten am Rheinstrom.

1979 nahm **Willy Brandt** seinen Wohnsitz in Unkel. Dort starb er am 8. 10. 1992. Zum Andenken an ihn wurde der „Untere Marktplatz" in „Willy-Brandt-Platz" umbenannt.

ⓘ **Tourist-Information Unkel**, Linzer Straße 2, 53572 Unkel, ☎ 0 22 24/33 09; Fax 0 22 24/1 04 22. Internet: www.rhein-wied.net/unkel/

*Die gotische Unkeler Pfarrkirche und das Herrestorffsche Haus (18. Jh.). Im Hintergrund schaut der Hummelsberg auf der Linzer Höhe heraus.*

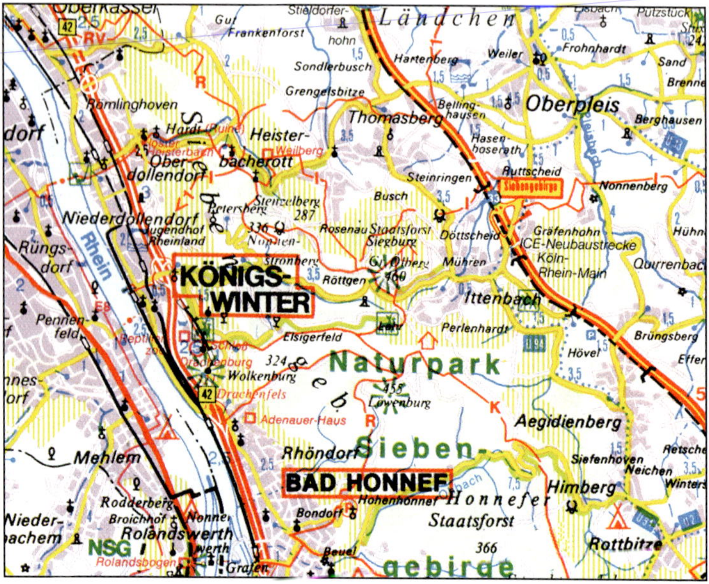


## ★★★ Das Siebengebirge

Das Siebengebirge erscheint als nordwestlicher Eckpfeiler des Westerwaldes, wird jedoch nach heutiger naturräumlicher Gliederung dem Unteren Mittelrheintal zugerechnet. Hier, wo der Rhein in die trichterförmig weit nach Süden reichende Niederrheinische Bucht eintritt, bietet es ein überaus reizvolles und mannigfaltiges Landschaftsbild. Das Naturschutzgebiet Siebengebirge reicht vom Breitbacher Graben, der Landesgrenze zu Rheinland-Pfalz, im Süden bis zum Ausläufer des Ennert bei Pützchen im Nordwesten. Mit einer Fläche von etwa 4815 ha, einer Länge von etwa 15 km und einer Breite von etwa 5 km (im Süden) bildet es eines der größten Naturschutzgebiete in Deutschland.

Seit der kommunalen Neuordnung des Bonner Raumes im Jahre 1969 gliedert sich das Gebiet verwaltungsmäßig in die kreisfreie Stadt Bonn und die zum Rhein-Sieg-Kreis gehörenden Städte Königswinter und Bad Honnef des Regierungsbezirks Köln.

**Geologie:** Die Entstehungsgeschichte des Siebengebirges hängt mit seiner Lage zusammen. In der Tertiärzeit, vor etwa 25 Millionen Jahren, hob sich das stark eingeebnete heutige Rheinische Schiefergebirge, während das Land im Norden einbrach, so dass es vom Meer überflutet wurde. An den Rändern der Hebungs- und Senkungsbereiche entstanden Störungslinien, sogenannte Verwerfungen. Diese Linien treffen sich im Gebiet des heutigen Siebengebirges, so dass die Erde in jener Zeit hier besonders störanfällig war. Daher konnte sich hier eine besonders intensive vulkanische Tätigkeit entwickeln. Bei den später einsetzenden vulkanischen

*Blick vom Rolandsbogen über die Rheininsel Nonnenwerth mit ihrem Gymnasium hinweg auf Bad Honnef vor dem Siebengebirge.*

Eruptionen wurde daher auf engstem Raum Gesteinsmaterial unterschiedlicher Zusammensetzung nach oben befördert. Die ersten Ausbrüche schleuderten gewaltige Mengen trachytischen Materials an die Oberfläche, das sich als Aschen und Schlacken in großer Mächtigkeit über dem ganzen heutigen Siebengebirge und weit darüber hinaus ablagerte und im Lauf der Zeit zu lockeren und leicht verwitternden Tuffen verfestigte. Große Teile der Bergflanken und Mulden sind von Tuffen bedeckt, z.B. am Ölberg, am Weilberg, besonders grobkörnig in der „Hölle", einem Hohlweg am Nachtigallental bei Königswinter, nahe einer Auswurfstelle, besonders feinkörnig an der Ofenkaule. Weitere Ausbrüche beförderten flüssige Schmelzen von Trachyten (z.B. Drachenfels, Lohrberg, Perlenhardt), von Latiten (Andesiten, z.B. Wolkenburg, Stenzelberg) und von Basalten (z.B. Ölberg, Petersberg, Weilberg) nach oben. Diese Gesteine konnten jedoch zumeist den mächtigen Tuffmantel nicht durchbrechen, sondern blieben als sogenannte Quellkuppen in ihm stecken und erkalteten dort. Die Vulkantätigkeit geschah vor etwa 25 bis 18 Millionen Jahren. In den folgenden Jahrmillionen wurden die Tuffe durch Wasser und Wind abgetragen und so die härteren vulkanischen Gesteine herauspräpariert. Im frühen Diluvium, vor etwa 400.000 Jahren, schuf sich der Rhein seinen heutigen Lauf durch das Mittelgebirge, und seitdem prägt er mit den ihm zufließenden Bächen stark die Landschaft mit.

**Wandern:** Das Siebengebirge ist für den Wanderer durch ein dichtes Netz von über 200 km gut ausgebauten Wanderwegen, darunter etwa 30 bezeichneten Rundwanderwegen von 2 bis 7 km Länge, hervorragend erschlossen. An den über 20 Wanderparkplätzen und den wichtigeren Kreuzungen weisen Orientierungstafeln auf die Wege hin. An zahlreichen weiteren Kreuzungen stehen Wegweisersteine. Zahlreiche Schutzhütten, Rastplätze, Liegewiesen und Bänke laden zum Verweilen ein. **Die Straßen und Wege im Naturschutzgebiet sind bis auf wenige Ausnahmen für jeden Kraftfahrzeugverkehr gesperrt.** Weitere Straßen dürfen von Pferdekutschen befahren werden.

## BAD HONNEF MIT RHÖNDORF

- **Bad Honnef** (25.000 E.; davon im Rheinbereich 18.000 E.; 75 m; Rhein-Sieg-Kreis) Bad Honnef ist bevorzugter Wohn- und günstiger Erholungs- und Tagungsort im Süden des Siebengebirges, in der nach Norden und Osten geschützten, klimatisch besonders milden Honnefer Bucht, landschaftlich herrlich gelegen, insbesondere von Drachenfels, Wolkenburg und Löwenburg überragt. Bad Honnef hat mehrere Mineral- und Thermalquellen.

★ **Kath. Pfarrkirche St. Johann Baptist** am oberen Ende des Marktplatzes. Der untere Teil des Turmes stammt vom Ende des 12. Jh.; das spätgotische, malerisch unregelmäßige Langhaus von der Wende vom 15. bis 16. Jh. Querschiff und Chor wurden zu Beginn dieses Jh.s bei einer Erweiterung errichtet. Beachtenswerte spätgotische Kunstwerke (um 1500) im Innern sind ein Sakramentshäuschen in Turmform, ein Heiliges Grab und eine Pfeilermadonna.

Der **Markt** ist ein erfreuliches Beispiel eines durch Pflege des überkommenen Baubestandes gut gestalteten kleinstädtischen Mittelpunktes. Von den alten Häusern um den Markt ist das südwestlich der Kirche gelegene, in der 1. Hälfte des 18. Jh. errichtete ehemalige Gemeindehaus, das „Hontes", bemerkenswert. Südlich des Marktes das moderne Rathaus. An der Hauptstraße gut restauriertes Jugendstil-Kurhaus von 1905.

Einige **malerische Straßenzüge** mit charakteristischen Fachwerkhäusern und z.T. offenen Bachläufen haben sich insbesondere in den Ortsteilen Rhöndorf und Rommersdorf erhalten.

★ **Adenauer-Museum**. Am Hang oberhalb des alten Zenningsweges in Rhöndorf liegt das **Wohnhaus** des langjährigen Bundeskanzlers **Adenauer**, das er 1937 erbaute, nachdem er von den damaligen Machthabern aus seiner Stellung als Oberbürgermeister von Köln entfernt worden war. Das im Innern unverändert gelassene Haus dient als Gedenkstätte und kann besichtigt werden. Am Fuße des Hanges ein Adenauer-Museum. Geöffnet täglich außer Mo 10 - 16.30 Uhr. Eintritt frei. ☎ 02224/71083-85.

**Löwenburg** (455 m) Den stolzen Berggipfel krönen die Ruinen der Burg. Wohl um 1200 wurde die Burg errichtet, um - zusammen mit der Burg Blankenberg an der Sieg - dem Streben der Erzbischöfe nach Machterweiterung auf der rechten Rheinseite entgegenzutreten. Kurz vor 1840 stürzte der obere Teil des Bergfrieds ein, und 1881 wurde der untere Teil niedergelegt. Schließlich war von der Burganlage nur wenig mehr zu erkennen. 1980 bis 1985 wurden die Grundmauern großenteils freigelegt, restauriert und zum Teil behutsam nachgebaut.

ⓘ **Touristinformation** Kirchgasse 2, 53604 Bad Honnef, ☎ 0 22 24/90 06 36. Fax 7 96 87. E-Mail: info@siebengebirge.com. Internet: www.honnef.net

**Aegidienberg**. Im südlichen Bereich des Ortes liegen zwei schöne, stillgelegte Basaltsteinbrüche, deren Boden mit Wasser bedeckt ist; der kleinere **Himberger See** zwischen Himberg und Rottbitze und der noch eindrucksvollere **Dachsbergsee**, etwa 1 km östlich des Autobahnanschlusses Bad Honnef/Linz. Am Zugang zu diesem Steinbruch steht an der Landesstraße eine Marienkapelle.

## DIE STADT KÖNIGSWINTER UND IHR SIEBENGEBIRGE

Zu dieser Gemeinde (38.600 E. Rhein-Sieg-Kreis) wurden 1969 zusammengefasst: Königswinter, Heisterbacherrott, Ittenbach, Niederdollendorf, Oberdollendorf, Oberpleis und Stieldorf. Das Gemeindegebiet reicht damit vom Rhein über die nördliche Hälfte des engeren Siebengebirges und das Pleiser Hügelland bis zu den den Hanfbach begleitenden Westerwaldhöhen. Königswinter ist, insbesondere in den rheinseitigen Ortsteilen und in Ittenbach, sehr stark vom Fremdenverkehr geprägt, hat aber auch Bedeutung als Sitz des ehemaligen Gästehauses des Bundes auf dem Petersberg sowie mehrerer Institutionen des Kultur- und Bildungsbereichs, die bei den einzelnen Ortsteilen aufgeführt werden. Alle Ortsteile sind siedlungsmäßig Vorfeld Bonns geworden.

ⓘ **Tourismus Siebengebirge GmbH**, Drachenfelsstraße 11, 53639 Königswinter, ☎ 02223/917711, Fax 917720. E-Mail: info@siebengebirge.com. Internet: www.siebengebirge.com und www.romantischer-rhein.de

• ★★ **Königswinter** (57 m; 4900 E.; Rhein-Sieg-Kreis)
Unmittelbar am Rheinufer vor der reizvollen Kulisse des Siebengebirges, zwischen dem Fuß des Drachenfelses und dem des Petersberges gelegen, ist Königswinter der wichtigste Zugang zum Siebengebirge und daher ein bekannter Ausflugsort mit lebhaftem Fremdenverkehr.

**Kath. Pfarrkirche St. Remigius** von 1779/81, ein dreischiffiger spätbarocker Hallenbau mit großzügig gegliederter Fassade und massivem Choranschlussturm mit geschweifter Haube im Westen.

★★ **Siebengebirgsmuseum**, Kellerstraße 16, in einem der schönsten barocken Bürgerhäuser, mit fünfachsiger Werksteinfassade von 1732. Eine wichtige und anschauliche Informationsquelle über das Siebengebirge. Es enthält geologische, historische und kulturhistorische Sammlungen, z.B. über die Burgen, Heisterbach, die Traditionsberufe der Steinhauer, Winzer und Schiffer und die Anfänge des Fremdenverkehrs sowie Werke des in Königswinter gebürtigen Malers Franz Ittenbach. Geöffnet Mo 14 - 17 Uhr, Mi 14 - 19 Uhr, So 11 - 17 Uhr. ☎ 0 22 23/37 03. Internet: www.siebengebirgsmuseum.de

★★ **Burg auf dem Drachenfels**. Mitte 12. Jh. begann der Kölner Erzbischof Arnold mit ihrem Bau. Das halbfertige Werk übergab er dem Propst des mächtigen Bonner Cassiusstifts, Gerhard von Are, der die Burg vollendete und einen Ministerialen als Verwalter einsetzte. Aus dessen Familie entwickelte sich das Rittergeschlecht der Burggrafen vom Drachenfels. 1642 wurde die Burg von Erzbischof Ferdinand geschleift. In der folgenden Zeit rücken die Steinbrüche immer bedrohlicher an den Gipfel heran und gefährdeten die imposante Burgruine. Ende des 18. Jh. stürzte die Südwestecke des Bergfrieds in die Tiefe. Die Gefahr wuchs noch mit der Wiederaufnahme des Stein-

*Der Drachenfels mit seiner Burg. Links die Löwenburg*

bruchbetriebs Anfang des 19. Jh., bis der preußische Staat unter starkem Engagement des Königshauses 1836 den Gipfel zur Erhaltung der Burg erwarb.

★★ **Drachenburg**. Auf halber Höhe zum Drachenfels liegt das im neugotischen Stil errichtete Schloss Drachenburg (1879 - 1884), ein majestätischer, burgartiger Herrensitz. Abschluss der Restaurierungen etwa 2005.

Die 1883 erbaute **Zahnradbahn** von Königswinter auf den Drachenfels ist die älteste Zahnradbahn Deutschlands. Internet: Bergbahnen im Siebengebirge AG, Drachenfelsstraße 53, 53639 Königswinter, ☎ 0 22 23/9 20 90, Fax 47 34. Internet: www.drachenfelsbahn-koenigswinter.de

- **★★ Petersberg**

✕ ★★ **Gästehaus Petersberg**. In der 2. Hälfte des 19. Jh. entstand anstelle eines früheren kleinen Hofes ein Hotel. Es wurde 1914 durch das schlossartige Hotel ersetzt, das von 1946 bis 1951 Sitz der alliierten Hohen Kommissare für Deutschland war. Hier wurde 1949 das Petersberger Abkommen unterzeichnet, ein wichtiger Schritt zur deutschen Souveränität. Später beherbergte das Hotel mehrmals hohe Gäste des Bundes. 1979 erwarb der Bund Gebäude und Berg für sein 1990 vollendetes **Gästehaus**. Es ist das Ergebnis einer Restaurierung des früheren Hotelbaus, die fast einer Neuerrichtung gleichkommt. Auch das parkartige Plateau wurde völlig umgestaltet. Plateau und Hotel sind der Öffentlichkeit zugänglich.

**Wallfahrtskapelle zum hl. Petrus**, ein einfacher barocker Saalbau von 1763 mit Dachreiter und zeitgenössischer Ausstattung.

- Königswinter-**Niederdollendorf** (56 m; 2.900 E.)

und das östlich mit ihm zusammengewachsene

- Königswinter-**Oberdollendorf** (70 m; 6.100 E.)

bilden den nördlichsten Weinbauort am Rhein und in Deutschland. Zahlreiche erhaltene gebliebene Winzerhäuser im typischen Fachwerk lassen noch den Eindruck alter Winzerorte wach werden.

- Königswinter-**Heisterbacherrott** (185 m, 1900 E.)

❖ ★★ **Zisterzienserabtei Heisterbach**, heute ein Augustinerinnenkloster. 2 km oberhalb von Oberdollendorf stehen an der Straße nach Oberpleis, von Wald, Wiesen und Feldern umgeben, die Reste der einst bedeutenden Abtei. 1202 bis 1237 wurde die Klosterkirche, mit 78 m lichter Länge größer als das Bonner Münster, im Stile spätester Romanik erbaut; gleichzeitig wurden die Klostergebäude errichtet. In seiner 600-jährigen Geschichte konnte das Kloster großen Einfluss und für die Kultivierung des Siebengebirgsraumes erhebliche Bedeutung gewinnen sowie zahlreiche Güter im weiten Umkreis erwerben. Sein bedeutendster Mönch war Caesarius (um 1180 bis 1240), dessen „Wundergeschichten“ einen lebendigen Einblick in die Lebens- und Denkweise im Mittelalter geben. Ein Gedenkstein neben der Chorruine erinnert an ihn. Aus der letzten Blütezeit des Klosters im 18. Jh. sind das barocke Torhaus mit den Statuen der Mönchsväter Benedikt und Bernhard und einige Wirtschaftsgebäude erhalten geblieben. Nach der Säkularisation wurden Kirche und Klostergebäude auf Abbruch verkauft und niedergelegt. Nur der Chorabschluss blieb als eindrucksvolle Ruine stehen und zeugt von dem großartigen Baukönnen der mittelalterlichen Mönche - und der Barbarei späterer Zeit. Die malerische Chorruine vor dem Waldhintergrund in einem - um 1820 angelegten - Landschaftspark ist geradezu ein Inbegriff der Rheinromantik.

♣ ⚭ ★★ **Zum Weilberg und Stenzelberg**. Von den WP „Weilberg" und „Im Mantel" führen die Rundwanderwege 2 und 3 zum Weilberg, der Rundwanderweg 2 (4 km) zusätzlich nach Heisterbach und zum Stenzelberg. Der ★★★ **Weilberg** bietet mit seinem riesigen, kraterförmigen, ehemaligen Basaltsteinbruch den großartigsten Aufschluss im Siebengebirge. Insbesondere die bis 70 m hohe Nordwand zeigt einen ungemein anschaulichen Querschnitt durch den geologischen Aufbau des Siebengebirges. Tafeln auf den beiden Aussichtsterrassen geben geologische Erläuterungen. Ein Gedenkstein erinnert daran, dass an dieser Stelle dem Siebengebirge 1971 das Europa-Diplom verliehen wurde. Der wildzerklüftete ★★ **Stenzelberg** (287 m) war einst ein bedeutender Latitsteinbruch. Eine Besonderheit ist, dass der anstehende Latit alle paar Meter wechselt zwischen gutem, in glatten Wänden stehendem Gestein und plumpen Pfeilern, die plattig-schalig abwittern (sogenannte „Umläufer"). Die Pfeiler minderwertigen Gesteins wurden bei der Steinbruchtätigkeit möglichst umgangen und bilden heute, aufrechtstehend oder gestürzt, markante Felsen in der Landschaft der alten Brüche.

- Königswinter-**Oberpleis** (150 m, 12500 E.),
  Mittelpunkt des lössbedeckten, vom Pleisbach durchflossenen und vom Ölberg überragten Pleiser Hügellandes, das sich nordöstlich des Siebengebirges bis zum Hanfbachtal erstreckt und einen Übergang zwischen Westerwald und Bonn-Siegburger Bucht bildet. Oberpleis ist ein Zentrum westdeutscher Baumschulen.

  ★★ **Ehemalige Propstei, jetzt kath. Pfarrkirche St. Pankratius**, mit wuchtigem Westturm (etwa 1160) und schöner Chorpartie (um 1220), in malerischer, den Ortskern beherrschender Lage. Nach Erdbebenschäden jüngst restauriert und farblich neu gefasst, ein Juwel rheinisch-romanischer Baukunst. In dem mittelalterlichen nachgebildeten Fußboden befindet sich im Westen eine Weltbildsymbolik in fünf Rosetten. Der romanische Altaraufsatz zeigt streng frontal die Madonna mit dem Kind sowie anbetend die Heiligen Drei Könige und drei Engel. Unter dem Chor eine stimmungsvolle Krypta mit Reliquienschreinen von Elmar Hillebrand (1960).

- Königswinter-**Ittenbach** (250 m; 3100 E.),
  Die Landstraße steigt von Ittenbach aus noch 1 km an bis zum Pass **Margarethenhöhe** (323 m) zwischen Ölberg und Lohrberg, dem vielbesuchten, zentralen Ausgangspunkt für zahlreiche Siebengebirgswanderungen.

## BEUEL UND SEIN UMLAND

- Bonn-**Beuel** (50 m; 60.000 E.; Reg.-Bez. Köln)
  Seit der kommunalen Neugliederung 1969 bilden die ehemaligen Gemeinden Stadt Beuel, Holzlar und Oberkassel den rechtsrheinischen Stadtbezirk Beuel der Bundesstadt Bonn. Er reicht von den nördlichen Ausläufern des Siebengebirges bis zur Siegmündung. Beide Landschaften bilden großräumige Natur- schutz- und Erholungsgebiete.

★ **Beueler Heimatmuseum**. In einem 1995 erweiterten alten Fachwerkensemble zeigt es seine reiche, gut präsentierte Sammlung. Steinerstraße 36, ☎ 02 28/47 23 91; So, Mi und Sa 15 - 18 Uhr.

★★ **Ehemalige Stifts- und heutige kath. Pfarrkirche St. Klemens, Schwarzrheindorf,** 1151 als Burgkapelle nach dem Typ der Doppelkapellen erbaut, 1173 zur Klosterkirche erweitert. Die ursprünglich - in Anlehnung an Aachen - als Zentralbau errichtete Doppelkapelle ist ein hervorragendes Zeugnis rheinischer Romanik, bei kleinen Ausmaßen von großartiger Raumwirkung. Von gleich hohem künstlerischem Rang wie der Baukörper ist die großenteils erhalten gebliebene Ausmalung, insbesondere der Unterkirche. Sie stellt die Visionen des Propheten Ezechiel entsprechenden Szenen des Neuen Testaments gegenüber. Die Wandmalereien der Oberkirche beziehen sich auf das klösterliche Leben.

★ **Ehemalige Stifts- und heutige kath. Pfarrkirche St. Peter, Vilich**. Der Kern des Langhauses geht bis in das 11. Jh. zurück; Querschiff, Chor und das reizvolle Adelheids-Chörchen mit Sarkophag der hl. Adelheid aus dem 13. Jh. Nach Zerstörungen im 16. und 17. Jh. wurde das Langhaus verkürzt wieder aufgebaut, um 1700 der Westturm in romanischen Formen mit barocker Haube errichtet. Erhebliche Schäden aus dem Zweiten Weltkrieg sind beseitigt. Von den Stiftsgebäuden stehen noch zwei Trakte aus dem 17. Jh. sowie die Umfassungsmauer mit einem Tor aus dem 13. Jh.

★ **Ehemalige Kloster- und heutige kath. Pfarrkirche St. Adelheidis, Pützchen.** Die vor der Kirche fließende, von einem Steinkreuz überragte Quelle, die nach der Legende auf das Wirken der hl. Adelheid zurückgeführt wird, war Anlass für zahlreiche Wallfahrten. Ende 17. Jh. baute der Karmeliterorden Kirche und Kloster. Nach Brand im 18. Jh. und Zerstörungen im Zweiten Weltkrieg wurde die Kirche, eine Saalkirche mit Flachtonnengewölbe, Dachreiter und reichem barocken Portal, wieder aufgebaut. Gute moderne Ausstattung von Elmar Hillebrand. Vor der Kirche eine kleine Adelheidiskapelle, in die Klostermauer einbezogen, aus dem 18. Jh.

★ **Ehemalige Deutschordenskommende Ramersdorf.** Um 1220 richtete hier der Deutsche Orden eine seiner ältesten Niederlassungen im Rheinland ein. Beim Abbruch der Gebäude nach der Säkularisation und einem Brand wurde die romanische Kapelle auf den Alten Friedhof in Bonn übertragen. Ein romanisches Doppeltor blieb erhalten. Das bestehende schlossartige Gebäude in neugotischen Formen - ein Gegenstück zur Drachenburg oberhalb Königswinter -, heute hart an der Autobahn gelegen, stammt von 1885

ⓘ **Tourist-Information Bonn,** Cassius-Bastei, Münsterstraße 20, 53103 Bonn (linksrheinisch). Internet: www.bonn.de

**Ennert.** Diese bewaldete, flach gewölbte, fast ganz von Ortschaften umgebene Höhe bildet den Nordwestzipfel des Naturschutzgebietes. Am Westhang das um 1820 errichtete Foveaux-Häuschen mit Blick (☼) auf den Drachenfels. An der Pützchens-Chaussee eine Forschungsstelle für Jagdschutz und Wildschadensverhütung.

4 Wanderparkplätze nahe Ramersdorf, Küdinghoven, Pützchen sowie Niederholtorf (Ennertparkplatz) 3 Rundwanderwege (1 - 3) von 3 km Länge. 2 weitere Parkplätze am Waldrand bei Holzlar.

# Im Einzugsbereich der Sieg

**Auf den Spuren des Erzes und der Hauberge**

## Im Hellerbergland

Zum Hellerbergland rechnen wir die waldreichen Bergzüge zwischen Siegerland und Westerwald beiderseits der Heller mit ihren großen Nebentälern von Wildenbach und Daadebach sowie den kleineren Nebentälern, dem Buchhellertal, dem Gilsbachtal und dem Mischebachtal.

Die Landschaft des Hellertales oberhalb Herdorfs mit den Gemeinden Neunkirchen und Burbach, einschließlich des Wildetales, wird heute noch der „Freie Grund" genannt. 1816 wurde der Freie Grund dem Kreis Siegen und damit auch der neugegründeten Provinz Westfalen zugeteilt. Zwei nordrhein-westfälische Großgemeinden bilden heute den Freien Grund: Neunkirchen und Burbach.

- **Burbach** (310 bis 613 m; 15.700 E., Kreis SI),

Großgemeinde mit 15.380 E. in 9 Ortsteilen. Gemeindefläche ca. 80 km$^2$.

- **Ev. Kirche** mit Turm aus dem 12. Jh. Schöne Fachwerkhäuser. Reste eines Ringwalls südlich auf dem Burgberg.
- **Museum „Leben und Arbeiten"** an der **„Alten Vogtei"**, Ginnerbach 2, geöffnet jeden letzten Sonntag im Monat und nach Vereinbarung (☎ 02736/1854).
- **Kleiner Stein** (580 m) und **Großer Stein** (546 m) unweit der neuen B 54 Lipper Höhe - Wasserscheide. Mächtige Basaltblöcke, die nordöstlichsten Zeugen der tertiären Vulkane des Westerwaldes. Auf den Gesteinsblöcken wachsen seltene Moosarten. In dem Hainsimsen-Buchenwald stehen Linde, Vogelbeere, Eberesche und Bergahorn.
- **NSG Wacholderheide „In der Gambach"** südlich Burbach am WP (L 723) 4,7 ha groß, zeitweise von Moorschnucken beweidet.

- **Neunkirchen** (270 bis 350 m; 15.200 E., Kreis SI)

  Großgemeinde mit 6 Ortsteilen am Zusammenfluss von Heller und Wildenbach.
  - **Altes Dorf** mit Dorfplatz, Brunnen und schönen Fachwerkhäusern; **Heimatmuseum** und Ostdeutsche Heimatstube, Am Leyhof 2, ☎ 02735/3953 oder Gemeindeverwaltung 02735/767-0. Sonderführungen 02735/5569, Öffnungszeiten: jeden 2. So im Monat von 14 - 18 Uhr und nach Vereinbarung.
  - ✕ **Grube Steimel** nördlich Neunkirchen auf einer Höhe. Ausflugsgaststätte mit herrlichem Blick über das obere Hellertal und den Hohen Westerwald. Sonntags und montags Ruhetag ☎ 0 27 35/22 87.
  - Rundwanderwege in allen Neunkirchner Ortsteilen.

- **Herdorf** (v. 200 m bis 505 m; 7.500 E.; verbandsfreie Gemeinde; seit 1981 Stadt)

  Industrieort in schöner Landschaft am Westrande der Neunkirchen-Herdorfer Hellertalweitung. Seit 1955 bildete Herdorf mit den Nachbargemeinden Dermbach und Sassenroth eine amtsfreie Großgemeinde. Herdorf war der ehemals bedeutendste Industrieort im Hellertal mit drei Eisenhütten und fünf größeren Eisenerzgruben.
  - ⓘ **Tourist-Information** 57562 Herdorf, Hauptstr. 46, ☎ 0 27 44/92 23-12; Fax 92 94 10 Internet: www.herdorf.de

Mudersbach
Brachbach
Neunkirchen
BETZDORF
HERDORF
Burbach
Daaden
Kirchen
Alsdorf
Scheuerfeld
Weitefeld
Wallmenroth
Katzwinkel
Birken-Honigsessen
WISSEN
Hamm
Kroppacher Schweiz
Steinebach
Malberg
Elkenroth
Rosenheim
Neunkhausen
Langenbach
Friedewald
Derschen
Nauroth
Nister
ALTENKIRCHEN
Etzbach
Mörsbach
Gebhardshain
Elben
Molzhain
Kausen
Dickendorf
Salchendorf
Zeppenfeld
Emmerzhausen
Eiserfeld
Hohe Westerwald
Mudenbach
Kroppach
Nistertal

Hohenseelbachskopf (500 m), und Gaststätte ☎ 0 27 35/25 10; ganzjährig geöffnet. Ehemals die größte und schönste Basaltkuppe Deutschlands. In vorchristlicher Zeit keltische Wall- und Fliehburg.

★★ **Bergbaumuseum des Kreises Altenkirchen** in Herdorf-Sassenroth, Schulstraße, 57562 Herdorf Ww., ☎ 02744/6389. Geöffnet (außer Mo) 10 - 12 und 14 - 17 Uhr. Es dokumentiert den Bergbau und das Hüttenwesen des heimischen Raumes: Anfänge von Bergbau und Verhüttung, Geologie, Entwicklung der Gruben bis zum Tiefbau, Abbautechnik, Bergrecht, Organisationsformen und soziale Strukturen. Auch die für die Region typische Haubergswirtschaft wird ausführlich dokumentiert. Umfangreiches Mineralienkabinett, Schaubergwerk.

## IM DAADENER LAND

Das sogenannte **„Daadener Land"** besteht aus den Gemeinden Daaden, Niederdreisbach und Schutzbach, auch „Talgemeinden" genannt, sowie aus den Höhengemeinden Emmerzhausen, Mauden, Derschen, Friedewald, Nisterberg und Weitefeld. Der Daadebach entspringt am Stegskopf und mündet nach einem 15 km langen Lauf bei der ehemaligen Grünebacher Hütte in die Heller. Die im Jahre 1964 stillgelegte Grube Füsseberg bei Biersdorf war die letzte in Betrieb befindliche Erzgrube im ganzen Siegerland. Sie hatte eine Tiefe von 1.100 m erreicht.

ⓘ **Tourist-Information** 57567 Daaden, Bahnhofstraße 4-6; ☎ 0 27 43/92 90; Fax 0 27 43/92 94 10

- **Emmerzhausen** (480 m; 810 E., VG Daaden)

„Trödelsteine" (ND) auf dem Gebirgskamm nordöstlich von Emmerzhausen: Säulen und ein Blockfeld aus Feldspatbasalt, die hier das Grundgebirge durchbrochen haben.

*Renaissanceschloss Friedewald*

Am **Höllenkopf** 40 ha großes NSG mit dem größten Trollblumen-Vorkommen unserer Region. Das Hochmoor ★★ **„Derscher Geschwämm"** südwestlich des Dorfes Derschen liegt jetzt im Bereich des Truppenübungsplatzes Stegskopf und ist nur noch an übungsfreien Tagen mit besonderer Genehmigung der Truppenübungsplatz-Kommandantur zu besichtigen.

*Daaden. Turm der Pfarrkirche mit Fachwerk-Pfarrhaus und gusseisernem Laufbrunnen.*

- **Friedewald** (420 m; 1.180 E., VG Daaden)

❖ ★★ **Schloss Friedewald**. Im Jahre 1324 verlieh Kaiser Ludwig der Baier dem Grafen Gottfried von Sayn für geleistete Waffenhilfe dem „Flecken Friedewald" die gleichen Rechte, über die die freie Reichsstadt Frankfurt verfügte. Vermutlich befand sich damals schon auf der Bergnase mitten im Ort eine befestigte Anlage, welche im Laufe der Zeit zu einer Burg ausgebaut wurde. Die Verwaltungs- und Gerichtssitze wurden von Daaden nach Friedewald verlegt, von wo aus mehrere hundert Jahre lang ein saynischer Amtmann den ganzen Bereich des damaligen Kirchspiels Daaden verwaltete. Nach 1800 geriet das Schloss in Verfall. Im Jahre 1885 erwarb Graf Alexander von Hachenburg das Schloss seiner Vorfahren und ließ es wieder in bewohnbaren Zustand versetzen. Im Jahre 1954 ist es von der Evangelischen Sozialakademie als Tagungs- und Schulungsstätte angekauft worden. Der **Schlosskomplex** bildet einen etwa rechteckigen Bering. Das Erdgeschoss des straßenseits gelegenen Ostflügels mit dem Zwiebelhaubenturm und der Südflügel stammen aus dem 16./17. Jh. Das Obergeschoss des Ostflügels und der Nordflügel mit seinem Fachwerk wurden 1913 - 1914 errichtet. Wer durch den Torbogen des Ostflügels den Innenhof betritt, blickt auf das Hauptschloss, dessen Renaissancefassade reich mit Pilastern, Gesimsen, Reliefs und Figurennischen gegliedert ist. Im Hof schöner alter Brunnen. Im Schlosspark fünf Mammutbäume. Von der Terrasse aus Blick in Richtung Daaden.

- **Daaden** (296 m; 4.800 E. mit Ortsteil Biersdorf, VG Daaden 12.250 E., Kreis AK)

Als Mittelpunkt des Daadener Landes streckt sich der hübsch gelegene Ort sternförmig in drei Täler aus. Straßenknotenpunkt. Anerkannte Fremdenverkehrsgemeinde.

★★ **Ev. Pfarrkirche**, erbaut 1722 bis 24 von Julius Ludwig Rothweil. Einschiffige, weiträumige Anlage in Kreuzform mit Emporen. Den trotzigen Turm schmückt als Wahrzeichen der „Hahnengel", ein eiserner Engel.

**Fachwerk-Pfarrhaus**, 1974 originalgetreu an der Stelle des 1715 errichteten Vorgängerbaues nachgebaut.

**„Alten Post“**, ehemaliger Sitz des gräflich-saynischen Oberamtmanns von Schütz. Darin kleines **Heimatmuseum**. Geöffnet: Mo und Mi, 16.30 - 18.30 Uhr, 1. So im Monat 9 bis 12 Uhr.

## Das mittlere Siegtal und seine Westerwaldhöhen

*Übersichtskarte siehe Seite 235!*

- ★ **Freusburg** (300 m; 1.370 E.)

  ❖ Der altertümliche Ort erstreckt sich von der Talsohle an einem steilen Hang hinauf bis an die Burg. Ersterwähnung 914 als Hofgut. Im 11. Jh. wurde die Burg um- und ausgebaut. Über Jahrhunderte wechselten die Besitzverhältnisse, bis die Burg 1815 preußisch wurde. Der bedeutendste Besitzer war Graf Heinrich von Sayn, der die Burganlage erweitern ließ und 1589 in Freusburg das Vorwort der 1590 gedruckten „Saynischen Kirchenordnung“ schrieb. Wer die Burg durch den Torbogen hin betritt, erkennt in der unregelmäßigen Grundrissanlage fünf Gebäude: den Rittersaalbau, den Mittelbau, den Heinrichsbau, den Westbau und den Neubau. 1927 restauriert sowie 1981 bis 1986 modernisiert und erweitert, wird die Freusburg eine der schönsten und meistbesuchten Jugendherbergen Deutschlands.

- **Kirchen/Sieg** (200 m; 5.550 E.; mit Ortsteilen 10.100 E., VG Kirchen (Sieg) 25.850 E., Kreis AK)

*Die Freusburg über dem Siegtal. Darin eine Jugendherberge.*

Luftkurort am Zusammenfluss von Sieg und Asdorfbach. Früher zentraler Kirch- und Marktort. Der Ort führt seinen Namen auf die benachbarte Freusburg zurück und wurde ursprünglich Kirch-Freusburg genannt.

ⓘ **Tourist-Information** 57548 Kirchen, Lindenstr. 1; ☎ 0 27 41/68 82 24; Fax 0 27 41/68 82 55. Internet: www.kirchen-sieg.de

- **Betzdorf/Sieg** (190 m; 10.900 E., VG Betzdorf 16.750 E., Kreis AK)

An der Mündung der Heller und der Sieg. Dynamischer Mittelpunkt im Oberkreis Altenkirchen, der weit in den Westerwald und das Siegerland ausstrahlt. Anerkannte Fremdenverkehrsgemeinde. Straßenverkehrsknotenpunkt. Wirtschafts- und Einkaufszentrum.

ⓘ **Tourist-Information** 57518 Betzdorf, Hellerstr. 2, ☎ 0 27 41/2 91 15; Fax 0 27 41/2 91 19. Internet: www.betzdorf.de

## SÜDLICH VON KIRCHEN: DER WINDHAHN

Südlich von Kirchen liegt zwischen Sieg und Heller der 517 m hohe bewaldete Windhahn.

- Kirchen-**Herkersdorf** (320 m; 890 E.)

In den Jahren 1924 - 1926 wurde von Herkersdorf aus bis hinauf zum Druidenstein eine ★ **Kreuzweganlage** errichtet. Die 14 Stationen sind mit zum Teil wertvollen Erzstufen ausgeschmückt worden. Gründliche Restaurierung des Kreuzwegs 1992. Sehenswert ist die 1960 fertiggestellte ★ **Heilig-Geist-Kirche** (Entwurf: Prof. Dr.-Ing. Weyres, Köln), die mit dem Erlös von Freilichtspielen am Druidenstein finanziert wurde.

*Säulenbasaltkegel des Druidenstein südlich von Kirchen*

Der ★★ **Druidenstein** (ND, 431 m) gilt als nördlichster Ausläufer der basaltischen Erhebung des Westerwaldes. Der tertiäre Säulenbasaltkegel bekam seine Gestalt, als sich Lava durch die devonische Grauwacke hindurchzwängte und anschließend erstarrte. Von der ehemals mächtigen Kuppe ist heute nur noch ein Drittel erhalten. Der Sage nach soll der Druidenstein, dessen Namen auf die keltische Priesterkaste der Druiden zurückgeführt wird, bis um 800 eine heidnische Opferstätte gewesen sein. Um 1920 sollte der Druidenstein abgebrochen werden. Er wurde aber noch rechtzeitig unter Schutz gestellt.

Zahlreiche Wandermöglichkeiten in das Waldgebiet des Windhahns.

Der ★ **Ottoturm** (18 m hoch) an diesem Wege vermittelt einen herrlichen Rundblick über das ganze nördliche Siegerland und nach Süden hin auf den Hohen Westerwald.

## IM ERZBERGLAND SÜDLICH VON BETZDORF

Zwischen dem Nisterbergland mit der Kroppacher Schweiz und dem Siegtal bei Betzdorf liegt beiderseits des zunächst nach Norden fließenden Elbbachs das Gebhardshainer Land, nach seinem früheren Erzbergbau auch „Erzbergland" genannt. Auf der Westseite des Tals liegt der Hauptort Gebhardshain, Sitz einer Verbandsgemeinde mit rund 11.000 Einwohnern. Das Gebhardshainer Land lebte einst von der Landwirtschaft und dem Bergbau.

ⓘ **Tourist-Information** 57580 Gebhardshain, Rathausplatz 1, ☎ 0 27 47/8 09 54, 39 08; Fax 0 27 47/8 09 17. Internet: vggebhardshain.de

★★★ **Grube Bindweide bei Steinebach**, ehemalige Erzgrube. Die Firma Krupp in Essen betrieb diese seit 1873. 1889 förderten 900 Bergleute 1.167.742 t Eisenerz, ein Fünftel des im ganzen Kreis Altenkirchen gewonnenen Eisenerzes. Gleichzeitig wurde ein zweiter Schacht bis zu einer Tiefe von 550 m getrieben. 1932 wurde die Grube wegen außergewöhnlich starker Wasserzuflüsse stillgelegt. Im Jahre 1986 wurde nach umfangreichen Ausbauarbeiten das **Besucherbergwerk Grube Bindweide** eröffnet. Führungen werden auf eine Länge von 1,3 km bis in den Schacht- und Abbaubereich angeboten. Besonders beeindruckend sind die farbenprächtigen Metallsalzablagerungen in der Streckenführung. Mit der Grubenbahn geht es anschließend zurück zum Eingangsgebäude. Dort befindet sich ein kleines Museum, welches mit Fotos, Grubenrissen, Gezähe (Werkzeug), Mineralien und Lampen anschaulich über die Geschichte der Grube informiert. Im Freibereich eine Seilscheibe. - **Führungen** einschl. **Grubenlokfahrt** (Dauer. ca. 1 1/4 Stunde), vom 1. April - 31. Oktober Öffnungszeiten: Mi u. Sa 14 - 17 Uhr, So u. feiertags von 13 - 17 Uhr. Führungen von max. 24 Personen jede 1/2 Stunde, letzte Führung um 16.30 Uhr; festes Schuhwerk wird empfohlen. Innentemperatur 12°. Für Gruppen ab 15 Personen werden Führungen auch außerhalb der vorstehenden Öffnungszeiten nach rechtzeitiger Voranmeldung bzw. Terminvereinbarung angeboten. **Auskunft und Voranmeldung:** Verbandsgemeindeverwaltung, Postfach 40, 57580 Gebhardshain, ☎ 0 27 47/8 09 54.

**Motorradmuseum** von Agnes u. Gerhard Weller mit mehr als 30 restaurierten Zweirädern, historischen Werkzeugen und Zubehör. Täglich außer Mo 9 - 18 Uhr. ☎ 0 27 47/24 35, Fax 17 66.

## Das untere Siegtal und seine Westerwaldhöhen

- **Wissen** (150 m; 9.110 E., VG Wissen 16.150 E.; Kreis AK)
  Talort beiderseits der Sieg. Stadt seit 1969. Anerkannter Luftkurort seit 1971. Zahlreiche Industriebetriebe.

**Kath. Pfarrkirche „Kreuzerhöhung“.** Ersterwähnung 1316. Der romanische, später stark erhöhte und mit einer Barockspitze versehene Turm geht in das 10. Jh. zurück. Das einschiffige Langhaus wurde 1804 errichtet und 1912 bis 14 vergrößert. Barocke Ausstattung. Als Halbmond bezeichnet man die Häuserreihe rings um den ehem. Kirchhof.

ⓘ **Tourist-Information** 57537 Wissen, Rathausstr. 75 ☎ 0 27 42/93 91 18; Fax 02742/939200

ⓘ **Tourist-Information Wisserland**, 57537 Wissen, Rathausstraße, ☎ 0 27 42/ 26 86; Fax 29 86

★ **Schloss Schönstein** auf einem Bergsporn zwischen Elbbach und Sieg lugt es aus den Parkbäumen hervor. Begründet wurde Burg „Sconensteyne“ im 13. Jh. von den Herren von Arenberg, Burggrafen zu Köln. Nach deren Aussterben wurde Schönstein Sitz eines kurkölnischen Amtes. Ab 1589 waren die von Hatzfeld-Wildenburg damit belehnt, in deren Besitz es sich noch befindet. Heute beherbergt es die Hatzfeldt-Wildenburg'sche Kammer und wird von der Familie des Grafen von Dönhoff bewohnt. Zum Besitz gehören u.a. 72,4 km² Wald insbesondere nördlich der Sieg. - Die dreigeschossige Hauptburg umschließt etwa dreieckig einen kleinen Binnenhof. Fundamente und Keller sind mittelalterlich; Mauerwerk und Gesamtbild stammen aus dem 16./17. Jh. - Der reizvolle Schlosspark und das Schloss Schönstein sind für Besucher freigegeben.

*Ein Torbogen führt in den Hof des Schlosses Schönstein.*

*Die Heisterkapelle in Wissen-Schönstein aus dem Jahre 1714.*

***Die frühere Haubergswirtschaft***
*Zu den Besonderheiten der Region gehört der Haubergswald bzw. die hiermit zusammenhängende frühere Haubergswirtschaft, d.h. eine Wechselwirtschaft zwischen Niederwaldpflanzung und Ackerbau auf ertragsarmen Böden (16- bis 20-jährige Holzwirtschaft, 2-4 Jahre Anbau von Hafer, Roggen, Kartoffeln oder Nutzung als Weideland). Sie lebte im und nach dem 2. Weltkrieg nochmals auf und wurde im „Gebhardshainer Ländchen" deshalb betrieben, weil man den Niederwald vor allem für die Versorgung der Erzhütten, die das auf zahlreichen Gruben geförderte Eisenerz verarbeiteten, für Holzkohle benötigte. Die Baumrinde der Eichenstämme fand bei der im benachbarten Siegerland verbreiteten Lohgerberei vor allem Verwendung. Dorthin wurden auch die Felle der Rinder geliefert. Rindviehherden waren im „Gebhardshainer Ländchen" wie im gesamten Westerwald zahlreich, denn große Teile der Böden konnten, weil zu feucht oder zu unergiebig, nur als Weideland verwendet werden.*

★ **Heisterkapelle** (kath. Kapelle St. Sebastian) auf dem Heisterberg südöstlich von Schönstein; die malerische Kapelle wurde 1714 erbaut und gehört zu den ganz wenigen erhaltenen Fachwerkkapellen in Rheinland-Pfalz. Sie ist Eigentum der 1402 gegründeten St.-Sebastianus-Schützenbrüderschaft, die sich ursprünglich die Betreuung von Pestkranken und Wallfahrern zum Ziele gesetzt hat.

- **Hamm** (220 m; 3.800 E.; VG Hamm 13.000 E.; Kreis AK)
Südlich im Hang zum Siegtal. Mittelpunkt des „Hämmscher Landes". Anerkannte Fremdenverkehrsgemeinde. Badeweiher Thalhauser Mühle.

**Ev. Pfarrkirche.** Romanischer Westturm. Emporensaal von 1752. Gusseiserne Grabplatten aus dem 17. und 18. Jh.

★ **Alte Vogtei** (heute Hotel), erbaut für den Verwalter der Grafen von Sayn-Hachenburg. Sie diente lange Zeit als Posthalterei und Bürgermeisteramt. In ihr wurde am 30. März 1818 Friedrich Wilhelm Raiffeisen geboren, der Begründer des ländlichen Genossenschaftswesens. Auf sein Werk stützen sich allein in der Bundesrepublik 19.000 Genossenschaften mit fast fünf Millionen Mitgliedern. Raiffeisen-Museum. Raiffeisensäule.

ⓘ **Tourist-Information** 57577 Hamm/Sieg, Lindenallee 2, ☎ 0 26 82/95 22-35; Fax 0 26 82/95 22 76. Internet: www.hammsieg.de

**Das „Windecker Ländchen"**
Das Feriengebiet „Windecker Ländchen" umfasst die im Rahmen der kommunalen Neuordnung in Nordrhein-Westfalen 1969 aus den Gemeinden Rosbach, Dattenfeld und Herchen gebildete Großgemeinde **Windeck** (20.700 E.). Die Haupterholungsgebiete des „Windecker Ländchens": Rosbach, Schladern, Dattenfeld und Herchen liegen im Siegtal, der Ort Leuscheid auf einem Höhenrücken (290 m) südlich der Sieg. Das Siegtal im Bereich des Windecker Ländchens stellt zudem eine geographische Besonderheit dar. Ein Blick auf die Karte zeigt, wie der Fluss weit von seiner sonstigen Laufrichtung abbiegt und innerhalb dieses Bogens mehrfach seinen Lauf ändert, wobei enge Flussschlingen und steile Prallhänge entstehen. Noch in geschichtlicher Zeit hat die Sieg das Bett verlagert, so dass man bei Dattenfeld und Schladern noch die alten Flussarme, einer davon sogar mit Altwasser, sehen kann.

- Windeck-**Schladern** (120 m; 1.100 E.).

**Gedenkstätte „Landjuden an der Sieg"** im ehemaligen jüdischen Hause Seligmann, eröffnet 1994. Für Gruppen steht ein Vortragsraum zur Verfügung.

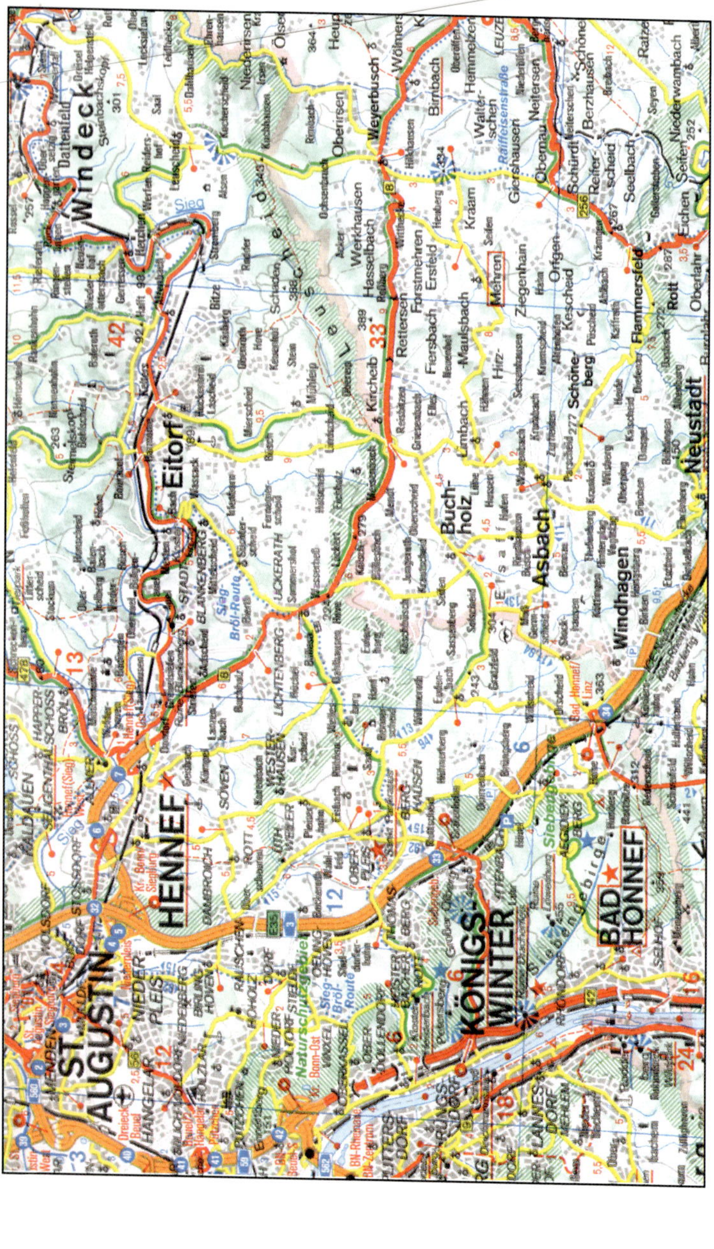
ST. AUGUSTIN
HENNEF
KÖNIGS-WINTER
BAD HONNEF
Eitorf
Windeck
Buchholz
Asbach
Windhagen
Neustadt
Weyerbusch
Hasselbach
Werkhausen
Kircheib
Rettersen
Mehren
Flammersfeld
Raiffeisenstraße
Naturschutzgebiet
Sieg

Geöffnet Mi 14 - 16 Uhr sowie nach Vereinbarung. ☎ 02241/13 8565.

Wasserfall, natürlicher Katarakt in der Sieg von 84 m Breite und 4 m Höhe infolge Sprengung beim Bahnbau entstanden, Fischtreppenanlage.

- Windeck-**Dattenfeld** (115 m; 2.100 E.).

★ **Laurentius-Kirche**, zweitürmiger **„Siegtaldom"** mit romanischem Taufstein; in den Ursprüngen 1131, Neubau von 1879.

★ **Burgruine Windeck** des benachbarten **Altwindeck**, eine imposante Anlage, erstmals 1174 urkundlich erwähnt, um 1200 kurkölnisch, im 30-jährigen Krieg umkämpft und 1672 von den Franzosen zerstört. Sie wurde 1973 gut restauriert. Die 2 m hohen Erdwälle sind Reste einer germanischen Wallburg.

*Burgruine Windeck steht über dem Siegtal.*

★ **Heimatmuseum Altwindeck** im Thal Windeck. (U.a. Handwerk, bäuerliches Arbeitsgerät, Ofenplatten-Sammlung.) Geöffnet Mi + Sa 14 - 18 Uhr, So und feiertags 10 - 12 Uhr.

- ★ **Besucherbergwerk Grube Silberhardt**, Windeck-Öttershagen; Geöffnet jeden ersten Samstag und Sonntag während der Monate April - Oktober 10 - 16 Uhr.
- Windeck-**Leuscheid** (290 m)

Gelegen vor dem gleichnamigen großen Waldgebiet, der Wasserscheide zwischen Sieg und Wied.

★ **Ev. Kirche**, dreischiffige Basilika des 12. Jh. mit Querschiff, Chor und Sakristei aus dem 13./14. Jh., Taufstein 13. Jh., kölnischer Marienaltar um 1500.

**Ringwälle** bei Stromberg (vorchristliche Befestigungsanlage).

**Basaltkrater Blauer Stein** bei Kuchhausen: Urwüchsige Gesteinsbildung durch vulkanische Tätigkeit.

**Heilbrunnen** bei Ohmbach (im 13. Jh. sagenhafte Augenheilung)

**Moorwald** mit typischer Flora beiderseits der Landesgrenze.

In vielen Windungen durchbricht die Sieg von Osten nach Westen ein waldreiches Bergland. Sie senkt sich tief in den harten Gebirgsrumpf ein, während sich die Talhänge der Terrassen in den begleitenden Bergflanken des Nutscheid und Leuscheid fortsetzen. Die Engstrecken dehnen sich in den Flussbogen bei Eitorf, Merten und Bülgenauel, bis sich die breite Talterrasse unterhalb von Stadt Blankenberg zur Hennef-Siegburger Weitung öffnet.

- **Eitorf** (83 m; 19.300 E., Rhein-Sieg-Kreis)

Mittelpunkt der gleichnamigen Gemeinde mit 58 Ortschaften in einer Talweitung der Sieg, waldreiche Umgebung.

*Im Siegtal bei Herchen*

★ **Kath. Rektoratspfarrkirche St. Agnes in Eitorf-Merten,** ehem. Klosterkirche, eindrucksvoll auf einem von der Sieg umflossenen Steilhang gelegen, eine dreischiffige flachgedeckte Pfeilerbasilika der Zeit um 1170 mit Dreiapsidenschluss und unvollendeter westlicher Zweiturmfassade. Der Westbau ist dem Langhaus als selbstständiger Querriegel vorgelagert. Von den **Klostergebäuden,** heute Familienerholungs- und Tagungsstätte, blieben im ummauerten Bereich nur noch der Ost- und Südflügel erhalten.

Ehem. **Burg Merten** gegenüber dem Kloster, vermutlich vor 1200 erbaut. Erhalten sind umfangreiche Fundamente und Kellerräume, ein etwa 8 m hoher Rundturm, das Erdgeschoss eines weiteren Turmes sowie Teile des ehem. Burggrabens. Auf den Resten der Anlage aus dem 15. Jh. steht das 1792 errichtete Forsthaus, ein zweigeschossiger Bruchsteinbau mit abgewalmtem Satteldach über einem Fachwerkgiebel.

**Fremdenverkehrsamt**, Markt 1, ☎ 0 22 43/89-2 16 oder 19433; Internet: www.eitorf.de.

- Hennef-★★★ **Stadt Blankenberg** (145 - 178 m; 600 E.)
vielbesuchter Ausflugsort auf einem Felssporn hoch über der Sieg.

Um 1150 gründeten die Grafen Heinrich II. und Eberhard II. von Sayn die Burg Blankenberg. Das Grafenpaar Heinrich III. von Sayn und Mechthild von Landsberg verlieh 1245 der sich im südlichen Gelände anschließenden Siedlung Stadtrechte. Im Dreißigjährigen Krieg von den Schweden besetzt, verlor die Anlage zusehends an Bedeutung und wurde gegen Ende des 17. Jh. geschleift. Um die Mitte des 18. Jh. wurde die Verwaltung des weiten Amtes Blankenberg endgültig nach Hennef verlegt. Die Stadt verkümmerte zu einem Acker- und Weinbauernflecken und verlor 1806 die Stadtrechte. In Erinnerung an die einstigen Freiheiten änderte die Gemeinde Hennef 1953 mit Billigung der nordrhein-westfälischen Landesregierung den Namen der Siedlung in **„Stadt Blankenberg"**.

Die großräumige, **mit Mauern und Türmen bewehrte Anlage von Burg und Stadt** bildet eine Einheit, die sich in mehrere Abschnitte gliedert:

Die **Hauptburg** nimmt die Spitze des Bergsporns ein. Zinnen und Wehrgang der Ringmauer sind verschwunden, die Gebäude, aus Bruchsteinen der heimischen Grauwacke aufgeführt, bis auf den Bergfried, den St. Georgsturm und Mauerreste über die ursprünglichen Geländehöhe untergegangen. Der **Bergfried**, ein wuchtiger Rundturm von etwa 15 m, beherrscht von der höchsten Stelle aus diesen Burgbereich. Der **St. Georgsturm** an der Südwestecke, ein runder Geschützturm von etwa 15 m Durchmesser, wurde wohl nach der Mitte des 15. Jh. errichtet. Über dem Kellergeschoss befinden sich zwei ehemals kuppelgewölbte Stockwerke. Die **Vorburg**, durch einen geschweiften Dammweg mit der Hauptburg verbunden, wird an der südlichen Frontseite durch eine mächtige Schildmauer gesichert. Unmittelbar dahinter erhebt sich der Bergfried, ein Rundturm von etwa 21 m Höhe. Weitere Gebäude blieben nicht erhalten.

Vor der Schildmauer liegt die sogenannte **Altstadt**, die der Burggründung ihre Entstehung verdankt und wohl sofort befestigt wurde. Der Mauerbering ist fast vollständig erhalten, am besten das südöstlich auf hohem Wall verlaufende Teilstück mit dem sogenannten Grabenturm, dem ehem. Torturm der Altstadt. Die **Neustadt**, der flächenmäßig umfangreichste Bestandteil der Gesamtanlage, scheint sich bald nach Gründung der Burg und der Besiedlung der Altstadt entwickelt zu haben. Auch hier ist der Mauerkranz weitgehend geschlossen. Insbesondere der von West gegen Ost verlaufende Mauerzug, der die Stadt gegen Angriffe von Süden her schützte, stellt einen weithin erhaltenen Teil der Stadtbefestigung dar. An der Nordostecke stößt die Mauer auf das Haupttor, den sogenannten **Katharinenturm**, einen schlanken, viergeschossigen Rechteckturm mit abgewalmter Dachhaube. Der städtische Bereich, der Burg zugeordnet, wird gewiss um die Mitte des 13. Jh. mit Mauern und Türmen bewehrt gewesen sein.

Die 1247 zuerst erwähnte ★★ **Kirche** des Prämonstratenserinnen-Klosters, das bald in eine Zisterzienserinnen-Abtei umgewandelt wurde, war der heiligen Katharina geweiht und wurde 1248 zur selbständigen Pfarrkirche erhoben. Die einschiffige Saalkirche besteht aus einem schmalen, rechteckigen und flachgedrückten Langhaus, dem ein enger, gewölbter Rechteckchor mit einem an fünf Seiten geschlossenen Altarraum vorgesetzt ist. Die eindrucksvolle Choranlage gliedert sich in ein schmales Rechteckjoch mit eingezogener Fünfachtelapsis. Die Gewölbe, deren Grate rippenartig abgeplattet sind, ruhen auf schlanken, dreifachen Dienstbündeln mit Schaftringen und Knospenkapitellen. 1983 wurde die Kirche durch einen Brand bis auf die Grundmauern vernichtet. Der Wiederaufbau konnte 1987 abgeschlossen werden und stellte den Zustand des 13. Jh. wieder her. Die untergegangenen Ausstattungsstücke wurden entsprechend ihren Vorbildern rekonstruiert (z.B. die König-Orgel von 1744), restauriert (Statuen) oder beschafft (Madonna 14. Jh., hl. Katharina 17. Jh., Ölgemälde 18. Jh.). Denkmalpflegerische Regelung sorgte in den Jahren nach 1945 für den Erhalt der Baudenkmäler. Der kastanienbeschattete **Marktplatz** wird noch von hübschen Fachwerkhäusern umgeben

Das „Gasthaus am Turm", das sog. Runenhaus und das Gasthaus „Sonnenschein" erinnern an eine gewisse Wohlhabenheit der Stadt auch noch im 17. und 18. Jh.

**Turmmuseum** im Katharinenturm, geöffnet April - Okt. So. 15 - 17 Uhr, ☎ 0 22 48/44 55 33.

**Harmonium-Museum**, Sammlung **Thein**, Mechthildisstraße 12. Besichtigung nach Voranmeldung. ☎ 0 22 48 / 44 55 33.

- Hennef-**Süchterscheid** (2 km)

★ **Wallfahrtskirche zum Heiligen Kreuz**. Im späten Mittelalter entwickelte sich eine Wallfahrt zum Heiligen Kreuz. Wunderberichte erzählen von Gebetserhörungen und Heilungen. Scheint bis ins 17. Jh. eine Statue des kreuztragenden Heilandes verehrt worden zu sein, so wird nach und nach „Unsere Liebe Frau von Süchterscheid" das Ziel der Wallfahrer. Eine Kreuzreliquie gelangt erst im 19. Jh. nach Süchterscheid. - Der moderne **Kirchenbau**, der den Chor der alten, vielleicht aus dem 12. oder 13. Jh. stammenden Kapelle einbezieht, wurde 1957/58 nach den Plänen von R. Steinbach errichtet und drängt immer wieder den Vergleich mit Corbusiers Wallfahrtskirche von Ronchamps auf. Dem Eingang gegenüber steht die kleine, 1681 von dem Dechanten der Christianität Siegburg und Pastor in Blankenberg Johann Theodor Bärenklau gestiftete sogenannte kleine oder Blankenberger **Kapelle**. Der einfache Bruchsteinbau mit dreiseitigem Schluss beherbergt das Gnadenbild, ein kleines hölzernes Vesperbild aus der Zeit um 1460 bis 70.

- **Hennef** (70 m, 42.100 E.; Rhein-Sieg-Kreis)

Mittelpunkt der gleichnamigen, im Rahmen der kommunalen Neuordnung von 1969 um die Gemeinden Lauthausen und Uckerath vergrößerten Gemeinde, seit 1981 Stadt.

Der **Ortskern** von Hennef bewahrte dank der stattlichen Barockbauten, die die Blankenberger Beamten im 18. Jh. an der Köln - Frankfurter Straße errichteten, ein geschlossenes Bild.

★ **Kath. Pfarrkirche St. Michael** im Ortsteil **Geistingen**, eine dreischiffige, romanische Pfeilerbasilika mit flachgedecktem Mittelschiff, gratgewölbten Seitenschiffen und einem mächtigen, fünfgeschossigen Westturm aus dem 12. Jh., wurde 1945 durch Bomben zerstört. Die Wiederherstellung erbrachte eine Lösung, die mit den Resten wie dem Westportal schonend umging, aber auch einen neuen Turmbau über der Ostanlage schuf.

ⓘ **Verkehrsamt der Stadt Hennef**, Frankfurter Straße 97, 53773 Hennef; ☎ 0 22 42/1 94 33; Fax 8 88-1. Internet: www.hennef.de.

# Orts- und Sachregister

## Angaben zum Gebietsteil des Führers haben beigesteuert:

Dr. Franz Baaden, Ransbach-Baumbach;
Hans Bachus, Neuwied;
Robert Becker, Mengerskirchen;
Dr. Theodor Becker, Wissen;
Heinzcarl Bender, Herborn;
Herbert Bindseil, Rengsdorf;
Leonhard Borbonus, Beselich;
Doris Engel, Neuwied;
Fritz Felgenheier, Neuwied;
Prof. Dr. Helmut Fischer, Hennef;
Helmut Frensch, Selters;
Heribert Fries, Höhr-Grenzhausen;
Toni Frorath, Niederbreitbach;
Prof. Dr. Konrad Fuchs, Gebhardshain;
Werner Greif, Montabaur;
Dr. Elmar Heinen, Königswinter;
Jochen Hellmig, Daaden;
Kurt Heppner, Dillenburg;
Günter Herbel, Wetzlar;
Roland Höfer, Burbach;
Hermann-Josef Hucke, Daubach;
Siegfried Kaden, Mengerskirchen;
Erwin Katzwinkel, Flammersfeld;
Karl Kessler, Bad Marienberg;
Willi Krumm, Haiger;
Wulf Kupfer, Neuwied;
Elli Lind, Vettelschoß;
Heinz Maibach, Limburg;
Benedikt Märzheuser, Gebhardshain;
Willi Mehr, Westerburg;
Gunnar Mertens, Urbar;
Friedhelm Müller, Greifenstein;
Markus Müller, Nister;
Rudolf Müller, Weilburg;
Willi Müller-Behr, Marl;
Heinz Preißing, Rengsdorf;
Wolfgang Reinhardt, Höhn;
Irene Rimsa, Straßenhaus;
Dr. Hugo Rosenberg, Nassau;
Dr. Hermann Josef Roth, Köln;
Walter Rudersdorf, Frankfurt;
Dietrich Schabow, Bendorf;
Gerhard Schlotmann, Montabaur;
Rolf Schmidt-Markowski, Horhausen;
Willi Schmiedel, Holzappel;
Werner Schönhofen, Leutesdorf;
Wolfgang Schoppet, Runkel;
Rolf Schwickert, Höhr-Grenzhausen;
Karl Heinz Stahl, Hadamar;
Eugen Stille, Kassel;
Rüdiger Störkel, Herborn;
Fred Storto, Diez;
Heinrich Velten, Merenberg;
Eugen Wasser, Isenburg;
Ernst Zeiler, Raubach.
Allen sei herzlich gedankt.

# Wanderwege des Westerwald-Vereins

Der Westerwald-Verein unterhält ein gut ausgeschildertes Netz von Streckenwanderwegen im gesamten Westerwald.

## Vier Wege verlaufen in West-Ost-Richtung:

| | |
|---|---|
| I | Königswinter - Herborn |
| II | Linz/Rhein - Katzenfurt/Dill |
| III | Neuwied - Wetzlar |
| IV | Vallendar - Weilburg |

## Sieben Wege verlaufen in Nord-Süd-Richtung:

| | |
|---|---|
| 2 | Eitorf/Sieg - Neuwied |
| 3 | Au/Sieg - Bad Ems |
| 4 | Wissen/Sieg - Obernhof/Lahn |
| 5 | Herdorf/Sieg - Diez/Lahn |
| 6 | Burbach - Limburg |
| 7 | Burbach - Weilburg |
| 8 | Haiger - Weilburg |

## Am Rande des Westerwaldes verlaufen:

| | |
|---|---|
| L | Lahn-Höhenweg (nördlich der Lahn) Wetzlar - Lahnstein* |
| R | Rhein-Höhenweg (östlich des Rheins) Lahnstein - Bonn* |
| S | Sieg-Höhenweg Stadt Blankenberg - Freusburg |
| H | Heller-Höhenweg Betzdorf - Haiger |
| D (weiß) | Dill-Höhenweg (westlich der Dill): Dillquelle - Wetzlar |
| D (schwarz) | Dill-Höhenweg (östlich der Dill): Dillquelle - Asslar |

## Besondere Wanderwege sind u.a.:

| | |
|---|---|
| X | Europäischer Fernwanderweg E 1* (Abschnitt Freusburg - Nassau) |
| K | „Kölner Weg" Bensberg - Bad Marienberg - Königswinter |
| (Emblem) | Jubiläumswanderweg durch den Hohen Westerwald nach Herborn* |
| (Römerturm) | Limes-Wanderweg Rheinbrohl - Bad Ems* |
| W | Wiedtal-Wanderweg * |

Zu den mit einem * versehenen Wegen sind gedruckte kleine Wanderführer erhältlich.

# Aus dem Bücherangebot des Westerwald-Vereins:

- ~~Großer Westerwald-Führer. 900 Seiten~~, mit Karte, 25,– €
- Sagen des Westerwaldes, 328 Seiten, Großformat, 18,– €
- Westerwald im Farbbild, 86 Seiten, 16,– €
- Westerwälder Volkslieder, 104 Seiten, 2,– €

# Aus dem Landkartenangebot des Westerwald-Vereins:

(Amtliche Topographische Karten der Landesvermessungsämter)

## Maßstab 1:50.000:

- Naturpark Nassau (8,33 €)
- Naturpark Rhein-Westerwald (8,08 €)
- Wandern und Radwandern im nördlichen Westerwald (7,57 €)
- Lahn-Dill-Bergland (6,54 €)
- Rad- und Wanderkarte Lahn-Dill (9,50 €)

## Maßstab 1: 25.000:

**Kreis Altenkirchen (je 6,03 €):**

- Verbandsgemeinde Altenkirchen
- Verbandsgemeinden Hamm (Sieg) und Wissen
- Verbandsgemeinden Betzdorf und Kirchen (Sieg), Stadt Herdorf

**Westerwaldkreis (je 6,54 €):**

- Ferienland Westerwald I: Verbandsgemeinden Hachenburg und Selters mit Westerwälder Seenplatte
- Ferienland Westerwald II: Verbandsgemeinden Bad Marienberg, Rennerod und Westerburg
- Verbandsgemeinden Montabaur, Höhr-Grenzhausen, Wirges und Wallmerod

**Rhein-Lahn-Kreis (je 6,54 €):**

- Stadt Lahnstein, Verbandsgemeinden Bad Ems und Braubach
- Verbandsgemeinde Nassau
- Verbandsgemeinden Diez und Katzenelnbogen

**Rheinischer Westerwald (je 6,03 €):**

- Verbandsgemeinden Bad Hönningen, Linz und Unkel
- Verbandsgemeinden Asbach und Flammersfeld
- Stadt Neuwied, Verbandsgemeinden Rengsdorf und Waldbreitbach
- Verbandsgemeinden Dierdorf und Puderbach
- Siebengebirge

Weitere Karten auf Anfrage.

Bezugsanschrift: Landschaftsmuseum Westerwald, Im Burggarten, 57627 Hachenburg
Telefon 0 26 62/74 56; Fax 0 26 62/46 54